नई कहानी और अमरकांत

[आलोचना]

नई कहानी
और
अमरकांत

निर्मल सिंहल

राधाकृष्ण प्रकाशन

भारतीय रिजर्व बैंक के सहयोग से प्रकाशित

ISBN : 978-81-7119-464-3

नई कहानी और अमरकांत

पहला संस्करण : 1999
पहली आवृत्ति : 2024

मूल्य : ₹895

प्रकाशक
राधाकृष्ण प्रकाशन प्राइवेट लिमिटेड
जी-17, जगतपुरी, दिल्ली-110 051
शाखाएँ : अशोक राजपथ, साइंस कॉलेज के सामने, पटना-800 006
पहली मंजिल, दरबारी बिल्डिंग, महात्मा गांधी मार्ग, प्रयागराज-211 001
1, अनमोल सोराबजी संतुक लेन, धोबी तलाव, मरीन लाइंस, मुम्बई-400 002
वेबसाइट : www.radhakrishnaprakashan.com
ई-मेल : info@radhakrishnaprakashan.com

मुद्रक
राजकमल प्रकाशन प्रा. लि.
नई दिल्ली-110 002

NAI KAHANI AUR AMARKANT
Criticism by Nirmal Singhal

प्राक्कथन

नई कहानी-आंदोलन लगभग एक दशक तक प्रभावी रहा। इससे कहानी विधा को अत्यंत प्रतिष्ठा प्राप्त हुई। अपेक्षाकृत सीमित कालावधि के बावजूद इसे काफी महत्त्व मिला। अमरकांत नई कहानी के यशस्वी रचनाकार हैं। कहानीकार के रूप में उनका विशिष्ट महत्त्व है। मैंने उनके 'सूखा पत्ता' और 'सुखजीवी' नामक उपन्यास और अनेक कहानियाँ पढ़ी थीं। इन रचनाओं ने मुझे गहरे तौर पर प्रभावित किया। विशेष रूप से उनकी कहानी 'दोपहर का भोजन' में चित्रित संयम और आत्मदमन के माध्यम से उत्पन्न संत्रास, 'डिप्टी कलेक्टरी' के गहरे तौर पर आशंकित और बदहवास शकलदीप बाबू का मरणांतक यातना झेलना तथा 'हत्यारे' के युवकों के बड़बोलेपन के मध्य से उभरती गंभीर व्यंजनाओं ने मुझे अमरकांत की कहानियों पर विचार करने के लिए बाध्य किया। अमरकांत ने उपन्यास कम लिखे हैं, जो लिखे भी हैं उनमें कहानीपन अधिक है, औपन्यासिकता अपेक्षाकृत कम।

अमरकांत वस्तुतः प्रेमचंद की परंपरा का विकास करने वाले कहानीकार हैं। उनकी कहानियों में निम्न मध्यवर्गीय और निम्नवर्गीय पात्र प्रायः 'कफन' के घीसू-माधव के वंशज हैं। इन पात्रों का काइयाँपन इनके जीवित रहने का साधन है, अतः यह उनकी अनिवार्यता एवं निरीहता में पर्यवसित होता है। स्वातंत्र्योत्तर भारत का मोहभंग और निराशा अमरकांत की अनेक कहानियों का केंद्रीय तत्त्व है। अमरकांत के पात्र जैसे किसी मानवीय समाज के सदस्य नहीं बल्कि जंगल के प्राणी हैं जो उस जंगल से बाहर आने के लिए निरंतर प्रयत्नशील हैं लेकिन जिनकी नियति थककर पस्त हो जाना है। जंगल यानी जहाँ सभ्य समाज के नियम-कायदे या तर्क लागू नहीं होते, जहाँ सफल होने के लिए ईमानदार और परिश्रमी होना पर्याप्त नहीं बल्कि गैर-जरूरी है, जहाँ श्रम और फल में कोई संगति नहीं, व्यक्ति वहाँ या तो भाग्यवादी और निष्क्रिय बन जाता है अथवा अराजक। अमरकांत अधिकांशतः पात्रों की चेष्टाओं की तुलना पशु-पक्षियों से करते हैं, इससे इस अमानवीय व्यवस्था का जंगल-रूप उभरता है। एब्सर्डिटी का प्रयोग अमरकांत ने व्यवस्था की तर्कहीनता को प्रकट करने के लिए किया है। व्यंग्य अमरकांत की संवेदना का सर्वप्रमुख घटक है। स्थितियों की विसंगति से अमरकांत ने व्यंग्य की सृष्टि की है। उनकी कहानियाँ एक विशिष्ट अर्थ में भारतीय हैं कि यहाँ 'स्थितियों का

भोक्ता' अकेला पात्र-विशेष नहीं अपितु उसका पूरा परिवार है। इसका कारण यह है कि भारतीय परिवार अब भी अधिकांशतः एक आर्थिक इकाई के रूप में सुरक्षित है। व्यक्तिवादी मनोवृत्ति के प्रचार और झोंक में हिंदी के अधिकांश कथाकारों ने इस वास्तविकता की अनदेखी की है। वहाँ पात्र चाहे सुखी हो अथवा दुखी, अपनी स्थिति में अकेला ही भोक्ता चित्रित किया जाता है। अमरकांत ने इस विषय में अपने समाज की वास्तविकता-पारिवारिकता को हिंदी के अधिकांश कहानीकारों की अपेक्षा अधिक गहराई और सच्चाई से देखा है।

इस शोध-प्रबंध के लेखन-कार्य में मेरे अनेक शुभचिंतकों, मित्रों ने विविध प्रकार से सहायता की है। यहाँ उन सबका नामोल्लेख और धन्यवाद-ज्ञापन संभव नहीं है किंतु जिन लोगों ने इस कार्य में मेरी विशेष सहायता की है उनके प्रति धन्यवाद और कृतज्ञता-ज्ञापन मैं अपना कर्त्तव्य और अधिकार—दोनों समझती हूँ। परिवार के सदस्यों, विशेष रूप से मेरे पति श्री पवन कुमार सिंहल ने इस दौरान हर संभव सहयोग के साथ-साथ पारिवारिक जिम्मेदारियों से जिस प्रकार मुझे मुक्त किया, उसके बिना यह कार्य दुष्कर ही नहीं, असंभव था। उनके प्रति आभार-प्रदर्शन मात्र औपचारिकता होगी। डॉ. विश्वनाथ त्रिपाठी ने इस कार्य का निर्देशन करते समय मेरी सुविधाओं-असुविधाओं का बहुत ध्यान रखा है। इसके लिए कृतज्ञ हूँ। प्रकाशन में सहयोग के लिए भारतीय रिजर्व बैंक की आभारी हूँ।

—डॉ. (श्रीमती) निर्मल सिंहल

अनुक्रम

नई कहानी का नयापन

कहानी के संदर्भ में जिस नयेपन की इतनी चर्चा की जाती रही है वह नयापन परिवर्तित चेतना व परिस्थितियों के दबाव से आया है। जीवन के प्रत्येक क्षेत्र में आने वाले इस बदलाव ने मानव-चेतना को आंदोलित किया है, फलस्वरूप एक नई जीवन-दृष्टि विकसित हुई जो नई कहानी में संवेदना, यथार्थ, परिवेश, व्यक्ति, संदर्भ व वस्तु-शिल्प के स्तर पर दिखाई देती है। पहले के कथाकारों के पास आरोपित मान्यताएँ तथा निश्चित कथा-मूल्य थे, जिनके ढाँचे में वे अपनी कहानियों की रचना करते थे। लेखक की सहानुभूति एक-स्तरीय थी, जीवन के उस पक्ष के साथ जो जन-स्वीकृतियों में प्रतिष्ठित हो। अतएव उनकी कहानियाँ चरित्रगत विशेषणों में प्रतिफलित होती थीं, चरित्रों का अन्वेषण नहीं करती थीं।...जो जीवन के सत्यों को दबा देते हैं, जो साध्य रूप में निर्धारित तयशुदा और मान्य आदर्श नियामकता में पड़कर अवरुद्ध अनुभव बन जाते हैं।[1] पुराना कथा-साहित्य हिंदू संस्कारों से रचित-निर्मित है[2], वहाँ धर्म विषयक पुरा-मूल्य पात्रों के घोर आदर्शवाद और संबंध-निर्वाह की अतिरंजना का रहा है। यहाँ तक कि इसे शाश्वत मूल्य बना दिया गया है। इससे नियंत्रित मनुष्य अपना सामान्य जीवन न जीकर आरोपित जिंदगी में जीता रहा।

वर्तमान और यथार्थ उनके लिए विशेष महत्त्वपूर्ण नहीं था इसलिए वे उसके अंतर्विरोधों को ठीक से नहीं देख पाए। फलतः किसी कथाकार ने अपने को दर्शन से और किसी ने मनोविज्ञान से चिपकाए रखा। इसके विपरीत नई कहानी इस ओढ़ी हुई मानसिकता का विरोध करती हुई यथार्थ को वाणी देती है। 'नई कहानी का लेखक अपनी पूर्ववर्ती पीढ़ी की तरह मात्र दृष्टा ही नहीं है, अपितु अपनी स्थितियों का भोक्ता भी है।'[3]

यथार्थ का वर्णन पूर्ववर्ती कथाकारों ने भी किया है लेकिन नए कहानीकारों ने यथार्थ को जिस तटस्थ, निर्मम और नग्न रूप में प्रस्तुत किया है, उतना पहले की कहानी में नहीं मिलता। सन् 1950 के बाद की परिवर्तित स्थिति और बदली हुई मानसिकता का चित्रण नई कहानी ने विश्वसनीय ढंग से किया है। ''नई कहानी का वास्तविक महत्त्व ही इस सत्य में निहित है कि किसी टूटे, विशृंखलित, आरोपित अथवा अविश्वसनीय सत्य की उपलब्धि में उसने अपनी गरिमा को झुठलाया नहीं है वरन् एक व्यापक सामाजिक सत्य एवं यथार्थ के अन्वेषण में अपनी सारी शक्ति लगा दी है।''[4]

नई कहानी का नयापन दो प्रकार का है—एक तो तत्कालीन बदली हुई परिस्थितियों से उत्पन्न नई स्थिति व पात्रों का चित्रण जोकि स्वातंत्र्योत्तर भारत की देन थे जैसे 'मिस पाल' (मोहन राकेश), 'टूटना' (राजेंद्र यादव), 'तलाश' (कमलेश्वर) आदि। दूसरे उन पात्रों या स्थितियों का चित्रण जो पहले से मौजूद थीं लेकिन अब तक कथाकार की दृष्टि उस पर नहीं गई थी। उस अछूते और उपेक्षित यथार्थ की पहचान भी नई कहानी की एक बड़ी उपलब्धि है। उदाहरणार्थ 'गुलरा के बाबा' (मार्कण्डेय), 'बिंदा महाराज' (शिवप्रसाद सिंह), 'कोसी का घटवार' (शेखर जोशी), 'गुलकी बन्नो' (धर्मवीर भारती), 'रसप्रिया' (रेणु) आदि। संभवतः इसलिए कहा गया है कि "पचास के लेखक यथार्थ को अभिव्यक्त करते थे पर एकदम नया समकालीन कहानीकार यथार्थ की खोजता है।"[5] वास्तव में आज की परिस्थितियों व उसके अनुभवों को झेलकर आज का कहानीकार उन्हें प्रामाणिक रूप में प्रस्तुत करता है। धनंजय ने भी यथार्थ की प्रामाणिकता को नई कहानी की उपलब्धि बताया है क्योंकि इसने अपने से पूर्व की कहानियों में प्रामाणिकता के निरंतर होने वाले स्खलन का अंत किया।[6] भिन्न-भिन्न रचनाकारों ने अपने परिवेश को नई कहानी में अंकित किया है जिससे उसमें विविधता का समावेश हुआ। "इस विविधता के पीछे अनुभूति की प्रामाणिकता और उसके प्रति निर्वैयक्तिक तटस्थ दृष्टि शायद सभी की समान रही है क्योंकि यही तो वह आधार-भूमि है जहाँ नई कहानी पुरानी कहानी से अपने को अलग करती है। अंग्रेजी के घिसे-पिटे मुहावरे में इसे यूनिटी इन डाइवर्सिटीज कह सकते हैं।"[7] जहाँ एक ओर 'शवयात्रा' (श्रीकांत वर्मा) है तो दूसरी तरफ 'लंदन की एक रात' (निर्मल वर्मा) है, एक तरफ 'नीली झील' (कमलेश्वर) है तो दूसरी ओर 'एक पति के नोट्स' (महेंद्र भल्ला) है। यह विविधता ही नई कहानी की शक्ति है।

पुरानी कहानी मनुष्य-जीवन को एक निश्चित परिभाषा के अंतर्गत आदर्शवादी रूप में चित्रित करती थी किंतु नई कहानी में व्यक्ति अपनी सभी कमजोरियों से युक्त साधारण आदमी की तरह चित्रित हुआ है। पूर्ववर्ती कहानी की भाँति सूत्रबद्ध पात्र (फार्मूलेटिड कैरेक्टर) नई कहानी में नहीं है। नई कहानी के अंतगर्त स्त्री-पुरुष संबंधों का चित्रण संवेदना के नए धरातल पर हुआ है। अपने रूढ़िगत रूप में स्त्री यहाँ केवल माँ-बहन, प्रेमिका, पत्नी या पुत्री ही नहीं अपितु मित्र भी है। मोहन राकेश की 'नए बादल' इसी तथ्य का उदाहरण है। वस्तुतः नई कहानी में यौन-संबंध विषयक मानसिक पूर्वग्रहों को साहसपूर्वक तोड़ा गया है। जोला, फ्लाबेयर, लोरेंस और सार्त्र की तरह इसकी अंतरंगता (इंटीमेसी) को समझने का प्रयास किया गया है।[8] नई कहानी के अंतर्गत स्त्री-पुरुष संबंध और यौन-संबंधों का चित्रण संवेदना के नए धरातल पर हुआ है। प्रेम में भावुकता प्रायः नहीं रह गई है (*नौ साल छोटी पत्नी*—रवींद्र कालिया) अपितु उससे उद्देश्य जुड़ गए हैं (*यही सच है*—मन्नू भंडारी) प्रेम का रोमानी रूप यहाँ नहीं है अपितु इसमें शारीरिकता आ गई है (*एक पति के नोट्स*—महेंद्र भल्ला)।

समाज व परिवेश के प्रति प्रतिबद्ध होने के कारण नया कहानी-लेखक राजनीतिक,

सामाजिक एवं आर्थिक सरोकारों से संपृक्त है। तत्संबंधी यथार्थ का वह साहस के साथ चित्रण करता है। पहले के रचनाकार सत्य को वहीं तक ग्रहण करते थे जहाँ तक वह उनकी मान्यताओं, दृष्टिकोण और सामाजिक उद्‌देश्य की कसौटी पर खरा उतरता था जबकि नया लेखक अपने परिवेश की हर स्थिति का भागीदार है, चाहे वे कितनी भी ज्वलंत क्यों न हों। अपने चारों ओर फैली यंत्रणामय परिस्थितियाँ ही उसे रचनात्मक लेखन की ओर प्रवृत्त करती रही हैं। वह किसी फैशन या विचारधारा से आक्रांत नहीं है। 'दोपहर का भोजन' (अमरकांत), 'बदबू' (शेखर जोशी), 'मित्रो मरजानी' (कृष्णा सोबती) कहानियाँ इस संदर्भ को लक्षित करती हैं। मनोरंजन के रूप में पढ़ी जाने वाली कहानी शायद पहली बार मनोरंजन की धारणा से छूटकर जीवन और समय के यथार्थ को वहन करने वाली विधा सिद्ध हुई है।

कथ्य के स्तर पर आने वाले बदलाव के नई कहानी के शिल्प को भी बदल दिया है। इससे कहानी का संपूर्ण स्ट्रक्चर बदलने का सामूहिक और क्रमबद्ध प्रयास शुरू हुआ।[9] पहले की कहानी एक सुनियोजित कथानक को लेकर चलती थी अर्थात् उसका एक निश्चित आरंभ, उत्कर्ष और अंत होता था। उसमें कथानक का अर्थ था—नाटकीय कौतूहल और मनोरंजन से युक्त घटना संघटन। आज की कहानी में घटना-तत्त्व की प्रधानता न होकर मनःस्थितियों तथा विचारपक्ष की प्रधानता है। यह अनुभूत सत्य को सपाट रूप से व्यक्त करती है। इसमें पुरानी कहानी जैसा कथा-तत्त्व नहीं मिलता, इसे ही नई कहानी में 'कथानक का ह्रास' कहा गया है। आज की कहानी ने प्राचीन कथानक के गढ़े हुए रूप (घटना, संयोग, कृत्रिम वातावरण, आकस्मिकता) से मुक्ति पा ली है। दूसरी तरफ नई कहानी का आधार-फलक इतना विशाल हो गया है कि उसमें जीवन का कोई भी लघु प्रसंग, मूड, विचार, घटना, व्यक्ति का चरित्र ही कहानी का आधार बन गए हैं। साहित्य की अन्य विधाओं का समावेश भी इसमें अनायास ही हो गया है। रेखाचित्र, संस्मरण, कविता, डायरी आदि के तत्त्व भी कहानी को वैविध्य प्रदान करते हैं। जहाँ पहले की शैली विचारों को अतिरंजित, भावुकतामय और सतही बनाती थी, वहीं वह अब कहानी के विचार-कण को साफ करके उसकी अपनी चमक का आभास देती है।[10]

सांकेतिकता की दृष्टि से भी नई कहानी पूर्ववर्ती कहानी से भिन्न है। पुरानी कहानी अंतर्निहित विचार का कथांत में संकेत देती थी किंतु नई कहानी की रचना ही सांकेतिक है। प्रतीकात्मकता, बिंबविधान और संप्रेषणीयता के गुण भी नई कहानी को प्राचीन कहानी से भिन्न करते हैं। यद्यपि पहले भी इनका चित्रण होता था किंतु अंतर प्रयोग की 'मात्रा' का है। आज की कहानी में वातावरण-चित्रण अलंकरण मात्र ही नहीं बल्कि कहानी का अंतःकरण बन गया है।

वर्णन और चित्रण में तटस्थता नई कहानी के नएपन को ही प्रमाणित करते हैं। यहाँ लेखक के मन में किसी वस्तु, पात्र या स्थिति के प्रति अतिरिक्त सहानुभूति नहीं है। वह तो निःसंग भाव से सबकुछ देखता और चित्रण करता है। आज की कहानी का

उद्देश्य पाठक को भावुक बनाकर रुलाना नहीं रहा। वह भावुक होने की आड़ में वर्तमान स्थितियों से नजर नहीं चुराता, बल्कि उन्हें आत्मस्वीकृति देता है।[11] तटस्थता के अलावा बौद्धिकता भी नई कहानी की एक प्रमुख प्रवृत्ति है। इसके 'अतिरिक्त' प्रभाव से कहानी में कहीं-कहीं जटिलता, नीरसता एवं दुरूहता का समावेश हुआ है। इसे नई कहानी की सीमा कहा जा सकता है।

भाषा के स्तर पर भी नई कहानी पहले की कहानी से भिन्न है। पुरानी कहानी की भाषा अलंकृत, कृत्रिम एवं वर्णन-प्रधान थी। वह लेखक की शैली से उत्पन्न थी, न कि वातावरण, परिवेश या पात्र से। इसीलिए उसमें बढ़ा-चढ़ाकर वर्णन करने की प्रवृत्ति मिलती है। नई कहानी की भाषा उसके कथ्य एवं संवेदना के अनुकूल है। इसमें चुस्ती और सादगी है, उलझाव या निरर्थक शब्द-जाल नहीं है। सूक्ष्म स्थितियों को भी सहजता से व्यक्त किया गया है। यही कारण है कि इसकी रचनात्मक सामर्थ्य पुरानी कहानी से कहीं अधिक है।

नई कहानी का अंत

नई कहानी के साथ 'नई' विशेषण चाहे जिसने जोड़ा हो किंतु इसे एक आंदोलनात्मक रूप देने, परिभाषित करने का श्रेय 'नई कहानियाँ' नामक पत्रिका को मिलना चाहिए। 'नई कहानियाँ' के यशस्वी संपादक भैरव प्रसाद गुप्त के संपादन में यह पत्रिका नई कहानी का समर्थ मंच बनी और डॉ. नामवर सिंह ने 'हाशिये पर' नाम से लेखमाला के अंतर्गत जो लेख, टिप्पणियाँ लिखीं, उन्होंने नई कहानी को चर्चित, परिभाषित और स्थापित किया। इस बहस में हिंदी के नए-पुराने विचारकों, आलोचकों ने भाग लिया। छठे दशक के मध्य में इलाहाबाद में साहित्यकारों का जो सम्मेलन हुआ उसमें दिए हुए भाषणों और बहसों में नई कहानी शब्द स्वीकृत और प्रचलित रूप में मिलता है। सन् 1963-64 के आसपास भैरव प्रसाद गुप्त 'नई कहानियाँ' के संपादक-पद से हट गए। लगभग इसी काल को नई कहानी के आंदोलनात्मक दौर का अंत भी मानना चाहिए।

साठोत्तरी कहानी नई कहानी का ही सहज विकास है अथवा वह बिंदु एकदम भिन्न है जिससे साठोत्तरी कहानी प्रारंभ होती है—यह विवाद का विषय है।

नई कहानी के कहानीकार और आलोचक साठोत्तरी कहानी में अंतर के किन्हीं बिंदुओं के स्वीकार के बावजूद उसे नई कहानी का सहज विकास मानते हुए उसे नई कहानी के भीतर ही अंतर्व्याप्त मानते हैं। डॉ. रामदरश मिश्र मानते हैं कि " 'साठोत्तरी कहानी' कहानी में उस तरह का बदलाव उपस्थित नहीं करती जिस तरह नई कहानी ने अपनी पूर्ववर्ती कहानी के संदर्भ में किया था। साठोत्तरी कहानी नई कहानी की बुनियादी बातों को लेकर ही भिन्न-भिन्न तरह से अपना विशिष्ट स्वरूप निर्मित करने की चेष्टा करती है।"[12] कमलेश्वर मानते हैं कि "सन् '50 के आसपास की कहानी से सन् '65 की कहानी बदल गई है और यह प्रक्रिया ही नई कहानी की मौलिक और आधारभूत शक्ति, और यह विविधता ही उसका वास्तविक स्वरूप है।"[13]

साठोत्तरी पीढ़ी के समर्थक आलोचक इस कहानी को नई कहानी से एकदम भिन्न मानते हैं। उनके अनुसार साठोत्तरी कहानी "कहानी की विकास-यात्रा का अगला पड़ाव न होकर एक और शुरुआत है।"[14] डॉ. नामवर सिंह ने स्वीकार किया है कि सन् 1959-60 के आसपास नई कहानी की ऊर्जा क्षीण हो रही थी।[15]

यह सही है कि एक दशक में कहानी के संदर्भ और परिवेश में आमूल-चूल परिवर्तन नहीं आ सकते, अतः साठोत्तरी कहानी के कथ्य-कोण नई कहानी से नितांत भिन्न नहीं हैं परंतु वहाँ जो दृष्टि-भेद मिलता है वह युगीन मानसिकता की देन है। नए कहानीकार के समक्ष कुछ मूल्य और स्वतंत्रता का सुनहला स्वप्न विद्यमान था। जब ये टूटकर बिखर गए तो उसका पीड़ित होना स्वाभाविक था। वह टूटते मूल्यों, संबंधों के चित्र पीड़ा के साथ खींचता है। इसी ओर संकेत करते हुए राजेंद्र यादव कहते हैं कि "हमारे इस कथाकाल की सारी कहानियाँ नए संबंधों के बनने की नहीं, संबंधों के टूटने की कहानियाँ हैं।"[16] स्वतंत्रता के उपरांत उसका मोहभंग अवश्य हुआ किंतु आश्वासनों की पूर्ति की प्रतीक्षा अभी उसके साथ जुड़ी थी। लेकिन साठोत्तरी पीढ़ी जिसके साथ स्वातंत्र्य पूर्व की स्थितियाँ, मूल्य, स्वप्न, आशाएँ, आश्वासन नहीं जुड़े थे, जिसने जन्म ही टूटे-बिखरे मूल्यों के बीच लिया था, उसमें किसी प्रकार के मोड़, आशा, भविष्यवाद की आशा ही नहीं की जा सकती। इस वर्ग ने जीवन की विगर्हणाओं, उसके अंतर्विरोधों और विसंगतियों को निजी अनुभव के तौर पर प्राप्त किया। अतः इनकी कहानियाँ उन्मुक्तता और बेबाकी में जीवन के और निकट आ गईं तथा इससे कहानी का रूप-विधान अधिक जटिल और अमूर्त हो गया।

इस प्रकार दोनों दशकों की मानसिकता के निर्माता-तत्त्व पर्याप्त भिन्न रहे हैं। अतः उनमें अंतर की स्थिति स्वाभाविक है। कहानी का स्वरूप, उसकी रचना-प्रक्रिया, लेखक की दृष्टि में ही अंतर आ गया।

विभिन्न प्रवृत्तियों और तथ्यों के आधार पर छठे दशक को नई कहानी आंदोलन का दौर मानना उचित होगा। कहने की आवश्यकता नहीं कि यह दौर सन् 1953 के आसपास आरंभ होकर 1963 के आसपास तक प्रभावी रहता है।

नयेपन का ऐतिहासिक आधार

यह मतभेद होते हुए भी कि सन् '50 के बाद की कहानी को नई कहानी माना जाए या नहीं, इस बात पर सभी कहानीकार, आलोचक सहमत हैं कि इस समय कहानी में स्पष्ट रूप से बदलाव आया है। प्रश्न यह है कि कहानी में जो बदलाव या विकास लक्षित किया जा रहा था, उसका सामाजिक-ऐतिहासिक आधार क्या था? इस आधार का अध्ययन केवल रूढ़ि का पालन करने के लिए नहीं बल्कि हिंदी कहानियों में लक्षित बदलाव को समझने के लिए आवश्यक है। हम यथावसर देखेंगे कि विवेच्य कहानियों के वस्तुगत और शिल्पगत—दोनों प्रकार के बदलाव पर इस सामाजिक और ऐतिहासिक आधार का प्रभाव है।

द्वितीय विश्वयुद्ध के समाप्त होते-होते यह लगभग निश्चित हो गया कि भारत को स्वाधीनता मिलने वाली है। भारतीय जनता का आक्रोश भारतीय सैनिकों में भी फैल गया। आजाद हिंद फौज तो संगठित हो ही गई थी। सन् '46 में बंबई के नौसैनिकों ने भी विद्रोह किया। अंग्रेजों ने स्थिति भाँप ली। देश के दो टुकड़े कर दिए और सत्ता भारतीय नेताओं को सौंप दी। भारत को स्वाधीनता जिन परिस्थितियों में प्राप्त हुई उससे स्वातंत्र्योत्तर भारत में भारतीय जनता और सरकार को परस्पर विरुद्ध और विषम स्थितियों का सामना करना पड़ा था। एक ओर इस प्राचीन देश के खंडित होने की सांस्कृतिक पीड़ा थी, शरणार्थियों की दारुण विपत्तियाँ थीं और साथ-ही-साथ शताब्दियों के बाद विदेशी दासता से मुक्ति पाने का उल्लास था। शरणार्थियों और हिंदू-मुस्लिम दंगों की समस्या से हिंदी तथा उर्दू का साहित्य यथेष्ट मात्रा में प्रभावित हुआ किंतु भारत-विभाजन और हिंदू-मुस्लिम दंगों को लेकर जितना साहित्य उर्दू के साहित्यकारों ने लिखा है हिंदी के साहित्यकारों ने नहीं। इसका कारण यह है कि विभाजन हिंदी भाषी क्षेत्रों का नहीं हुआ। प्रभावित क्षेत्र पंजाब और बंगाल थे। हिंदी भाषी क्षेत्र पर इसका कोई प्रत्यक्ष प्रभाव नहीं पड़ा। भारत-विभाजन और हिंदू-मुस्लिम समस्याओं पर जिन हिंदी-लेखकों ने रचनाएँ लिखी हैं वे अधिकांशतः पंजाब से संबंधित हैं। उदाहरणार्थ अज्ञेय ने शरणार्थी समस्या पर अनेक समर्थ कहानियाँ लिखीं। भीष्म साहनी का उपन्यास 'तमस' साहित्य अकादमी से पुरस्कृत हो चुका है और कृष्णा सोबती द्वारा लिखित 'जिंदगीनामा' में भी भारत-विभाजन की समस्या को लिया गया है। ये तीनों ही रचनाकार मूल रूप से पंजाब से संबंध रखते हैं। जिन कृतियों की चर्चा अभी की गई है, उनकी विशेषता यह है कि वे भारत-विभाजन और उससे उत्पन्न स्थितियों को केवल राजनीतिक, आर्थिक तथा सांप्रदायिक विडंबना के रूप में नहीं देखतीं बल्कि एक मानवीय एवं सांस्कृतिक संकट के रूप में चित्रित करती हैं। वे प्रभावित क्षेत्र की प्रकृति के नैसर्गिक सौंदर्य और वहाँ की सामान्य जनता की परंपरा से चली आती हुई मिली-जुली संस्कृति के संदर्भ में इस राजनीतिक षड्यंत्र को एक अस्वाभाविक और अनहोनी दुर्घटना के रूप में चित्रित करती हैं जिससे भारत-विभाजन की अमानवीय दुर्घट विसंगति व्यंजित होती है।

निस्संदेह स्वाधीनता प्राप्त होने के कारण देश में आशा-आकांक्षा की लहर भी दौड़ी। युगों से जनमानस में संचित स्वप्नों के रूपायित और वास्तविक होने की आशा से देश आकुल हो उठा। विदेशों से भारत के राजनयिक संबंध स्थापित हुए। सोवियत संघ, अमेरिका, चीन जैसे महत्त्वपूर्ण देशों से मित्रता स्थापित हुई। जवाहरलाल नेहरू के कुशल नेतृत्व में भारत की विदेशनीति ने अंतर्राष्ट्रीय जगत में सम्मान और आदर प्राप्त कर लिया। नेहरूजी ने गुटनिरपेक्षता की नीति को एक अंतर्राष्ट्रीय आंदोलन के रूप में प्रस्तुत किया। उनके नेतृत्व में निर्गुट राष्ट्रों का एक मंच सन् 1955 के आसपास बना जो क्रमशः व्यापक होता चला गया। उससे नवस्वाधीन एवं आर्थिक दृष्टि से पिछड़े देशों का विकास करने का एक सामान्य मंच प्राप्त हुआ। औपनिवेशिक और साम्राज्यवादी

शक्तियों के विरूद्ध पराधीन राष्ट्रों की सहायता भारत की विदेशनीति का प्रमुख अंग बनी। इस सबका परिणाम यह हुआ कि भारत क्रमशः तीसरी दुनिया का प्रतिनिधि और प्रवक्ता बन गया। द्वितीय विश्वयुद्ध के उपरांत सोवियत संघ और संयुक्त राज्य अमेरिका में जो राजनीतिक, आर्थिक विचारधारात्मक प्रतिस्पर्धा चली उससे शीत युद्ध का वातावरण बना और उसका प्रभाव तीसरी दुनिया पर बहुत अधिक पड़ा। सन् 1962 में जब चीन ने भारत पर आक्रमण किया तो जवाहरलाल नेहरू के नेतृत्व पर ही नहीं बल्कि उनकी नीतियों पर भी संकट आया। इससे भारतीय जनता में एक प्रकार के मोहभंग का भाव उदित हुआ, सन् 1965 और 1971 के भारत-पाक युद्ध के भी गंभीर प्रभाव भारतीय जनमानस पर पड़े। लेकिन अंतर्राष्ट्रीय परिस्थितियों का कोई गंभीर प्रभाव भारतीय साहित्य पर नहीं दिखाई पड़ा।

जवाहरलाल नेहरू के ही नेतृत्व में भारतीय राष्ट्रीय कांग्रेस ने अपना उद्देश्य 'समाजवादी समाज की स्थापना' निर्धारित किया। समाजवादी देशों की ही पद्धति पर पंचवर्षीय योजनाएँ आरंभ हुईं। भारत की आर्थिक नीति की विशेषता यह थी कि उसने न तो पूरी तरह से समाजवादी देशों की भाँति सर्वसत्तात्मक रूप अपनाया और न पूँजीवाद को ज्यों का त्यों ग्रहण किया। भारत ने यहाँ भी संतुलन कायम किया और मिश्रित अर्थव्यवस्था को अपनाया। समाजवादी और साम्राज्यवादी—दोनों देशों से ऋण प्राप्त करके अपनी योजनाओं को चालू किया। देश में बड़े-बड़े कल-कारखाने स्थापित होने लगे। सार्वजनिक क्षेत्र और निजी क्षेत्रों के उद्योग-धंधे शुरू हुए। बाँधों, सड़कों, पुलों का निर्माण प्रारंभ हुआ और समूचा देश आर्थिक गतिविधियों से स्पंदित हो उठा। घरेलू राजनीतिक क्षेत्र में भारत की बहुत बड़ी उपलब्धि थी—गणतंत्रीय संविधान को स्वीकार करना और आम चुनाव। इतने बड़े देश में वयस्क मताधिकार के द्वारा आम चुनाव होना इतनी बड़ी उपलब्धि थी कि सारे संसार ने इसे आश्चर्य और कौतुहल के साथ देखा और जनता ने भी वास्तविक जनतंत्रीय प्रवृत्ति को स्वीकार किया।

स्वातंत्र्योत्तर भारत के विकास को समझने के लिए जिन बातों का ध्यान रखना आवश्यक है, वे निम्नलिखित हैं :

(क) पंचवर्षीय योजनाओं का प्रवर्तन और उनका कार्यान्वयन
(ख) आम चुनाव
(ग) समाजवादी और साम्राज्यवादी—दोनों पद्धतियों और शिविरों से अलग रहकर घरेलू और विदेश नीति को अपनाना।

पंचवर्षीय योजनाओं का कार्यक्षेत्र भारत की प्रायः सभी स्वातंत्र्योत्तर विकास-गतिविधियों से है। इन योजनाओं के लिए आवश्यक साधन जुटाना, उन साधनों का विनियोग, योजनाओं का कार्यान्वयन और सफलताओं या असफलताओं के आधार पर अगली पंचवर्षीय योजनाओं की तैयारी। इसमें संदेह नहीं कि स्वातंत्र्योत्तर भारत में निर्माण, उद्योग, शिक्षा, विज्ञान का बहुत विकास हुआ। स्वातंत्र्योत्तर भारत का जीवन स्वतंत्रता पूर्व जीवन से काफी परिवर्तित हो गया है। नगर और गाँव, मशीन और

तकनीकी प्रयोगों और यातायात एवं संचार के साधनों की उन्नति के कारण काफी नजदीक आ गए हैं। रेडियो, टेलीविजन एवं जनसंचार के अन्य साधनों के विकास के कारण भारत के सुदूर क्षेत्रों के निवासियों में भी नई चेतना का संचार हुआ लेकिन नई चेतना के प्रसार में संभवतः सर्वाधिक योगदान आम चुनावों का है।

भारत जैसे पिछड़े देश के लिए आम चुनावों के सामाजिक निहितार्थ वस्तुतः युगांतकारी सिद्ध हुए। वर्ण-व्यवस्था से जर्जर और आर्थिक दृष्टि से पिछड़े व अशिक्षित व्यापक जनसमूह वाले देश में वयस्क मताधिकार का अर्थ यह हुआ कि भूतपूर्व देशी नरेशों, उच्च पदस्थ अफसरों, स्त्रियों, अवर्णों—सबको राजनीतिक दृष्टि से मतदान का समान अधिकार मिला। शताब्दियों से पद-दलित, पीड़ित, अधिसंख्य जनता को शासन में सहभागी होने का बोध प्राप्त हुआ। इसके साथ ही देशव्यापी निर्माण-कार्यों से रोजगार की स्थिति में भी थोड़ा-बहुत सुधार हुआ। जमींदारी उन्मूलन से बड़े जमींदारों और देशी रियासतों के विलयन से भूतपूर्व नरेशों के सामंतवादी एवं अमानवीय शोषण भी कम हुए। लेकिन इस वर्ग ने ठेका, लाइसेंस, कोटा व परमिट आदि के रूप में नई जमींदारियाँ कायम कर लीं, यह अलग बात है। शिक्षा का प्रसार भी साधारण जन तक पहुँचने लगा। इन सबके संयुक्त प्रभाव से आर्थिक, सामाजिक, राजनीतिक एवं शैक्षिक दृष्टि से पिछड़े हुए वर्ग ने अपना सिर उठाना प्रारंभ किया। उन्हें सरकारी नौकरियों और संसद में आरक्षण प्राप्त हुआ। कुल मिलाकर इस दृष्टि से स्वातंत्र्योत्तर भारत में लगभग वैसी स्थिति फिर पैदा हुई जैसीकि भक्ति आंदोलन के पूर्व इस देश में पैदा हो चुकी थी लेकिन मुख्य अंतर यह था कि भक्ति आंदोलन वाली आस्था का स्थान महत्त्वाकांक्षा, असंतोष, मोहभंग और सार्वजनिक जीवन में भ्रष्टाचार ने ले लिया।

इस व्यक्तिगत महत्त्वाकांक्षा, अनास्था, मोहभंग के वस्तुगत और सामाजिक कारण हैं। स्वातंत्र्योत्तर भारत ने न तो समाजवादी देशों की सर्वसत्तात्मक पद्धति अपनाई, न पूँजीवादी व्यवस्था को अपनाया। निस्संदेह इस लक्ष्य को प्राप्त करने की प्रक्रिया अपने-आप में एक अभूतपूर्व प्रयोग है। इस प्रयोग के अपने खतरे हैं। जिस अर्थव्यवस्था को अपनाया गया उसमें निजी क्षेत्र और पूँजीवाद को समाप्त नहीं किया गया। सार्वजनिक क्षेत्र के साथ-साथ देशी पूँजीवाद का भी अभूतपूर्व विकास हुआ। कुछ ही लोगों के पास संपत्ति के एकत्रीकरण की प्रक्रिया समाप्त नहीं हुई। फिर संपन्न और विकसित जीवन-स्तर वाले देशों से भी हमारा संबंध दिनों-दिन बढ़ा। इन देशों के निवासियों का जीवन-स्तर हमारे देश के सामान्य जीवन-स्तर से कहीं ऊँचा और आकर्षक है। जो थोड़ा-बहुत सुधार यहाँ के जीवन-स्तर में आया, उसने संतोष, कर्मठता और नैतिकता उत्पन्न करने के स्थान पर उच्चतर एवं अधिक सुविधामय जीवन-स्तर की ललक पैदा की। नई सुविधाएँ जिन्हें प्राप्त हुईं वे और अधिक विलासमय जीवन और सुविधाएँ प्राप्त करने में निरत हो गए। उनकी देखा-देखी सामान्य जनसमूह में भी संयम और राष्ट्रीय हित में कर्मठता, सेवा और संतोष के स्थान पर और अधिक सुविधाएँ प्राप्त करने की लालसा पैदा हुई। ये सुविधाएँ ईमानदारी के साथ काम करते हुए नहीं हासिल की जा

सकती इसलिए हमारे देश में स्वतंत्रता के उपरांत प्रायः सभी क्षेत्रों में एक प्रकार की ईमानदारी का अभाव, नैतिकता का त्याग और स्वार्थ की भावना दिखाई पड़ी। यह भावना राजनीतिक और आर्थिक कारणों से युक्त होकर क्षेत्रीय, भाषायी एवं सांप्रदायिक संकीर्णता में व्यापक स्तर पर दृष्टिगोचर हुई। स्वातंत्र्योत्तर भारत में जो विकास हुआ, उसके अनेक पहलू हैं—इस विकास में जटिलता और परस्पर विरोधिता है। इसे ऐतिहासिक परिप्रेक्ष्य और द्वंद्वात्मक दृष्टि से ही समझा जा सकता है। एक ओर जनता में विकसित राजनीतिक चेतना, बृहत्तर जीवन जीने की आकांक्षा, समानता, स्वातंत्र्य और ईमानदार सामाजिक जीवन की माँग, दूसरी ओर अधिक सुविधाएँ और बेहतर जिंदगी को आसानी से प्राप्त करने के अवसर मिल जाने के कारण क्रमशः त्याग, संयम, देशहित, सामाजिकता की भावना पहले जैसी नहीं रह गई थी। इससे पहले जैसे त्याग और बलिदान की भावना का अभाव जनता ने इन नेताओं में लक्षित किया जो स्वाधीन भारत में विभिन्न उच्च पदों पर आसीन थे। लोग एक-दूसरे पर भ्रष्टाचार और बेईमानी का आरोप लगा रहे थे। इसे दूर करने के लिए प्रशासनिक तरीके अपनाए गए और समय-समय पर विविध जाँच-कमेटियाँ बिठाई जाने लगीं। लेकिन सच्ची बात यह है कि स्वाधीनता आंदोलन के समय देश के राष्ट्रीय जीवन में जिस सदाचार और उच्चता की लहर दौड़ रही थी वह क्रमशः लुप्त हो गई। देश की निम्न और सामान्य जनता का जीवन-स्तर थोड़ा-बहुत अवश्य सुधरा लेकिन उतना नहीं जितनी उन्होंने आशा की थी। गरीब और अमीर का भेद स्वातंत्र्योत्तर भारत में कम नहीं हुआ बल्कि बढ़ा। जितना सुधार निम्न और मध्यवर्ग के जीवन-स्तर में हुआ, उससे कहीं अधिक आर्थिक स्मृद्धि उच्चवर्ग को प्राप्त हुई। इन सबको दूर करने के लिए देश में समय-समय पर किसान-मजदूर आंदोलन होते हैं।

भारत की इसी आर्थिक और सामाजिक स्थिति पर यूरोप की दो प्रमुख समकालीन विचारधाराओं का प्रभाव पड़ा—अस्तित्ववाद और मार्क्सवाद। द्वितीय समरोत्तर यूरोप में अस्तित्ववाद का प्रभाव व्यापक तौर पर पड़ा। अस्तित्ववादी विचाराधारा को स्वीकार करने वाले सार्त्र, कामू (और कुछ लोगों के अनुसार काफ्का) जैसे प्रसिद्ध साहित्यकार यूरोप में हुए। स्वातंत्र्योत्तर भारत में महानगरों का विकास हुआ। पूँजीवादी सभ्यता का भी प्रसार हुआ। उससे जिस मोहभंग, कुंठा, निराशा का जन्म हुआ, उससे यहाँ भी अस्तित्ववाद को पनपने और प्रसारित होने का वातावरण मिला किंतु भारत में जो महानगरीय अकेलापन स्वातंत्र्योत्तर हिंदी साहित्य में दिखाई पड़ा उसका कारण केवल भीड़-भाड़, कल-कारखानों का विकास और निम्न मध्यवर्ग का दफ्तरी और उबाऊ जीवन ही नहीं है। इसका बहुत बड़ा कारण संयुक्त परिवार का टूटना भी है।

भारतीय समाज की बहुत बड़ी विशेषता संयुक्त परिवार है। शिक्षा का प्रसार होने और नगरों में रोजगार के अधिक अवसर होने के कारण गाँव के लोग बहुत बड़ी संख्या में इस बीच नगरों में आ गए। उनके परिवार और उनके संबंधी गाँव में ही रह गए। अकेले नगर के वातावरण में आने से उन्हें एक अपरिचित वातावरण मिलता है और

परिवार तथा रिश्तेदारों से अलग होने से एक विशेष प्रकार का अकेलापन मिलता है। वस्तुतः स्वातंत्र्योत्तर भारत के हिंदी साहित्य में जिस ऊब और अकेलेपन का इतना अधिक चित्रण हुआ उसका वास्तविक आधार लोगों का गाँव से नगरों में आना तथा संयुक्त परिवार का टूटना है। अस्तित्ववादी पीड़ा और संत्रास को इसी वास्तविक स्थिति ने पनपने और फलने-फूलने का अवसर दिया। नई कहानी के बोध को निर्मित करने में वैज्ञानिक उपलब्धियों विशेषतः देशकाल की नवीन धारणा, इतिहास का द्वंद्वात्मक भौतिकवाद की व्याख्या और फ्रायड के मनोविश्लेषण का भी गहरा असर पड़ा है।

संयुक्त परिवार टूटने के अतिरिक्त एक बड़ा परिवर्तन जो स्वातंत्र्योत्तर भारत में आया, वह था वर्ण-व्यवस्था का टूटना। शिक्षा के प्रसार, यातायात के साधन बढ़ने, शहरों में रोजगार बढ़ने व महानगरीय वातावरण के फलस्वरूप वर्ण-व्यवस्था की जड़ें कमजोर पड़ने लगीं। वर्ण-व्यवस्था सामंतवादी समाज की देन थी। स्वतंत्रता के उपरांत सामंतवाद का स्थान पूँजीवाद ने ले लिया। अतः वर्ण-व्यवस्था का बने रह पाना संभव ही न था क्योंकि पूँजीवाद में तो दो ही वर्ण (वर्ग) होते हैं—शोषक और शोषित। दोनों के ही अपने-अपने हित भिन्न थे। उनमें कोई ब्राह्मण, क्षत्रिय, वैश्य या शूद्र नहीं रह गया था, वे या तो शोषक थे या शोषित।

शिक्षा का यद्यपि काफी प्रसार हुआ किंतु शिक्षा की प्रकृति में कोई खास अंतर नहीं आया। पढ़े-लिखे युवकों को उनकी योग्यता के अनुसार रोजगार देने में सरकार पूरी तरह असफल रही। यद्यपि देश में अनेक नए कल-कारखानों की स्थापना हुई किंतु जनसंख्या की निरंतर वृद्धि तथा यंत्रीकरण के कारण बेरोजगारी की समस्या और विकट हो गई। सर्वत्र फैले भ्रष्टाचार और भाई-भतीजावाद के कारण अयोग्य व्यक्तियों को नौकरी मिलने व प्रतिभाशाली व योग्य व्यक्तियों को न लिए जाने के कारण पढ़े-लिखे युवकों में कुंठा और असंतोष की भावना व्याप्त हो गई। कारखाने-मिल इत्यादि पर मिल-मालिकों का ही पूरा आधिपत्य था। श्रमिकों के कल्याण की उन्हें कोई चिंता न थी। अस्वास्थ्यकर वातावरण में उनसे अधिक-से-अधिक काम लेकर उन्हें न्यूनतम मजदूरी देकर अपने लाभ को बढ़ाते रहना ही उनका एकमात्र उद्देश्य था।

शिक्षा के प्रसार से शिक्षित स्त्रीवर्ग का उदय हुआ। उनमें से बहुत-सी स्त्रियों ने आर्थिक कारणों, समय व्यतीत करने या फैशनवश नौकरी करना प्रारंभ किया। शिक्षित व आर्थिक दृष्टि से स्वावलंबी नारी अपने अधिकारों के प्रति जागरूक हुई। युगों से दबी नारी की व्यक्ति-चेतना का विकास हुआ। संविधान से तो उसे बराबरी का दर्जा मिला ही था। इस सबका परिणाम यह हुआ कि स्त्री-पुरुष के संबंधों में युगांतरकारी बदलाव आया। पुरुष अपनी इच्छा स्त्री पर नहीं लाद सकता था। स्त्री की भी प्रत्येक विषय पर उसकी अपनी राय, इच्छा, अनिच्छा होने लगी। पुरुष के लिए इस स्थिति को स्वीकार करना सहज न था क्योंकि संस्कारवश वह अपनी मानसिकता में बदलाव न ला सका। एक ओर तो वह सुशिक्षित, नौकरीशुदा पत्नी चाहता था जिससे उसका वैचारिक सामंजस्य हो सके लेकिन दूसरी ओर मन से समानता का अधिकार वह उसे नहीं दे पा

रहा था। यहीं से स्त्री ओर पुरुष के संबंधों में तनाव की स्थिति उत्पन्न हो गई।

नौकरी करने से स्त्री पर कार्य का बोझ दुगुना हो गया। नौकरी करने के बाद भी घर का कार्यक्षेत्र उसी का था। पुरुष का सहयोग उसे नहीं मिल पाता था। अपने सहकर्मियों के साथ मित्रता एक नई स्थिति थी। स्त्री के नौकरी करने तथा संयुक्त परिवार के विघटन से बच्चे उचित देखरेख के अभाव में मानसिक ग्रंथियों से पीड़ित होने लगे। अभिभावक उन्हें पूरा स्नेह व देखभाल के लिए पर्याप्त समय नहीं दे पा रहे थे। नौकर, आया या शिशुपालन गृह में पलने वाले बच्चों में कुंठा व ग्रंथियों का आ जाना स्वाभाविक ही था।

संक्षेप में यही नई कहानी की ऐतिहासिक और सामाजिक पृष्ठभूमि है जिसका प्रतिफलन नई कहानी की संवेदना पर दिखाई पड़ता है।

संदर्भ

1. यथास्थिति से मुक्ति के प्रारंभ की हिंदी, हृषिकेश, उद्धृत—समकालीन कहानी : दिशा और दृष्टि, धनंजय, पृ. 36
2. नई कहानी की भूमिका, कमलेश्वर, पृ. 20
3. खोई हुई दिशाएँ, कमलेश्वर, पृ. 22-23
4. नई कहानी की मूल संवेदना, डॉ. सुरेश सिन्हा, पृ. 36
5. ज्ञानोदय, फरवरी 1966, पृ. 103
6. समकालीन कहानी : दिशा और दृष्टि, धनंजय, भूमिका, पृ. 12
7. नई कहानी : प्रयोग की प्रक्रिया, राजेंद्र यादव, पृ. 67
8. एक दुनिया समानांतर, भूमिका, राजेंद्र यादव, पृ. 35
9. प्रयोग की प्रक्रिया—राजेंद्र यादव, उद्धृत (नई कहानी : दिशा दृष्टि—धनंजय), पृ. 70
10. नई कहानी की भूमिका, कमलेश्वर, पृ. 161
11. ज्ञानोदय, फरवरी 1966, पृ. 99-101
12. हिंदी कहानी : अंतरंग पहचान, डॉ. रामदरश मिश्र, पृ. 94
13. नई कहानी की भूमिका, कमलेश्वर, पृ. 43
14. समकालीन कहानी : दिशा और दृष्टि, सं. डॉ. धनंजय, पृ. 10
15. नई कहानी और एक शुरुआत—डॉ. नामवर सिंह, माया, 1965
16. एक दुनिया समानांतर, राजेंद्र यादव, पृ. 31

नई कहानी : कथ्य और शिल्प

नई कहानी-आंदोलन के दौरान लिखी गईं सभी कहानियाँ नई कहानियाँ नहीं हैं, न इस दौर के सभी लेखक नए कहानीकार हैं। नई कहानी तथा रचनाकार की पहचान केवल काल-बोध के आधार पर नहीं बल्कि इतिहास-बोध के आधार पर ही की जा सकती है। नई कहानी की पहचान रचनात्मक प्रवृत्तियाँ ही कराती हैं न कि कोई कालखंड-विशेष।[1]

नई कहानी-आंदोलन की विवेचना में कहानी का वर्गीकरण करके उसकी विशिष्ट प्रवृत्तियों को देखना दुष्कर है क्योंकि जीवन के एक अंश को ही अंकित करने वाली हर गद्य-रचना जिसमें कथा-तत्त्व हो आज कहानी कहलाती है[2] लेकिन जीवन इस तरह वर्गों या चौखटों में विभाजित नहीं है। हर आदमी के जीवन में ऐसी जटिल स्थितियाँ आती हैं जिनमें निर्णय लेते समय अनेक क्षेत्रों की समस्याओं से जूझना पड़ता है।[3] जीवन के यथार्थ को प्रस्तुत करने वाली आज की कहानी भी जटिल और संश्लिष्ट है। अतः अपने विविध आयामों में वह एक साथ कई प्रवृत्तियों का समुच्चय है। उदाहरण के लिए निर्मल वर्मा की कहानी 'लंदन की एक रात' को लिया जा सकता है। इसमें लंदन की एक रात का ही चित्रण नहीं है। यह डर, आतंक, भूख, बेकारी, रंगभेद, सेक्स की भूख, अजनबीपन, अकेलेपन की समस्याओं को भी अपने में समेटे है।[4] अध्ययन की सुविधा की दृष्टि से फिर भी नई कहानी को मुख्य प्रवृत्तियों के आधार पर विभाजित किया जा रहा है।

भारत-विभाजन

भारत-विभाजन ने अनेक अमानवीय कुकृत्यों को जन्म दिया। व्यापक स्तर पर नरसंहार हुआ, सभी मानवीय मूल्य और संबंध विघटित हुए। लाखों लोग अपने घरों से निर्वासित करके अजनबी और असुरक्षित मार्ग पर धकेल दिए गए। परिवार के लोगों को एक-दूसरे के सामने बेइज्जत और कत्ल करना सबसे भयावह दृश्य था। विभाजन की यह घटना नई कहानी के कुछ वर्ष पूर्व ही घटित हुई थी। अतः इसका चित्रण कहानी में होना स्वाभाविक ही था। अपनी जमीन से लगाव बहुत गहरा होता है क्योंकि उसी से व्यक्तित्व का निर्माण होता है। धरती छूटने की इस मर्मांतक पीड़ा को नए कहानीकारों ने बड़ी मानवीयता से उभारा है और विभाजन से उत्पन्न सांप्रदायिक उन्माद के खोखलेपन पर

व्यंग्यात्मक प्रहार किया है। इस समस्या पर हिंदी क्षेत्र में परिमाण की दृष्टि से अधिक कहानियाँ नहीं लिखी गईं क्योंकि इस विभीषिका को हिंदी क्षेत्र ने नहीं मुख्यतः पंजाब और बंगाल ने भोगा है। विभाजन पर कुछ महत्त्वपूर्ण कहानियाँ इस प्रकार हैं : 'मलबे का मालिक' (मोहन राकेश), 'शरणदाता', 'मुस्लिम-मुस्लिम भाई-भाई', 'लेटरबक्स' (अज्ञेय), 'अमृतसर आ गया है' (भीष्म साहनी), 'पानी और पुल' (महीप सिंह), 'सिक्का बदल गया' (कृष्णा सोबती), 'कितने पाकिस्तान' (कमलेश्वर) आदि।

विभाजन हुआ, पाकिस्तान बना, इस पाकिस्तान की वास्तविकता हमारे लिए क्या है ? "यह हमारे या तुम्हारे लिए कोई मुल्क नहीं है, एक दुखद सच्चाई का नाम है। वह चीज या वजह जो हमें ज्यादा दूर करती है, जो हमारी बातों के बीच एक सन्नाटे की तरह आ जाती है, जो तुम्हारे घरवालों, रिश्तेदारों या धर्मवालों के प्रति दूसरों के अहसास की गहराई को उथला कर देती है। तब उन दूसरों को उनके इस कोई के दुख उतने बड़े नहीं लगते जितने वे होते हैं; उनकी ख़ुशी उतनी ख़ुशी नहीं लगती जितनी वे होती हैं। कहीं कुछ कम हो जाता है। अहसास की कुछ ऐसी ही आ गई कमी का नाम शायद पाकिस्तान है।"[5] यहाँ पर पाकिस्तान मात्र एक भूखंड नहीं रह जाता। विभाजन की पीड़ा, दुखद अहसास और विनाशकारी प्रभाव का प्रतीक बन जाता है।

विभाजन की तरह अकाल और बाढ़ पर भी कतिपय कहानियाँ लिखी गई हैं, जिनमें आम आदमी भूख, बेकारी, बेबसी और अपमान का शिकार होता है। मानवीय मूल्य पूरी तरह टूट जाते हैं। दूसरी ओर संपन्नवर्ग जमाखोरी और चोर-बाजारी करके आम आदमी की स्थिति को और अधिक दारुण बना देता है। उस पर नेताओं के झूठे आश्वासन, सहायता की आड़ में अपनी जेबें भरना अमानवीय क्रूरता को जन्म देता है। अकाल से संबंधित कुछ प्रमुख कहानियाँ 'निर्वासित' (अमरकांत), 'हालत' (सुरेश सिन्हा), 'आग' (मनहर चौहान), 'माँ, सन्नाटा और बजता रेडियो' (रामदरश मिश्र), 'इतने अच्छे दिन' (कमलेश्वर) आदि हैं। रेणु की 'पुरानी कहानी : नया पाठ' और अमरकांत की 'एक बाढ़-कथा' बाढ़ की समस्या को आधार बनाकर लिखी गई हैं।

संयुक्त परिवार का विघटन

प्रेमचंद के समय से ही संयुक्त परिवार टूटने लगे थे। उनकी 'बड़े घर की बेटी' कहानी में इसी व्यवस्था के टूटने का मार्मिक चित्रण मिलता है। सामंतवादी व्यवस्था में संयुक्त परिवार होते थे क्योंकि संपत्ति का स्रोत एक (जमीन) होता था। परिवार में वृद्धि से भूमि पर दबाव बढ़ने लगा और जमीन का बँटवारा होने से व्यक्तियों की आवश्यकताओं के अनुरूप वह कम पड़ने लगी। अतः परिवार के भरण-पोषण के लिए परिवार के कुछ लोग गाँव से बाहर जाने लगे। स्वतंत्रता के उपरांत नए विकास-कार्य होने पर नगरों में व्यवसाय की संभावनाएँ बढ़ीं, ग्रामीण युवक शहर की ओर आकृष्ट हुए जिसके कारण संयुक्त परिवार धीरे-धीरे टूटने लगे। गाँव के उच्चवर्ग के कुछ लोग ऊँची नौकरी, उच्च शिक्षा प्राप्त करने के लिए और निम्न मध्यवर्ग के लोग क्लर्की, शिक्षा या अन्य

छोटी-मोटी नौकरी पाने के लिए शहरों की ओर उन्मुख हुए। उच्च शिक्षा और औद्योगिकीकरण के फलस्वरूप नगरों में नौकरी की संभावनाओं के बाहुल्य के कारण भी संयुक्त परिवार के टूटने की प्रक्रिया में तेजी आई।

व्यक्ति की जिंदगी के अलग-अलग दायरे संयुक्त परिवारों में असमायोजन की स्थिति उत्पन्न करते हैं। मोहन राकेश की 'क्वार्टर' कहानी में परिवार के सभी सदस्य अहम् से ग्रस्त हैं जो अपने-अपने ढंग से परिवार की स्थिति में हस्तक्षेप करते हैं—इकट्ठे रहने पर भी संयुक्त परिवार उन्हें एक सूत्र में बाँधने में असमर्थ हो गया है। ज्ञानरंजन की 'शेष होते हुए' कहानी में भी इसी स्थिति का सजीव अंकन हुआ है—''मँझले ने देखा, एक ही घर में कई घर हो गए हैं। हर व्यक्ति के कमरे में दूसरे से अलग एक स्वतंत्र और पृथकता ज्ञापित करने वाला स्वभाव है।''[6] ज्ञानरंजन की ही 'पिता', दूधनाथ सिंह की 'रक्तपात', 'आइसबर्ग', शानी की 'एक नाव के यात्री' आदि कहानियाँ भी संयुक्त परिवार के बिखराव, अलगाव व स्वातंत्र्य-चेतना के आग्रह के कारण आई अति-वैयक्तिकता की कहानी को दोहराती हैं।

रूढ़ियों के प्रति विद्रोह

आज के सामाजिक बोध में रूढ़ियों के प्रति विद्रोह की प्रवृत्ति लक्षित हो रही है। गतिशील परंपरा युगों से चली आ रही है, इसलिए व्यक्ति का अपनी परंपरा से कटना कठिन होता है। हमारे जीवन में परंपरा निरंतर विकसित होती हुई हमें युगों-युगों की अनुभव-संचेतना से जोड़ती है किंतु जब परंपरा अपने जड़ रूप में रूढ़ि बनकर स्थिर हो जाती है तो उसकी जीवनी-शक्ति समाप्त हो जाती है। समाज-व्यवस्था में अनेक प्रकार की रूढ़ियाँ दृष्टिगत होती हैं। स्वातंत्र्योत्तर मानसिकता एक ओर पुराने जीवन-मूल्य से जुड़ी हुई है, वहीं दूसरी ओर उसे नए मूल्यों की तलाश भी है। पुरातन आदर्शों और रूढ़ मान्यताओं के प्रति नई कहानी में गहरा आक्रोश और विद्रोह की भावना दिखाई पड़ती है क्योंकि परंपरागत दृष्टिकोण नए युग-संदर्भ की आवश्यकता तथा संचेतना के साथ सही नहीं बैठ पा रहा। अतः नई कहानी में परंपरा के रूढ़ एवं जड़ रूप के प्रति विद्रोह की भावना युगानुकूल है। यह विद्रोह जीवन के सभी क्षेत्रों—धर्म, समाज, परिवार, दांपत्य व यौन में दिखाई पड़ता है।

'जहाँ लक्ष्मी कैद है' में जर्जर हो गई परंपराओं एवं अंधविश्वासों में कैद लक्ष्मी का विद्रोह दिखाया गया है।[7] 'तलवार पंच हमारी' में सामंतवादी व्यवस्था का विरोध है[8] तो 'बिरादरी बाहर'[9] में जाति-बंधन को तोड़ा गया है। 'नौ सौ रुपए और एक ऊँट दाना' कहानी समाज में व्याप्त रूढ़िवादिता, दहेज-प्रथा तथा पाखंडपूर्ण जीवन का व्यंग्यात्मक चित्रण करती है।[10] यह कहानी खोखली आदर्शवादिता का विरोध करती है। 'पिता' में लड़के पिता को समय के साथ जोड़ने की चेष्टा करते हैं, यह अप्रत्यक्ष रूप में पुराने संस्कारों-विचारों व जीवन-पद्धति के प्रति विद्रोह-भाव ही है।[11]

सन् 1950 के आसपास की अवधि के बारे में राजेंद्र यादव ने लिखा है—''इस

कथाकाल की सारी कहानियाँ नए संबंधों के बनने की कहानियाँ नहीं, संबंधों के टूटने की कहानियाँ हैं। सारे संबंधों से टूटा हुआ व्यक्ति अधिक-से-अधिक अकेला, अजनबी होता चला जाता है, पिछली पीढ़ी के प्रति अविश्वास, घृणा और आपस में अपरिचय, अनिश्चय यही यथार्थ नई कहानी के माध्यम से बार-बार सामने आता है।[12]

पुरानी पीढ़ी के प्रति अवज्ञा और उपेक्षा का भाव

सन् 1950 के लगभग कुछ कहानियों में पुरानी पीढ़ी के प्रति श्रद्धा-भाव दिखाया गया है। 'कर्मनाशा की हार' (शिवप्रसाद सिंह), 'आर्द्रा' (मोहन राकेश), 'रानी माँ का चबूतरा' और 'अकेली' (मन्नू भंडारी) ऐसी ही कहानियाँ हैं, बाद में यह स्वर बिलकुल बदल जाता है। पुरानी पीढ़ी के प्रति अवज्ञा और उपेक्षा का भाव नई कहानी में दिखाई पड़ता है। पुरानी चली आ रही परंपरा में माँ को अत्यधिक श्रद्धा का भाव दिया गया है किंतु आज माँ से संबंधित यह मूल्य पूरी तरह टूट गया है। 'चीफ की दावत'[13] में माँ की यही स्थिति है, श्रद्धेय न होकर वह घर में फालतू सामान की तरह है जिसे चीफ की दावत के समय इधर-उधर छिपाने की समस्या आ खड़ी हुई है। आज की कहानी में माँ अब भी प्रायः अपने प्राचीन रूप में ही चित्रित है किंतु संतान अधिकांशतः बदल गई है। उसके सम्मुख आर्थिक लाभ ही सबकुछ है। शिवप्रसाद सिंह की 'दादी माँ', कमलेश्वर की 'देवा की माँ', मोहन राकेश की 'आर्द्रा' कहानियों का मुख्य स्वर यही है।

पिता का स्वरूप सर्वत्र एक-सा नहीं है। प्राचीन मान्यता के अनुरूप वह मात्र रक्षक और शासक नहीं है वरन् जहाँ एक ओर वह अपमानित, तिरस्कृत, आवारा, लफंगे के रूप में उभरा है[14] तो दूसरी तरफ उषा प्रियंवदा की 'वापसी' कहानी में पिता की स्थिति एक लंबे अरसे बाहर रहने के बाद लौटने पर अवांछित व्यक्ति की ही होकर रह गई है।[15] प्राचीन मूल्यों के अनुसार नारी का माँ, बहन, पत्नी का रूप ही मान्य है किंतु मोहन राकेश ने 'नए बादल' कहानी में इस रूढ़ि को त्यागकर नारी को मित्र-रूप में प्रतिष्ठित किया है। यह कहानी पुरानी मानसिकता पर व्यंग्य करती है।

मानव-संबंधों में पिता-पुत्र, माँ-बेटी के संबंधों को समान स्तर पर देखने की प्रवृत्ति नई कहानी में लक्षित होती है। गंगाप्रसाद विमल की 'प्रश्नचिन्ह' और कमलेश्वर की 'तलाश' कहानियाँ संबंधों की इसी समानता व मैत्री-भाव को उजागर करती हैं।

प्रेम

नई कहानी में सबसे अधिक कहानियाँ प्रेम-संबंधों को लेकर लिखी गई हैं जिनमें प्रेम की विशिष्ट या नई संवेदना को चित्रित किया गया है। शहर व ग्राम—दोनों जगह की कथाएँ प्रेममूलक हैं किंतु उनके प्रेम का स्वरूप एकांगी व सरल न होकर, मनःस्थितियों और परिस्थितियों के द्वंद्व, जटिलता, अंतर्विरोध, नैतिकता, भाव और बोध के तनाव, बदले हुए संदर्भ आदि से प्रभावित है। यह रूप पहले की कहानी के प्रेम से भिन्न है। आज प्रेम स्त्री के त्याग और समर्पण का रूप (प्रतिदान की आकांक्षा न रखकर किया

गया प्रेम) नहीं है। वरन् आज की शिक्षित नारी आर्थिक दृष्टि से स्वावलंबी होकर अपने व्यक्तित्व के प्रति सजग हो उठी है। प्रेम का अर्थ भावुक, लिजलिजा रोमांस नहीं है और न ही वह अशरीरी उदात्त है बल्कि उसमें शारीरिकता शामिल हो गई है। इस अर्थ में प्रेम भावुकता, आदर्श और कल्पना के स्थान पर यथार्थ भूमि के माँसल प्रेम में परिवर्तित हो गया है। यहाँ मनुष्य प्रेम को सहज प्रवृत्ति मानकर उसे जीवन के सुख-दुखात्मक आस्वाद की अनुभूति के स्तर पर झेलता हुआ जीता है। श्रीकांत वर्मा का कथन है—"प्रेम अर्द्ध-स्वीकृति है या अर्द्ध-अस्वीकृति, यही पता कर सकना कठिन हो गया है। छूटे हुए व्यक्ति के बारे में यह फैसला कर पाना मुश्किल हो गया है कि हम सचमुच उससे कभी जुड़े भी थे या नहीं। अगर हम कभी उससे जुड़े थे तो भी उसे झुठलाना चाहते हैं क्योंकि यह अनुभव करना कि हम उससे जुड़े थे, अपनी यंत्रणा को और भी गहरा करना है।"[16] अनिश्चय और अनिर्णय की यह स्थिति श्रीकांत वर्मा के कहानी-संग्रह 'दूसरे के पैर' में दिखाई देती है, जहाँ प्रेम उत्पन्न होने से पहले ही समाप्त हो चुका है।

पति-पत्नी संबंधों में अंतर

प्रेम व लगाव न होने पर भी साथ रहते जाने की शारीरिक विवशता को 'एक पति के नोट्स' में देखा जा सकता है। पति-पत्नी के संबंधों में आए अंतर के मूल में बदलते संदर्भ, शिक्षा, विवाह-संस्था के प्रति आस्था में कमी, रुचि-भिन्नता, व्यक्ति-सत्ता की चेतना, महत्त्वाकांक्षा, आर्थिक संकट, जीवन-स्तर की असमानता तथा तीसरे व्यक्ति की उपस्थिति रहे हैं। मोहन राकेश की 'एक और जिंदगी', राजेंद्र यादव की 'टूटना' कहानियाँ इसी भाव को व्यक्त करती हैं। आज स्त्री-पुरुष संबंध शासित और शासक के न होकर दो स्वतंत्रताकामी व्यक्तियों के संबंध हैं। दोनों में से जहाँ भी एक की स्वतंत्रता आहत होती है, तनाव की स्थिति उत्पन्न हो जाती है। स्त्री अब भी पुरुष के अधिकार व अहम् को सहन कर लेती है किंतु पुरुष में कहीं-न-कहीं पराजय का भाव या हीनता आ जाती है। श्रीकांत वर्मा की 'ट्यूमर' के पति की यही स्थिति है।[17]

वास्तव में आज पुरुष प्रकट रूप से तो नारी-स्वतंत्रता का समर्थन करता है किंतु चाहता है आधुनिकता ओढ़े व्यक्तित्वहीन, अनुगामिनी, हर तरह से उस पर आश्रित व निर्भर सती-साध्वी नारी ही।

तीसरे व्यक्ति की उपस्थिति भी दांपत्य जीवन में तनाव का कारण बनी है। विजयमोहन सिंह की कहानी 'वे दोनों' में पति की प्रेमिका के आने से संबंधों में घुटन तथा अशांति की स्थिति उत्पन्न हो जाती है।[18] अपने लिए वह पत्नी से इतर किसी स्त्री से संबंध रखना सामान्य बल्कि गौरव की बात समझता है लेकिन स्त्री को यह छूट वह नहीं दे पाता।[19] 'एक कमजोर लड़की की कहानी'[20] में पति को शक है कि उसकी पत्नी अब भी अपने पूर्व प्रेमी से प्रेम करती है। उसकी परीक्षा लेने के लिए वह प्रस्ताव रखता है कि वह (पत्नी) उसे (प्रेमी को) बुलाकर जहर दे दे।

मन्नू भंडारी की कहानी 'तीसरा आदमी' में भी इसी तीसरे व्यक्ति की उपस्थिति संशय, आत्महीनता व मानसिक संताप का कारण बनी है। संतान न होने के कारण हीनता से ग्रस्त पति बाहरी रूप में अपनी पत्नी और तीसरे व्यक्ति के संबंध में उपेक्षा-भाव दिखाता है लेकिन ऑफिस से बीच में छुट्टी ले बंद दरवाजों में सूराख ढूँढ़ता है जहाँ से वह उन दोनों को देख सके कि वे क्या कर रहे हैं।[21] 'किनारे से किनारे तक' (राजेंद्र यादव) का माणिक भी अपनी पत्नी पर शक करने के कारण सदैव तनावग्रस्त रहता है।

संदेह-वृत्ति से ग्रस्त यह पुरुष पत्नी को 'थर्मस में कैद कुनकुने पानी'[22] की तरह बाहर के वातावरण से अछूती रखना चाहता है। पुरुष की इसी संदेह-वृत्ति और स्त्री के पूर्व संबंधों को न सह पाने का चित्रण कमलेश्वर की 'दुखों के रास्ते' तथा 'जो लिखा नहीं जाता'[23] कहानियों में है।

स्त्री का व्यवहार ऐसी स्थिति में भिन्न है। वह अब भी अपने पति के सुख के लिए त्याग करती है। उसकी कमियों को छिपाकर उसका गुणगान करती है, उसको निभाती है। 'सिर का सदका'[24] की 'ईशरो' इसी तरह की पात्र है। पुरुष हमेशा संदेहशील और स्त्री उदारमना हो, ऐसा सर्वत्र नहीं है। दूधनाथ सिंह की कहानी 'रीछ' की पत्नी पति को उसके व्यभिचार के लिए उपालंभ देती है।[25]

'डरी हुई औरत' कहानी का पति अपने मित्र के साथ पत्नी को घूमने भेज देता है। उसे इसमें किसी प्रकार की दुविधा या हिचक नहीं है।[26] इसी तरह 'नौ साल छोटी पत्नी' का पति यह जानते हुए भी कि उसकी पत्नी का किसी से संबंध है, अपनी पत्नी की इस संबंध को छिपाने की चालाकी और होशियारी में अपना मनोविनोद करता रहता है।[27]

पत्नी का आर्थिक लाभ के लिए उपयोग कमलेश्वर की 'राजा निरबंसिया' तथा मोहन राकेश की 'सुहागिनें', 'फौलाद का आकाश' और 'आखिरी सामान' में दिखाई पड़ता है। स्त्री-पुरुष संबंधों को लेकर चलने वाली अन्य कहानियों में राजेंद्र यादव की 'पुराने नाले पर नया फ्लैट', उषा प्रियंवदा की 'कोई नहीं', मन्नू भंडारी की 'आकाश के आईने में' तथा कृष्ण बलदेव वैद की 'मेरा दुश्मन' आदि हैं।

स्त्री-पुरुष प्रेम

दांपत्य जीवन से अलग स्त्री-पुरुष के प्रेम का चित्रण भी नई कहानी में काफी हुआ है। आज प्रेम में केवल प्रेम नहीं है—घृणा, अलगाव, स्वार्थपरता—सभी कुछ उसके साथ संयुक्त हो गए हैं। पहले प्रेम के रास्ते में बाधाएँ परिवार, समाज, जाति या अर्थ की थीं लेकिन 'अब तो बाधक अपने ही व्यक्तित्व का अंश है। वही अंश खलनायक है, उसी की महिमा के नीचे बेचारा प्रेमी-अंश अप्रतिम दुबक जाता है'।[28] नई कहानी का प्रेमी आत्मरत, स्वार्थी, बिखरे-बिखरे व्यक्तित्व वाला, निर्णय लेने में असमर्थ और अशक्त दिखाई देता है। अपने कर्त्तव्य से पलायन करने वाले अस्थिर प्रवृत्ति वाले प्रेमियों का

चित्रण नई कहानी के अंतर्गत बहुत-सी कहानियों में हुआ है। राजेंद्र यादव की 'छोटे-छोटे ताजमहल' में व्यर्थ की आशंका और भय उनके अपने निर्णय में बाधा बन जाता है।[29] यह आधुनिक प्रेम की विडंबना ही है।

निर्मल वर्मा की 'लवर्स' का प्रेमी अपनी प्रेमिका से अपनी भावनाएँ व्यक्त करना चाहता है पर न जाने कैसी निष्क्रियता उसे घेर लेती है—"कुछ शब्द हैं जो मैंने आज तक नहीं कहे। पुराने सिक्कों की तरह वे जेब में पड़े रहते हैं।"[30]

जन्म-जन्मांतर का साथ निभाने वाले प्रेमी नई कहानी में नहीं हैं। यहाँ प्रेम में भी छल है। छल करके, वायदे तोड़कर भी किसी प्रकार का अपराध-बोध उन्हें ग्रस्त नहीं करता। कृष्णा सोबती की 'तिन पहाड़' में नायक 'श्री' 'जया' से सगाई करता है लेकिन विदेश जाकर 'एडना' से विवाह कर लेता है। अपने इस व्यवहार का औचित्य सिद्ध करते हुए कहता है—"कुछ हो जाता है जिसके आगे वचन नहीं रहते, आग्रह नहीं रहते, कुछ नहीं रहता। बस एक राग, एक प्यास।"[31] श्रीकांत वर्मा की कहानी 'प्रेमपत्र' में नायक सोच रहा है—"उसने यह झूठ कैसे लिखा। एक नहीं, इतने वर्ष हुए और अब भी वह है। उसने फिर सबकुछ याद करने की कोशिश की और उस वक्त को दोहराने की जिसमें उसने यह बात लिखी थी और पाया कि उसने झूठ नहीं लिखा।"[32] इस प्रकार छल करता हुआ भी वह अपने को ईमानदार कहता है।

'यही सच है' की नायिका दीपा निशीथ से अपमानित होने पर संजय से प्रेम करने लगती है। बाद में नौकरी मिलने में निशीथ द्वारा मदद कर दिए जाने पर वह सोचती है—"मुझे लगता है यह स्पर्श, यह सुख, यह क्षण ही सत्य है, बाकी सब झूठ है, अपने को भूलने का, भरमाने का, छलने का असफल प्रयास है।"[33] और नौकरी मिलने पर "तभी मैं अपने भाल पर संजय के अधरों का स्पर्श महसूस करती हूँ और मुझे लगता है, यह स्पर्श, यह सुख, यह क्षण ही सत्य है, वह सब झूठ था, भ्रम था।"[34] यह अस्थिरता वास्तव में दीपा की आत्मरति है। प्रेम वह संभवतः दोनों में से किसी को नहीं करती।

निर्मल वर्मा की कहानी 'परिंदे'[35] की नायिका लता अपने मृत प्रेमी को हठपूर्वक याद करती रहती है लेकिन ह्यूबर्ट के प्रेम-निवेदन-युक्त पत्र को पाकर मन में प्रसन्न ही होती है। अपनी आकर्षित करने की क्षमता से आश्वस्त होती है।

नरेश मेहता की कहानी 'एक और इतिश्री'[36] की नायिका तीन बार प्रेम में धोखा खाने का बदला, चौथी बार प्रेम करके धोखा देकर, लेना चाहती है। इस प्रकार वह अपने पीड़ित होने का बदला अपने प्रेमी को प्रताड़ित करके लेना चाहती है।

दायित्वहीनता के कारण 'तीसरा गवाह'[37] का नायक प्रेमिका के साथ विवाह का निर्णय लेने में डाँवाडोल है।

इसी प्रकार श्रीकांत वर्मा की 'दूसरे के पैर' हो या 'परिणय' या रामकुमार की 'डेक'—सभी में संदेह और अस्थिरता के कारण अनिर्णय की स्थिति बनी रहती है। इस प्रकार की मनोवृत्ति शिक्षित शहरी वर्ग में दिखाई देती है।

श्रीकांत वर्मा की 'शवयात्रा', कृष्णा सोबती की 'बादलों के घेरे' आदि कुछ

कहानियों में प्रेम के वायवी रूप के दर्शन होते हैं जो वासनात्मक न होकर नए मानवीय संबंधों पर आधारित हैं।

गाँव की पृष्ठभूमि में प्रेम

गाँव की पृष्ठभूमि में भी कुछ नई, जटिल संवेदनाओं से युक्त कहानियाँ लिखी गई हैं जिनमें 'तीसरी कसम', 'रसप्रिया' (रेणु), 'हंसा जाई अकेला' (मार्कण्डेय), 'नीली झील' (कमलेश्वर), 'नन्हो' (शिवप्रसाद सिंह) आदि कहानियाँ उल्लेखनीय हैं। 'तीसरी कसम' में एक गाड़ीवान से नौटंकी की एक नर्तकी के प्रेम की कथा है। स्वीकार की मनःस्थिति और अस्वीकार की परिस्थिति में झूलती इस कहानी का अंत दोनों के अपने-अपने संसार में लौट जाने से होता है। यथार्थ का यह दबाव विषाद के प्रभाव को घनीभूत कर देता है। 'रसप्रिया' का मिरदंगिया दायित्वहीनता के कारण ही प्रेम से विमुख हो जाता है। 'हंसा जाई अकेला' स्वाधीनता संग्राम की पृष्ठभूमि में हंसा और सुशीला बहन के प्रेम का चित्रण करती है। इस कहानी का अंत भी ट्रैजिक प्रभाव के साथ होता है। 'नन्हो' कहानी में देवर रामसुभग और नन्हो में आकर्षण-भाव है। पति की मृत्यु के उपरांत नन्हो अपने पारंपरिक संस्कारों के कारण उसे पति रूप में स्वीकार नहीं कर पाती। इस प्रकार इन कहानियों में गाँवों के बदलते सामाजिक परिवेश के मध्य प्रेम की द्वंद्वात्मक स्थिति का चित्रण मिलता है।

इस प्रकार प्रेम अपने यथार्थ रूप में नई कहानी में चित्रित है। इसमें आदर्श और कृत्रिमता का अभाव है। प्रेम को स्वस्थ रूप में रूपायित करने वाली कहानियों के साथ-साथ कुछ कहानियों में भोगे हुए यथार्थ के नाम पर घिनौनी, लिजलिजी भावुकता और यौन-संबंधों के प्रक्रियात्मक वर्णन की प्रवृत्ति मिलती है। ऐसी कहानियों के संबंध में कमलेश्वर का मत है—"जिन स्थितियों को कहानियों के ये योगी 'झेल' रहे हैं, वे स्थितियाँ भी दारुण मानवीय संकट, प्रताड़ना या अपमान-बोध की स्थितियाँ नहीं हैं। ये कथा-पुरुष किसी भी केंद्रीय संकटपूर्ण स्थिति के आरे के नीचे चिरते हुए लोग नहीं हैं। ये मात्र रति-शय्याओं की मसली हुई चादरों के कोनों में दबे हुए गंदे कपड़ों में लिजलिजे-गिलगिले आभास-भर हैं।[38] इस तरह की प्रवृत्ति को स्वस्थ नहीं कहा जा सकता।

शिक्षित तथा आर्थिक रूप से स्वावलंबी स्त्री की स्थिति

स्वातंत्र्योत्तर भारत में स्त्री-शिक्षा का प्रसार बहुत अधिक हुआ है। इससे शिक्षित स्त्री में समाज में बराबरी का दर्जा, व्यक्ति-स्वातंत्र्य आदि का बोध उत्पन्न हुआ। इस बोध को एक आंदोलन का रूप स्त्रियों के आर्थिक रूप से स्वावलंबी होने से मिला। अर्थ-प्राप्ति का बोध उनमें अपने प्रति विश्वास और निर्णय लेने की शक्ति उत्पन्न करता है, साथ ही पुरुष के प्रति समर्पण-भाव, 'स्व' के प्रति हीनभावना, निरंतर सहते रहने की विवशता के प्रति विद्रोह का भाव भरता है। नौकरी से प्राप्त आर्थिक स्वतंत्रता कहीं

तो पदोन्नति और कहीं यौन-पिपासा के कारण उच्छृंखल बना देती है, कहीं उसे ऊर्जा से युक्त कर देती है। ''पुराने संस्कारों और नई परिस्थितियों के बीच नारी किस प्रकार पुरुष के अनेक टूटे संदर्भों के बीच अकेली होती जाती है, उसके मानसिक गठन और मनोविज्ञान में कैसे दिलचस्प परिवर्तन आते जाते हैं, इसे आज की कहानी अधिक वास्तविक भूमि, अनेक सूक्ष्म-संश्लिष्ट धरातलों और विविध संवेदनशील पक्षों से चित्रित करती है।''[39]

'एक और जिंदगी' की वीना अपने पति प्रकाश के बराबर पढ़ी-लिखी है, उससे भी अधिक कमाती है। वह उसकी हर बात सिर झुकाकर स्वीकार नहीं करती बल्कि अपने तर्कों से उसे परास्त कर देती है। प्रकाश द्वारा बच्चे पर पिता के अधिकार की बात करने पर वह यहाँ तक कह देती है—''यह तो आकस्मिक घटना है कि आप इसके पिता हैं।''[40] इस विवाद की परिणति अंततः तलाक में ही होती है। चार साल बाद जब दोनों में भेंट होती है तो कोई भावुकता नहीं, कहीं कोई लगाव नहीं। ''क्षण-भर के लिए उसकी आँखें बच्चे की माँ से मिल गईं, परंतु अगले ही क्षण दोनों दूसरी-दूसरी तरफ देखने लगे।''[41]

'टूटना' (राजेंद्र यादव) की नायिका लीना दीक्षित शिक्षित युवती है। शिक्षा ने उसे आत्मविश्वास और निर्णय लेने की शक्ति दी है। वह एक निम्न मध्यवर्गीय युवक किशोर के साथ विवाह करने का निर्णय करती है और अपने पिता के विरुद्ध उठ खड़ी होती है। विवाह के बाद पति की गलत बातों को न सहकर वह उससे अलग होने का निर्णय बिना किसी प्रकार की भावुकता के लेकर, अपनी दृढ़-संकल्प शक्ति का परिचय देती हुई अलग होकर नौकरी कर लेती है।[42]

'यही सच है'[43] की नायिका दीपा भी शिक्षित और आधुनिक नारी है। दो पुरुष उसके जीवन में आते हैं। निर्णय का अधिकार वह अपने पास रखती है कि किसको वह चुने ?

'मिस पाल'[44] शिक्षित व आर्थिक दृष्टि से स्वावलंबी है। अतः अपने ढंग से जिंदगी जीने का अधिकार रखती है। दफ्तर का वातावरण ठीक न लगने पर वह कुल्लू जैसे सुदूर स्थान में रहने चली जाती है और पेंटिंग आदि का अपना शौक पूरा करती है।

शिक्षित और नौकरीशुदा होने के कारण ही 'तलाश' की विधवा ममी, बीस वर्षीया पुत्री के होते हुए, संयम और शारीरिक-पवित्रता संबंधी रूढ़ि को तोड़कर अपने सहयोगी मिस्टर चड्ढा से संबंध रखती है।[45] आर्थिक आधार होने के कारण ही वह विधवा की तरह न जीकर एक स्त्री के रूप में जीती है और जीवन के यथार्थ से बौद्धिक स्तर पर जुड़ती है।

''औरतें अब औरतें हैं वे झूठी, सती या वेश्याएँ नहीं हैं, इसलिए नई कहानी खलनायिकाओं से शून्य है, जिनकी पहले हर कदम पर जरूरत पड़ती थी। अब संबंधों के ध्रुव दो हैं—स्त्री और पुरुष, जो सारी संगतियों और विसंगतियों के साथ अपनी प्राकृतिक अपेक्षाओं से सीधे-सीधे संबद्ध हैं। संशयग्रस्त संबंधों के बिजबिजाते दलदल

अब नहीं हैं। नारी की देह अब उसके अपने निर्णय की वस्तु है।''[46]

'प्रतीक्षा' की गीता और नंदा में समलैंगिक संबंधों का आधार भी आर्थिक स्वावलंबन ही है। दोनों एक ही फ्लैट में रहती हैं, नौकरी करती हैं। गीता ने नंदा को अपने फ्लैट में जगह दे दी। आगे चलकर उनके शारीरिक संबंध विकसित हो गए।[47] अविवाहित नंदा और विवाहित तथा एक बच्चे के पिता हर्ष के यौन-संबंधों का आधार भी आर्थिक आत्मनिर्भरता ही है।

'आखिरी सामान'[48] की बेला भंडारी द्वारा पति के एक उच्चाधिकारी अतिथि की वासना का शिकार बनने से इनकार करने के मूल में भी संभवतः उसका शिक्षित होना ही है, तभी वह स्त्री के प्रति उपभोगवादी दृष्टि का विरोध करती हुई आर्थिक लाभ के लिए अपना शारीरिक शोषण नहीं होने देती।

इस प्रकार हम देखते हैं कि शिक्षा और आर्थिक आत्मनिर्भरता ने जीवन के सभी क्षेत्रों में स्त्री-स्वतंत्रता को नया आयाम दिया है। पुराने संबंधों से वह बहुत हद तक मुक्त हो गई है।

संबंधों पर अर्थ का प्रभाव

स्वतंत्रता प्राप्ति के दौरान सामंतवादी व्यवस्था का अंत हुआ और उसकी जगह पूँजीवादी व्यवस्था ने ले ली। आर्थिक लाभ कमाना ही व्यक्ति का एकमात्र उद्देश्य रह गया। हर संभव तरीके से पैसा कमाने के प्रयास में हमारी दृष्टि ही अर्थ-प्रधान हो गई। आज की इस उपभोक्ता-प्रधान सभ्यता का प्रभाव हमारे संबंधों पर भी दिखाई पड़ा।

अब तरक्की देने वाला 'चीफ' अधिक महत्त्वपूर्ण है, न कि जन्म देने तथा हर तकलीफ उठाकर पालने-पोसने व आत्मनिर्भर बनाने वाली माँ। चीफ पर अच्छा असर नहीं पड़ेगा इसलिए माँ को फालतू सामान की तरह छिपाने के प्रयास किए जाते हैं।[49] बाद में माँ द्वारा यह कहने पर कि वह उसे हरिद्वार भेज दे, शामनाथ बिगड़ उठता है इसलिए नहीं कि दुनिया कहेगी कि बेटा माँ को अपने पास नहीं रख सकता बल्कि इसलिए—

—''तुम चली जाओगी, तो फुलकारी कौन बनाएगा ? साहब से तुम्हारे सामने ही फुलकारी देने का इकरार किया है।

—मेरी आँखें अब नहीं हैं, बेटा, जो फुलकारी बना सकूँ। तुम कहीं और से बनवा लो। बनी-बनाई ले लो।

—माँ, तुम मुझे धोखा देकर यूँ चली जाओगी ? मेरा बनता काम बिगाड़ोगी ? जानती नहीं, साहब खुश होगा, तो मुझे तरक्की मिलेगी।''[50]

पैसे के लालच में ही पिता ने पुत्री को कैद बना रखा है।[51]

'राजा निरबंसिया' का जगपति पैसे के लिए ही अपनी पत्नी चंदा को बचनसिंह के हाथों 'बेच' देता है। ''आड़े वक्त काम आने वाला आदमी है, लेकिन उससे फायदा उठा सकना जितना आसान है...उतना...मेरा मतलब है कि...जिससे कुछ लिया जाएगा,

उसे दिया भी तो जाएगा।''[52]

'सुहागिनें' की हैडमिस्ट्रेस मनोरमा पैसा कमाने के लिए ही घर और पति से दूर रहकर नौकरी कर रही है। मनोरमा एक बच्चा चाहती है जो स्त्री की बड़ी स्वाभाविक इच्छा है लेकिन उसका पति सुशील आर्थिक कठिनाई के कारण ऐसा नहीं चाहता।[53]

'मेरा दुश्मन' में वाचक की पत्नी संभवतः धनाढ्य परिवार से संबंध रखती है इसलिए वह वाचक पर हावी है—''वैसे उसका गुस्सा बजा था। उसका गुस्सा हमेशा बजा होता है।...उसकी हर बात हमेशा सही होती है और मैं अपनी हर गलती को चुपचाप और फौरन कबूल कर लेता हूँ। ऊपर से वह कुछ भी क्यों न कहे उसे मेरी फरमाबरदारी पर पूरा भरोसा है।...मैं जानता हूँ कि बागडोर उसी के हाथ में रहती है। और यह ठीक ही है।...मैं सिर झुकाए खड़ा रहा, और वह मुँह उठाए बहुत देर तक बरसती रही।''[54]

'उसकी रोटी' की बालो अपने पति ड्राइवर सुच्चासिंह के लिए रोटी लेकर 5-6 घंटे तक बस-स्टॉप के सुनसान में प्रतीक्षा करती है, उसकी डाँट सहती है। उसकी रखैल के बारे में जानकर भी सबकुछ मौन-भाव से स्वीकार कर लेती है। इसके मूल में कहीं-न-कहीं आर्थिक मजबूरी ही है—

''वह जरा-सा सिहर गई। गाँव का लोटू सिंह अपनी बीवी को छोड़कर भाग गया था। उसके पीछे वह टुकड़े-टुकड़े को तरस गई थी। अंत में उसने कुएँ में छलाँग लगाकर आत्महत्या कर ली थी। पानी से फूलकर उसकी देह कितनी भयानक हो गई थी ?''[55]

''दाज्यू' कहानी के दाज्यू को छोटे से वेटर लड़के का दाज्यू कहना तब तक ही ठीक लगता है जब तक वह शहर में नया और अपरिचित है। एक बार जम जाने और आर्थिक स्थिति सुदृढ़ होने पर उसे अपनी पोजीशन का खयाल आ जाता है और वह उसे इस तरह पुकारने पर झिड़क देता है।''[56]

'वासना की छाया में' कहानी का बूढ़ा जाट जिसकी ''भौंहें सफेद हो रही थीं। आँखें छोटी होकर केवल दाग रह गई थीं। गालों का माँस लटक आया था। दाँत आधे टूट चुके थे। जो दाँत शेष थे, उनकी जड़ों में लहू रिस-रिसा रहा था! बोलते-बोलते उसका थूक दाढ़ी के सफेद बालों में फैल गया था।''[57] वाचक से एक औरत की अनुनय- भरी माँग कर रहा था, ''जो अपना यौवन राँधकर उसे खिला सकती है, क्योंकि वह जमींदार है और उसके घर में एक गाय और दो भैंसे हैं और उसकी हड्डियों में जितना जोर है, उससे कहीं अधिक उसकी गाँठ में पैसा है।''[58]

'रातें'[59] का करोड़पति मगनलाल छगनलाल दारूवाला अपने पैसे के बल पर ही एक वेश्या की चार पीढ़ियों की पहली रात खरीद लेता है। दूसरी तरफ 'शवयात्रा' का बंसीलाल इमरती नामक वेश्या को चाहकर भी आर्थिक अभाव के कारण नहीं पा सका।

इस प्रकार आज की अर्थप्रधान व्यवस्था में सभी संबंध, रिश्ते-नाते पैसे के कारण प्रभावित हो रहे हैं। आज व्यक्ति की पहचान व्यक्ति स्वयं नहीं, उसका पैसा है। यही तथ्य नई कहानी में किसी-न-किसी रूप में बार-बार आ रहा है। यहाँ तक कि भाई-बहन के संबंध भी इससे अछूते नहीं रह पाए। ''युद्ध की विभीषिका, दिनों-दिन बढ़ती कीमतें

और देश के विभाजन के बाद जब लड़कियाँ नौकरी करने लगीं, वे केवल आर्थिक रूप से स्वावलंबी हुईं, वरन् माता-पिता और छोटे भाई-बहनों की पालक बनीं, तो घर में उनकी स्थिति अनायास ही बदल गई और बेरोजगार भाइयों से कहीं-कहीं उनका व्यवहार वैसा ही उपेक्षापूर्ण हो गया जैसा कभी पहले भाइयों का बहनों के प्रति होता था। उषा प्रियंवदा ने अपनी कहानी 'जिंदगी और गुलाब के फूल' में इसी वस्तु-सत्य को नई दृष्टि से परखा है।''[60]

कमलेश्वर की कहानी 'आसक्ति' में भी बेकार भाई विनोद और नौकरी करती बहन सुजाता के रागात्मक संबंधों और अर्थ के कारण उनमें आते हुए तनावों की कथा है। इस पुरुष-प्रधान समाज में स्त्री के आर्थिक आधार पर जीने वाले पुरुषों की स्थिति बड़ी अपमानजनक होती है। उन्हें व्यक्तित्वहीन समझकर उनकी उपेक्षा और निंदा की जाती है। विनोद वस्तुतः उन बेकार युवकों का प्रतिनिधित्व करता है जो मजबूरी में मन मारकर दूसरों के सहारे जी रहे हैं। यह आधार किसी का भी हो सकता है—पिता का, भाई या अन्य रिश्तेदारों का। बेकारी से संवेदनहीन हो ये सबसे मिले अपमान को चुपचाप पीते रहते हैं और जिंदगी से जोंक की तरह चिपके रहते हैं।

'रोजगार' का भाई जमशेद, शरीर बेचकर कमाने वाली अपनी बहन के सहारे जी रहा है और अपमानित होता है—

''क्या ?—मिसेज एडवर्ड्स गुस्से में सबकुछ भूल गई। तू शरम से डूब नहीं मरता ? बहन के पाप की कमाई से रोटी खाता है, और मेरे सामने आँखें तरेरता है। थू है तेरे जैसे आदमी पर। थू...थू...''[61]

बेरोजगारी

बेकार व्यक्ति के प्रति उपेक्षा का भाव कमलेश्वर की 'देवा की माँ' में दिखाई पड़ता है।

''देवा जब अपने चारों ओर नजर घुमाता तो उसे यह सब खलता। खुद अपनी माँ की बेईमानी चुभती। वह अपने चारों तरफ लोगों को देखता तो उसे लगता कि उनके चेहरे एकदम एक-से हैं, जिन पर नफरत, प्यार, प्रशंसा या निंदा कुछ भी तो नहीं उभरती। अजीब-सी एकरसता थी।''[62]

बेकारी के ही कारण लोगों ने उसके प्रति तटस्थ मुद्रा धारण की हुई है। यह उसके अस्तित्व को ही नकारने का प्रयास लगता है। देवा को माँ की बेईमानी चुभती है लेकिन वह विवश है। परिस्थितियों पर उसका नियंत्रण नहीं है, अतः वह न कुछ कह पाता है, न ही कुछ कर पाता है।

'मिस्टर भाटिया' घोड़ों की रेस जीतकर ही अपनी बेकारी दूर करना चाहता है।[63]

'शिकार' का पटवर्द्धन जेब काटने के लिए मजबूर है क्योंकि ''इस वक्त उसके पास सिर्फ दो इकन्नियाँ थीं। रात की रोटी के लिए कुछ-न-कुछ पैदा करना जरूरी था।''[64]

हालाँकि जेब काटने के बाद अपराध-बोध से ग्रस्त होकर ''पटवर्द्धन का मन चाह

रहा था कि जिंदगी लौटकर कुछ मिनट पहले के उस मुकाम पर चली जाए जब उसके चारों तरफ भीड़ का दबाव बढ़ रहा था, पर उसका हाथ अभी नवयुवक की जेब तक नहीं पहुँचा था।''[65]

अमरकांत की 'दोपहर का भोजन' में बेकारी की ही अभिशप्त छाया सारे परिवार पर व्याप्त है। 'डिप्टी कलेक्टरी' में भी बेरोजगार नारायण की नौकरी लगने की पीड़ा-भरी प्रतीक्षा ही है, स्वतंत्रता ने हमें केवल आशा और आश्वासन ही दिए। तभी नारायण, जिसका ए.जी. ऑफिस की क्लर्की में भी चयन नहीं हो पाया, डिप्टी कलेक्टर बनने के स्वप्न देखता है। केवल वही नहीं, उसका समस्त परिवार भी।

'लंदन की एक रात' अंतर्राष्ट्रीय संदर्भ में बेरोजगारी की समस्या को उठाती है।

कमलेश्वर की कहानी 'जोखिम' का वाचक बेरोजगार है। उसकी समझ में नहीं आता कि क्या करे—

''मैं कहाँ से शुरू करूँ ? या संघर्ष शुरू करूँ ? कहाँ से ? जहाँ बताइए—जाकर काम करने लगूँ। सड़क खोदने लगूँ या अस्पताल में जाकर मरीजों की खून-सनी पट्टियाँ साफ करने लगूँ...या गोदी पर जाकर गाँठें उठाने लगूँ या लड़कियों के लिए आदमी तलाश करके लाने लगूँ या शराब पहुँचाने लगूँ...या नरीमन पाईंट पर खड़े होकर दोनों हाथ आसमान की तरफ उठाकर चीख पड़ूँ। क्या करूँ ?''[66]

इसी बदहवासी की हालत में उसे महसूस होता है कि—

''ज्यादा खुशनसीब हैं वे औरतें, जो तन का धंधा करके कुछ कर लेती हैं। दुख-सुख की अच्छी-बुरी ज़िंदगी जी लेती हैं। मेरे पास तो वह भी नहीं है। न दुख....न सुख। सिर्फ एक ठहराव।''[67] बेकार व्यक्ति की यह मनःस्थिति सचमुच आतंक पैदा करने वाली है।

नई कहानी में इस निराशा में भी आशा की किरण दिखाई देती है। निर्मल वर्मा की 'सितंबर की एक शाम' में बेकार नवयुवक घास पर लेटे हुए जब सोचता है कि सारी दुनिया उसकी प्रतीक्षा कर रही है कि वह उसे अर्थ दे तो उसकी बेकारी एक व्यापक संदर्भ ले लेती है। ''इसके बाद उसने आँखें उठाईं—सारी दुनिया उसके सामने पड़ी थी और उसकी उम्र सत्ताईस वर्ष की थी।''[68] तो व्यर्थता-बोध और संभावना का अंतर्विरोध उद्‌घाटित हो जाता है। इसी प्रकार 'माया का मर्म' (निर्मल वर्मा) का नायक बेकारी से बेहद हताश हो चुका है। जब वह देखता है कि एक छोटी बच्ची गंदले पानी के नाले में कागज की नाव बहाकर यह सोचती है कि जैसे वह नाव एक कल्पित लोक में जा रही है तो उसकी इस आशा को देखकर उसकी निराशा बहुत हद तक दूर हो जाती है।[69]

यही आस्था मोहन राकेश की 'जख्म' में भी दिखाई पड़ती है—''नौकरी न रहने पर भी मैं दस आदमियों को खिला सकता हूँ...खाता मैं कभी किसी से नहीं। और यह भी विश्वास रखो कि मुझे अभी बीस साल और जीना है...कम-से-कम बीस साल।''[70]

इस प्रकार बेरोजगारी की समस्या का विविध संदर्भों में चित्रण नई कहानी ने

किया है।

महानगरीयता

स्वातंत्र्योत्तर भारत में महानगरों का विकास और पूँजीवादी सभ्यता का प्रसार हुआ। महानगरीय जीवन की विशिष्टताएँ—कृत्रिमता, यांत्रिकता, संवेदनहीनता और निर्मम तटस्थता को भी नई कहानी ने अपना विषय बनाया है।

महानगरों में व्यक्ति की यांत्रिक दिनचर्या को रवींद्र कालिया की कहानी 'बड़े शहर का आदमी' बड़ी खूबी के साथ चित्रित करती है। सुबह उठते ही दफ्तर की बातें, जेब में स्लीपिंग पिल्ज, बाएँ के व्यक्तित्व की चर्चा करना, आत्महत्या के बारे में सोचना आदि आज दैनिक व्यवहार के अंग बन गए हैं। कहानी का पात्र पी.के. कहता है—''अब तुम भागम-भाग बाथरूम में घुस जाओगे। वक़्त पर दफ्तर पहुँच जाओगे तो सोचोगे जीवन सार्थक हो गया। किसी मजाक पर हँस पड़ोगे। किसी दुर्घटना पर उदास हो जाओगे। दफ्तर से टूटकर लौटोगे, तो अटैची से प्रेमिकाओं के खत निकालकर पढ़ने लगोगे।''[71] यह आज की शहरी जिंदगी का यथार्थ चित्र है। अपने यांत्रिक-जीवन में व्यक्ति इतना संवेदनहीन हो गया है कि मृत्यु जैसी घटनाएँ भी उसे झँझोरती नहीं। वह उनसे भी निर्लिप्त ही रहता है।

कमलेश्वर की कहानी 'दिल्ली में एक मौत' महानगरीय सभ्यता की कृत्रिमता, यांत्रिकता और संवेदनहीनता को तीव्रता के साथ स्पष्ट करती है। कहानी का वाचक अखबार में एक सेठ की मृत्यु का समाचार पढ़कर परेशान व चिंताग्रस्त हो गया है। लेकिन उसकी यह परेशानी मृत्यु को लेकर नहीं अपितु दिसंबर महीने की कड़ाके की सर्दी में शवयात्रा में शामिल होने की है। वह न तो शवयात्रा में शामिल होने को उत्सुक है, न ही मानसिक रूप से तैयार ही, पर उसे यह ''खटका लगा था कि कहीं कोई आकर ऐसी सर्दी में शव के साथ जाने की बात न कह दे।''[72] पड़ोसी शवयात्रा में जाने के लिए संपूर्ण मेकअप और तैयारी से निकल रहे हैं। मृत्यु का अहसास यहाँ भी बिलकुल नहीं है। बल्कि वहाँ भी मेल-मुलाकात से काम निकल सकते हैं या नहीं, यही उनके दिमाग में है। शवयात्रा में शामिल होने के मूल में न करुणा का भाव है, न शोक है, न सहानुभूति। श्मशान भूमि में औरतें गपशप करती रहती हैं, जब कुछ स्त्रियाँ शोक का अभिनय करती हैं तो अन्य में उनका अनुकरण करने की स्पर्धा जाग उठती है। यहाँ शोक भी एक फैशन अथवा अंधानुकरण की प्रवृत्ति बन गया है। लोग मृतक के बारे में बात न करके अपने-अपने भविष्य की योजनाओं और अन्य कामों की चर्चा करते हैं और स्त्रियाँ मेकअप तथा रात को होने वाली पार्टी के बारे में। लोग तैयार होकर नाश्ता करके आए हैं, अतः श्मशान भूमि से सीधे अपने दफ्तरों को निकल जाते हैं, वाचक दुविधा में पड़ जाता है कि ''घर जाकर तैयार होकर दफ्तर जाऊँ या अब मौत का बहाना बनाकर आज की छुट्टी ले लूँ—आखिर मौत तो हुई ही है और शवयात्रा में शामिल भी हुआ हूँ।''[73]

इस प्रकार यह कहानी महानगरीय जीवन के कठोर यथार्थ का निर्मम चित्रण करती है। मृत्यु के संदर्भ में ऐसी ही संवेदनशून्यता कमलेश्वर की ही कहानी 'उस रात वह मुझे ब्रीच कैंडी पर मिली थी' में भी दिखाई पड़ती है। यहाँ बंबई के ब्रीच कैंडी का चित्रण किया गया है। बारिश की रात में एक पुरुष और एक स्त्री वहाँ एक बैंच पर बैठे हैं। समुद्र में नाव से इन दोनों के सम्मुख एक स्त्री की लाश को उतारा जाता है लेकिन वे दोनों तटस्थ और निर्विकार हैं। न उन्हें किसी प्रकार का भय लग रहा है, न वे उत्सुक हैं और न परेशान। पुलिस द्वारा लाश ले जाए जाने पर भी बहुत देर वे यूँ ही बैठे रहे और बाद में उठकर—''वे साथ-साथ चले जा रहे थे। उसी तरह भीगते हुए।...घुलते हुए...धीरे-धीरे वे पिघलते से गए थे, फिर ओझल हो गए।''[74] परिवेश के प्रति यह हृदयहीन तटस्थता और जिज्ञासाहीनता महानगरीय बोध का ही लक्षण है।

इसी प्रकार की महानगरीय तटस्थता के कारण पड़ोसियों से भी उदासीनता ज्ञानरंजन की कहानी 'फेंस के इधर और उधर' में दिखाई देती है। फेंस के दोनों तरफ दो परिवार रहते हैं। दोनों पड़ोसी होते हुए भी एक-दूसरे से कोई संबंध नहीं रखते। कहानी का नायक कहता है—''बड़े शहरों में एक-दूसरे से ताल्लुक न रख अपने में ही जीने की जो विवशता देखने को मिलती है, कुछ उन्हीं विशेषताओं और संस्कारों के लोग हमारे नए पड़ोसी लगते हैं।''[75]

यही कारण है कि एक परिवार में लड़की का विवाह हो जाता है और दूसरे परिवार को आमंत्रित भी नहीं किया जाता। इस प्रकार सामाजिक चेतना से कटना भी महानगरीय बोध का ही एक अंग है।

अजनबीपन और अकेलापन

स्वातंत्र्योत्तर हिंदी साहित्य में जो महानगरीय अपरिचय या अकेलापन दिखाई दिया, उसका कारण केवल महानगरीय यांत्रिकता, संवेदनहीनता, तटस्थता या कृत्रिमता ही नहीं है, इसका बहुत बड़ा कारण संयुक्त परिवार का टूटना भी है। पिछली पीढ़ी के प्रति घृणा, अविश्वास और पारस्परिक अपरिचय-अनिश्चय—नई कहानी के मुख्य विषय हैं। यहाँ सारे संबंधों से विच्छिन्न व्यक्ति अधिकाधिक अकेला और अजनबी होता चला गया है। अजनबीपन आत्मनिर्वासन की स्थिति है। हमारे देश की मानसिकता अतिपरिचय से ऊबी हुई है और इस अतिशय का परिणाम अपरिचय की ऐच्छिक मनोदशा है। इसलिए हमारा अपरिचय या अजनबीपन इस अति-परिचय के कारण ही है। राजेंद्र यादव की 'छोटे-छोटे ताजमहल' के विजय और मीरा, मोहन राकेश की 'एक और जिंदगी' के प्रकाश और वीना, कमलेश्वर की 'राजा निरबंसिया' के जगपति और चंदा, श्रीकांत वर्मा की 'परिणय' और 'दूसरे के पैर' के प्रेमी-प्रेमिका सभी अति-परिचय के बीच अपरिचय से ग्रस्त दिखाई पड़ते हैं। यही भाव-बोध श्रीकांत वर्मा की इन पंक्तियों में भी व्यक्त हुआ है—

हम एक दूसरे से परिचित

होने की कोशिश में
कुछ अधिक अपरिचित हो
कर गुजर रहे हैं एक
दूसरे के समीप से लगातार।
प्रत्येक सुबह तुम लगती हो
कुछ और अधिक अजनबी मुझे ![76]

अजनबीपन का एक कारण व्यवहार की कृत्रिमता भी है। व्यक्ति जिन लोगों को पसंद नहीं करता, उनके साथ भी अपने काम पड़ सकने के कारण मेलजोल बढ़ाता है। व्यवहार की इस कृत्रिमता के कारण व्यक्ति पहले परिवार से, फिर समाज से और अंततः अपने-आप से अजनबी हो जाता है। राजेंद्र यादव की 'दायरा' की मुख्य संवेदना यही है।

'वापसी' के गजाधर बाबू अपने ही घर में अजनबी हो जाते हैं–"गजाधर बाबू को देखते ही नरेंद्र धप से बैठ गया और चाय का प्याला उठाकर मुँह से लगा लिया। वहू को होश आया और उसने झट से माथा ढक लिया, केवल बसंती का शरीर रह-रहकर हँसी दबाने के प्रयत्न में हिलता रहा...गजाधर बाबू ने चाहा था कि वह भी इस मनोविनोद में भाग लेते, पर उनके आते ही जैसे सब ही कुंठित हो चुप हो गए।"[77]

'चीफ की दावत' की माँ भी घर के समस्त वातावरण में अजनबी हो उठी है। 'जिंदगी और गुलाब के फूल' में नौकरी छोड़ देने पर भाई अपने ही घर में अजनबी हो गया है। 'पिछली गर्मियों में' कहानी भी अजनबी व्यक्ति की कहानी है, जो घर से बाहर रहता है। उसके लाख चाहने पर भी तनाव टूटता नहीं और आत्मीयता विडंबना हो जाती है। उसे लगता है "मानो वे दोनों जमीन के एक टुकड़े के सामने खड़े हैं जो बिलकुल अपरिचित और अजाना-सा है। उनके बीच, उन भाई-बहन के बीच, एक मूक समझौता है कि वे इस पर नहीं चलेंगे। वहाँ उनकी बढ़ती हुई उम्र थी। उसे वैसा ही छोड़ देंगे जैसा वह है। वहाँ वे अकेले थे।"[78]

ज्ञानरंजन की 'संबंध' तथा 'शेष होते हुए' कहानियों में माँ-पिता, भाई-बहन से अलग होते हुए आदमी के लिए अलगाव ही कटु-सत्य बन जाता है। मोहन राकेश की 'एक और जिंदगी' तथा 'सुहागिनें' में भी अलगाव और अजनबीपन के दर्शन होते हैं। 'खोई हुई दिशाएँ' का अजनबीपन और अकेलापन मार्क्स की आत्मनिर्वासन-संबंधी व्याख्या से स्पष्ट हो उठता है–"इसलिए संभोग की क्रिया जैसा पाशव-कर्म एकमात्र ऐसा कर्म बच रहता है, जिसमें निर्वासित व्यक्ति अपने-आप को मानव समझता है, अगर्चे स्तर गिरकर पशुता तक पहुँच जाता है।"[79]

'एक नाव के यात्री' (शानी) के पिता अपने ही घर में अपरिचित हो गए हैं–"घर-भर की बातें पापा ज्योतिविहीन आँखों से अपने ही परिवार को घूरते हुए अपरिचितों की तरह सुन रहे थे।"[80] अजनबीपन की यह अनुभूति दूधनाथ सिंह की 'रक्तपात' में भी दिखाई पड़ती है–"कभी उसे लगता कि सभी ने उसे छोड़ दिया है। अब धीरे-धीरे

यह लगता था कि उसी ने अपने को छोड़ दिया है...।''[81] श्रीकांत वर्मा की 'झाड़ी' में अजनबीपन संबंधों की ठिठुरन का है। 'आइसबर्ग' का विनय भी अजनबीपन और अकेलेपन से त्रस्त है—''बेबी मैं चाहता हूँ कि मुझे भी लगे कि मैं आदमियों के बीच हूँ। मेरे भी चारों तरफ लोग हैं, जो मुझे पहचानते हैं। मैं भी किन्हीं से संबंधित हूँ। मैं तुम सबके बीच में अपने को महसूस करना चाहता हूँ।''[82] मोहन राकेश की 'अपरिचित' में भी अकेलेपन की अनुभूति है। निर्मल वर्मा की 'माया दर्पण' के पिता और पुत्री एक घर में रहते हुए भी एक-दूसरे के लिए अजनबी हो गए हैं। 'फौलाद का आकाश' की मीरा की अलगाव की भावना यांत्रिक जीवन से उत्पन्न हुई है।

भीष्म साहनी मानते हैं कि—

''...यह सच है कि आज के मशीनी युग में मनुष्य बहुत कुछ अकेला होता जा रहा है, बड़े-बड़े कारखानों, बड़े-बड़े संस्थानों में काम करने वाले लोगों के आपसी संबंध अवैयक्तिक होते जा रहे हैं। यह अकेलापन एक सामाजिक तथ्य है, आज के युग की सभ्यता है।''[83]

अजनबीपन के बीच अकेलापन कहीं परिस्थितिजन्य है तो कहीं इसे बलात् ओढ़ा गया है। 'अजनबी' (वैद) में अकेलेपन से परेशान होकर भी इसी में अपने को सुरक्षित समझा गया है—''बेगानगी का खुरदरा-सा खोल मेरे आसपास तन गया था। उस खोल के भीतर मैं बहुत अकेला, बहुत अतृप्त, बहुत बेचैन किंतु बहुत सुरक्षित अनुभव कर रहा था।''[84] इसी तरह का अकेलापन निर्मल वर्मा का 'पराया शहर' और 'जलती झाड़ी' में भी दिखाई देता है।

नई कहानी का अकेलापन पीढ़ियों के अलगाव से उत्पन्न, थोपा हुआ अकेलापन और असंपृक्ति का अकेलापन है। दूधनाथ सिंह के शब्दों में—''हमारे युग का तथाकथित अकेलापन एक बृहद् अकेलेपन की भूमिका मात्र है।...क्या हम घर के एकांत कोनों में जब बिलकुल अकेले होते हैं तब पूर्णतः सुखी नहीं होते ? क्योंकि तभी हम सच्चे अर्थों में अकेले नहीं होते, लेकिन ज्यों ही हम किसी से टकरा जाते हैं, हम अकेला होना शुरू कर देते हैं, हम अपने को खोना शुरू कर देते हैं।''[85]

नई कविता की भाँति नई कहानी में अकेलेपन की भावना एक प्रवृत्ति के रूप में काम करती हुई दिखलाई पड़ती है। यह अकेलापन कई कारणों से आया। संयुक्त परिवार का विघटन, महानगरीयता, अस्तित्ववादी बोध, बेरोजगारी और फटेहाली—ये सब किसी-न-किसी मात्रा में अकेलेपन की भावना उत्पन्न करते हैं।

'सुहागिनें' (मोहन राकेश) की प्रिंसिपल मनोरमा नौकरी करने के लिए दूसरे शहर में अपने पति से अलग रहती है। वह पति का सामीप्य और माँ बनने के लिए तरसती रह जाती है। पुरुष के समान कमाने वाली इस स्त्री के हाथ केवल उदासी, हताशा और अकेलापन ही लगता है। निर्मल वर्मा की 'वीक एंड' की पति-परित्यक्ता पत्नी, 'छुट्टियों के बाद' की नायिका, राजेंद्र यादव की 'दायरा' के हरि और विभा, दूधनाथ सिंह की 'दिनचर्या' कहानी का रोजमर्रा के जीवन से ऊबा हुआ पुरुष, शानी की 'एक और सच'

की प्रेमिका—ये सब पात्र अकेलेपन की यातना भोग रहे हैं। इस अकेलेपन के बोध को स्वातंत्र्योत्तर कहानी ने बड़ी तीव्रता से व्यंजित किया है।

इस अकेलेपन का सबसे बड़ा लक्षण उत्तम पुरुष वाचक एकवचन सर्वनाम 'मैं' का अधिक प्रयोग है। सन् 1950 के बाद जहाँ नई कविता में 'मैं' के प्रयोग की भरमार मिलती है। वहाँ नई कहानी में भी 'मैं' अनेक कहानियों में प्रमुख पात्र के रूप में दिखलाई पड़ता है। ऐसी कहानियाँ भी मिलेंगी जिनमें पूरी कहानी प्रमुखतः 'मैं' के ही आंतरिक और बाह्य क्रिया-कलापों पर आधारित है। व्यक्ति के मानवीय संदर्भ का पता कई बार नहीं चलता।[86]

अकेलेपन का एक रूप ऐसी कहानियों में भी उभरता है जहाँ पात्र तो मैं के अतिरिक्त भी हैं लेकिन मैं अन्य सभी पात्रों से और अपने आसपास की सभी स्थितियों से तटस्थ और अन्यमनस्क रहता है। उस पर परिस्थितियों या संबंधियों का कोई प्रभाव नहीं ही पड़ता। इस तरह के पात्र और ऐसे पात्रों के क्रिया-कलाप पर आधारित कथानक वाली कहानियाँ 'नई कहानी' में एक उल्लेखनीय संख्या में मिल जाएँगी।[87]

इस विषय में यह ध्यातव्य है कि कहानी में अकेलेपन का यह चित्रण अकेलेपन को तोड़ने के लिए भी आ सकता है। उदाहरणार्थ 'रोज' (अज्ञेय), 'खोई हुई दिशाएँ' (कमलेश्वर), 'परिंदे' (निर्मल वर्मा), प्रतीक्षा (राजेंद्र यादव) को लिया जा सकता है। इसलिए अकेलेपन पर आधारित इन कहानियों को एकदम से प्रगतिशील अथवा व्यक्तिवादी कहानियों की श्रेणी में नहीं फेंका जा सकता। यह अवश्य कहा जा सकता है कि ये व्यक्ति-मानसिकता का चित्रण करती हैं।

अपनी कहानियों के बारे में मोहन राकेश ने लिखा है कि "मेरी अधिकांश कहानियाँ संबंधों की यंत्रणा को अपने अकेलेपन में झेलते लोगों की कहानियाँ हैं जिनमें हर इकाई के माध्यम से उसके परिवेश को अंकित करने का प्रयत्न है। यह अकेलापन समाज से कटकर व्यक्ति का अकेलापन नहीं, समाज के बीच होने का अकेलापन है और उसकी परिणति भी किसी तरह के सिनिसिज्म में नहीं, झेलने की निष्ठा में है। व्यक्ति और समाज को परस्पर-विरोधी एक-दूसरे से भिन्न और आपस में कटी हुई इकाइयाँ न मानकर यहाँ उन्हें एक ऐसी अभिन्नता में देखने का प्रयत्न है जहाँ व्यक्ति समाज की यंत्रणाओं का आईना है।"[88] यह केवल मोहन राकेश की कहानियों के बारे में ही नहीं, समस्त नई कहानियों के बारे में कहा जा सकता है।

व्यर्थता-बोध

नई कहानी भोगे हुए यथार्थ का चित्रण करती है। जिंदगी जितनी जटिल है उसे वहन करने वाले पात्रों के चरित्रों में भी उतना ही उलझाव है। परिस्थितियों के दबाव के कारण व्यक्ति एक समय में अनेक स्तरों पर जीने के लिए विवश है। आदमी जहाँ है अपने को अकेला और फालतू पाता है। यह एक दोहरी प्रक्रिया है—जब कोई व्यक्ति स्वयं किसी कार्य का बन पाता है तो शेष सब उसे फालतू लगने लगते हैं और जब वह स्वयं

कार्य से संबंधित नहीं होता तो खुद को फालतू महसूस करता है। इन मनोदशाओं ने हमें व्यर्थता-बोध से भर दिया है। फालतू या व्यर्थ होते जाने का बोध नई कहानी में बराबर मिलता है।

कमलेश्वर की कहानी 'सुबह का सपना' में अपरिचय का अकेलापन फालतू होने की नियति से उद्भूत है—"वे ही चिर पहचाने चेहरे...वही मस्ती और दिखावटी लापरवाही जो नुमाइश में घूमते लोगों पर आ जाती है।"[89] ज्ञानरंजन की 'शेष होते हुए' में मँझला व्यर्थता-बोध से पीड़ित है। वह कहता है—"घर के जीवन में विवशता भरी हुई है। मनहूसी ने उसे आतंक में भर लिया है। यहाँ कोई संघर्ष नहीं किया जा सकता, सिर्फ ध्वंस को निज के टूटने तक किसी तरह सहा जा सकता है। वह ऊब गया। जीवन में व्यर्थता का प्रतिशत ऊपर हो रहा है।"[90] मोहन राकेश की 'सुहागिनें' की प्रिंसिपल, 'मंदी' का बुड्ढा, 'गुनाह बेलज्जत' का सुंदर सिंह, भीष्म साहनी की 'चीफ की दावत' की माँ, उषा प्रियंवदा की 'जिंदगी और गुलाब के फूल' का भाई, 'वापसी' के गजाधर बाबू, धर्मवीर भारती की 'सावित्री नं. 2' की सावित्री, ज्ञानरंजन की 'पिता' कहानी के पिता, दूधनाथ सिंह की 'रक्तपात' कहानी की माँ—सभी पात्रों में यह फालतूपन का बोध मिलता है। व्यक्ति का स्वयं को फालतू पाना या असंगत होने की स्थिति उसमें अंतर्द्वंद्व की सृष्टि करती है किंतु यह अंतर्द्वंद्व पात्र की बाह्य क्रियाओं-प्रतिक्रियाओं की औचित्यपूर्ण व्याख्या भी करता है जिससे कहानी के पात्रों की सही पहचान उभरती है तथा पात्र के व्यक्तित्व के अनेक आयाम खुलते हैं।

जीवन में यह फालतू या व्यर्थ होने का अहसास किन्हीं ठोस कारणों से है। संयुक्त परिवार में बड़े-बूढ़ों के हाथ में मुख्य आर्थिक स्रोत (भूमि) रहता था, जिसके वे मालिक होते थे इसलिए उनकी इच्छा-अनिच्छा का परिवार के सभी सदस्य ध्यान रखते थे। जैसे प्रेमचंद की 'पंच परमेश्वर' कहानी में जब तक खाला जमीन की मालकिन थी, जुम्मन और उसकी पत्नी खूब सत्कार करते थे। जमीन उनके नाम होते ही बूढ़ी खाला घर में फालतू हो गई। शहरों में बुजुर्गों की हालत इससे भी बदतर हो गई। 'वापसी' कहानी के गजाधर बाबू नौकरी से रिटायर होने के बाद परिवार की आर्थिक स्थिति में कोई योगदान न दे पाने के कारण फालतू हो गए। बड़े शहरों में आवास की समस्या ने व्यक्ति के इस फालतूपन को और भी उजागर किया।

भारत की बेरोजगार युवा पीढ़ी को भी इस फालतूपन के अहसास ने ग्रस लिया। शिक्षा के प्रचार-प्रसार से काफी संख्या में लोग पढ़-लिख गए लेकिन नौकरी प्राप्त करना 'एक अनार सौ बीमार' वाली बात हो गई। इस बेरोजगार युवा पीढ़ी का आर्थिक स्रोत तो कोई है नहीं किंतु भौतिक सुविधाओं को प्राप्त करने की होड़ अमरकांत के 'हत्यारे' जैसे युवकों को जन्म देती है या दुस्साहस के अभाव में भीष्म साहनी की कहानी 'पटरियाँ' के नायक को, जो सुविधाभोगी को बादाम, किशमिश चबाते हुए बड़ी ललक के साथ देखता है। उषा प्रियंवदा की कहानी 'जिंदगी और गुलाब के फूल' के भाई जैसे युवक तो निराशा व कुंठा के शिकार हो जाते हैं।

इन कहानियों का फालतूपन तो स्वाधीनता के उपरांत उत्पन्न स्थितियों से सीधे व्याख्यायित हो जाता है किंतु एक अन्य प्रकार के फालतूपन या व्यर्थता-बोध का संबंध अस्तित्ववाद से है।

अस्तित्ववाद का प्रभाव भारत में स्वाधीनता के उपरांत, विशेष रूप से छठे दशक में साहित्य पर पड़ता दिखाई देता है। यूरोप में यह प्रभाव द्वितीय विश्वयुद्ध के बाद पड़ा। अस्तित्ववाद में अनिश्चयवृत्ति के संत्रास के साथ-साथ मानव-इतिहास की व्यर्थता का तीव्र बोध है। प्रसिद्ध अस्तित्ववादी विचारक कामू ने सिसिफस के मिथक की व्याख्या करके उसे मानव-जीवन और इतिहास की व्यर्थता का प्रतीक बताया है। हिंदी साहित्य में अस्तित्ववाद का प्रभाव अधिकांशतः उच्च शिक्षित एवं विदेशी साहित्यकारों से प्रभाव ग्रहण करने वाले रचनाकारों पर ही पड़ा है। इसका प्रभाव कविता और उपन्यास पर अधिक पड़ा है। 'अंधायुग' और 'अपने-अपने अजनबी' पर अस्तित्ववाद का प्रभाव स्पष्ट है। अस्तित्ववादी रचनाकार आर्थिक, राजनीतिक समस्याओं को बहुत अधिक महत्त्व नहीं देते। वे सनातन समस्याओं से अधिक जूझते हैं। महानगरीय जीवन में खाने-पीने की समस्या से निश्चिंत किंतु संभावनाहीन एकरस जीवन एक प्रकार की ऊब पैदा करता है। जिससे व्यक्ति न तो सामाजिक समस्याओं से जूझने में उत्साहित होता है, न उसे इसकी जरूरत रहती है। अतएव वह समस्याओं पर अमूर्त चिंतन अधिक करता है और यह अमूर्त चिंतन व्यक्तिवादी होता है तथा मानसिक जगत की हलचल के रूप में प्रकट होता है। हिंदी में ठेठ अस्तित्ववादी ढर्रे की कहानियाँ अधिक नहीं हैं।

अस्तित्ववाद की तर्कहीनता और व्यर्थता-बोध का चित्रण कुछ कहानियों में मिलता है। अमरकांत जैसे कहानीकारों ने तर्कहीनता से उत्पन्न विडंबना और विसंगति का सामाजिक संदर्भों में बड़े कौशल के साथ उपयोग किया है। इसकी विस्तृत चर्चा यथास्थान की जाएगी।

एक ओर तो व्यक्ति मृत्यु-भय से त्रस्त रहता है। दूसरी ओर उसमें जीने की प्रबल आकांक्षा होती है। जिंदगी में कदम-कदम पर किए हुए समझौते उसके अहं पर करारी चोट करते हैं। इस व्यवस्था में व्यक्ति को अपना परिवेश जड़ या यंत्रवत् और जिंदगी व्यर्थ लगने लगती है। इस व्यवस्था में वह व्यक्ति न रहकर भीड़ बनकर अपनी पहचान खो देता है। इस सारी स्थिति में व्यक्ति जान-बूझकर दूसरों द्वारा तय की गईं शर्तों पर जीवन जीने के लिए अभिशप्त हो जाता है।

'मिस पाल' कहानी की नायिका कुरूप है। उसकी यह कुरूपता प्रकृति-प्रदत्त है जिसमें उसका कोई दोष नहीं। अपनी समझ से वह रूप को सँवारने का प्रयत्न भी करती है। उसके सहकर्मी उसको लेकर आगे-पीछे मजाक करते हैं। जिससे परेशान होकर वह कुल्लू जैसे एकांत स्थान पर चली जाती है लेकिन वहाँ बच्चे उसकी कुरूपता का मजाक उड़ाते हैं। वह यही जीवन जीने के लिए विवश है। उसके जीवन में कोई उल्लास नहीं रह पाता। उसका अकेली खाना बनाने का मन नहीं होता, "और अम अ...अपने अकेली के लिए रोज बनाने का उत्साह भी नहीं होता। कई बार मैं सप्ताह-भर का खाना एक

साथ बना लेती हूँ और फिर निश्चिंत होकर खाती हूँ।''[91] खाने के प्रति यह लापरवाही व्यर्थता-बोध के कारण ही है।

मृत्यु-बोध

नई कहानी में मृत्यु-बोध की भी व्यंजना की गई है। मृत्यु एक जैविक घटना है और एक अनिवार्य स्थिति है किंतु फिर भी व्यक्ति मृत्यु-भय से पीड़ित रहता है। अस्तित्ववादी कथा-साहित्य में अस्तित्व के संकट की समस्या ही मूल कथ्य है। मृत्यु का स्वरूप, मृत्यु-भय, मृत्यु के संत्रास का चित्रण नई कहानी में हुआ है।

भीष्म साहनी की कहानी 'दहलीज' का नायक मृत्यु के संबंध में अपने विचार प्रकट करता हुआ कहता है, ''मरने से पहले इनसान किसी ऐसी जगह पहुँच जाता है जहाँ जिंदगी का दखल नहीं रह जाता। एक तरह की ड्योढ़ी जो न घर के अंदर है, न बाहर। जिंदगी और मृत्यु के बीच इनसान इसी ड्योढ़ी में डोलता रहता है। मेरा बाप तीन बरस तक इसी ड्योढ़ी में डोलता रहा था। यहाँ सारा वक्त झुटपुटा-सा छाया रहता है और हर चीज अपनी स्पष्टता खो चुकी होती है, न अँधेरा, न उजाला, न जिंदगी, न मौत''[92] कहानी का नायक मृत्यु-भय से इतना ग्रस्त है कि मौत के समाचारों के डर से अखबार भी नहीं पढ़ता, टेलीफोन की घंटी बजते ही उसका मन किसी दुर्घटना की आशंका से काँपने लगता है, डाकिये के हाथ से पत्र नहीं लेता, कहीं उसे कीटाणु न लग जाएँ और चिट्ठियों को कई घंटे धूप में रखने के बाद हाथ में लेता है। प्रेमिका के स्पर्श से कीटाणु कहीं उसके भीतर न घुस जाएँ इसलिए वह उससे नैकट्य स्थापित नहीं करता।

निर्मल वर्मा की कहानी 'कुत्ते की मौत' में प्रायः सभी पात्र मृत्यु के संत्रास से ग्रस्त हैं। कुतिया लूसी की मौत पर—''नन्हें चादर अपने इर्द-गिर्द लपेट लेते हैं। पैताने पर दो पाँव ऊपर उठे रहते हैं। खुद अपने को सफेद चादर में लिपटे हुए देखना....साँस रुक जाती है—देखो, एक दिन इसी तरह... ।''[93] मुन्नी भी मृत्यु-भय से पीड़ित है हालाँकि अबोध होने के कारण वह लूसी की पीड़ा को सही तरह से नहीं पहचानती, ''लूसी को छाती से चिपकाकर मुन्नी छत की ओर ताक रही है—विस्फारित आँखों से।''[94]

'लंदन की एक रात' (निर्मल वर्मा) का पूरा वातावरण संत्रास का ही है जो आद्यंत छाया रहता है—''मुझे अब कुछ भी याद नहीं...सच पूछो, तो मुझे यही नहीं मालूम कि मैं स्वयं चिल्लाया था या कोई बाहर की चीख सहसा मुझे झिंझोड़ गई थी (नहीं...आज भी मैं विश्वास नहीं कर पाता कि वह भयावह चीख मेरे गले से निकली होगी)। मुझे सिर्फ इतना-भर लगा था कि मेरी साँस...एक अंधे चिमगादड़ की तरह मेरी छाती की दीवार से टकराती हुई बेतहाशा फड़फड़ाने लगी थी और मैंने एक धक्के से उन दोनों हाथों को अपनी गरदन से छुड़ा लिया, जिन्होंने अब तक मुझे रोक रखा था।''[95] श्रीकांत वर्मा की 'उसका क्रास' मनुष्य के हृदय में छिपे त्रास की कहानी है। इसके नायक को लगता है कि प्रत्येक स्थान पर अलग-अलग तरह से लोग उसे पीट रहे हैं। उसका यह संत्रास चिकित्सीय परीक्षा से भी दूर नहीं होता—''घबराकर उसने चिल्लाना शुरू

किया—बचाओ। मगर उसने देखा कि कोई भी उसकी पुकार नहीं सुन रहा था। सब लोग बिना उस पर ध्यान दिए अपने रास्ते आ-जा रहे थे।''[96] कृष्णबलदेव वैद की 'रात' में भी वाचक मृत्यु के संत्रास से ग्रस्त होकर भी उसी का वरण करना चाहता है—''मैं मौत से डरता हूँ और जिंदगी से भी। मुझे नींद चाहिए। स्वप्न-दुःस्वप्न नींद यानी मौत।''[97] मन्नू भंडारी की 'क्षय' की कुंती अंत में मृत्यु-बोध से संत्रस्त हो उठती है—''एकाएक कुंती को लगता है कि उसकी यह खाँसी, यह खोखली-खोखली आवाज, पापा की खाँसी से कितनी मिलती-जुलती है...हू-ब-हू वैसी ही तो है।''[98] यह मृत्यु का संत्रास ही है जो कुंती को अपनी खाँसी अपने क्षय-ग्रस्त पिता की खाँसी के समान लगती है। मौत के साये में जीवन की लालसा मृत्यु-बोध को और भी यंत्रणामय बनाती है। निर्मल वर्मा की कहानी 'डायरी का खेल' की बिट्टो तपेदिक की मरीज है, उसका मृत्यु-भय उसकी जिजीविषा में प्रकट होता है। जीवित रहने की प्रबल आकांक्षा से प्रेरित होकर वह कहती है—''मरने से पहले बहुत जी भरकर जीना चाहिए, बब्बू। जैसे हम पहली बार जी रहे हों, जैसे हमसे पहले कोई न जिया हो।''[99] भीष्म साहनी की 'यादें' में मृत्यु का संत्रास झेलती दो वृद्धाओं की कहानी है। मोहन राकेश की 'जख्म' और 'ठहरा हुआ चाकू', कमलेश्वर की 'मुरदों की दुनिया' दूधनाथ सिंह की 'कोरस', काशीनाथ सिंह की 'चायघर में मृत्यु', 'सुबह का डर', 'लोग बिस्तरों पर', राजेंद्र यादव की 'संबंध' आदि कहानियों के पात्र मृत्यु-बोध को झेल रहे हैं।

संत्रास

यह संत्रास जैविक मृत्यु का है लेकिन मृत्यु का एक संत्रास और भी है जो इससे भी कहीं अधिक दारुण है। इसका विश्लेषण करते हुए कमलेश्वर कहते हैं—''आज का मनुष्य आसन्न संकट और अपनी संश्लिष्ट परिस्थितयों की ओर अभिमुख है। उसके अस्तित्व के लिए केवल अणु-युद्ध और मौत का खतरा नहीं है—यह मौत तो बड़ी बेकार और क्रूरता से भरी अर्द्ध-प्राकृतिक मौत है। इससे भी बड़ी और बेकार मौत एक और है—वह आदमी के अपने विचारों, जीवन-स्रोतों, स्वाधीनता, निर्णय-शक्ति और जीवन-तंतुओं की मौत है। भयावहता तो इसी मौत की है। संत्रास और यातना भी इसी मौत के कारण है।''[100] निर्णय-शक्ति की मौत या संत्रास कमलेश्वर की ही कहानी 'दूसरे' में दिखाई देता है।[101]

श्रीकांत वर्मा की 'ठंड' कहानी निम्न-मध्यवर्गीय परिवार की कहानी है जो सैर के लिए निकला है। वे चीजों को देखते हैं, जिन्हें वे खरीद नहीं सकते। अंत में वे ढाबे में कुछ खाने चले आते हैं। लौटने पर ठंड बेहद बढ़ जाती है। ''सबकी (परिवार की) आत्माओं में समाई हुई सर्दी और उनके ठिठुरे हुए व्यक्तित्व—ये सभी मिलकर भयंकर संत्रास की प्रतीति देते हैं।''[102]

कृष्णा सोबती की 'यारों का यार' का सूरी सब तरफ अन्याय होते देखता है लेकिन वह कुछ नहीं कर पाता। अन्याय के सामने घुटने टेक देना ही उसकी नियति है। कोई

निर्णय न ले पाने की स्वतंत्रता उसमें जिस कुंठा को जन्म देती है उसी के परिणामस्वरूप उसका आक्रोश केवल गाली-गलौज के रूप में व्यक्त होता है–

"वाह रे बैंगुन के जोड़े...बैठे-बैठे गाली हजम। सालो, गुर्दा क्या माँ के जच्चाखाने में छोड़ आए थे। कुछ तो जिगरा रखा करो। गुद्दी पकड़ दो झापड़ रसीद करूँ तो भी क्या गाँधी घूँट पी जाओगे।"[103]

घुटन

नई कहानी में चित्रित घुटन का संबंध जीवन, परिवेशगत विषमता, आर्थिक दबाव व असंतोष के कारण है। इस घुटन को 'एक और जिंदगी' (मोहन राकेश) का नायक झेल रहा है–"उसे लगता था जैसे वह जी न रहा हो, सिर्फ अंदर-ही-अंदर घुट रहा हो। क्या यही वह जिंदगी थी जिसे पाने के लिए उसने वर्षों तक अपने से संघर्ष किया था ?"[104] 'जानवर और जानवर' (मोहन राकेश) के सभी पात्र घुटन के वातावरण में जी रहे हैं। कोई भी किसी अन्याय के खिलाफ न बोलकर चुपचाप उसे सहते रहने के लिए विवश है–

"एक दिन सुबह बैचलर्स डाइनिंग रूम में सुना गया कि रात को फादर फिशर ने बेबी को गोली मार दी। जॉन अपनी चुँधियाई आँखों को मेज पर स्थिर किए चुपचाप आमलेट खाता रहा। नानावती का छुरीवाला हाथ जरा-जरा काँपने लगा। एक बार सहमी नजर से जॉन और पीटर को देखकर वह अपनी नजरें प्लेट पर गड़ाए रही। पीटर स्लाइस का टुकड़ा काटने में इस तरह व्यस्त हो रहा जैसे बहुत महत्त्वपूर्ण काम कर रहा हो।"[105]

लगभग यही स्थिति फादर फिशर द्वारा आंट सैली, पाल व पीटर को नौकरी से निकाले जाने पर बधाई देती है। सभी डरते हैं कि कहीं उन्होंने इस बात पर जरा भी टिप्पणी की तो वे भी निकाल दिए जाएँगे। शानी की 'एक नाव के यात्री' में सारा परिवार तनाव व घुटन के वातावरण में जी रहा है–"और कीर्ति ही नहीं, पिछले कई दिनों से सारा घर इसी तनाव में लटका हुआ जी रहा था। तेरह दिनों पहले मंगलवार को रज्जन ने बंबई में लैंड किया था और उस दिन यहाँ घर-भर की बेचैनी सीमा तक पहुँच चुकी थी।"[106] लेकिन ये तनाव, बेचैनी तथा घुटन रज्जन के आने पर भी कम नहीं होती बल्कि और अधिक गहरा जाती है। घुटन का वातावरण 'बदबू' (शेखर जोशी) में भी है।[107] 'दोपहर का भोजन' (अमरकांत)[108] और 'दूध और दवा' (मार्कण्डेय)[109] में घुटन आर्थिक अभाव के कारण है। 'फौलाद का आकाश' (मोहन राकेश)[110] और 'गार्जिमन' (राजेंद्र यादव)[111] की नायिकाओं के मन की घुटन परिस्थितिजन्य है।

ऊब

घुटन के अलावा नई कहानी में ऊब का चित्रण भी मिलता है। इस ऊब का कारण भी आज का यांत्रिक जीवन है जहाँ उत्साह, गतिशीलता समाप्त हो चुके हैं। मोहन राकेश की कहानी 'खाली' में तोषी घर की यांत्रिक दिनचर्या और खालीपन से ऊब चुकी

है—"तोषी को फिर वही चिढ़ हो रही थी। वह समझ नहीं पा रही थी किस चीज से। अपने से ? कमरे के कोने-कोने में लदे सामान से ? खिड़की से कमरे में फैल आई धूप से ?"[112] इसी प्रकार महेंद्र भल्ला की कहानी 'एक पति के नोट्स' में नायक अपने जीवन, अपनी पत्नी सभी से बेहद ऊबा हुआ है। अपनी एकरसता और ऊब को तोड़ने के लिए वह अपने पड़ोस में रहने वाली स्त्री से संबंध स्थापित करता है।

विभिन्न विचारधाराओं का प्रभाव

नई कहानी में चित्रित अलगाव, अकेलापन, मृत्यु-बोध, घुटन आदि का संबंध जहाँ एक ओर स्वातंत्र्योत्तर परिस्थितियों से है वहीं अस्तित्ववादी विचारधारा से भी। चेतनाप्रवाह शैली में लिखी गईं कहानियाँ भी अस्तित्ववाद की कोटि में रखी जा सकती हैं।

अस्तित्ववाद के समानांतर जिस विचारधारा का प्रभाव नई कहानी पर पड़ा, वह थी मार्क्सवादी विचारधारा। नया कहानीकार प्रगतिशील दृष्टिकोण से सामाजिक विषमता का चित्रण अपनी कहानियों में करता है। दूसरे शब्दों मे वह मार्क्सवादी या समाजवादी विचारधारा के परिप्रेक्ष्य में आज के यथार्थ को चित्रित करता है। यथार्थ की विषमता का चित्रण कमलेश्वर की 'राजा निरबंसिया' में अपने सशक्त रूप में हुआ है। लोककथा के राजा-रानी की कोई आर्थिक मजबूरी नहीं है, वहाँ दैवी-शक्ति है जो सत्यता का प्रमाण बन उपस्थित हो जाती है। राजा लोक-मर्यादा की उपेक्षा कर सकता है लेकिन आज के निम्न-मध्यवर्गीय परिवार में आर्थिक अभावों के समक्ष समस्त मर्यादा और नैतिक मूल्य टूट जाते हैं। कोई दैवी शक्ति इस विवशता को प्रमाणित नहीं करती। न ही एक मध्यवर्गीय व्यक्ति लांछित पत्नी को अपनाकर सम्मानपूर्वक जीवनयापन कर सकता है। अंततः उसे आत्महत्या के लिए मजबूर होना पड़ता है। यह युग की विषमता है जिसे नई कहानी पूरी ईमानदारी के साथ व्यक्त करती है। इसी प्रकार सामाजिक विषमता का बोध 'जहाँ लक्ष्मी कैद है' (राजेंद्र यादव), 'दोपहर का भोजन' (अमरकांत), 'तीर्थोदक' (रेणु), 'साबुन' (मार्कण्डेय) आदि में देखा जा सकता है।

अस्तित्ववाद और मार्क्सवाद के अतिरिक्त अन्य जिस वाद से नई कहानी जुड़ी हुई है, वह है—यथार्थवाद। यथार्थवाद नई कहानी में किसी विचारधारा से प्रतिबद्धता का नाम नहीं है अपितु व्यक्ति, वस्तु, स्थितियों या जीवन को देखने का यथार्थवादी दृष्टिकोण है। यह यथार्थ-बोध ही नई कहानी को पूर्ववर्ती कहानी से अलग कर देता है। "आज की कहानी, अपने मुख्य प्रवाह में, यथार्थ की माँसल भूमि पर वर्तमान रहकर ही लिखी जा रही है।"[113] आज का कहानीकार यथार्थ को विभाजित करके नहीं देखता अपितु संपूर्णता में देखता और पकड़ता है। "आज की कहानी में कथानक, चरित्र, वातावरण और प्रयोजन की सार्थक सांकेतिक अभिव्यक्ति केवल कलात्मक विशेषता या निपुणता के कारण नहीं है, बल्कि एक नई संवेदनशीलता एवं नए यथार्थ-बोध से व्युत्पन्न है।"[114] केवल पीड़ा, निराशा, अनास्था, ऊब, घुटन, टूटन, संत्रास, सत्य, नैतिकता आदि का चित्रण करना ही यथार्थ नहीं है बल्कि आज की परिस्थितियों के

संदर्भ में यथार्थ का चित्रण यथार्थवाद है। जिसकी पहचान उषा प्रियंवदा की 'जिंदगी और गुलाब के फूल', 'वापसी', भीष्म साहनी की 'चीफ की दावत', 'मौकापरस्त' ज्ञानरंजन की 'फेंस के इधर और उधर', 'शेष होते हुए', 'पिता', मोहन राकेश की 'एक ठहरा हुआ चाकू', 'सुहागिनें', कमलेश्वर की 'दिल्ली में एक मौत' राजेंद्र यादव की 'तलवार पंचहजारी', मन्नू भंडारी की 'यही सच है', रवींद्र कालिया की 'एक बड़े शहर का आदमी', 'काला रजिस्टर' जैसी अनेक कहानियाँ कराती हैं।

विभाजित व्यक्तित्व

परिस्थितियों की जटिलता ने मानव-मन की संवेदना को भी संश्लिष्ट बनाया है। आज व्यक्तित्व समग्र न रहकर विभाजित हो गए हैं। मनुष्य एक साथ एकाधिक स्तरों पर जीने के लिए विवश है। रवींद्र कालिया की कहानी 'नौ साल छोटी पत्नी' में कुशल उतना सीधा नहीं जितना उसकी पत्नी तृप्ता उसे समझती है। तृप्ता भी दोहरा जीवन जीती है। सोम से वह पूरी तरह अलग नहीं है और कुशल से तो जुड़ी हुई है ही। यही स्थिति 'एक कमजोर लड़की की कहानी' (राजेंद्र यादव) में भी है। उसकी नायिका भी प्रेमी और पति में से, किसी को भी अपनी जिंदगी से झटककर नहीं निकाल सकती।

'एक बुतशिकन का जन्म' (विजया चौहान) में भोला अंदर से रचनात्मक है लेकिन बाह्य रूप से विध्वंसक हो जाता है। कृष्ण बलदेव वैद की 'मेरा दुश्मन' में तो इस विभक्त व्यक्ति को दूसरे व्यक्ति के रूप में चित्रित किया गया है। नायक का एक रूप सुविधाभोगी कायदे तथा अनुशासन से युक्त है। दूसरा रूप उच्छृंखल, आजाद और अव्यवस्थित है। दोनों का द्वंद्व कहानी की मुख्य कथा है। उसी प्रकार रमेश बक्षी की 'शवरी' का छुट्टू बड़के का ही अवचेतन है। उसकी अतृप्त इच्छाओं के प्रतीक छुट्टू का सृजन वस्तुतः बड़के की अपूर्ण आकांक्षाओं की पूर्ति का ही प्रयास है। गृहस्थी की जंजीर में बद्ध बड़के का स्वच्छंद-निर्बंध रूप छुट्टू है। छुट्टू के रूप में स्वयं को पुनर्सज्जित करके बड़का अपनी अतृप्त इच्छाओं की पूर्ति करना चाहता है।

आज की व्यवस्था में व्यक्ति दोहरी जिंदगी जीने के लिए अभिशप्त है। किसी व्यक्ति को व्यक्तिगत तौर पर पसंद न करने पर भी हम उससे केवल इसलिए भी संबंध बनाए रखते हैं कि हमें उससे कोई काम पड़ सकता है। मन में हम उसके प्रति अच्छी धारणा नहीं रखते लेकिन बातचीत उससे बिलकुल विपरीत ढंग से करते हैं। मोहन राकेश की 'जानवर और जानवर' में पादरी के प्रति लोगों के व्यवहार से यह बिलकुल स्पष्ट हो जाता है।

"गुडमार्निंग फादर।"

"गुड मार्निंग माई सन्ज।"

"आज अच्छा-सुहाना दिन है।"

"परमात्मा का शुक्र करना चाहिए।"

पादरी खट्टी की बाड़ से आगे निकल गया, तो जॉन बोला, "यह अपने को पादरी

कहता है। सवेरे परमात्मा से संसार-भर का चरित्र सुधारने के लिए प्रार्थना करेगा और रात को...हरामजादा।''[115]

उसी तरह 'सेफ्टी पिन' कहानी में वाचक की मिसेज सक्सेना के उपन्यास में कोई दिलचस्पी नहीं है किंतु वह उसे प्रकट न करके अपनी उत्सुकता ही दिखाता है।[116]

मोहन राकेश की 'वासना की छाया में', 'एक आलोचना', मन्नू भंडारी की 'तीसरा आदमी' आदि कहानियाँ भी इसी कोटि की हैं।

पाश्चात्य वातावरण की पृष्ठभूमि में भी कुछ नई कहानियाँ लिखी गई हैं। पाश्चात्य प्रभाव की भर्त्सना करते हुए डॉ. धनंजय ने कहा है कि—''मुझे यह मान लेने में कतई संकोच नहीं है कि आज के कथा-परिवेश में कुछ बाहर से लाया हुआ माल भी है। आधुनिक बोध को व्याख्यायित करने में विशेष मुद्राएँ धारण की गई हैं जो निश्चय ही वाहियात हैं।''[117] डॉ. धनंजय के इस कथन को पूरी तरह उचित नहीं ठहराया जा सकता। वाहियात यह उसी सीमा तक है जहाँ यह प्रभाव आरोपित है। लेकिन जहाँ यह भारतीय परिवेश का अंग बन जाता है वहाँ यह सार्थक तथा स्वाभाविक है।

आज औद्योगिकीरण, विभिन्न क्षेत्रों में पारस्परिक आदान-प्रदान के कारण विभिन्न देश परस्पर करीब आ रहे हैं। एक-दूसरे की सभ्यता-संस्कृति से प्रभावित हो रहे हैं। ऐसे में कहानी पर भी उसका प्रभाव पड़ना अनुचित नहीं कहा जा सकता। आपत्ति केवल उस सीमा के आगे हो सकती है जहाँ हम उसे आत्मसात् नहीं कर पाते। इसका एक उदाहरण गंगाप्रसाद विमल की कहानी 'प्रश्न चिन्ह' है, जिसमें वर्णित पिता-पुत्र संबंध भारतीय परिवेश से बिलकुल मेल नहीं खाते। संभवतः ऐसे आधुनिक बोध को ही डॉ. धनंजय वाहियात मानते हैं।

लेकिन जो प्रभाव भारतीय परिवेश के साथ रच-बस जाता है वह नई कहानी को एक बृहत्तर आयाम देता है। पाश्चात्य प्रभाव भी दो प्रकार का है—परिवेश (वातावरण) के स्तर पर, और शिल्प, संवेदना और चिंतन के स्तर पर।

परिवेश के स्तर पर पाश्चात्य प्रभाव निर्मल वर्मा की 'लंदन की एक रात', 'पराया शहर', 'जलती झाड़ी', 'अंतर', 'एक शुरुआत', उषा प्रियंवदा की 'मछलियाँ', 'कोई नहीं', 'टूटे हुए', 'एक और विदाई'; रामकुमार की 'पेरिस की एक शाम'; कृष्ण बलदेव वैद की 'शेडोज' आदि कहानियों में देखा जा सकता है। कहीं-कहीं यह प्रभाव आरोपित भी हो गया है, जहाँ भारतीय परिवेश में भी सर्वत्र रोमानी वातावरण, होटलों, रेस्टोरेंटों, क्लबों का जीवन, खान-पान, रहन-सहन के पाश्चात्य तौर-तरीके, विभिन्न विदेशी शराबों का उल्लेख कहानी में मिलता है। इसी आरोपित प्रभाव को लक्ष्य करके चंद्रगुप्त विद्यालंकार कहते हैं—''वे लेखक जो विदेश जाने का सौभाग्य प्राप्त कर चुके हैं, अकसर अपनी कहानी में उसी की जुगाली करते हैं या बंबई और दिल्ली के मानचित्रों पर जबरन पेरिस और न्यूयार्क का मानचित्र छाप देते हैं।''[118] वस्तुतः जहाँ तक परिवेशगत यथार्थ के लिए पाश्चात्य प्रभाव का अंकन हुआ है उसी सीमा तक वह काम्य है। आरोपित प्रभाव से कहानी की स्वाभाविकता नष्ट होकर उसमें कृत्रिमता का समावेश हो जाता है।

विचार, संवेदना और शिल्प के स्तर पर पाश्चात्य प्रभाव के दर्शन नई कहानी में होते हैं। घुटन, टूटन, संत्रास, ऊब, व्यर्थता-बोध, अजनबीपन, अकेलापन, अस्तित्व का संकट आदि की जो इतनी भरमार नई कहानी में मिलती है उसके मूल में कहीं-न-कहीं पाश्चात्य प्रभाव ही है। दो युद्धों की पृष्ठभूमि में इस प्रकार की मानसिकता स्वाभाविक थी। भारतीय कथाकारों ने उसे जहाँ फैशन के तौर पर अपनाया, इससे कहानी को क्षति ही पहुँची। लेकिन जहाँ यह भारत-विभाजन, संयुक्त परिवार टूटने, महानगरीयता, यांत्रिकता आदि भारतीय परिवेश से संबंधित है वहाँ यह प्रभाव सार्थक है।

आंचलिकता

स्वातंत्र्योत्तर तात्कालिक विघटन ने मानवीय आस्था को खंडित कर दिया था लेकिन जल्दी ही घोषित गणतंत्रात्मक व्यवस्था ने जनमानस के भीतर व्यक्ति-स्वतंत्रता की गरिमा प्रदान की। परिणामतः यहाँ के बुद्धिजीवियों में भारतीयता की तलाश का दौर शुरू हुआ। "हिमालय की तरफ से बोरोवली और बोरीबंदर से, मिथिला के कछारों से, राजस्थान की रेती से, मालवे की भील कंजर जातियों से, शिमला की ढलानों से, सैकड़ों चरित्र, स्त्री-पुरुष, बूढ़े और बच्चे हिंदी कहानी के मैदान में चींटियों की तरह उतर आए, कहानी के साम्राज्य में एक प्रकार का नया जनतंत्र झनझना उठा।"[119] प्रामाणिकता की खोज की यह एक सशक्त शुरुआत थी। इसे ही अंततः आंचलिक कहानी की संज्ञा मिली। यह आंचलिक कहानी नई कहानी की एक प्रमुख विशिष्टता है। आंचलिकता से अभिप्रायः किसी अंचल या जनपद या क्षेत्र के जीवन का वैविध्यपूर्ण चित्रण अर्थात् वहाँ की भाषा, वेशभूषा, आचार-विचार, जीवन और संघर्ष, सामाजिक समस्याओं, आस्थाओं, मान्यताओं आदि का चित्रण है। यहाँ ग्राम-कथा और आंचलिक कथा का अंतर स्पष्ट कर देना आवश्यक है क्योंकि ग्राम-कथा तो प्रेमचंद के समय से ही चली आ रही थी। ग्राम-कथा एक व्यापक शब्द है। आंचलिकता को उसकी एक प्रवृत्ति माना जा सकता है। "ग्राम-कथा ज्यादा व्यापक और उपयुक्त शब्द है। आंचलिकता एक प्रवृत्ति-मात्र है। सभी ग्राम-कथाएँ आंचलिक नहीं होतीं।"[120] प्रेमचंद ग्राम कथाकार थे क्योंकि वे किसी अंचल-विशेष को अपनी कहानी में चित्रित नहीं कर रहे थे। उनकी कहानी का ग्राम भारत का कोई भी ग्राम हो सकता है। लेकिन आंचलिक कथाकार अपने अंचल या परिवेश को उसकी परंपरा, वातावरण, वस्तुस्थिति और संवेदना से युक्त करके अत्यधिक आत्मीयता, अंतरंगता और गहराई से चित्रित करते हैं।

नई कहानी का आरंभ ही आंचलिकता का संस्पर्श लिए ग्राम-कथाओं से होता है। कथा साहित्य में इस आंचलिकता के मुख्य दो कारण हैं–

1. स्वतंत्रता के उपरांत देश में बहुत तेजी के साथ निर्माण कार्य, नए काम-धंधे प्रारंभ हुए, विभिन्न प्रकार की नई वस्तुओं का उत्पादन-कार्य शुरू हुआ, व्यापार के जरिए बढ़े। नई पंचवर्षीय योजनाओं में ग्राम विकास का प्रावधान रखा गया। फलतः भारत के सुदूर ग्रामों में जहाँ बिलकुल भी परिवर्तन नहीं

थे वहाँ नए विकास-कार्यों ने ग्रामीण जीवन की एकरसता को तोड़ा। फलतः शाश्वत और नए मूल्यों में टकराव हुआ और प्राचीन संस्कृति व मूल्यों को जीवित रखने के प्रयास में हिंदी कहानी में आंचलिकता की प्रवृत्ति दिखाई दी।

2. आंचलिकता का दूसरा कारण यह है कि जिन व्यक्तियों को किन्हीं (मुख्यतः आर्थिक) कारणों से क्षेत्र-विशेष छोड़ना पड़ा, वे अपने सांस्कृतिक परिवेश को भुला नहीं पाए, उसकी कसक उनमें बाकी थी। उसी की अभिव्यक्ति आंचलिक कहानियों में हुई। शेखर जोशी की 'दाज्यू' कहानी को इसी आलोक में देखा जा सकता है।

आधुनिकता शहरी जीवन की निजता नहीं है। आंचलिक कहानियों में भी आधुनिकता के दर्शन किए जा सकते हैं। नगर के परिदृश्य की तरह आंचलिक परिदृश्य भी स्वातंत्र्योत्तर परिस्थितियों के फलस्वरूप बदल रहा है। गरीबी, संघर्ष, टूटती धार्मिक आस्थाएँ, सामाजिक अन्याय, अतृप्त लालसाएँ इनके संबंधों को भी निर्धारित करते हैं।

अंचलों के राजनीतिक परिदृश्यों में परिवर्तन आया है। राजनीति में नैतिकता अब विरल हो गई है। प्रतिबद्धता-प्रदर्शन या नैतिक मूल्यों के हिमायती व्यक्ति या तो अकेले हैं या उसकी मूल धारा से अलग कर दिए गए हैं। रेणु की कहानी 'आत्मसाक्षी' में भारतीय जीवन में होने वाले इन्हीं परिवर्तनों को रेखांकित किया गया है।

संकट के समय में भी भ्रष्टाचार की प्रवृत्ति को रेणु की 'पुरानी कहानी : नया पाठ' उजागर करती है। बाढ़ ग्रामीणों पर अनेक दुख लेकर आती है पर गाँव का व्यापारी महाजन इसे 'शुभ लाभ' का अवसर मानता है। राजनीतिक दल वालों के लिए यह जनसमर्थन पाने और वोट हथियाने का सुअवसर है।

गाँव उजड़ते जा रहे हैं। ग्रामीण शहर से जुड़कर गाँव से संबंध तोड़ लेना चाहता है। गाँव उसके आकर्षण का केंद्र नहीं रहा। रेणु की कहानी 'विघटन के क्षण' में इसी मानसिकता का जायजा है।

शिवप्रसाद सिंह की कहानी 'इन्हें भी इंतजार है' में वर्ग-वैषम्य पर प्रकाश डाला गया है। डोमों के तिरस्कृत, उपेक्षित तथा गर्हित जीवन पर इसमें मार्मिक दृष्टि डाली गई है।

सामंती समाज-व्यवस्था के अंतर्गत शोषण की जो परंपरा थी, स्वतंत्रता के बाद भी चली आ रही है। उसका रूप भले ही बदल गया हो। आज भी ब्राह्मण या संपन्न वर्ग, निम्नवर्ग का उसी तरह शोषण कर रहा है। "साले, रुपया लेकर 'बिहा-गौना' किया। अब बीबी की टाँग पर टाँग चढ़ाकर सोते हो और मेरे रुपए की बात भूल गया ? एँ ?"[121] आज भी गाँव का मजदूर अपना खून-पसीना एक करता है। फलतः वह देहात छोड़कर शहर भागना चाहता है—"रामबिलास भैया, इस बार आपके साथ मैं भी जाऊँगा। मैं भी !...मैं भी !!...मैं भी !!!...यहाँ साल-भर हलवाही करते हैं सिर्फ एक सौ साठ रुपए में।"[122]

आर्थिक दबावों के कारण राजनीतिक चेतना और सामाजिक बदलाव का विपन्न

या छोटी जातियों के लिए कोई अर्थ नहीं रह जाता। ऊँची जातियाँ उसी तरह छोटी जातियों का शोषण करती रहती हैं। इस संबंध में शेखर जोशी की कहानी 'समर्पण' को देखा जा सकता है। इसमें शिल्पकारों का नेता अपने साथियों को जनेऊ पहना देता है। लेकिन जनेऊ पहनने से बीमारी फैलने के डर की अफवाह बड़ी जाति द्वारा फैलाई जाने पर, और आर्थिक दबावों से विवश हो वे जनेऊ फेंकने के लिए विवश हो जाते हैं।

विभिन्न विकास-योजनाओं ने ग्रामीण परिदृश्य को बदला भी है। इसकी पहचान रामधारी सिंह दिवाकर की कहानी 'नए गाँव' में होती है। आजादी के पश्चात् जमींदारी प्रथा के उन्मूलन के बाद गाँवों की परिवर्तित स्थिति से उत्पन्न नई चेतना को रेणु की 'लालपान की बेगम' व्यक्त करती है जिसमें चकबंदी योजना को आधार बनाया गया है।[123]

विज्ञान की बढ़ती हुई प्रगति और भौतिकता का प्रभाव रेणु की 'पंचलाइट' में दिखाई पड़ता है।[124]

अंचलों में परिवर्तन की स्थिति उस बीज की तरह है जो फूटकर बाहर आना चाहता है लेकिन विरोधी शक्तियाँ उसे रोकती हैं। इन दोनों के द्वंद्व से ही इन कहानियों के आंचलिक परिदृश्य का निर्माण होता है।

स्वाधीनता के उपरांत शहरों में ही नहीं गाँव के जीवन में भी यांत्रिकता आ गई है। जिस पर चिंता प्रकट करता हुआ मिरदंगिया कहता है—"जेठ की चढ़ती दुपहरी में खेतों में काम करने वाले भी अब गीत नहीं गाते हैं। कुछ दिनों के बाद कोयल भी कूकना भूल जाएगी क्या ? ऐसी दुपहरी में कैसे काम किया जाता है।"[125]

ग्राम-कथाओं का उल्लेख करते हुए डॉ. नामवर सिंह ने लिखा—"मार्कण्डेय के किसान-चरित्र जिन परिस्थितियों के संदर्भ में चित्रित हुए हैं, वे आधुनिक भूमि-सुधारों और विकास-योजनाओं से संबद्ध हैं और इनकी भूमि-समस्याएँ जीवन-व्यवस्था तथा मानसिक अवस्था को व्यंजित करती हैं। इसी प्रकार आज की अन्य ग्राम-कथाओं में स्त्री-पुरुष के पारिवारिक तथा नैतिक संबंधों के बदलते हुए रूपों का चित्रण किया गया है।"[126]

आज का कहानीकार अपने परिवेश और समाज के प्रति ही प्रतिबद्ध नहीं है अपितु उसकी यह प्रतिबद्धता समस्त मानवीयता के प्रति है। मार्कण्डेय का यह कथन सर्वथा उपयुक्त है कि "कुल मिलाकर आज नए कथा-साहित्य के सामने मुख्य प्रश्न किसी विशिष्ट अंचल का नहीं वरन् नई ग्रहणशीलता का है, जिसके लिए जीवन का कोई भी पक्ष और वास्तविकताओं की कोई भी सतह समान रूप से स्वीकार्य और महत्त्वपूर्ण है।"[127] आंचलिक कहानियों का शिल्प-पक्ष अत्यंत समृद्ध है। इन कहानियों के माध्यम से हिंदी कहानी ने एक विशिष्ट गद्य की सृष्टि की है। बिंब, प्रतीक तथा भाषा के विभिन्न शेड्स ने अभिव्यक्ति को कलात्मक बनाया है। भाषा में अंचल-विशेष के अछूते शब्दों ने कहानी को नई अर्थ-क्षमता प्रदान की है। शिल्प-पक्ष का विस्तृत विवेचन

यथावसर किया जाएगा।

विशिष्ट चरित्र

स्वतंत्रता के उपरांत स्थितियाँ तेजी से बदल रही थीं। विभिन्न कारणों से लोग गाँव छोड़कर शहर आ रहे थे। पुरानी स्थितियाँ और व्यक्ति लुप्त होते जा रहे थे। छूटती हुई वस्तु के प्रति ललक स्वाभाविक ही है। इसी ललक ने नई कहानी को आंचलिक और ग्राम-कथाओं के माध्यम से कुछ विशिष्ट चरित्र दिए, जिन्हें डॉ. नामवर सिंह ने चरित्र नहीं अपितु 'आज की ऐतिहासिक शक्ति के प्रतीक'[128] माना है। इनमें 'गुलरा के बाबा', 'हंसा जाई अकेला' का हंसा (मार्कण्डेय), 'कर्मनाशा की हार' के भैरो पांडे (शिवप्रसाद सिंह) और 'गदल' (रांगेय राघव) का उल्लेख विशेष रूप से किया जा सकता है। ये पात्र 'स्वस्थ सौंदर्य और मानव की ऊर्जस्वल शक्ति'[129] से युक्त हैं।

उल्लेखनीय है कि "उसमें (आंचलिक कहानी में) 'चरित्र की रेखाएँ' प्रधान होने लगीं और कहानी रेखाचित्र के निकट खिसक आई।"[130] उदाहरण के लिए 'दादी माँ' (शिवप्रसाद सिंह), 'गदल' (रांगेय राघव), 'गुलकी बन्नो' (धर्मवीर भारती) आदि को देखा जा सकता है। परंतु ये कहानियाँ मात्र रेखाचित्र नहीं हैं। बल्कि इनमें कथात्मकता भी है और बिलकुल अपने सहज रूप में है। इन कहानीकारों में परंपरा से प्राप्त कहानी-फार्मूले के प्रति उदासीनता है, निजी अनुभव के सहारे 'पूरे सजीव आदमी' के चित्रण पर उनकी दृष्टि है। अतः संवेदना का यह क्षेत्र बिलकुल नया है।

यहाँ यह ध्यातव्य है कि ऐसी कहानियाँ सन् '50 के आसपास लिखी गईं जब बड़े-बूढ़ों के त्याग, बलिदान और साहस के प्रति नई पीढ़ी में संस्कारगत श्रद्धा विद्यमान थी। बाद में स्थिति बदल जाती है और पिछली पीढ़ी 'बिरादरी बाहर' कर दी जाती है।

उपेक्षित पात्रों के प्रति सहानुभूति

कहानीकार की संवेदना के प्रसंग में डॉ. नामवर सिंह ने लिखा—"संवेदना एक नैतिक दायित्व है, जिसके अनुसार 'आज के उपेक्षितों और कल के अपेक्षितों के लिए' साहित्य रचने की आवश्यकता है।"[131] संभवतः इसीलिए "आज के कहानीकारों ने बहुत से उपेक्षितों को अपनी संवेदना दी है। एक जमाने में जिस प्रकार वेश्याओं और पतिताओं के उद्धार का उत्साह था, उसी प्रकार आज के कुछ संवेदनशील कहानीकारों ने कंजरों, नटों, मुसहरों, मीरासियों, हिजड़ों, रमन्तु नर्तकों आदि यायावरीय मनुष्यों का उद्धार किया है, जिसके लिए शिवप्रसाद सिंह की कहानियाँ दर्शनीय हैं।"[132] इन उपेक्षित पिछड़ी जन-जातियों के चित्रण ने नई कहानी में संवेदना के आयाम को बृहत्तर बनाया है। इस विषय में विदापत गाने वाले नर्तकों को रेणु ने 'रसप्रिया' में अपनी कहानी का विषय बनाया है। इसी प्रकार इन जन-जातियों को 'आरपार की माला', 'सँपेरा', 'पापजीवी', 'बिंदा महाराज' कहानियों में शिवप्रसाद ने जगह दी है। यहीं पर गाड़ीवान हीरामन, कारीगर सिरचन (*ठेस*—रेणु), आदिवासियों के बीच काल्हादेव जगाने वाला जंतरी (एक

प्यास पहेली–राजेंद्र अवस्थी) भी उपस्थित हैं।

इन कहानियों में उपेक्षितों के जीवन-चित्रण के प्रति चला आ रहा उपेक्षा-भाव खंडित हुआ है और इनकी पीड़ा को इन कहानीकारों ने शब्द दिए हैं इसलिए 'कलियाँ मैं चुन-चुन सेज लगाई, मोरा सुनने वाला विदेस तरसे' गाने वाले बिंदा महाराज की व्यथा-भरी हँसी कहानी के अंत में दुपहरिया के फूल की तरह बिखरकर पाठक के मन की पीड़ा को और अधिक घनीभूत कर जाती है।[133]

अपनी जिजीविषा के कारण ही कुछ पात्र नई कहानी के विशिष्ट पात्र बन गए हैं। इनमें अमरकांत की 'जिंदगी और जोंक' का रजुआ, शिवप्रसाद सिंह की 'आदमी का आदमी' का नायक, मोहन राकेश की 'जख्म' का वाचक आदि हैं।

मध्यवर्गीय जीवन के विभिन्न पहलू

नई कहानी ने अधिकांशतः मध्यवर्गीय जीवन को अपना मुख्य वर्ण्य विषय बनाया है। इसका कारण यह है कि अधिकतर नए कहानीकार मध्यमवर्ग से ही संबंध रखते हैं और इस जीवन को उन्होंने करीब से जाना और भोगा है। इसीलिए नई कहानी के बारे में कहा जाता है कि उसका यथार्थ 'भोगा हुआ यथार्थ' है। मध्यमवर्ग के सभी पहलुओं का चित्रण नई कहानी करती है—उसकी आशा-आकांक्षा, निराशा, बेरोजगारी, परस्पर-संबंध, कुंठाएँ, पीड़ा, घुटन, अनास्था, संत्रास व ऊब इत्यादि। लेकिन इन सबके मूल में आर्थिक विपन्नता व अभावग्रस्तता है। उससे प्रभावित संवेदनाओं और उससे उत्पन्न विसंगतियों का चित्रण नई कहानी में बहुतायत से मिलता है। भूख, गरीबी, अभाव निम्नवर्ग में भी हैं लेकिन मध्यमवर्ग के सम्मुख एक विवशता अपनी सफेदपोशी कायम रखने की भी है। यहाँ यशपाल की कहानी 'परदा' की याद आना स्वाभाविक है। मध्यमवर्ग की इसी आर्थिक विपन्नता और दिखावे की विवशता का चित्रण अमरकांत की 'दोपहर का भोजन' में दिखाई पड़ता है। जहाँ परिवार आर्थिक दबाव से पूर्णतः टूट चुका है लेकिन शहर में इज्जत की उन्हें फिर भी परवाह है। "मोहन तो उसकी बड़ी इज्जत करता है। आज वह कह रहा था कि भैया की शहर में बड़ी इज्जत होती है। पढ़ने-लिखने वालों में बड़ा आदर होता है।"[134] लेकिन इतना आदर होने पर भी गंगाशरण बाबू की लड़की की शादी किसी एम. ए. पास लड़के से हो जाती है। और मुंशीजी से यह सूचना मिलने पर "सिद्धेश्वरी हठात् चुप हो गई। मुंशीजी भी आगे कुछ नहीं बोले।"[135] यहाँ आकर परिवार का अपनी इज्जत का पाला हुआ भ्रम टूटकर रह जाता है। इसी तरह का मोहभंग अमरकांत की 'डिप्टी कलेक्टरी' में है, जहाँ पीड़ा-भरी प्रतीक्षा के बाद निराशा ही मिलती है।

कहीं मध्यमवर्ग के ये व्यक्ति छोटी-मोटी नौकरी करके अपने परिवार के प्रति अपने दायित्व को निभाते हुए भी नहीं निभा पाते। इसलिए आर्थिक दृष्टि से बेहद परेशान और असंतुष्ट होने से मानसिक रूप से वे विकृत होने लगते हैं। ऐसी ही स्थिति में ज्ञानप्रकाश की कहानी 'अँधेरे का सिलसिला' का पत्रकार अपनी आर्थिक विपन्नता के कारण अपना आत्मविश्वास खो बैठा है। उसकी बीवी मैके में रह रही थी। वह उसके

लिए कुछ नहीं कर सकता था। ससुराल वाले उसे गैर-जिम्मेदार, स्वार्थी व नालायक समझते थे। उसके ससुर उसे डराने-धमकाने और लानत भेजने वाले खत लिखते थे। लेकिन उसके पास इस जहर को पीते रहने के सिवाय कोई उपाय नहीं।[136]

लगभग यही स्थिति रामकुमार की कहानी 'सेलर' के नायक की है। वह पत्नी की मृत्यु के बाद ससुराल में रहता है। अपने प्रति बढ़ती हुई उपेक्षा से परिचित होकर भी वह उसे सहने के लिए विवश है। उसके पुत्र की स्थिति उस घर में नौकर से अधिक नहीं थी। जबकि वह उसे सेलर बनाना चाहता है। लेकिन आर्थिक अभाव उसकी आँखों को इन सपनों से शून्य कर देते हैं।[137]

मध्यमवर्ग के आर्थिक अभावों व तज्जन्य तनाव को मोहन की 'क्वार्टर', हिमांशु जोशी की 'अभाव' व 'सीमा से कुछ और आगे', मार्कण्डेय की 'दूध और दवा', ओमप्रकाश निर्मल की 'दस वर्ष बाद' कहानियाँ भी चित्रित करती हैं।

यह आर्थिक अभाव जीवन के प्रत्येक पक्ष को प्रभावित कर रहा है। कम आयवाले परिवार छोटे घरों में रहते हैं जिससे पति-पत्नी को यौन-संबंधों हेतु एकांत नहीं मिल पाता। बच्चों की उपस्थिति में ही सक्रिय होने से बच्चों पर उसका बुरा असर पड़ता है। इसका चित्रण डॉ. माहेश्वरी की कहानी 'पेशाब' में मिलता है। अलग सुलाने पर वह स्वयं को उपेक्षित पाकर विद्रोही होता जाता है। वह अपने पिता को जो करते देखता है, वह अपनी छोटी बहन के साथ करने की चेष्टा करता है।

नई कहानी के कुछ चरित्र आर्थिक विपन्नता की स्थिति में सेक्स की पीड़ा से आक्रांत दिखाई पड़ते हैं। ऐसे चरित्र प्रयाग शुक्ल की कहानियों में अधिक मिलते हैं। उनकी कहानी 'जानना' का नायक अपने अतीत को याद करके उसके अभाव की टीस महसूस करता है। और एक दिन पास के बस-स्टॉप पर बस से उतरी हुई सवारियों के इधर से गुजरने की प्रतीक्षा करता है कि शायद उनमें कोई लड़की हो। लेकिन उनके सिर्फ पैर ही दिखाई देते हैं। उसकी इच्छा होती है कि वह उनके चेहरे भी देखे। आर्थिक विपन्नता की स्थिति में लड़कियों को देखकर अपने अभावों को भुलाए रखना सर्वथा अस्वाभाविक नहीं है।

धर्मेंद्र गुप्त की कहानी 'एक मैं हूँ' में प्राइवेट स्कूल में अध्यापन करने वाले युवक की पीड़ा का चित्रण सेक्स के संदर्भ में किया गया है।

'लंदन की एक रात' (निर्मल वर्मा) में वाचक बेरोजगार है। काम की तलाश में मारा-मारा फिरता है। प्लेटफार्म पर बैठे हुए वह युवक को खंभे की आड़ में एक लड़की को चूमते हुए देखता है तो उसकी प्यास भी जाग जाती है जिसका संकेत वाचक के इस वाक्य से मिलता है—"और मुझे लगा जैसे मैंने मुद्दत से सिगरेट नहीं पी।"[138]

आर्थिक अभावों ने व्यक्ति को कितने स्तरों पर तोड़ा है इसका परिचय नई कहानी देती है।

मोहभंग

नई कहानी का मुख्य स्वर मोहभंग का है। इस मोहभंग के वस्तुगत कारण थे। भारतीय जनता को स्वतंत्रता का कुछ-कुछ पूर्वाभास होने लगा था। स्वतंत्रता के उपरांत कौन से सुख मिलेंगे, प्रजातंत्र कैसे होगा—इन सब बातों को लेकर जनता के हृदय में सुनहला स्वप्न पनप रहा था। भारत को स्वतंत्रता मिलते ही भारतीय जनता में एक नया उल्लास और उत्साह दिखाई पड़ा। शताब्दियों की गुलाम जनता का यह स्वप्न-सुख देश के विभाजन से कलंकित और बाधित हो गया। 'विभाजन के पश्चात् जो दंगे हुए, हत्याएँ हुईं, आगजनी की घटनाएँ हुईं, लोगों के घर-बार छूटे, देश छूटा। उसने नैराश्य की एक विचित्र स्थिति भारतीय तरुणवर्ग के सामने उपस्थित की।[139] इन दुर्दशाओं और क्षुद्रताओं के प्रमाण राजनीति से लेकर जीवन की छोटी-छोटी घटनाओं तक में दिखते हैं। स्वतंत्रता प्राप्ति के उपरांत लोगों के मन में आशा थी कि अब देश की आर्थिक-सामाजिक और राजनीतिक व्यवस्थाओं में आमूल-चूल परिवर्तन होंगे। यह स्वाभाविक भी था। जमींदारी उन्मूलन और पंचवर्षीय योजनाओं ने आर्थिक स्वराज्य का स्वप्न लोगों को दिया। ऐसा लगा कि हर नागरिक को उसकी मानसिक, बौद्धिक और शारीरिक क्षमताओं के प्रयोग का अवसर मिलेगा। कोई भी दलित, कुंठित या पीड़ित नहीं रहेगा और इन सारे परिवर्तनों की जड़ें राजनीति में थीं।

सन् 1962 तक देश में केवल एक ही राजनीतिक दल (कांग्रेस) था। चीनी आक्रमण के दौरान बड़े पैमाने पर राजनीतिक उथल-पुथल हुई। यहीं पर विरोधी दलों की भूमिका महत्त्वपूर्ण हुई और राजनीति में दल-बदल की प्रवृत्ति भी प्रारंभ हो गई। निजी स्वार्थों की पूर्ति तभी संभव होती है जब अपना दल सत्ता में हो। इसी प्रयास में चुनावों में पैसा, पद, जातिवाद, प्रांतीयता आदि का उपयोग बड़े पैमाने पर किया गया। राष्ट्रीय स्तर के चुनावों में ही नहीं, ग्राम पंचायत तक के चुनावों में यह प्रवृत्ति दिखाई दी। इस प्रवृत्ति से जन-सामान्य में राजनीति के प्रति वितृष्णा उत्पन्न हुई। राजनीति में भ्रष्टाचार फैलने लगा। वे नेता जो देश का भविष्य-निर्माण करने वाले थे, अत्यंत भ्रष्ट हो गए। ये जनप्रतिनिधि राजनीतिक गौरव को कलंकित करते हुए निर्लज्जता के साथ जनता का खून चूसने लगे और अपने लिए सुविधाएँ बटोरने लगे।

राजनीतिक भ्रष्टाचार का प्रभाव गाँवों पर अधिक पड़ा क्योंकि ग्राम-सुधार की अनेक योजनाओं का कार्यान्वयन पंचवर्षीय योजनाओं के अंतर्गत किया जाना था जैसे चकबंदी, सहकारिता, ग्राम-पंचायत, ट्यूब-वैल, नहरें आदि। लेकिन इन योजनाओं का लाभ भ्रष्ट राजनीति और उससे जुड़ी अफसरशाही के कारण साधारण ग्रामवासियों को नहीं मिल सका। भ्रष्ट अफसर, नेता और असामाजिक तत्त्व परस्पर मिलकर जनता को लूट रहे हैं। समाज में फैली अराजकता से असुरक्षा की भावना फैली है। पुलिस और न्यायालयों से न्याय मिलने की अपेक्षा नहीं की जा सकती।

राजनीति में भ्रष्टाचार के अलावा अनेक अन्य स्तरों पर भी भ्रष्टाचार दिखाई दिया। जमींदारी-उन्मूलन होने पर कोटा-परमिट, लाइसेंस, ठेके आदि के रूप में कई नई

जमींदारियाँ अस्तित्व में आ गईं। जातिवाद, प्रांतवाद, क्षेत्रवाद, भाई-भतीजावाद, गुटबंदी, ब्लैकमेल, रिश्वत, धोखेबाजी आदि बुराइयाँ जन-प्रतिनिधियों के साथ-साथ सब जगह फैल गईं। यहीं से जन-सामान्य का मोहभंग शुरू हो जाता है। "आज की प्रत्येक कहानी 'संबंधों' से शुरू होती है और समाप्त होती है एक अर्थहीनता की अनुभूति पर। एक व्यापक अर्थहीनता जो किसी कुंठा या निराशा की परिणति नहीं है—केवल एक मोहभंग की तर्क-संगत परिणति है।"[140]

जिस प्रकार भ्रष्टाचार के कई स्तर थे उसी प्रकार मोहभंग भी परिवार, समाज, अर्थ और राजनीति—सभी दृष्टियों से होता है।

पारिवारिक स्तर पर यह मोहभंग संयुक्त परिवार के विघटन, दांपत्य जीवन में स्त्री-पुरुष के परिवर्तित संबंध आदि में परिलक्षित होता है।

सामाजिक स्तर पर यह मोहभंग पुराने मूल्यों की अस्वीकृति, स्त्री-पुरुष संबंधों में अंतर, प्रेम, यौन कुंठा, महानगरीय, असंपृक्ति, अजनबीपन, अकेलापन, व्यर्थता-बोध पीड़ा. ऊब, घुटन, निराशा, अनास्था आदि के रूप में दिखाई देता है।

आर्थिक स्तर पर मोहभंग संबंधों में अर्थ की भूमिका, आर्थिक दृष्टि से स्वावलंबी नारी की स्थिति, बेकारी आदि में दिखाई पड़ता है।

इन सभी स्तरों के मोहभंग का विस्तृत विवेचन पहले किया जा चुका है। धार्मिक स्तर पर यह मोहभंग धर्म की आड़ में की जा रही अनैतिकता के कारण उत्पन्न हुआ है। धार्मिक स्थलों को धर्माधिकारियों ने क्रीड़ा-स्थल बना दिया है। जहाँ वे विवश स्त्रियों के माध्यम से अपनी यौन-पिपासा को शांत करते हैं। मोहन राकेश की 'जानवर और जानवर' इसी प्रवृत्ति का चित्रण करती है—पादरी खट्टी की बाड़ से आगे निकल गया, तो जॉन बोला, "यह अपने को पादरी कहता है। सवेरे परमात्मा से संसार-भर का चरित्र सुधारने के लिए प्रार्थना करेगा और रात को...हरामजादा।"[141]

कुछ इसी प्रकार की स्थिति मन्नू भंडारी की 'ईसा के घर इनसान' में भी है—

"मुझे ऐसा लगा कि एक बड़ी-सी सफेद चिड़िया आकर मुझे अपने पंजे में दबोचकर उड़े जा रही है और उसके पंजों के बीच मेरा दम घुटा जा रहा है।"[142]

राजनीतिक स्तर पर मोहभंग, राजनीति में व्याप्त भ्रष्टाचार के परिणामस्वरूप हुआ। जिससे अराजकता फैली और जन-सामान्य में आतंक, असुरक्षा और आक्रोश की भावना उत्पन्न हुई। नई कहानी में राजनीतिक विसंगति को उद्घाटित करने वाली कहानियाँ पर्याप्त संख्या में मिल जाती हैं।

गिरिराज किशोर की 'पेपरवेट' राजनीति में व्याप्त कूटनीति का पर्दाफाश करती है जहाँ एक ईमानदार तथा आदर्शवादी व्यक्ति राजनीति के दलदल में फँस जाता है। उसका आदर्शवादी तथा नियम का पक्का होना सत्तारूढ़ दल के लिए परेशानी उत्पन्न कर देता है। "मैं जानता हूँ, आप स्पष्टवादी और ईमानदार हैं...पार्टी सचेतक के होते हुए भी आपने मेरी सरकार का विरोध किया। शांतिशरण को आपके ही कारण त्यागपत्र देना पड़ गया..."[143] जहाँ सभी भ्रष्ट, स्वार्थलिप्त हों, वहाँ ईमानदार व्यक्ति

कैसे टिक सकता है ?

कमलेश्वर की 'लड़ाई' भी राजनीतिक अवसरवादिता का पर्दाफाश करती है कि किस तरह मंत्री अपने पद का दुरुपयोग करके अपने संबंधियों को लाभ पहुँचाते हैं—"बड़े भाई, जब निर्माण-मंत्री थे, तब उन्होंने खजाने को पुख्ता कराने का प्रस्ताव रखा था। उस प्रस्ताव का स्वागत मंत्रिमंडल ने किया था। रातों-रात तब छोटे भाई को ठेकेदार बनना पड़ा था। फार्म छप गए थे और वह खजाने के निर्माण का ठेका लेने के लिए ऊपरी और दिखावटी दौड़-भाग करने लगा था। खजाने की इमारत को दुबारा बनाने और उसे पुख्ता करने का ठेका अंततः उसे ही मिला था।"[144]

यहाँ व्यवस्था के उस चेहरे को अंकित किया गया है जो प्रजातंत्र और जनसेवा का मुखौटा लगाए सीधे-सीधे राजनीतिक अवसरवादिता का है। मुखौटों की इस व्यवस्था में लुटेरों को नहीं पकड़ा जा सकता क्योंकि यहाँ भाई और दुश्मन की शिनाख्त कोई नहीं कर सकता।

रेणु की 'पुरानी कहानी : नया पाठ' गाँव में आई बाढ़ के दौरान सहायता के नाम पर जनसेवकों द्वारा की जा रही लूट-खसोट का यथार्थ चित्रण प्रस्तुत करती है। यह बाढ़ भी कोई दैवी-विपत्ति के कारण नहीं आई है अपितु चुनाव में हारे हुए लोग बाढ़ आने पर बाँध तुड़वा देते हैं तथा प्रचार करते हैं कि चूहों द्वारा बाँध खोदने से ऐसा हुआ है। बाढ़-ग्रस्त लोगों को भेजी जा रही सहायता को भी ये ही हजम कर जाते हैं—"पचास टन किरासन, दस बोरा आटा और चावल के साथ रिलीफ की नाव पनार नदी की बीच धारा में डूब गई। लापता हो गई।"[145] इन्हें बाढ़ पीड़ितों से अधिक अपनी वोटों की चिंता है। इन लोगों का इतना पतन हो चुका है कि किसी प्रकार की सहायता करने की बजाय बाढ़-पीड़ित स्त्रियों पर बुरी दृष्टि रखते हैं।[146] सुरेश सिन्हा की 'हालत' कहानी में भी राजनीतिक दलों और सहायता समितियों द्वारा की जा रही लूट-खसोट का चित्रण है।

मोहन राकेश की 'परमात्मा का कुत्ता' क्लेम के दफ्तरों में की जा रही धाँधलेबाजी को उजागर करती है। जहाँ घूस खाने के लिए मामलों को लटका दिया जाता है जिससे संबंधित व्यक्तियों की हालत बदतर होती जाती है—"सरकार वक्त ले रही है। दस-पाँच साल में सरकार फैसला करेगी कि अर्जी मंजूर होनी चाहिए कि नहीं। सालों, यमराज भी तो हमारा वक्त गिन रहा है। उधर वह वक्त पूरा होगा और इधर तुमसे पता लगेगा कि हमारी अर्जी मंजूर हो गई है।"[147] दफ्तरों का चक्कर काट-काटकर इनसान की यह हालत हो जाती है कि नाम पूछने पर वह अपनी फाइल-संख्या बताने लगता है।[148] दफ्तरों की कूटनीतिक और टालू भाषा का उदाहरण द्रष्टव्य है—

"शायद आपके कागज ऊपर चले गए हैं—तकरीबन-तकरीबन कार्यवाही पूरी हो चुकी है। शायद से निकालो और तकरीबन में डाल दो। तकरीबन से निकालो और शायद में गर्क कर दो।"[149] 'भटके हुए लोग' (कमलेश्वर) में भी विस्थापितों को दी जा रही दुकानों और जमीन में की जा रही धाँधलेबाजी का संकेत है। कमलेश्वर का 'बयान'

भी स्वतंत्र देश में स्वतंत्रतापूर्वक जीने की इच्छा रखने वाले एक सच्चे व्यक्ति पर चारों तरफ से पड़ने वाले भ्रष्ट सामाजिक दबावों की कहानी है। इस कहानी की स्त्री का बयान सिर्फ एक व्यक्तिगत दुर्घटना का अंतरंग चित्र ही नहीं, उस समूचे भ्रष्ट, पूँजीवादी, सामाजिक, आर्थिक ढाँचे का कच्चा चिट्ठा है जिसके अंतर्गत एक कलाकार अपनी कला और अपनी इज्जत को बाजार में बेचे बगैर जिंदा नहीं रह सकता। 'बयान' की स्त्री का वक्तव्य उस समूची न्याय-व्यवस्था और राजतंत्र की साजिश के खिलाफ उभरने वाला साहसिक स्वर है जिसके अंतर्गत प्रत्येक फैसला अकेले 'व्यक्ति'[150] के खिलाफ ही हो सकता है। कमलेश्वर की ही 'जॉर्ज पंचम की नाक' इस तथ्य को उजागर करती है कि स्वतंत्रता के बाद से सत्ताधारी नेताओं और नौकरशाही की मिली-जुली शक्ति 'झूठी नाक' के लिए 'सच्ची नाक' काटने में ही क्षीण होती रही है। अतीत की झूठी मर्यादा की रक्षा के लिए वर्तमान की सारी संभावनाओं की बलि आज के भ्रष्ट शासन तंत्र के मानसिक दिवालियापन का ही प्रमाण है।

'मौकापरस्त' (भीष्म साहनी) प्रभावशाली राजनीतिक दलाल की कहानी है जिसके सामने नैतिकता, मानवीयता आदि का कोई मूल्य नहीं है, केवल स्वार्थ-सिद्धि होनी चाहिए। अपनी पार्टी के सदस्य शंभू की मृत्यु पर वह बहुत धूमधाम से शवयात्रा का प्रबंध करता है लेकिन इस सारी धूमधाम के पीछे दो दिन बाद होने वाले चुनाव का प्रचार करना है। मृत व्यक्ति का इस तरह राजनीतिक उपयोग करने में ऐसे लोगों को तनिक भी संकोच नहीं होता—"...यों सीधे श्मशान भूमि में ले जाने की क्या तुक है। साथ में थोड़ा प्रचार भी हो जाएगा।"[151]

'मरे हुए लोग' (शिवसागर मिश्र) आज की अफसरशाही की विसंगति की ओर संकेत करती है जहाँ स्वार्थपूर्ति में सहायक लोगों को स्वार्थ-सिद्धि होने पर मरवा दिया जाता है फिर झूठे आँसू बहाए जाते हैं। ऐसा करते हुए इन संपन्न प्रभावशाली लोगों को पुलिस का भय नहीं है क्योंकि पुलिस अधिकारियों तक इनकी पहुँच है।

'मनुष्य चिन्ह' (हिमांशु जोशी) पर्वतीय प्रदेश में सरकारी अत्याचार की कहानी कहती है। 'रामबाबू बीडीओ से मिले' (विवेकी राय) में गाँव के विकास की आड़ में अपनी स्वार्थ-सिद्धि करने वाले विकास अधिकारी की कथा है। 'दौने की पत्तियाँ' (मार्कण्डेय) इस तथ्य की ओर संकेत करती है कि ग्राम विकास योजनाओं का लाभ संपन्न और प्रभावशाली लोग ही उठाते हैं और अभावग्रस्त वर्ग की स्थिति पहले से भी बदतर हो जाती है।

स्वतंत्रता के लिए सारी जिंदगी काम करने के बाद भी कुछ लोगों को कुछ नहीं मिला जबकि अवसरवादियों ने बड़े-बड़े पद हथिया लिए और नेता बन बैठे। ऐसे में उन त्यागी और बलिदानियों का मोहभंग होना स्वाभाविक ही था। अमरकांत की कहानी 'जनमार्गी' के नायक बलराज की यही स्थिति है। इसी प्रकार रेणु की कहानी 'आत्मसाक्षी' में गनपत का भी मोहभंग होता है—"सिर्फ सात दिन का बुखार नहीं, गनपत को लगता है, पैंतीस साल से चढ़ा हुआ ज्वर उतरा है। इतने दिनों तक एक अंध सुरंग में वह चल

रहा था—बेमतलब, बेकार, अकारथ।''[152]

'हंसा जाई अकेला' (मार्कण्डेय) स्वतंत्रता प्राप्ति की विसंगति की ओर संकेत करती है। 'चोरी के विधायक' (हरिशंकर परसाई) विधायकों की विसंगति उजागर करती है। 'गिरगिट' (प्रभाकर माचवे) स्वार्थी दल-बदलू नेता की कथा है। 'धरती अब भी घूम रही है' (विष्णु प्रभाकर) भ्रष्ट न्यायतंत्र पर चोट करती है। 'सजा' (मन्नू भंडारी) भी न्यायतंत्र का खोखलापन चित्रित करती है। 'लाल झंडा' (राजेंद्र अवस्थी) में, आदिवासियों में नवचेतना लाने की मुख्य भूमिका निभाने वाला सुकली है लेकिन उसका श्रेय उद्घाटनकर्ता मंत्रीजी ले जाते हैं। 'अपाहिज' (गोविंद मिश्र) नेताओं के दोहरे व्यक्तित्व की कथा है।

आज की सारी व्यवस्था, समस्त सुरक्षा-तंत्र, जिसके हाथ में जनता की सुरक्षा की जिम्मेदारी है, नपुंसक हो उठा है। गुंडे, बदमाश, पुलिस, न्याय-अधिकारी—सभी आपस में मिले होते हैं, फिर कौन किसका न्याय करे। सब-के-सब एक ही थैली के चट्टे-बट्टे हैं। यहाँ मुक्तिबोध की कविता 'अँधेरे में' की याद आना स्वाभाविक है। जहाँ वाचक को जुलूस में गुंडे, नेता आदि एक साथ दिखाई देते हैं। दिन में इनका रूप नितांत भिन्न दिखाई देता है किंतु रात्रि के अँधेरे में यानी गुप्त रूप से ये एक ही कोटि के व्यक्ति हैं, इनका काम भी एक है—जनता को लूटना।

इस व्यवस्था में गुंडे ही सुरक्षित अनुभव करते हुए घूम सकते हैं। आम व्यक्ति असुरक्षा की भावना से भयाक्रांत है। पहले बाढ़, अकाल, दुर्घटना आदि स्थितियाँ कभी-कभी व्यक्ति को त्रस्त करती थीं लेकिन आज की यांत्रिक स्थितियों में अपनी रोजमर्रा की जिंदगी में ही व्यक्ति भयाक्रांत हो गया है। कहीं भी कुछ भी हो सकता है। उसका जीवन असुरक्षित है, चाहे वह गाँव में रहे या शहर में। गाँवों में स्वार्थी जमींदार एवं गुंडे सामूहिक रूप से उसकी फसल, पशुधन व स्वयं उसकी जान के दुश्मन हैं। 'पापजीवी'[153] के बदलू मुसहर के लिए स्वराज्य का कोई अर्थ नहीं। भ्रष्टाचार के गंदे, घिनौने, स्वार्थी हाथों से जैसे स्वतंत्रता पूर्व उसके बाप को पकड़कर मार डाला गया। वही हालत उसकी भी स्वतंत्रता के उपरांत हुई। 'गंगा तुलसी'[154] आज भी गाँव में पूर्णतः असुरक्षित है।

शहरों में भी गुंडागर्दी का कोई अंत नहीं। इसका सजीव चित्रण मोहन राकेश की 'एक ठहरा हुआ चाकू' में मिलता है। कथा-नायक बाशी एक जगह स्कूटर रुकवाकर बर्फ खरीदने लगा, तो एक गुंडा उस स्कूटर में जबरदस्ती बैठ गया। बाशी द्वारा विरोध करने पर उसने उसके मुँह पर थप्पड़ मारकर दफा हो जाने को कहा। गिरे हुए चश्मे को ढूँढ़ते हुए बाशी ने उससे जबान सँभालकर बात करने को कहा तो उसने चाकू निकाल लिया। जब बाशी के पास भाग जाने के सिवाय कोई चारा नहीं रहा।[155]

ऐसी घटनाओं को लोग देखकर भी अनदेखा कर देते हैं। न कोई गुंडे से दुश्मनी मोल लेना चाहता है और न ही पुलिस के चक्कर में पड़ना चाहता है। सब जानते हैं कि कहीं कुछ होने वाला नहीं। बल्कि पुलिस में रिपोर्ट करने से या उनके विरुद्ध गवाही देने के दुष्परिणाम ही उन्हें भोगने पड़ सकते हैं। इसलिए प्रत्येक व्यावहारिक आदमी उसे

रिपोर्ट वापस लेने की सलाह देता है चाहे वह मेडिकल स्टोर का इंचार्ज हो[156] या चीफ क्राइम रिपोर्टर।[157] थानेदार भी परोक्ष रूप से उसे डराता है—"हाँ-हाँ, रिपोर्ट आपको जरूर लिखवानी चाहिए। इन गुंडों से मत्था लेने में यूँ थोड़ा-बहुत खतरा तो रहता ही है—और कुछ न करें, आप पर एसिड-वेसिड ही डाल दें..."[158]

अराजकता

नई कहानी में जिस अजनबीपन, अकेलेपन का चित्रण बहुतायत से हुआ है, उसके वस्तुगत कारणों में एक ओर जहाँ अस्तित्ववादी विचारधारा और संयुक्त-परिवार का विघटन रहा है। वहीं निश्चित रूप से रोजमर्रा की जिंदगी में व्याप्त ये भयाक्रांत स्थितियाँ भी रही हैं। इन भयावह स्थितियों के मूल में जहाँ एक ओर पुलिस और राजनीतिक संरक्षण प्राप्त असामाजिक तत्त्व हैं, वहीं ऐसा युवा वर्ग भी है जो अनुकूल स्थितियाँ मिलने पर रचनात्मक दिशा में बहुत कुछ कर सकता था किंतु आज सर्वत्र फैली हुई असंगति के कारण वह दिशाहीन हो चुका है। पढ़-लिखकर भी वह बेकार घूमता है। अयोग्य व्यक्ति ऊँचे पदों पर छाए हैं। वह मेहनत करके भी आर्थिक अभावों से घिरा रहता है जबकि बिना काम किए बेईमानी से लोग ऐश्वर्य से रहते हैं। सब ओर भ्रष्टाचार का वातावरण देखकर वह अराजक हो उठा है। इस सबके विरुद्ध कुछ न कर सकने के कारण अपने आक्रोश को वह अनैतिक, असामाजिक कार्यों और भयंकर अपराधों में जुटकर पूरा करता है। दूसरों को पीड़ित करके यह प्रसन्नता का अनुभव करता है। यहाँ तक कि हत्या करने में भी इन्हें किसी प्रकार की हिचकिचाहट नहीं है—"एक इशारा था—महज पलक मारते ही। मेरे मुँह से निकला—नहीं...ई ई ई ई। लेकिन यही नहीं...ई ई ई एक जोर की चीख में विलीन हो गया। वहाँ फुटपाथ पर टूटी हुई मिक्स्चर की शीशी, टूटे इंजेक्शन और डिस्टिल्ड वाटर के सफेद काँच सहित खून में लथपथ एक आदमी छटपटा रहा था...."[159]

विजया चौहान की कहानी 'एक बुतशिकन का जन्म' का भोला भाषणों में बड़ी-बड़ी बातें सुनकर उत्साहित होकर कुछ रचनात्मक करना चाहता है परंतु हर तरफ से उसे निरुत्साहित ही किया जाता है। सही दिशा-निर्देश न मिलने से वह विद्रोही हो उठता है—"भोला के मन में कोई कह रहा था—हाँ, मैं जंगली हो गया हूँ। अगर मुझे निर्माण न करने दिया गया तो मैं ध्वंस करूँगा। उसे याद आया, बचपन में जब वह कागज पर मनपसंद तसवीर नहीं बना पाता था तो कागज को नोचकर फेंक देता था।"[160]

इस असंतुष्ट पीढ़ी की अराजकता अमरकांत की 'हत्यारे' और रेणु की 'परिंदे' व 'नैना जोगिन' में भी देखी जा सकती है। युवा वर्ग की इस अराजकता ने असामाजिक तत्त्वों की गुंडागर्दी के साथ मिलकर समाज में आम व्यक्ति की रोजमर्रा की जिंदगी में व्याप्त भयाक्रांतता को और भी बढ़ा दिया।

व्यंग्य

नई कहानी व्यंग्य और आक्रोश की कहानी है। व्यंग्य की उत्पत्ति के विषय में सिद्धनाथ कुमार का विचार है कि "व्यंग्य सम-सामयिक जीवन की अनचाही स्थितियों से जन्म लेता है। हम जो चाहते हैं, उसके मेल में जब हमारा यथार्थ नहीं होता, तब हमारे भीतर असंतोष होता है, आक्रोश जन्म लेता है, और उन्हीं से व्यंग्य की अभिव्यक्ति होती है।[161] वस्तुतः व्यंग्य की भूमि विसंगतियों की ही भूमि है। विसंगतियों के भिन्न स्तर हैं जिन्हें स्पष्ट करते हुए हरिशंकर परसाई कहते हैं कि "आदमी कुत्ते की बोली बोले यह एक विसंगति है और वन-महोत्सव का आयोजन करने के लिए पेड़ काटकर साफ किए जाएँ, जहाँ मंत्री महोदय गुलाब के वृक्ष की कलमें रोपें, यह भी एक विसंगति है। दोनों में भेद है, गो दोनों से हँसी आती है।"[162] आदमी का कुत्ते की बोली बोलना हास्य उत्पन्न करने की चेष्टा हो सकती है, व्यंग्य कदापि नहीं जबकि वृक्ष काटकर गुलाब रोपकर वनोत्सव मनाना व्यंग्य के माध्यम से व्यवस्था पर प्रहार करना है। विसंगतियों का यह अंतर वस्तुतः पूर्ववर्ती कहानी और नई कहानी का अंतर है। व्यंग्य को नई कहानी की उपलब्धि स्वीकारते हुए हरिशंकर परसाई कहते हैं कि "अभी तक हिंदी में हास्य-व्यंग्य पारिवारिक जीवन तक ही सीमित था। अकसर स्त्री, साला-साली या ससुराल को लेकर बड़े भोंड़े-भद्दे मजाक लिखे जाते थे। तीखा सामाजिक व्यंग्य, जो जीवन में व्याप्त असामंजस्य, असंतुलन और वैषम्य के बखिए उधेड़ता है, आज की कहानी की उपलब्धि है।"[163]

धनंजय वर्मा के इस आरोप कि हिंदी व्यंग्य अधिकांशतः चुटकले या मनोरंजन की सामग्री है और इसमें सही व्यंग्य की विराटता और पौरुष नहीं है[164] का स्पष्टीकरण परसाई के इस वक्तव्य से हो जाता है कि "जीवन-बोध, व्यंग्यकार की दृष्टि, सामाजिक, राजनीतिक, आर्थिक परिवेश के प्रति उसकी प्रतिक्रिया, विसंगतियों की व्यापकता और उनकी अहमियत, व्यंग्य-संकेतों के प्रकार, उनकी प्रभावशीलता, व्यंग्यकार की आस्था, विश्वास—आदि बातें समझ और मेहनत की माँग करती हैं। किसे पड़ी है ?"[165]

परसाई की कहानियाँ सिद्ध करती हैं कि नई कहानी के व्यंग्य में पौरुष और विराटता का अभाव नहीं है। नई कहानी में व्यंग्य मुख्यतः राजनीति और प्रशासन पर हुआ है क्योंकि ये स्वाधीन देश की निर्णायक शक्तियाँ हैं। भ्रष्टाचार भी इन्हीं क्षेत्रों में सर्वाधिक दिखाई पड़ता है।

मूल्यों की सार्थकता का एक प्रमाण परसाईजी की कहानी 'सदाचार का तावीज' है। व्यवस्था में परिवर्तन किए बिना और कर्मचारियों को पूर्ण आर्थिक सुरक्षा प्रदान किए बगैर, केवल तावीज या भाषण-उपदेशों या सतर्कता से भ्रष्टाचार को समाप्त नहीं किया जा सकता, इसी का संकेत यह कहानी देती है। प्रत्यक्ष रूप से कोई सुधारवादी कथन इसमें नहीं है यही सच्चे व्यंग्य की पहचान है। सरकारी दफ्तरों में फैली रिश्वत की बुराई का पर्दाफाश परसाईजी की 'भोलाराम का जीव' सशक्त रूप में करती है। उनकी कहानियाँ मुख्य रूप से नौकरशाही, लालफीताशाही, राजनीतिक हथकंडे, सरकारी कार्यों

में गोलमाल, देश की एकता, व्यावसायिक लेखन आदि विविध क्षेत्रों को अपना विषय बनाती हैं। 'एक फरिश्ते की कथा', 'एक बेकार घाव', 'सड़क बन रही है', 'पोस्टरी एकता', 'जैसे उनके दिन फिरे', 'सुदामा के चावल', 'फैमिली प्लानिंग', 'प्राइवेट कॉलेज का घोषणा-पत्र', 'प्रेम-प्रसंग में फादर', 'एक गो-रक्षक से भेंट', 'लिटरेचर ने मारा तुम्हें', 'ठिठुरता हुआ गणतंत्र' आदि कहानियाँ परसाईजी की अन्य बहुचर्चित कहानियाँ हैं।

इसी प्रकार शरद जोशी ने व्यंग्य के द्वारा लेखन, जनसेवा, नौकरशाही, अध्यापक वर्ग, बेकारी आदि का चित्रण किया है। उनकी प्रमुख कहानियाँ—'जीप में सवार इल्लियाँ', 'रोटी और घंटी का संबंध', 'बेकारी-बोध', 'सरकार का जादू और जादू की सरकार', 'मेरे क्षेत्र के पति : एक सर्वेक्षण', 'रिबन टिच्च' आदि हैं।

रवींद्रनाथ त्यागी ने भी व्यंग्य के माध्यम से बेकारी-समस्या, सेवक-समस्या, दांपत्य जीवन, गुरु-शिष्य संबंध, बढ़ती फैशन-भावना, सरकारी कार्यों, आधुनिक नारी-जीवन की विडंबनाओं आदि का चित्रण किया है। उनकी रचनाएँ प्राचीनता, संस्कृति, संस्कारों तथा आदर्शों पर प्रश्नचिन्ह लगाती हैं तथा आधुनिक विद्रूपताओं को उभारती हैं। उनकी कुछ प्रमुख रचनाओं में—'सारथि की खोज', 'हिदायतनामा खाविंद', 'सच्चा इंद्रजाल उर्फ भारतीय बचपन', 'हमारी वेशभूषा', 'पुनर्जन्म : एक संभावना' आदि को लिया जा सकता है।

गिरिराज किशोर की 'पेपरवेट' आज की राजनीति पर व्यंग्य करती है। कमलेश्वर की 'जॉर्ज पंचम की नाक', 'इतने अच्छे दिन', 'बयान तथा 'लड़ाई'; इसी प्रकार ज्ञानरंजन की 'कलह', 'सीमाएँ', 'आत्महत्या', 'फेंस के इधर और उधर', 'बहिर्गमन', 'घंटा' आदि; मोहन राकेश की 'नए बादल', 'एक आलोचना', 'जीनियस', 'हक हलाल', 'परमात्मा का कुत्ता' आदि कहानियाँ व्यंग्य-अर्थवत्ता की कहानियाँ हैं। वस्तुतः व्यंग्य के माध्यम से विघटित जीवन-मूल्यों का चित्रण आज के संपूर्ण साहित्य में मिलता है।

स्पष्ट है कि हिंदी में शिष्ट व सोद्देश्यपूर्ण हास्य-व्यंग्य का अभाव नहीं है अपितु यह अपने विकसित रूप में है। हरिशंकर परसाई, शरद जोशी, रवींद्र त्यागी, श्रीलाल शुक्ल, केशवचंद्र वर्मा जैसे रचनाकार केवल हास्य न उत्पन्न करके जीवन को पूरी गंभीरता से ग्रहण कर उसकी समस्त विसंगतियों को निर्ममता से उद्घाटित करते हैं। व्यंग्य को शिष्टता और अशिष्टता में बाँटकर देखा भी नहीं जा सकता बल्कि जीवन के समस्त कटु यथार्थ की अभिव्यक्ति के माध्यम के रूप में ही समझा जा सकता है। व्यंग्य आज व्यवस्था के अंतर्विरोधों की ओर संकेत कर बेहतर समाज-व्यवस्था की अपनी आकांक्षा को प्रकट करता है।

नई कहानी : शिल्प

कथ्य के स्तर पर आए बदलाव ने नई कहानी के शिल्प-संबंधी मानदंडों को तोड़कर नए शिल्प की तलाश की क्योंकि परंपरागत शिल्प नए कथ्य को अभिव्यक्त करने में अक्षम सिद्ध हो रहा था। आज की कहानी का उद्देश्य मात्र मनोरंजन करना ही नहीं है, और

न ही उसे आरंभ, मध्य, धरमसीमा, कथानक, चरित्र, वातावरण, उद्देश्य आदि के परंपरागत फार्मूले के अंतर्गत आलोचित किया जा सकता है। कमलेश्वर मानते हैं कि "इस विभाजन और अंगभंग ने कहानी की आत्मा ही मार दी और उसके स्वतंत्र विकास का जो सिलसिला शुरू हुआ था, वह अवरुद्ध हो गया।"[166] स्वातंत्र्योत्तर कहानी जहाँ कथ्य के स्तर पर नई है वहीं शिल्प के धरातल पर भी नयापन लिए है, राजेंद्र यादव के अनुसार—"जिसे हम नई कहानी कहते हैं, वह नए मनुष्य के परिवर्तित परिवेश और अनुभूतियों का परिणाम तो है ही, इस परिणाम की अभिव्यक्ति ने शिल्प और शास्त्र की दृष्टि से भी इसे पुरानी कहानी से अलग कर दिया है।"[167] रमेश बक्षी नई कहानी को सार्थक अभिव्यक्ति का कलात्मक मोड़ मानते हुए कहते हैं कि 'स्वाधीनता के बाद की कहानियाँ आप देखें तो ऐसा लगेगा कि शिल्प के हजार मोड़ उनमें हैं—बारीकी है, बखिया है, कसीदा है, फुलकारी है। यहाँ तक संदेह होने लगा था कि कथ्य की बजाय इनमें शिल्प-ही-शिल्प है।'[168] धनंजय वर्मा के अनुसार—"शिल्प दिमागी ऐय्याशी नहीं है, यथार्थ से भोगी हुई चीजों की संबद्धता का एक प्रश्न लेखक के जीवन से जुड़ा हुआ है और लेखक का जीवन शिल्प के सामर्थ्य और असामर्थ्य से।"[169]

इस शिल्पवादी अतिरेक का संबंध डॉ. नामवर सिंह नई कहानी को विभक्त करके देखने की प्रवृत्ति से जोड़ते हैं। "वर्तमान कहानियों में जहाँ कहीं शिल्पवादी प्रवृत्ति का अतिरेक दिखाई पड़ता है, उसका संबंध किसी-न-किसी रूप में कहानी की विभक्त धारणा से अवश्य है।"[170] इसके विपरीत शरद जोशी मानते हैं कि शिल्प कोई कृत्रिम प्रोसेस नहीं है, वह आंतरिक सहज प्रक्रिया है।[171]

कथानक-ह्रास

नई कहानी ने कथानक की परंपरागत परिभाषा को अस्वीकार किया है क्योंकि आज जीवन का कोई भी खंड, मार्मिक क्षण, अपने में अर्थपूर्ण कोई भी घटना या प्रसंग कहानी के तंत्र में बँध सकता है। डॉ. नामवर सिंह मानते हैं कि "कहानी में जो चीज पहले कथानक के नाम से जानी जाती थी, उसमें कहीं-न-कहीं मौलिक परिवर्तन हुआ है। इसे यों भी कह सकते हैं कि कथानक की धारणा (कंसेप्ट) बदल गई है।...घटना-संघटन इतना विघटित हो गया है कि लोगों को अधिकांश कहानियों में कथानक नाम की चीज ही नहीं मिलती, इसी को कुछ लोग कथानक का ह्रास कहते हैं पर वास्तविकता यह है कि ह्रास कथानक का नहीं वरन् कथा का हुआ है। जीवन का एक लघु प्रसंग, मूड, विचार अथवा विशिष्ट व्यक्ति-चरित्र ही कथानक बन गया है।[172] कथानक के इस ह्रास को डॉ. लक्ष्मीनारायण लाल कहानी-कला का विकास मानते हैं[173] और प्रयाग शुक्ल इसके मूल में आधुनिक बोध का प्रभाव मानते हैं।[174]

कहानी-संबंधी अवधारणा में अंतर

कथानक में कथा-तत्त्व की क्षति को नए कहानीकार ने अनेक तरह से पूरा किया। यह

क्षति और पूर्ति केवल शिल्पगत या कुछ नया कर दिखाने की मनोवृत्ति का परिणाम नहीं है। 'नई कहानी' कहानी-संबंधी अवधारणा में काफी परिवर्तन करके नई बनी है। यह एक तरह से जीवन को आँकने की एक नई दृष्टि है। पहले की कहानियों में कहानीकार अनेक घटनाक्रमों को पार कर वहाँ दम लेता था जहाँ उसे कहानी खत्म करनी होती थी और वहीं मार्मिकता, कोई निष्कर्ष, कोई विचारधारा या कोई सूत्र पाठक के हाथ लगता था लेकिन अब कहानीकार कहानी में व्याप्त प्रत्येक घटना, स्थिति या विचार को पूरी तरह से जी लेने के बाद ही आगे बढ़ता है। वह कहानी के रेशे-रेशे को उसकी संपूर्णता में ग्रहण करना चाहता है। इस तरह वस्तु की दृष्टि से नई कहानी सीमा के माध्यम से असीम को पकड़ लेने और शिल्प के धरातल पर क्लोजअप (सविस्तार चित्रण) की विधा है। कोई विशिष्ट स्थिति या घटनाक्रम कितनी भंगिमाओं, कितनी नाटकीयता से युक्त है, उसे कहानीकार पूरी तरह से दिखाना चाहता है। लूकाच ने कहा—था "reality is infinite" अर्थात् यथार्थ अनंत है। यही कारण है कि नई कहानी घटनाक्रम की दृष्टि से कोई कटी-छँटी चीज नहीं लगती। कहानी जिन बाह्य और मनःस्थितियों को निबद्ध करती है, वे मनःस्थितियाँ कहानी के संसार को पार करके पता नहीं कहाँ-कहाँ पहुँच जाती हैं। यह शायद उस परमाणु युग के बोध का दबाव है जिसमें जितना अनंत बाह्य देश है उतना ही अनंत वह देश भी जो एक अणु में कैद है।

इस बोध का रूपगत प्रभाव यह है कि अतिरंजना या झटके के साथ अप्रत्याशित नाटकीयता को नई कहानी ने छोड़ दिया है। कहानी अब भी जीवन का लघुचित्र ही प्रस्तुत करती है लेकिन वह जीवन की समष्टि से संदर्भ-युक्त होता है, कोई कटा-छँटा अंश नहीं। इसी बात को ध्यान में रखकर डॉ. नामवर सिंह ने कहा है कि कहानी छोटे मुँह बड़ी बात कहती है।[175] अब कहानी का विकास इस ढंग से होता है कि कहानी का केवल नाटकीय अंत ही नहीं बल्कि पूरा कलेवर महत्त्वपूर्ण होता है। कहानी की समाप्ति पर कहानी का कोई विशिष्ट अंश नहीं अपितु कहानी में चित्रित पूरा जीवन पाठक के मन में गूँजता रहता है। इस प्रकार कहानी की सार्थकता उसके रेशे-रेशे में व्याप्त होती है। इसलिए नई कहानी को परंपरागत तत्त्वों में बाँटकर न देखा जाता है और न ही रचा जाता है। यहाँ जीवन से कम महत्त्वपूर्ण, जीवन को अनुभव करने और संकलित अनुभवों का समग्र-बोध नहीं है। मनुष्य का अतीत समाप्त नहीं हो जाता, वह उसकी स्मृति में संचित होता रहता है। इस प्रकार क्षण-अनुभव किसी विशिष्ट क्षण का अनुभव न होकर पिछले अनुभवों का विकास होता है और अपने-आप में यह एक अनुभव-प्रक्रिया का घटना है। अतः नई कहानी का अंतिम क्षण नाटकीय और अप्रत्याशित न होकर कहानी में संकलित पिछले सारे अनुभवों का योग या विकास होता है। ऐसी स्थिति में नई कहानी में बाह्य जगत के साथ या उसकी अपेक्षा मनोजगत अधिक महत्त्वपूर्ण हो गया है। कथानक अनेकानेक बाह्य और आंतरिक स्थितियों का समुच्चय होता है। आद्यंत प्रत्येक स्थिति में उससे अगली स्थिति में पहुँचने की संभावना निहित होनी चाहिए। कहानी के वातावरण और पात्रों की सक्रियता का कार्य यह है कि वे उस

निहित संभावना को उभारकर पहली स्थिति का विकास नई स्थिति में करें। स्थापत्य की दृष्टि से यही दो स्थितियों के बीच की जगह को भरना है। कथानक की निर्मिति की, नई कहानी में यही प्रक्रिया है और इसी दृष्टि से कथा का ह्रास हुआ है। नई कहानी में कथानक के अंतर्गत केवल स्थूल घटनाओं का योग नहीं होता अपितु इन घटनाओं से पैदा होने वाली भरी-पूरी मानसिकता भी प्रस्तुत कर दी जाती है। आखिरकार इन घटनाओं को या बाह्य स्थितियों को मनुष्य झेलता है तथा उनका आघात उसके मन पर होता है, अतः उसका चित्रण भी वास्तविकता का ही चित्रण है। इसे नई कहानी द्वारा वास्तविकता की खोज की प्रक्रिया भी कह सकते हैं।

कथा-सूत्रों में विशृंखलता

कथानक के ह्रास के साथ-साथ नई कहानी के कथा-सूत्रों में भी विशृंखलता आई है। क्रमबद्ध घटना और संगति के तारतम्य का अभाव यहाँ प्रायः दिखाई पड़ता है। इसका कारण संभवतः मानसिक जगत का विश्लेषण तथा परिवेश का चित्रण है। वर्तमान यांत्रिक जीवन की विघटनपूर्ण स्थितियों से प्रेरणा लेने वाली इन कहानियों में बिखराव आना स्वाभाविक ही है। प्राचीन कहानी की एकसूत्रता नई कहानी में अपना अर्थ खो बैठी है। इस बिखराव के दो रूप हैं। पहला जहाँ विश्रृंखल कथा-सूत्रों को व्यवस्थित करके संगुठित किया जा सकता है। जैसे—धर्मवीर भारती की 'बंद गली का आखिरी मकान', कमलेश्वर की 'तलाश' और मन्नू भंडारी की 'तीसरा आदमी' आदि। दूसरे जहाँ कथा-सूत्र इस तरह बिखरे होते हैं कि विलुप्त से दीख पड़ते हैं। जैसे रमेश बक्षी की 'तलघर', 'लंदन की एक रात' (निर्मल वर्मा), 'रीछ' (दूधनाथ सिंह), 'रात' (वैद), 'सतरें जो डायरी न बन सकीं' (भारतरत्न भार्गव) आदि कहानियाँ—बिखरे कथा-सूत्र की उदाहरण हैं।

कथानक-ह्रास के इस रूप को देखते हुए आचार्य हजारीप्रसाद द्विवेदी ने नई कहानी के लेखकों के बारे में लिखा है कि "वे समस्याओं से टकराकर खुद बिखर जाते हैं, उन्हें सँभाल नहीं पाते। उनमें कर्वेचर का अभाव है।"[176]

कथ्य और कथानक

नई कहानी के मूल आधार, उसके कहानीपन का कहीं भी क्षय नहीं हुआ क्योंकि इसके बिना श्रेष्ठ कहानी बन ही नहीं सकती। कविता में जो स्थान लय का है वही कहानी में कहानीपन का।[177] इस कहानीपन के बिना कहानी को मात्र गद्य या रचना कहा जा सकता है। यहाँ कथ्य और कथानक का अंतर स्पष्ट कर देना आवश्यक है। कुछ कहने की समस्या कहानी के साथ जुड़ी है। कहानी 'क्या कहती है' इसका संबंध कथ्य से और 'कैसे कहती है' का संबंध कथानक से है। कथानक के अभाव में कहानी जीवित रह सकती है किंतु कथ्य या संवेदना-शून्य कहानी की कल्पना भी कठिन है। आज कथ्य में ही इतनी क्षमता उत्पन्न हो गई है कि वह अपने अनुकूल शिल्प का निर्माण कर ले।

वास्तविकता यह है कि जीवन के बदलते मूल्यों ने कथ्य को प्रभावित किया है। कथ्य ही शिल्प-निर्माण में निर्णायक भूमिका निभाता है।

सूक्ष्म कथानक

समग्रतः देखा जाए तो कथानक के ह्रास का अर्थ कहानी से उसका विलुप्त होना नहीं अपितु स्वातंत्र्योत्तर कहानी के कलात्मक विकास के कारण सूक्ष्म से सूक्ष्मतर हो जाना है। छोटी घटना में भी निर्माण की क्षमता और अर्थवत्ता निहित रहती है। निर्मल वर्मा की 'सितंबर की एक शाम', 'पिक्चर पोस्टकार्ड', रघुवीर सहाय की 'खेल', रमेश बक्षी की 'कुछ माएँ : कुछ बच्चे', सर्वेश्वरदयाल सक्सेना की 'सीमाएँ', श्रीकांत वर्मा की 'दूसरे के पैर', 'प्रेम-पत्र' आदि कहानियाँ सूक्ष्म कथानक के उदाहरण हैं। नई कहानी का *कथानक यथार्थ जीवन* से जुड़ा है भले ही वह क्षीण हो जैसे कहीं-कहीं व्यक्ति की मनःस्थिति या संवेदना को ही आधार बनाकर कहानी लिखी गई है। *सपाट कथानक* के लिए अनेक नई कहानियाँ सहज और सरल हैं। किसी भी प्रकार की जटिलता या दुर्बोधता उनमें नहीं है। इस वर्ग के लेखकों में भीष्म साहनी (चीफ की दावत), मोहन राकेश (उसकी रोटी, गुनाह बेलज्जत, मंदी, नए बादल), मन्नू भंडारी (मैं हार गई) और अमरकांत की कहानियाँ उल्लेखनीय हैं।

मिश्रित शिल्प

यहाँ प्रतिबद्धता केवल जीवन-अनुभव और संवेदना से जुड़ने की है, उसके यथार्थपरक होने की है। इसीलिए कहानी से इतरचित्र, संगीत आदि कलाओं के तत्त्व भी इसके स्वरूप में घुल-मिलकर कहानी को अधिक प्राणवान बना रहे हैं। डॉ. नामवर सिंह ने कहा भी है कि "अपने यहाँ कहानी, उपन्यास, नाटक, रेखाचित्र, डायरी, संस्मरण आदि विविध गद्य रूपों तथा कविता के बीच काफी विनिमय हुआ है।"[178]

शैली-प्रयोग

कहानी लेखन में अनेक शैलियों का प्रयोग हुआ है। मिश्रित शैली के प्रयोग को ही नामवरजी ने शिल्प की साधना कहा है तो हरिशंकर परसाई ने विविध पद्धतियों के संदर्भ में दोहरे कथा-शिल्प की ओर संकेत किया है। "सामाजिक जीवन की वर्तमान जटिलता, उसके अंतर्विरोध, उसकी नई समस्याएँ अभिव्यक्त करने के लिए कहानी ने विभिन्न निर्वाह पद्धतियाँ अपनाई हैं। उदाहरण के लिए पौराणिक और लोक-कथाओं को नई दृष्टि से अर्थान्वित करके युग-सत्य को व्यंजित करना।"[179] *दोहरा शिल्प* दो युगों की परस्पर तुलना और अंतर्विरोध प्रदर्शित करता है। इस शिल्प का सबसे पहले प्रयोग शिवप्रसाद सिंह ने 'बरगद का पेड़' कहानी में किया है। कमलेश्वर की 'राजा निरबंसिया' इस दिशा में उल्लेखनीय है। संश्लिष्ट या दोहरे शिल्प का प्रयोग रमेश बक्षी की 'इंगलिस्तानी राजा और हिंदुस्तानी जीजा' में भी दिखाई पड़ता है। इनके अतिरिक्त

शिवप्रसाद सिंह की 'महुए का फूल' कमलेश्वर की 'बदनाम बस्ती' राजेंद्र यादव की 'अभिमन्यु की आत्महत्या' तथा मोहन राकेश की 'सुहागिनें' कहानियाँ भी इस शिल्प-प्रयोग के सुंदर उदाहरण हैं। इस शिल्प-प्रयोग से कहानी की संवेदनशीलता और अर्थवत्ता में वृद्धि हुई है।

एक कहानी के अंतर्गत अनेक कथाओं के शिल्प का प्रयोग भी नई कहानी में किया गया है जो उसके समग्र प्रभाव को गहरा करता है। प्रभाव की एकान्विति इस शिल्प की कहानियों की विशेषता है। कमलेश्वर की 'एक थी विमला' ऐसा ही प्रयोग है। इसमें चार स्त्रियों की कथा के माध्यम से युवती-स्त्री के प्रति पुरुषवर्ग की मानसिकता दिखाई गई है। रमेश बक्षी की 'अलग-अलग कोण' में तीन कथाएँ प्रभावान्विति द्वारा एक-दूसरे से जुड़ती हैं। पुराने कथा-रूपों का भी पुनः प्रस्तुतीकरण नई कहानी में मिलता है। इसके संदर्भ में डॉ. नामवर सिंह ने 'किस्सा तोता-मैना' शैली और 'तस्लीम' लखनवी की कहानी 'किस्सा सियासत बी भटियारिन और एडीटर बुल्लेशाह' का उल्लेख किया है।[180]

डायरी-शैली का प्रयोग पहले भी होता था। इसमें पात्र डायरी के माध्यम से अपने से जुड़ी घटनाएँ, विचार, भावनाएँ आदि के साथ-साथ दूसरे पात्रों के बारे में भी अपने विचार प्रकट करता है। नई कहानी में इसका प्रचलन अधिक नहीं है, फिर भी हरिशंकर परसाई की व्यंग्य-कथाएँ 'दस दिन का अनशन', 'और वे सुख से नहीं रहे' तथा नरेश मेहता की 'तिष्यरक्षिता की डायरी' इसी शैली में रचित कहानियाँ हैं। कुछ कहानियाँ पत्र-शैली में भी मिलती हैं। इनमें आत्मीयता का पुट आ जाता है। लेकिन पत्र-लेखक के दृष्टिकोण से लिखे जाने के कारण इसमें वातावरण-चित्रण व तटस्थ दृष्टि का अभाव मिलता है। इस शैली की कहानियाँ नई कहानी के क्षेत्र में कम ही लिखी गई हैं। एक ही पत्र में सारी कहानी का रूप शिवप्रसाद सिंह की 'हाथ का दाग' तथा 'अंधकूप', राजेंद्र यादव की 'पुराने नाले पर नया फ्लैट', शानी की 'नारी और प्यार' तथा 'जिंदगी जलती है' आदि कहानियों में मिलता है। कई पात्रों के माध्यम से कहानी-रचना ठाकुर प्रसाद सिंह की 'मल्लिका के पत्र' तथा राजेंद्र यादव की 'तीन पत्र और आलपिन' में की गई है और दो व्यक्तियों के परस्पर पत्रोत्तर के रूप में कहानी-रचना राजेंद्र यादव की 'अंगारों का खेल' में। इसके अतिरिक्त 'दूसरे की पत्नी के पत्र' (नरेश मेहता), कृष्णा सोबती की 'तीन पत्र', शैलेश मटियानी की 'भावना की सत्ता' कहानियाँ भी उल्लेखनीय हैं।

कहानी की विषय-वस्तु का सजीव चित्रण, *चित्रात्मक शैली* में मिलता है। यह शैली लेखक की सूक्ष्म चित्रण-क्षमता की परिचायक है। निर्मल वर्मा की 'जलती झाड़ी'[181] कहानी में यही विशेषता मिलती है। कमलेश्वर की 'खोई हुई दिशाएँ' में 'टी हाउस' की सजीव झाँकी शब्दों द्वारा ही मिल जाती है।[182] चित्रात्मक शैली की खूबी रेणु की 'तीसरी कसम', निर्मल वर्मा की 'परिंदे', राजेंद्र यादव की 'किनारे से किनारे तक', महेंद्र भल्ला की 'एक पति के नोट्स', रामकुमार की 'सेलर', कमलेश्वर की 'नीली झील' में दृष्टव्य हैं।

रेखाचित्र तथा संस्मरणात्मक शैली—शब्दों के माध्यम से चरित्र-रेखांकन की शैली नई कहानी के सौंदर्य में अभिवृद्धि करती है। मोहन राकेश की 'मवाली', 'मिस्टर भाटिया', 'सौदा'; रघुवीर सहाय की 'सेब', 'खेल', 'लड़के'; शिवप्रसाद सिंह की 'देऊ दादा', 'मास्टर सुखलाल'; मन्नू भंडारी की 'मजबूरी', 'अकेली' आदि कहानियों में इस शैली के दर्शन होते हैं। इसी प्रकार नई कहानी के अंतर्गत संस्मरण की विशेषता (कथा-वाचक के स्व-अनुभूत अतीत का वर्णन) से प्रभावित कहानियाँ भी हैं जैसे 'अंकल' (रामकुमार), 'एक शुरुआत' (निर्मल वर्मा), 'टूटना' (राजेंद्र यादव), 'आखिरी सामान' (मोहन राकेश) आदि।

आत्मकथा की (उत्तम पुरुष यानी 'मैं' के माध्यम की) शैली में भी कहानी-रचना हुई है। कहीं कहानी का मुख्य पात्र आपबीती के रूप में पूरी कहानी कह देता है[183] तो कहीं कहानी के सभी पात्र अपनी-अपनी राम कहानी या दृष्टिकोण प्रस्तुत करते हैं।[184] कहीं लेखक स्वयं प्रमुख पात्र या घटना का भोक्ता बन जाता है जैसे निर्मल वर्मा की 'लंदन की एक रात' में। कहीं लेखक मात्र दृष्टा होता है जैसे अमरकांत की कहानी 'जिंदगी और जोंक' में। पाठक से सहज आत्मीयता स्थापित करने के कारण यह शैली काफी लोकप्रिय रही है। इसमें भाव-चित्रण में प्रामाणिकता आती है जिससे पाठक के मन में विश्वसनीयता उत्पन्न होती है।

आत्मविश्लेषण के अंतर्गत पात्र आत्मकथात्मक ढंग से स्वयं ही अपने व्यक्तित्व का प्रकाशन-उन्मीलन करता है। किसी अन्य पात्र या व्यक्ति का समावेश नहीं होता। स्वाभाविकता और विश्वसनीयता के कारण यह शैली भी नई कहानी में काफी प्रचलित है। राजेंद्र यादव की 'आत्मा की आवाज', 'नए-नए आने वाले' तथा निर्मल वर्मा की 'लवर्स' इस दृष्टि से उल्लेखनीय हैं।

प्रलापात्मक शैली में सूत्रबद्ध चिंतन के रूप में कहानी लिखी जाती है किंतु चिंतन-सूत्रों की कोई सुनिश्चित शृंखला नहीं होती, वे प्रायः बिखरे रहते हैं। ऊपरी तौर पर निरर्थक व असंबद्ध दिखने वाली इस शैली में गहन सुनिश्चित अर्थ-संकेत विद्यमान रहते हैं। कृष्ण बलदेव वैद की 'रात' कहानी में संत्रस्त मानव की दुविधाग्रस्त मानसिकता का भयावह अकेलापन दृष्टव्य है। निर्मल वर्मा की 'डेढ़ इंच ऊपर', दूधनाथ सिंह की 'प्रतिनिधि'[185], रमेश बक्षी की 'प्रार्थना'[186] इसी शैली की अन्य प्रमुख रचनाएँ हैं।

चेतना प्रवाह-शैली में पात्रों के मस्तिष्क में प्रत्येक क्षण उठने वाले विचारों का यथावत् अंकन किया जाता है। एक ही समय में व्यक्ति मानसिक रूप से परेशान होकर अपने प्रेम, घृणा, निराशा, सत्य, सफलता, असफलता, परिवार, समाज, देश आदि अनेक बातों के विषय में सोच जाता है। इस शैली का प्रयोग करने वाले कहानीकारों ने वास्तविकता की अपेक्षा मनोवैज्ञानिक समय को महत्त्वपूर्ण माना है क्योंकि इसका संबंध मानवीय चेतना से जुड़ा हुआ है। इसके अंतर्गत वास्तविक लघु कालखंड में कई ऐसी विचार-तरंगे मन में उत्पन्न हो जाती हैं जिनका संबंध दीर्घ कालावधि से होता है। इससे मनुष्य के अवचेतन को भली-भाँति समझा जा सकता है। नई कहानी के अंतर्गत निर्मल

वर्मा की 'अमालिया', 'परिंदे', 'लंदन की एक रात', 'पहाड़', 'कुत्ते की मौत' आदि कहानियों में अनेक स्थलों पर इसी शैली का प्रयोग हुआ है। बलदेव वैद की 'समाधि' और 'एक था विमल' में चेतना-प्रवाह के माध्यम से टूटते हुए विघटित व्यक्तित्व की व्यंजना की गई है। दूधनाथ सिंह की 'रीछ' और 'सुखांत' भी इसी तरह की कहानियाँ हैं।

फैंटेसी (स्वैर कल्पना)—डॉ. नामवर सिंह के अनुसार फैंटेसी के संसार में इस दुनिया के कायदे-कानून लागू नहीं होते, दुनिया के नियमों को तोड़ने के लिए लेखक अपनी दुनिया को दूसरे नियमों से बनाता है, फिर भी वह हमारी अतिपरिचित दुनिया से अधिक वास्तविक होती है जबकि हम अभ्यासवश अतिपरिचित को ही वास्तविक मानकर चलते हैं। अंतर्दर्शी लेखक असली दुनिया को सहसा देखकर हमारे सामने उद्घाटित कर देता है जिसे अपरिचय और अनभ्यासवश हम फेंटास्टिक कह उठते हैं। यह आकस्मिक बोध ही फैंटेसी को जन्म देता है।[187]

वर्तमान जीवन में व्याप्त विसंगति, एब्सर्डिटी (तर्कहीनता) और अव्यवस्था को चित्रित करने के लिए आज कहानीकार फैंटेसी का प्रयोग करता है। फैंटेसी-शैली में व्यक्ति अपने समूचे रूप में उपस्थित होकर अपने समय का साक्षात् प्रतिनिधित्व करता है।

नई कहानी से पूर्व भी इस शैली का प्रयोग हिंदी कहानी में हुआ है जैसे सुदर्शन की 'एथेंस का सत्यार्थी', प्रसाद की 'स्वर्ग के खँडहर में', जैनेंद्र की 'नीलम देश की राजकन्या', मुक्तिबोध की 'क्लाड ईथरली' और ब्रह्मराक्षस का शिष्य' में फैंटेसी का सफल प्रयोग हुआ है। नई कहानी में इस शैली का प्रयोग कमलेश्वर की 'अपने देश के लोग', राजेंद्र यादव की 'सिंहवाहिनी', श्रीकांत वर्मा की 'उसका क्रास', दूधनाथ सिंह की 'रीछ', गंगाप्रसाद विमल की 'प्रेत', हिमांशु जोशी की 'जो घटित हुआ है' तथा चंद्रकांत बक्षी की 'रोमियो और जूलियट और...'[188] आदि में हुआ है। आंशिक रूप से फैंटेसी श्रीराम वर्मा की 'अँधेरे में सहिजन', कमलेश्वर की 'जोखिम' आदि में द्रष्टव्य है।

वर्णनात्मक शैली का इतिहास कहानी के क्षेत्र में बहुत पुराना है। इसमें लेखक स्वयं या किसी अन्य पुरुष अर्थात् वह के माध्यम से पूरी कहानी कहता है, जीवन के किसी भी क्षेत्र का वर्णन इसमें किया जा सकता है। तटस्थ-द्रष्टा की भाँति हर घटना, स्थिति एवं पात्रों की मनःस्थिति का विवरण इसमें दे दिया जाता है। इसमें लेखक को अपनी बात कहने की पूरी छूट होती है, अभिव्यक्ति पर किसी प्रकार का कोई अंकुश नहीं रहता लेकिन सूक्ष्म विवेचन और अंतर्मन का अन्वेषण इस शैली में सामान्यतः संभव नहीं। बौद्धिक विवेचना भी गहन न होकर बाह्य वर्णन तक सीमित रहती है। आज की कहानियों में इस प्रकार की शैली का प्रभाव अधिक नहीं है। इतिवृत्तात्मकता यहाँ विशुद्ध रूप में नहीं मिलती। कथा-तत्त्व क्षीण हो जाने से इतिवृत्तात्मकता कम हो गई है। नई कहानी वर्णन-प्रधान न होकर स्थितियों, घटनाओं व पात्रों का सूक्ष्म विश्लेषण करती है,

अतः वर्णनात्मक होते हुए भी विशिष्ट है। निर्मल वर्मा, कृष्णा सोबती की कहानियों के वर्णन में नाटकीयता मिलती है। राजेंद्र यादव की 'प्रतीक्षा' और 'टूटना', बलदेव वैद की 'शेडोज' में आंतरिक विश्लेषण भी मिलता है। वास्तव में आज की कहानी में इतिवृत्तात्मकता को गूढ़ चिंतन नाटकीय और आंतरिक विश्लेषण के गुण से समृद्ध किया गया है।

नाट्य-शैली : अभिनय के माध्यम से पात्र का चारित्रिक विकास करना नई कहानी की एक अन्य विशेषता है। इसमें वस्तु और पात्र जुड़े होते हैं और संलाप के द्वारा ही चरित्रों का रूप-निर्धारण किया जाता है। प्राचीन कहानी में प्रेमचंद की अनेक कहानियों, सुदर्शन की 'हार-जीत' में तथा जयशंकर प्रसाद की 'ममता' और 'गुंडा' कहानियों में नाटकीयता का समावेश हुआ है। इसके माध्यम से कथा में पात्रों के मानसिक द्वंद्व, द्विविधा, स्वगत, भाषण आदि का अंकन किया गया है। नई कहानी में अधिकांशतः द्वंद्व का रूप अंतर्द्वंद्व ने ले लिया है इसलिए नाटकीय व्यापार पात्रों के मन में ज्यादा चलता है। मनोजगत में घटित हुई नाटकीयता का अर्थ उसके मन में दिखने जैसा है। आधुनिक कविता की तरह नई कहानी में यह नाटकीयता कभी-कभी एक ही व्यक्ति की परस्पर विरोधी मानसिकता पर आधारित होती है। यहाँ व्यक्ति का एक मन अपने विरोधी मन से टकराता है। मन्नू भंडारी की 'यही सच है' इस संदर्भ में उल्लेखनीय है। इस टकराहट की अनुभूति जब तीव्र होती है तो वह दृश्यता का रूप धारण कर लेती है।

इसका आशय यह नहीं कि नई कहानी में बाह्य-स्थितियों पर आधारित नाटकीयता अपेक्षाकृत गौण है। मोहन राकेश की 'परमात्मा का कुत्ता', भीष्म साहनी की 'चीफ की दावत' और 'मौकापरस्त', अमरकांत की 'हत्यारे' और 'दोपहर का भोजन' आदि कहानियों में यह नाटकीय तत्त्व बाह्य-स्थितियों की दृष्टि से स्पष्ट है। अमरकांत की कहानियों में यह विशेषता वास्तविक और विश्वसनीय ढंग से मिलती है। जिसका विवेचन यथास्थान किया जाएगा।

रिपोर्ताज शैली : यथार्थ के अत्यधिक आग्रह के कारण कहानी कई बार लेखक द्वारा प्रत्यक्ष देखी गई घटना का वर्णन बन जाती है। ऐसी स्थिति में वह रिपोर्ताज विधा के काफी निकट जा पड़ती है। कई बार लेखक इस विधा को कहानी की एक शैली के रूप में इस प्रकार प्रयोग करते हैं कि कई बार यथार्थ घटना या स्थिति का वर्णन न होने पर भी कहानी रिपोर्ताज ही मालूम होती है। रेणु ने अपनी कई कहानियाँ इसी शैली में लिखी हैं। रेणु की 'पुरानी कहानी : नया पाठ' और कृष्ण बलदेव वैद की 'एक बदबूदार गली' इसी शैली की प्रमुख रचनाएँ हैं।

पंचतंत्र हितोपदेश शैली में मनुष्येतर प्राणी (पशु, पक्षी इत्यादि) जड़-पदार्थों और व्यक्ति की घटनाओं द्वारा कोई उपदेश दिया जाता है या स्थिति-विशेष का उद्घाटन किया जाता है। इस शैली का प्रयोग नए कहानीकारों में हरिशंकर परसाई ने अपनी लघु व्यंग्य-कथाओं में किया है। उनकी 'होनहार', 'मित्रता'[189] 'खेती'[190] आदि कहानियाँ इस दृष्टि से उल्लेखनीय हैं।

संस्कृत-साहित्य से प्रभावित शैली—रामायण, महाभारत, बेताल, पंचविंशति आदि

पौराणिक कथाओं को आधार बनाकर भी हरिशंकर परसाई ने अपनी व्यंग्य-कथाएँ लिखी हैं। उनकी 'लंका विजय के बाद' में राम-कथा को आधार बनाकर आज की सहायता-समितियों पर कठोर व्यंग्य किया गया है।[191] 'मेनका का तपोभंग', 'सुदामा के चावल' तथा बेताल की कुछ कहानियाँ इस शैली की उनकी कुछ अन्य रचनाएँ हैं।

चरमोत्कर्ष पर बोध-सूत्र—कहानी की यह शैली नई नहीं है। कुछ नए कहानीकारों ने भी इसका उपयोग किया है। इस शैली में चरमोत्कर्ष या कथांत में कहानी की स्थितियों की वास्तविकता का बोध होता है जो अप्रत्याशित होने के कारण हमें चौंकाता है। कमलेश्वर की 'साँप', नरेश मेहता की कहानी 'दूसरे की पत्नी के पत्र', 'वह मर्द थी' तथा दूधनाथ सिंह की 'कोरस' कहानियाँ इसी शैली के अंतर्गत आती हैं।

कहानी समाप्ति से कहानी का आरंभ—नई कहानियों के अंतर्गत आने वाली कुछ कहानियों में इस शैली के दर्शन होते हैं। इसमें कहानी के अंत के संदर्भ से ही कहानी की शुरुआत की जाती है। राजेंद्र यादव की 'माध्यम का विद्रोह', 'एक खुली हुई साँझ', निर्मल वर्मा की 'खोज' तथा नरेश मेहता की 'वर्षा भीगी' कहानी इसी शैली के उदाहरण हैं। पूर्वदीप्ति-शैली से यह शैली इस अर्थ में भिन्न है कि पूर्वदीप्ति-शैली में किसी सूत्र को पकड़कर स्मृति के माध्यम से अतीत का चित्रण किया जाता है। लेकिन यहाँ कहानीकार स्मृति को आधार नही बनाता।

पूर्वदीप्ति-शैली—जैसाकि ऊपर स्पष्ट किया गया है कि पूर्वदीप्ति-शैली वर्तमान से जुड़ी हुई घटना, पात्रों की स्मृति से जुड़कर अतीत की किसी घटना या स्थिति का अंग बन जाती है। कथा के बीच में स्मृतियों के आने से कथा-प्रवाह में थोड़ी बाधा अवश्य आती है किंतु समय की लघुतम परिधि में भी जीवन के बृहत् खंड को अपने में समेट लेने से यह कहानी में भी औपन्यासिक संभावना भर देती है। नई कहानी में पूर्वदीप्ति-शैली का प्रयोग पात्रों की अतीतकालीन स्मृतियों के बार-बार उभर आने के माध्यम से हुआ है। राजेंद्र यादव की 'टूटना' कहानी में किशोर को आठ वर्ष उपरांत अपनी पत्नी का पत्र मिलता है तो स्मृति के माध्यम से (आज भी याद है, किशोर को लगा था....कुछ घटनाएँ अभी भी उसे नहीं भूलतीं) कहानी अपना रूप ग्रहण करती है। इसी प्रकार 'बादलों के घेरे में' (कृष्णा सोबती) का प्रमुख पात्र स्वयं क्षयग्रस्त होने पर स्थितियों की समानता के कारण मन्नो को बार-बार याद करता है। इसके अतिरिक्त दूधनाथ सिंह की 'सपाट चेहरेवाला आदमी', 'रीछ', मोहन राकेश की 'मिस पाल', 'पाँचवें माले का फ्लैट', 'आखिरी सामान', राजेंद्र यादव की 'किनारे से किनारे तक' आदि कहानियों में इस शैली का प्रयोग किया गया है।

समन्वित शैली—किसी विशिष्ट शैली में लिखी गई कहानी स्वाभाविक न लगकर कृत्रिम लगने लगती है। जहाँ लेखक किसी विशिष्ट शैली का आग्रह छोड़कर स्वतंत्र रूप से लिखता है तो उसमें कथ्य की प्रकृति के अनुरूप एकाधिक शैलियों का समन्वय हो जाना नितांत स्वाभाविक है—यही समन्वित शिल्प है। यह आवश्यक नहीं होता कि एक कहानी में सभी शैलियों का मिश्रण हो। कथाकार आवश्यकतानुसार एकाधिक शैलियों

का उपयोग अपनी कहानी में करता है। केवल शिल्प या शैली के लिए लिखी गई कहानी कभी उत्कृष्ट नहीं हो सकती क्योंकि शैली की कोई स्वतंत्र सत्ता कहानी में नहीं होती। कहानी का नियामक तत्त्व उसका कथ्य होता है। इस प्रकार "नई कहानी ने जिस शैली को जन्म दिया, वह कथ्य-सापेक्ष विलीन शैली है—यानी उसे विलीन ही माना जा सकता है, जोकि कथ्य के कण में ऊर्जा की तरह ही विद्यमान है और कथ्य के कद और संदृष्टि (विजन) के अनुसार अपना प्रसार ग्रहण करती है, जो संश्लिष्ट कथा-खंडों में सघन और सूक्ष्म होती जा रही है, जो कथ्य के अनुभव को वहन करती है और कहानी को समग्रता में प्रस्तुत करती है—यानी उसे संपूर्ण उपस्थित बना देती है। वह अब कहानी की मात्र गति की सूचक नहीं, उसकी व्याप्ति की अनुभूति भी देती है। वह तीसरे आयाम (व्याप्ति) को परिपूर्ण करती है।"[192]

वातावरण

नई कहानी अपनी पूर्ववर्ती कहानी से इस अर्थ में भी भिन्न है कि जहाँ पहले की कहानी विचार-प्रधान थी वहाँ नई कहानी वातावरण-प्रधान कही जा सकती है। इसमें वातावरण की अवधारणा मात्र सज्जा के लिए नहीं है अपितु यथार्थ संदर्भ की परिकल्पना के लिए है। नामवर सिंह ने वातावरण को परिभाषित करते हुए इसे नई कहानी का अंतःकरण कहा है। 'वातावरण' शब्द काफी व्यापक है। इससे प्रकृति का भी बोध हो सकता है और शहर, कस्बा, गाँव वगैरह के भीतरी जीवन का भी। पिछली पीढ़ी के कहानीकार वातावरण का चित्रण कभी कहानी को सजाने के लिए करते थे तो कभी यथार्थ का रंग देने के लिए। किंतु नई कहानी में वातावरण अलंकरण मात्र नहीं है बल्कि अंतःकरण है।[193] ऐसा लगता है कि मानव-जीवन की विभिन्न संवेदनशील परिस्थितियाँ ही आज कहानियाँ हैं।

आज की कहानी देशकाल से अधिक परिस्थिति-चित्रण की ओर उन्मुख है। डॉ. लक्ष्मीनारायण लाल इसका कारण स्पष्ट करते हुए कहते हैं कि "आज की कहानी-कला प्रायः व्यक्ति के चरित्र के धरातल से निर्मित होकर अपने वास्तविक स्वरूप में मनोवैज्ञानिकता की ओर उन्मुख हो रही है। इसलिए परिस्थिति-चित्रण पर अधिक बल दिया जाता है, देशकाल पर कम।"[194]

नई कहानी में 'वातावरण' परिकल्पना का अर्थ व स्वरूप अपने पूर्ववर्ती रूप से सर्वथा भिन्न हो गया है और परिवेश कहलाता है। परिवेश शब्द की व्याख्या राजन श्रीवास्तव के शब्दों में इस प्रकार है—"परिवेश शब्द में निहित अर्थ किसी भी देश की मौलिक सीमाओं में व्याप्त सामाजिक युग-जीवन की समस्ति को धारण किए हैं, जिसमें युग-जीवन अपने मौलिक रूप तथा अंतर-बाह्य प्रभावों के साथ व्यक्ति से संबद्ध रहकर, उसकी वैयक्तिकता को रेखांकित करते हुए दृष्टिगत होता है, जो इतिहास से लेकर भविष्य की अस्पष्ट रेखाओं तक हर नुक्ते से जुड़ा होता है। परिवेश जहाँ व्यक्ति के विचार और कर्म को प्रभावित करता है, वहाँ उसी की प्रतिक्रिया स्वरूप उसकी अपनी

प्रकृति भी बदलती है। यह बदला हुआ परिवेश फिर अगली पीढ़ी के साथ क्रिया-प्रतिक्रिया में हिस्सेदार होता है।''[195] इस प्रकार परिवेश का संबंध मनुष्य के संस्कार, शिक्षा व सामाजिक स्थिति से जुड़ा हुआ है।

नई कहानी में 'वातावरण' मात्र उद्दीपन के रूप में ही नहीं अपितु कहानी के चरित्रों के जटिल अनुभवों के सहभोक्ता के रूप में चित्रित हुआ है। नरेश मेहता की कहानी 'निशाऽऽजी' में गौरा के मुख पर उभरने वाली भावनाओं को प्रकृति के माध्यम से ही स्पष्ट किया गया है। इस कहानी में प्रकृति निशा की मृत्युपरांत माँ गौरा की मनःस्थिति की सहजीवी है।[196]

इसी प्रकार शिवप्रसाद सिंह की 'नन्हो' में—''चबूतरे के पास कलसी के नीचे, पानी गिरने से जमीन नम हो गई थी, जौ के बीज गिरे थे जाने कब के, इकट्ठे एक में सटे हुए उजले हरे अँखुवे फूटे थे।''[197] यहाँ प्रकृति में ही नहीं अपितु नन्हो के हृदय में प्रस्फुटित हो रहे अंकुर की ओर भी संकेत किया गया है।

मोहन राकेश की 'मिस पाल' में मिस पाल का अव्यवस्थित घर (परिवेश) वस्तुतः उसके मानसिक बिखराव का भी द्योतक है। भीष्म साहनी की 'चीफ की दावत' के आरंभ में वातावरण-चित्रण के अंतर्गत फालतू सामान के छिपाए जाने का संदर्भ है। इसी दौरान माँ का उल्लेख कर कहानीकार के घर में माँ की स्थिति का (फालतू सामान तुल्य होना) बड़ी कुशलता से उद्घाटन कर दिया है। उषा प्रियंवदा की 'वापसी' में गजाधर बाबू और उनकी चारपाई की स्थिति भी एक जैसी असंगत है। बाहरी परिवेश की अपेक्षा मानसिक परिवेश का चित्रण नई कहानी में अधिक मिलता है। बौद्धिकता के दबाव के कारण नई कहानी व्यक्ति के आंतरिक अनुभवों व अनुभूतियों की कहानी है। श्रीकांत वर्मा की कहानी 'दूसरे के पैर' का नायक मानसिक परिवेश में ही जीता है—''सहसा ही उसे लगा, शशि यह सब देख रही है। वह एक चोर है। उसने शशि के घर में घुसकर किसी और आदमी के नाम लिखी चिट्ठियाँ चुराई हैं और शशि ने उसे चोरी करते पकड़ लिया है और दुखी है। मगर तब वह बेशरम की तरह और डाह में भरकर राशि से पूछता है—'कौन था वह ?' मगर यह शशि है कि रोए ही जा रही है। 'आइ ऐम जेलस...आइ ऐम जेलस ऑव दैट मैन।' मगर वहाँ कोई नहीं था और शशि वहाँ से सात सौ मील दूर थी। दूरी के खयाल पर उसे अपनी असहायता का अहसास हुआ और लगा, वह शशि का कुछ भी नहीं बिगाड़ सकता, जबकि वह जरूर ही शशि को क्षति पहुँचाना चाहता है। आइ वांट टु हर्ट हर।''[198]

इसी प्रकार 'प्रतिशोध' (दूधनाथ सिंह) का नायक, 'तीसरा आदमी' (मन्नू भंडारी) का सतीश, 'एक और जिंदगी' (मोहन राकेश) का प्रकाश, 'टूटना' (राजेंद्र यादव) का किशोर, 'अपने लोग', 'सुख' और 'संकट' (काशीनाथ सिंह) कहानियों में तथा दूधनाथ सिंह और ज्ञानरंजन की कहानियों के पात्र अधिकांशतः मानसिक परिवेश में ही जीते हैं।

तटस्थता

नई कहानी की रचना-प्रक्रिया की एक महत्त्वपूर्ण विशेषता अभिव्यक्ति की तटस्थता कही जा सकती है। कहानी की रचना-प्रक्रिया के दौरान कथाकार अपनी वैयक्तिक सीमाओं से ऊपर उठ जाता है जिससे वैयक्तिकता का स्पर्श होते हुए भी अभिव्यक्ति के स्तर पर निर्वैयक्तिकता आ जाती है। यहाँ कहानीकार अपनी सहानुभूति किसी पात्र को न देकर उसका तटस्थ वर्णन या चित्रण कर देता है। ''साहित्यिक स्तर पर यह तटस्थता सत्य की रक्षा करती है और प्रामाणिकता को प्रामाणिक बनाती है—क्योंकि किसी के कह देने या भोग लेने से ही कोई कथ्य प्रामाणिक नहीं हो जाता। तटस्थ होकर रखा गया कथ्य ही प्रामाणिकता की निरंतरता को झेल पाता है।''[199]

तटस्थता की दृष्टि से उषा प्रियंवदा की 'वापसी' उल्लेखनीय है। यहाँ लेखिका कथा-नायक के प्रति किसी प्रकार की अतिरिक्त सहानुभूति प्रकट नहीं करती अपितु उसकी उपस्थिति को यथासंभव उपाहासास्पद और असंगत ही दिखाती है। वेश्याओं के घृणित जीवन व कार्य-व्यापार का तटस्थ किंतु सूक्ष्म वर्णन कमलेश्वर की 'मांस का दरिया' में मिलता है।

नए कहानीकारों की 'मैं' का 'वह' के रूप में प्रक्षेपण भी तटस्थता की ही माँग है। 'मैं' का प्रयोग कहानीकार निजता और आत्मीयता का स्पर्श देने के लिए करता है। 'मैं' के स्थान पर 'वह' का प्रयोग निजता के साथ-साथ तटस्थता का प्रभाव भी उत्पन्न कर देता है। ''पहली अधिकांश कहानियों के नायक 'मैं' हुआ करते थे और वह 'मैं' प्रायः लेखक ही हुआ करता था। आज की कहानियाँ फिर से तृतीय-पुरुष की कहानियाँ हैं, लेकिन इस तृतीय-पुरुष का व्यक्तित्व 'मैं' जैसा ही अधिकारी और प्रामाणिक है—हालाँकि हमेशा यह 'वह' लेखक नहीं होता।''[200] इस संदर्भ में एक उदाहरण द्रष्टव्य है—''कुछ ही दिनों में उसने तय कर लिया कि वह वहाँ नहीं रहेगा। मगर अब भी रह रहा था। तमाम गंदगी, दुर्गंध और शोर के बावजूद। वह ऊपर आता हुआ नाक पर रूमाल रख लेता और कल्पना करने की कोशिश करता, दरअसल वहाँ कुछ नहीं है, उसका वहम है।''[201] इस प्रकार 'मैं' को 'वह' की तटस्थता से आँकना आज की कहानी की बहुत बड़ी विशेषता है।

मनोविज्ञान

कथानक या कथा-ह्रास की क्षतिपूर्ति कहानी के बोध की सहायता से भी की जा सकती है। बोध के कारण ही कहानी के पात्र किसी स्थिति को भोगते हुए बाह्य और आंतरिक जगत के अनेक संदर्भ-सूत्रों को एक साथ छू लेते हैं। नई कहानी ने स्थितियों के नए संदर्भों में जीवन की अर्थवत्ता ढूँढ़ी है। कहने की आवश्यकता नहीं कि ये संदर्भ-सूत्र बोध की सहायता से ही पहचाने जाते हैं।

यहाँ नई कहानी को समझने के लिए मनोविज्ञान सहायता कर सकता है। बाहरी स्थितियों की जानकारी में मन महत्त्वपूर्ण भूमिका अदा करता है। फ्रायड ने 'मनोविश्लेषण'

नामक पुस्तक में विस्तार से दिखाया है कि गलतियों का कारण यह होता है कि मन किसी और घटना या स्थिति में रमा रहता है और प्रस्तुत स्थिति की माँग कुछ और होती है। ऐसी दशा में मनःस्थिति और प्रस्तुत बाह्य स्थिति एक-दूसरे को प्रभावित करके एक असंगत अभिव्यक्ति को जन्म देती हैं। नई कहानी में कभी-कभी ऐसी स्थितियाँ बोध से युक्त होकर उत्कृष्ट प्रतीकात्मकता का विधान करती हैं। डॉ. नामवर सिंह ने 'कहानी' पत्रिका के मई '58 के अंक में प्रकाशित द्रोणायन की कहानी 'चालान' पर टिप्पणी देकर इसे स्पष्ट किया है।[202]

'नई कहानी' का मनोविज्ञान से विशिष्ट संबंध है। वह असामान्य मनोविज्ञान से अत्यधिक प्रभावित है। नई कहानी में अधिकांशतः आज के असामान्य व्यक्ति के असामान्य व्यवहार का चित्रण हुआ है। व्यक्ति के असामान्य होने के वस्तुगत कारण थे। गत दो विश्व-महायुद्धों ने मानव के समक्ष अस्तित्व के संकट की समस्या उत्पन्न कर दी। स्वतंत्रता-प्राप्ति के उपरांत सत्ताधारी नेताओं के बदलते रूप, सर्वत्र अधिकाधिक सुविधा-प्राप्ति के लिए अंधी दौड़ तथा बढ़ती शोषण-वृत्ति ने सभी परंपरागत मूल्यों को तोड़ दिया, खोखला कर दिया। व्यक्ति की आशा-आकांक्षा, विश्वास और आस्था धीरे-धीरे समाप्त होने लगी। इसी मोहभंग की प्रक्रिया में वह असामान्य होता चला गया। बाहर सब तरफ से आहत होकर वह अंतर्मुखी हो गया। नई कहानी इसी असामान्य मनुष्य के असामान्य व्यवहार, असंतुलन, असमायोजन, तनाव, अवचेतन तथा दमन को अपना वर्ण्य-विषय बनाती है। आज का व्यक्ति द्वंद्व और हताशाओं में जी रहा है, अतः वह विचार-प्रधान हो गया है। उसका वैचारिक होना ही आज के कथानकों के ह्रास का कारण बना है। उसका जीवन सरल, सपाट न होकर व्यस्त और जटिल हो गया है। यही कारण है कि नई कहानी का कथानक भी जटिलता, भावसंकुलता और चेतना-प्रवाह से युक्त है। जीवन की जटिलताओं और अंतर्विरोधों से जहाँ एक ओर व्यक्ति आत्मकेंद्रित हो गया है वहीं बौद्धिकता के दबाव से एक प्रकार की संवेदनशून्यता भी आ गई है। असामान्य मनोविज्ञान नई कहानी में साइकोपैथिक व्यक्तित्व, द्वि-व्यक्तित्व, खंडित व्यक्तित्व, मनोविकृति का मनस्ताप आदि के रूप में प्रकट हुआ है। पारिवारिक, सामाजिक, राजनीतिक सभी संबंधों में ह्रास के चिन्ह नजर आते हैं। युग के तनाव ने स्त्री-पुरुष के प्रेम-संबंधों को सर्वाधिक प्रभावित किया है। गलदश्रु भावुकता से धीरे-धीरे मुक्ति पाकर प्रेम ने बौद्धिकता को स्पर्श किया है। व्यक्ति प्रेम-संबंधों को लेकर भी द्विधा से ग्रस्त है। आज के जीवन की यांत्रिक व्यस्तता के कारण व्यक्ति अंतरंग क्षणों को भी पूरी तरह नहीं जी पाता। अतः कुंठित मन असहज हो उठता है।

नई कहानी में चित्रित असामान्यताएँ या विषमताएँ वस्तुतः आज के विषम जीवन का ही प्रतिफलन हैं।

'पिछली गर्मियों में'[203] के निन्दी के स्वप्न में आए गड्ढे, हड्डी, पेड़ की डाल और काँच का टुकड़ा, सभी फ्रायडीय प्रतीक हैं—गड्ढा और काँच का टुकड़ा स्त्री के और हड्डी और पेड़ की डाल पुरुष के। गड्ढे में किसी का रोना निन्दी की माँ की ओर संकेत

करता है। हड्डी और पेड़ की डाल केशी और निन्दी हैं जिन्होंने अभी तक घर नहीं बसाया है। काँच का टुकड़ा नीता है जो विवाहित जीवन में तृप्त नहीं है। संतान की अतृप्ति, संतान के होते हुए भी अकेले रहना और संतान का उपेक्षा-भाव माँ को व्यथित करता है, उसी की अभिव्यक्ति किसी के रोने की आवाज द्वारा हुई है। इस प्रकार इस स्वप्न को मनोविज्ञान द्वारा ही समझा जा सकता है। मन्नू भंडारी की 'तीन निगाहों की एक तसवीर' में भी स्वप्न के माध्यम से ही दर्शना के यौवन के उपभोग न होने, उसकी अपत्यहीनता तथा उसकी दमित काम-वासना की अभिव्यक्ति हुई।[204]

परिवार में किसी संतान को माँ-बाप का अधिक प्यार मिले तथा अन्य को उपेक्षा तो उपेक्षित बच्चे असामान्य हो उठते हैं। मोहन राकेश की 'जख्म'[205] के मुख्य पात्र के कुंठित व्यक्तित्व, जिसकी अभिव्यक्ति उसके असंतुलित व्यवहार में होती है, के मूल में उसका प्रारंभिक परिवेश ही है। 'जहाँ लक्ष्मी कैद है' में अचेतन में दमित लक्ष्मी की काम-वासना का विस्फोट विक्षोभोन्माद के रूप में होता है।[206] दूधनाथ सिंह की 'आइसबर्ग' के प्रमुख पात्र का व्यवहार अचेतन से प्रेरित है जो मानसिक द्वंद्व तथा जीवन की सहज इच्छाओं की आपूर्ति के कारण आंतरिक रूप से संतप्त रहता है लेकिन चेतन रूप से वह स्वयं को सहज दिखाने का प्रयास करता है।[207] मोहन राकेश की 'अपरिचित' की स्त्री, श्रीकांत वर्मा की 'दूसरे के पैर' का नायक और निर्मल वर्मा की 'डायरी का खेल' की बिट्टो मनस्ताप से पीड़ित पात्र हैं। इसी प्रकार राजेंद्र यादव की 'प्रतीक्षा', निर्मल वर्मा की 'परिंदे', दूधनाथ सिंह की 'रक्तपात' में दमित काम के कारण पात्रों के व्यवहार में असंतुलन आ गया है। राजेंद्र यादव की 'टूटना' और श्रीकांत वर्मा की 'झाड़ी' के मूल में हीनता की ग्रंथि है। निर्मल वर्मा की 'सितंबर की एक शाम' का मुख्य पात्र साइकोपैथिक पात्र है। मोहन राकेश की 'ग्लास टैंक' में अकाम्य वरण के दमन की समस्या है और काशीनाथ सिंह की 'आदमी का आदमी' में खंडित व्यक्तित्व का चित्रण है।

अतः नई कहानी की विकृति, असामान्यता या जटिलता कहानीकार की देन नहीं अपितु जटिल और असामान्य जीवन की प्रतिक्रिया है।

सांकेतिकता

सांकेतिकता के विभिन्न स्तरों का बहुमुखी विकास नई कहानी की महत्त्वपूर्ण उपलब्धि है।[208] सांकेतिकता कहानी के क्षेत्र में कोई नई चीज नहीं है। पूर्ववर्ती कहानियों में इसके दर्शन हो जाते हैं लेकिन ''पहले की तरह आज की कहानी 'आधारभूत विचार' का केवल अंत में संकेत नहीं करती, बल्कि नई कहानी का समूचा रूप-गठन (स्ट्रक्चर) और शब्द-गठन (टेक्सचर) ही सांकेतिक है।''[209] अर्थात् कहानी में विभिन्न स्तरों पर विविध संकेत एक-दूसरे से जुड़े होते हैं। पूर्ववर्ती और परवर्ती संकेत परस्पर जुड़कर पूरी कहानी को ही संकेत बना देते हैं। अतः सांकेतिकता अंत में ही प्रकट न होकर सर्वत्र व्याप्त रहती है।

यहाँ संकेत और प्रतीक में अंतर स्पष्ट कर देना आवश्यक है। हर प्रतीक एक संकेत हो सकता है जबकि हर संकेत एक प्रतीक नहीं हो सकता। प्रतीक सीमित होता और संकेत व्यापक।

मन्नू भंडारी की 'ऊँचाई' में परिवेश के धुँधलाने में पति-पत्नी संबंधों की पवित्रता व आपसी विश्वास के धुँधलाते जाने की ओर संकेत है।[210] राजेंद्र यादव की 'प्रतीक्षा' में गीता के मन में छिपे यौन कुंठाओं के सभी स्तर नंदा के प्रति उसकी मानसिक आसक्ति और व्याकुलता के संकेतों द्वारा ही उद्घाटित किए गए हैं। जिसका प्रमाण यह वाक्य भी है–"तब गीता को लगा कि यह उसकी छाती पर सिर रखे नंदा नहीं, स्वयं उसके भीतर से कोई बोल रहा है।"[211] कमलेश्वर की 'राजा निरबंसिया' में आए विभिन्न वाक्यांश[212] तथा राजा निरबंसिया संबोधन जगपति की शारीरिक अक्षमता की ओर संकेत करते हैं। मोहन राकेश की 'एक और जिंदगी' में कुहरा प्रकाश के मन पर आछन्न अतीत की ओर संकेत करता है।[213]

मोहन राकेश की 'मिस पाल' में मिस पाल के घर में रंजीत के आने पर बातचीत में मिस पाल के अनेक कथन और व्यवहार उसकी बढ़ती कामेच्छा की ओर संकेत करते हैं।[214] कमलेश्वर की 'खोई हुई दिशाएँ' महानगरीय जीवन की व्यस्तता, संबंधों के अजनबीपन और दिशाहीनता की ओर संकेत करती हैं।[215] वर्ग-विद्वेष के आतंक की ओर निर्मल वर्मा की 'लंदन की एक रात' संकेत करती है।[216] भीष्म साहनी की 'पटरियाँ' की अंतिम पंक्तियाँ अभाव की स्थिति से निकलने और संपन्नता की ओर अग्रसर होने का संकेत करती हैं।[217]

इसके अतिरिक्त कमलेश्वर की 'दूसरे', 'नागमणि'; नरेश मेहता की 'वह मर्द थी', 'किसका बेटा', 'निशाऽऽजी'; उषा प्रियंवदा की 'जिंदगी और गुलाब के फूल', 'एक कोई दूसरा'; धर्मवीर भारती की 'बंद गली का आखिरी मकान'; ज्ञानरंजन की 'संबंध', 'पिता', 'शेष होते हुए'; दूधनाथ सिंह की 'सपाट चेहरेवाला आदमी'; भीष्म साहनी की 'चीफ की दावत'; मोहन राकेश की 'सुहागिनें'; शिवप्रसाद सिंह की 'बरगद का पेड़' तथा अमरकांत की 'दोपहर का भोजन' भी सांकेतिकता की दृष्टि से उल्लेखनीय हैं।

प्रतीकात्मकता

प्रतीकों का प्रयोग नई कहानी में वर्तमान जीवन की जटिलताओं और व्यक्ति-मन की गुत्थियों को सुलझाने के लिए किया गया है। प्रतीकात्मकता के द्वारा कहानी के शिल्प-सौंदर्य में वृद्धि के साथ व्यंजना-शक्ति का भी विस्तार होता है। प्रतीक-विधान द्वारा कहानीकार भावाभिव्यक्ति को मूर्त रूप प्रदान करता है जिसमें कहानी की प्रभाव-क्षमता में वृद्धि होती है। राजेंद्र यादव ने यथार्थ को गहराई से और अनेक स्तरों पर अभिव्यक्त करने के लिए प्रतीक-प्रयोग को आवश्यक बताते हुए कहा है कि नई कहानी में ये प्रतीक "जहाँ कहानी को अलग गठन देते थे, वहीं दूसरी ओर कथ्य के पार जाकर विशेष अर्थों का संकेत भी करते थे। इनके कारण संपूर्ण स्थिति एक अनदेखी

गहराई और नई व्याख्या पाने लगती थी। 'मलबे का मालिक', 'खोई हुई दिशाएँ', 'फेंस के इधर और उधर' या 'आइसबर्ग' जैसी दर्जनों कहानियाँ इन प्रतीकों के कारण विशिष्ट हो उठी हैं।[218] प्रतीक को भाषा-प्रक्रिया की ही नहीं अपितु समस्त रचना-प्रक्रिया की विशिष्टता मानते हुए डॉ. परमानंद श्रीवास्तव कहते हैं कि ''अपने जीवनानुभवों को रचनात्मक अनुभवों का रुख देने के लिए व्यक्तित्व का जो विलयन अपेक्षित होता है, वह 'प्रतीक' को सम्मुख कर देने से ही संभव हो पाता है।''[219] प्रतीक का प्रयोग साधन रूप में ही काम्य है क्योंकि ''महत्त्व या मूल्य प्रतीक का या प्रतीक में नहीं होता, वह उससे मिलने वाली अनुभूति की गुणात्मकता में होता है।''[220] उसकी सार्थकता कहानी की आंतरिक रचना और अर्थ-बोध के साथ संगति बैठने में है अन्यथा वह आरोपित प्रतीत होता है और कहानी को जटिल और प्रभाव की दृष्टि से क्षीण कर देता है तथा यथार्थ को तोड़ता-मरोड़ता है।

नई कहानी के प्रतीक विधान को पूर्ण प्रतीकात्मकता, आंशिक प्रतीकात्मकता, रूढ़ तथा स्वच्छंद प्रतीकात्मकता के अंतर्गत समझा जा सकता है।

पूर्ण प्रतीकात्मकता से अभिप्राय ऐसे प्रतीक-विधान से है जहाँ प्रतीक सारी कहानी पर छाया रहता है और कहानी की मूल संवेदना उसी के द्वारा उद्घाटित होती है। उदाहरणार्थ निर्मल वर्मा की 'परिंदे' में परिंदे मानव-नियति के प्रतीक हैं। आकाश में उड़ते पक्षियों के झुंड को देखकर ''लतिका को याद आया हर साल सर्दी की छुट्टियों से पहले ये परिंदे मैदानों की ओर उड़ते हैं, कुछ दिनों के लिए बीच के इस पहाड़ी स्टेशन पर बसेरा करते हैं, प्रतीक्षा करते हैं बर्फ के दिनों की, जब वे नीचे अजनबी-अनजान देशों में उड़ जाएँगे।''[221] यह प्रतीक्षा परिंदों की न रहकर कहानी के सभी पात्रों की और अंततः मानव मात्र की नियति बन जाती है। मोहन राकेश की 'एक ठहरा हुआ चाकू' में चाकू गुंडागर्दी, आतंक और भय का प्रतीक है जिससे आम आदमी संत्रस्त है। कथा-नायक बाशी इस चाकू को लगातार अपने आसपास महसूस करता है। इस प्रकार यह प्रतीक कहानी पर आद्यंत छाया है।[222] राजेंद्र यादव की कहानी 'खेल-खिलौने' में बुद्ध की मूर्ति नलिनी के दुखद जीवन का प्रतीक बन गई है। यह प्रतीक कहानी को दिशा तो देता ही है साथ ही कहानी की मूल संवेदना इस प्रतीक में अंतर्निहित है।[223] रमेश बक्षी की 'किस्सा एक शुतुरमुर्ग का' में शुतुरमुर्ग एक मध्यवर्गीय संस्कारों से युक्त लड़की का प्रतीक बन गया है।[224] पूर्ण प्रतीकात्मकता के अंतर्गत मोहन राकेश की 'सेफ्टी पिन', कमलेश्वर की 'साँप', राजेंद्र यादव की 'तलवार पंचहजारी', 'राजा निरबंसिया', दूधनाथ सिंह की 'आइसबर्ग' व ज्ञानरंजन की 'फेंस के इधर और उधर' आदि कहानियाँ भी उल्लेखनीय हैं।

आंशिक-प्रतीक कहानी की किसी स्थिति-विशेष को, अभिव्यक्ति की व्यंजना से युक्त कर कथ्य को प्रभावशाली बना देते हैं। नई कहानी में आंशिक प्रतीक-प्रयोग बहुतायत से हुआ है। उषा प्रियंवदा की कहानी 'वापसी' में परिवार में गजाधर बाबू की स्थिति की प्रतीक स्वयं उनकी चारपाई बन गई है।[225] मोहन राकेश की 'आर्द्रा' में भी

माँ आर्द्रा नक्षत्र की प्रतीक बनकर इस नक्षत्र की भाँति अपने पुत्रों पर स्नेह वर्षा करती रहती है।[226] श्रीकांत वर्मा की 'झाड़ी' नायक की उलझनों की प्रतीक है जिससे वह मुक्त होना चाहकर भी मुक्त नहीं हो पाता।[227] इसी प्रकार निर्मल वर्मा की 'जलती झाड़ी' में झाड़ी कामवासना की प्रतीक है। 'कुत्ते की मौत' में लूसी कुतिया मृत्यु के आतंक की प्रतीक है। 'डायरी का खेल' में चेपल में वर्जिन मेरी की शांत मूर्ति बिट्टो के अतृप्त नारीत्व का प्रतीक है। ज्ञानरंजन की 'पिता' में पिता पुरानी पीढ़ी के अपराजेय व्यक्तित्व का प्रतीक है। भीष्म साहनी की 'चीफ की दावत' में माँ प्राचीनता की प्रतीक बन गई है। कमलेश्वर की 'पीला गुलाब' में पीला गुलाब प्रेम में निराशा का प्रतीक है। 'सींखचे' प्राचीन मान्यताओं के प्रतीक हैं जो जर्जर होते हुए भी शक्तिशाली हैं। 'नीली झील' मानवीय सौंदर्य की प्रतीक है। उषा प्रियंवदा की 'जिंदगी और गुलाब के फूल' में गुलाब स्नेह व प्रेम के प्रतीक हैं। राजेंद्र यादव की 'पुराने नाले पर नया फ्लैट' में नाला प्राचीन मान्यताओं व नाले में से उठने वाली दुर्गंध पुरानी मान्यताओं के सड़ने की प्रतीक है तथा नया फ्लैट नई मान्यताओं का प्रतीक है। मोहन राकेश की 'फौलाद का आकाश' में आकाश आज के बौद्धिक जीवन की यांत्रिकता का प्रतीक है। 'मिस पाल' में खाली डिब्बे मिस पाल के जीवन के खालीपन और व्यर्थता-बोध के प्रतीक बन गए हैं। मार्कण्डेय की 'तारों का गुच्छा' में तारे अपूर्ण इच्छाओं के प्रतीक हैं।

रूढ़ प्रतीक वे हैं जिनका परंपरा से एक विशिष्ट अर्थ प्रचलित है। नए कहानीकारों ने बदले हुए संदर्भ में रूढ़ प्रतीकों का प्रयोग करके नई पुरानी स्थितियों में साम्य अथवा वैषम्य दिखाया है। पौराणिक कथा है कि गुरु-भक्त एकलव्य ने द्रोणाचार्य को गुरु-दक्षिणा में अँगूठा भेंट किया था। इसी का आधुनिक संदर्भ लेकर हरिशंकर परसाई ने 'एकलव्य ने गुरु को अँगूठा दिखाया' में विलक्षण व्यंग्य प्रस्तुत किया है।[228] रमेश बक्षी की 'शबरी' में खट्टे बेर फेंककर मीठे बेर चुनकर भगवान को खिलाने वाली घटना का उपयोग हुआ है।[229] राजेंद्र यादव की 'छोटे-छोटे ताजमहल' में प्रेम का प्रतीक ताजमहल प्रेम की मृत्यु का प्रतीक बन गया है।[230] रूढ़ प्रतीकों का प्रयोग करने वाली अन्य कहानियों में—राजेंद्र यादव की 'अभिमन्यु की आत्महत्या', 'जहाँ लक्ष्मी कैद है'; हरिशंकर परसाई की 'त्रिशंकु', 'सुदामा के चावल', 'हनुमान की रेल-यात्रा', 'मेनका का तपोभंग', 'लंका विजय के बाद'; धर्मवीर भारती की 'सावित्री नं. दो' आदि प्रमुख हैं। रूढ़ प्रतीकों का प्रयोग नई कहानी में अधिक नहीं हुआ है।

स्वच्छंद प्रतीकों के प्रति नए कहानीकारों का झुकाव बहुत अधिक है। यहाँ कहानीकार अपनी प्रतिभा से सामान्य शब्दों में नए अर्थ भरकर प्रतीकों के रूप में प्रस्तुत करता है जो सर्वथा अपरिचित होते हैं। उनके प्रयोग में बहुत सावधानी की आवश्यकता होती है अन्यथा प्रतीक स्पष्ट न होने पर क्लिष्ट होकर आरोपित प्रतीत होते हैं। मोहन राकेश के 'मलबे का मालिक' में मलबा मूल्यों के विघटन, विभाजन की विभीषिका से उत्पन्न उजड़े जीवन तथा तत्कालीन सर्वत्र व्याप्त अराजकता, पशुता व क्रूरता का प्रतीक बन गया है।[231] राजेंद्र यादव की 'प्रश्नवाचक पेड़' में पेड़ प्रकृति के गहरे असंतुलन और

असंगति का प्रतीक बन गया है।[232] उषा प्रियंवदा की 'मछलियाँ' में आकर्षक साफेस्टिकेटेड व्यक्तित्व की स्वामिनी मुकी बड़ी मछली की तथा सीधी सरल विजी छोटी मछली की प्रतीक बन गई है।[233] दूधनाथ सिंह की 'रीछ' में रीछ पति की अतीत की स्मृति-यंत्रणा का प्रतीक बन जाता है।[234] रमेश बक्षी की 'थर्मस में कैद कुनकुना पानी' में पानी पत्नी का और थर्मस घर का प्रतीक बन गया है।[235]

स्वच्छंद प्रतीक प्रयोग की दृष्टि से मोहन राकेश की 'ग्लास टैंक', 'जानवर और जानवर', 'जख्म', 'सेफ्टीपिन', 'फौलाद का आकाश', 'हवामुर्ग'; राजेंद्र यादव की 'खेल', 'खुले पंख टूटे डैने', 'कुत्ते', 'कुतिया', 'शहर के बीच एक वृक्ष'; श्रीकांत वर्मा की 'दूसरे के पैर', 'ट्यूमर', 'ठंड'; निर्मल वर्मा की 'डेढ़ इंच ऊपर'; रामकुमार की 'सिमिट्री', कृष्ण बलदेव वैद की 'भैंसे और भ्रांतियाँ', दूधनाथ सिंह की 'आइसबर्ग'; ज्ञानरंजन के 'फेंस के इधर और उधर'; रमेश बक्षी की 'बगैर शेडवाले बल्ब की रोशनी', 'वायलिन पर तिलक कामोद'; शिवप्रसाद सिंह की 'केवड़े के फूल', 'अंधकूप'; मन्नू भंडारी की 'चश्मे' तथा रेणु की 'पंचलाइट' आदि कहानियाँ भी महत्त्वपूर्ण हैं।

नई कहानी की प्रतीक-योजना पर फ्रायड के मनोविश्लेषणवाद का भी प्रभाव दिखाई पड़ता है। उदाहरणार्थ निर्मल वर्मा की 'जलती झाड़ी' में झाड़ी यौन-भावना का प्रतीक है। मन्नू भंडारी की 'तीन निगाहों की एक तसवीर' में दर्शना का स्वप्न उसकी काम-अतृप्ति का प्रतीक है। उषा प्रियंवदा की 'पिघलती हुई बर्फ' में अक्षय का स्वप्न उसके अचेतन में अपराध-चेतना के प्रखरतम हो जाने का प्रतीक है। कमलेश्वर की 'साँप' में साँप यौन-भावना का प्रतीक है। दूधनाथ सिंह की 'रीछ' में रीछ भी यौन-भावना का प्रतीक ही है। 'आइसबर्ग' ऐसे व्यक्ति का प्रतीक है जिसका व्यवहार अचेतन से प्रेरित है तथा जो मानसिक द्वंद्व तथा जीवन की सहज इच्छाओं की पूर्ति न होने से संतप्त है।

नई कहानी में प्रतीक-प्रयोग के बारे में राजेंद्र यादव ने बहुत उचित कहा है कि "हिंदी की आज की कहानी को प्रतीकों ने निश्चय ही सार्थक कलात्मकता और सांकेतिकता प्रदान की है। अंतर्जगत के लक्ष्यहीन बहते यथार्थ को लक्ष्य; और बहिर्जगत की लक्ष्योन्मुख दौड़ती वास्तविकता को गहराई दी है। यथार्थ कथानक पहले गढ़ा जाता था, फिर उसकी प्रतिक्रिया में विशृंखलित हो गया—अब उसे सार्थक गठन देने का श्रेय भी प्रतीकों को ही दिया जाएगा।"[236]

बिंब

बिंब सामान्यतः काव्य का उपकरण माना जाता है। आज जबकि साहित्य की विभिन्न विधाएँ एक-दूसरे में घुल-मिल गई हैं, बिंब को आधुनिक युग की कलात्मक अभिव्यक्ति की अनिवार्यता के रूप में स्वीकार किया गया है। नए कहानीकारों ने कहानी में वातावरण की सृष्टि बिंब-विधान द्वारा करके अपने विकसित ऐन्द्रिय-बोध का परिचय दिया है। बिंब-प्रयोग से कहानी की स्पष्टता, संप्रेषणीयता और सौंदर्य में वृद्धि हुई है।

बिंब-प्रयोग कहानीकार की भाषा, ज्ञान और अनुभव-स्मृद्धि का द्योतक है। भाषिक स्तर पर यह वैयक्तिक लेखन-शैली से संबद्ध है, इसके अभाव में भाषा में एकरूपता या सपाटता उत्पन्न हो सकती है।

यहाँ बिंब और प्रतीक का अंतर स्पष्ट कर देना आवश्यक है। कल्पना के मूर्त होने पर बिंब का सृजन होता है और बिंब के बार-बार प्रयोग से वह एक निश्चित अर्थग्रहण कर प्रतीक बन जाता है। बिंब सृजनात्मक है और प्रतीक विचारात्मक। प्रतीक रेखाओं को ही रूपायित करता है जबकि बिंब रंग को भी रूपायित करता है।

आज का कहानीकार अपनी कल्पना को प्रतिबंधित प्रतिक्षेप (Conditioned Reflection) तक सीमित नहीं रखता अपितु एक ही प्रभाव को स्पष्ट करने के लिए एक साथ एकाधिक बिंबों को उपस्थित करता है। निर्मल वर्मा की 'लवर्स' में—"मुझे वह शाम याद आती है। उस शाम हम पवेलियन के पीछे टैरेस पर बैठे थे। मेरे रूमाल में उसकी चप्पलें बँधी थीं और उसके पाँव नंगे थे। घास पर चलने से वे गीले हो गए थे और उन पर बजरी के दो-चार दाने चिपके रह गए थे। अब वह शाम बहुत दूर लगती है। उस शाम एक धुँधली-सी आकांक्षा आई थी और मैं डर गया था। लगता है, आज वह डर हम दोनों का है, गेंद की तरह कभी उसके पास जाता है, कभी मेरे पास।"[237]

'बजरी के दो-चार लाल दाने', 'धुँधली-सी आकांक्षा' और 'गेंद की तरह का डर'—ये सभी बिंब एक मानसिक प्रतिक्रिया को ही प्रकट करते हैं किंतु एक में रूप की प्रत्यक्षता है, दूसरे में रंग की सूक्ष्मता और तीसरे में सूक्ष्म किंतु विलक्षण संबंध-भावना। यह नए कहानीकारों की बिंबों के बहुविध उपयोग की संभावना का स्पष्ट प्रमाण है। वातावरण निर्माण और मनोभावों को मूर्त करने के लिए बिंब का सर्वाधिक और सशक्त रूप में प्रयोग निर्मल वर्मा ने किया है—

"उसका निचला होंठ धीरे से काँपा था, तितली-सा, जो उड़ने को होती है, फिर कुछ सोचकर बैठी रहती है।"[238]

"जब कभी दरवाजा खुलता है, धूप का एक साँवला-सा धब्बा खरगोश की तरह भागता हुआ घुस आता है, और जब तक दरवाजा दोबारा बंद नहीं होता, वह पियानो के नीचे दुबका-सा बैठा रहता है।"[239]

अन्य कहानीकारों ने भी बिंब-विधान द्वारा कहानी की संवेदना को गहराया है—

"रामसुभग बिलकुल घबरा गया, उसने दुखी करने के लिए ही चोट की थी, पर घायल सदा पंख समेटे शिकारी के चरणों में नहीं गिरता, कभी-कभी खून की बूँदें-भर गिरती हैं और पंछी तीर को सीने में समाए ही उड़ता जाता है।"[240]

"डबडबाई आँखों से, हर रोशनी सूरजमुखी फूल की तरह दिखाई पड़ती है।"[241]

"हवा बहुत थककर आम की पत्तियों पर सो गई थी।"[242]

"जैसे रेल पर बैठे हुए यात्री को अपना छूटा हुआ शहर याद आता है वैसे ही उसे उर्मि की एक-एक बात याद आ रही थी।"[243]

बिंबों का प्रयोग—न्यूनाधिक रूप में सभी कहानीकारों ने किया है। परमानंद

श्रीवास्तव का यह कथन एकदम सटीक है कि "सूक्ष्म-से-सूक्ष्म इंद्रिय-बोधों की अभिव्यक्ति के लिए जैसी अर्थपूर्ण क्षमता आज की कहानी में उपलब्ध है, पहले इस रूप में कभी नहीं थी। बिंब-विधान का सार्थक उपयोग करने वाले आज के कहानीकार वस्तुओं के पीछे छिपे हुए गहरे यथार्थ की खोज के प्रति, पहले के कहानीकारों की तुलना में कहीं अधिक व्याकुल और चेष्टावान दिखाई देते हैं।"[244]

भाषा

भाषा जीवन और साहित्य के बीच की अभिन्न कड़ी है। साहित्य की भाषा जनभाषा से अलग होकर भी, उसी में से अपना विकास करती है, अतः कृत्रिम या निर्जीव न होकर जीवंत, प्रवाहयुक्त होती है। शिल्प के विभिन्न तत्त्वों में भाषा का स्थान सर्वाधिक महत्त्वपूर्ण है क्योंकि भाषा द्वारा ही वे रूप ग्रहण करते हैं। मूल संवेदना का वहन भाषा की एकमात्र शर्त है। स्वातंत्र्योत्तर हिंदी-कहानी की भाषा इसकी बदली हुई मूल संवेदना से उत्पन्न है। इसके पीछे तत्कालीन जीवन-संदर्भ है। स्वातंत्र्योत्तर जीवन की परिस्थितियों में अभूतपूर्व अंतर आया है। इस संक्रांति-काल में व्यक्ति, परिवार, समाज सभी के रूप बदल गए। मूल्यों का विघटन हुआ, पारस्परिक संबंधों, आदर्शों, विश्वासों और विचारधाराओं में आमूल-चूल परिवर्तन हुए। नए कहानीकार ने अपनी भाषा को यहीं से उठाया है। अतः नई कहानी की भाषा पूर्ववर्ती कहानी की भाषा जैसी व्यक्तिगत या कथाकार के विचारों की संवाहिका न होकर परिवर्तित चेतना के नवीन अर्थ-संप्रेषण से संपृक्त थी। इसी को लक्षित करके श्री लक्ष्मीनारायण लाल ने कहा है कि "भावुक, रोमांटिक, काव्यमय, लाक्षणिक गद्य तो हमारी विरासत था ही, पर आज की कहानी ने अपनी भाषा की अभिधा-शक्ति को अपूर्व ढंग से बढ़ाया है। ठंडा और अनगढ़ गद्य, विशेषणों से मुक्त और इसके उपयोग में जबरदस्त संयम—यह बहुत बड़ी बात पैदा हुई है हिंदी गद्य में, इस नई कहानी के माध्यम से।"[245]

प्रारंभ में नई कहानी का रूप पूर्ववर्ती संस्कारों से प्रभावित था जो संक्रमण काल में स्वाभाविक भी था। धीरे-धीरे इसमें परिवर्तन लक्षित किया गया। राजेंद्र यादव के अनुसार—"यहाँ भी शिल्प और भाषा के स्तर पर पहले और विषय और थीम के धरातल पर बाद में इसने पिछली कहानियों से अपने को अलग किया.....प्रारंभ में चूँकि नयों के ऊपर भी कहीं पुराने संस्कारों की सिमटती छाया थी ही, इसलिए नई कहानी झटके से अलग नहीं हुई।"[246] भाषा का परिष्कार नई कहानी में दिखाई पड़ता है। शब्द-प्रयोग की सतर्कता के कारण ही इसे श्रीराम तिवारी ने 'अंडर स्टेटमेंट की भाषा' कहा है।"[247]

नई कहानी की भाषा ने साहित्य और *जीवन की भाषा* के अंतर को काफी हद तक समाप्त कर दिया है। यह भाषा यथार्थ की भाषा है अतः कृत्रिमता या अलंकरण इसकी रुचि के अनुकूल नहीं। इसकी सादगी की चर्चा करते हुए डॉ. नामवर सिंह कहते हैं कि "हलके-हलके शब्द और छोटे-छोटे वाक्य एक पर एक जमे हुए सहज प्रवाह में बहते चलते हैं; फिर भी सूक्ष्म-भाव अथवा विचार का कोई रेशा छूटने नहीं पाता। तमाम

अलंकरण, आवरण का कूड़ा-करकट छोड़कर भाषा इतनी स्वच्छ और निर्मल हो उठी है कि विषय-वस्तु और पाठक के बीच में भाषा का व्यवधान ही नहीं रह जाता।''[248]

नई कहानी की भाषा *परिवेश, पात्र तथा स्थिति से* जन्मी है और संदर्भ-जनित भाव व अनुभूति को प्रभावशाली रूप में अभिव्यक्त करती है। उदाहरणार्थ कमलेश्वर की कहानी 'खोई हुई दिशाएँ' की भाषा महानगरीय-बोध से उत्पन्न अपरिचय की मानसिकता से हमारा परिचय कराती है ''तमाम सड़कें हैं जिन पर वह जा सकता है...लेकिन वे सड़कें कहीं नहीं पहुँचातीं। इन सड़कों के किनारे घर हैं, बस्तियाँ हैं, पर किसी भी घर में वह नहीं जा सकता। उन घरों के बाहर फाटक हैं, जिन पर कुत्तों से सावधान रहने की चेतावनी है, फूल तोड़ने की मनाही है और घंटी बजाकर इंतजार करने की मजबूरी है।''[249] स्पष्ट है, यह भाषा आरोपित न होकर स्थिति, परिवेश और कथ्य द्वारा उद्भूत है, अतः प्रामाणिक है, अकृत्रिम है।

नई कहानी में भाषा का प्रयोग *पात्र के आयु-वर्ग, शैक्षिक-योग्यता, मानसिक-स्तर और मानसिक-स्थिति के अनुरूप* हुआ है।

उषा प्रियंवदा की कहानी 'कोई नहीं' की सुशिक्षिता नायिका नमिता की भाषा उसके व्यक्तित्व के अनुरूप है। यहाँ प्राध्यापिका नमिता की भाषा अंग्रेजी मिश्रित व बौद्धिकता से युक्त है तथा उसके जीवन की गतिहीनता व नीरसता का परिचय बड़ी कुशलता से दे देती है।[250] इसी कुशलता से यह भाषा मजदूरों के मानसिक स्तर को भी अभिव्यक्त करती है।[251] नई कहानी में वार्तालाप की भाषा पात्रों के अनुरूप होती है और विश्लेषण की कहानीकार की निजी शैली में।[252]

सांकेतिक भाषा से नई कहानी की व्यंजना-शक्ति का विस्तार हुआ है। वस्तुतः ''कहानी, कविता या चित्रकला के गुण से कहानी नहीं बनती, अपने गुण से कहानी बनती है—सजीव और सशक्त भाषा में यथार्थ के प्रामाणिक चित्र प्रस्तुत करते हुए उनके माध्यम से एक संकेत देकर''।[253] मोहन राकेश की कहानी 'मिस पाल' में मिस पाल के 'कमरे से बार-बार करवट बदलने की आवाज सुनाई देना'[254] उनका रंजीत से यह पूछना 'सर्दी तो नहीं लग रही ?'[255] 'प्यास तो नहीं लगी'[256] आदि वाक्य संकेत करते हैं कि मिस पाल कामेच्छा से पीड़ित हैं, अतः उन्हें नींद नहीं आ रही है और वे रंजीत को अप्रत्यक्ष रूप से निमंत्रण दे रही हैं। लेकिन इच्छापूर्ति न होने पर वे रंजीत से बिलकुल निराश हो जाती हैं, इसकी पुष्टि इस बात से होती है कि जो मिस पाल रंजीत को पहले यह कहती हैं—''तुम कम-से-कम एक सप्ताह यहाँ रहोगे। समझे ?''[257] वही सुबह रंजीत के यह कहने पर कि वह पहली बस से चला जाएगा, उससे एक बार भी रुकने का आग्रह नहीं करतीं।[258]

डॉ. नामवर सिंह का कथन सर्वथा उचित है कि ''नई कहानी का समूचा रूप-गठन (स्ट्रक्चर) और शब्द-गठन (टेक्सचर) ही सांकेतिक है।''[259] श्रीकांत वर्मा की कहानी 'झाड़ी' का नायक अखिल अपनी नौकरी छोड़ देना चाहता है। ''इस तरह नष्ट होने का कोई लाभ नहीं। प्रमोशन, तरक्की, रूटीन—आदमी क्या इन्हीं के लिए जीता है।''[260]

और एक दिन वह अपनी नौकरी छोड़ आता है। इस विषय में उसकी पत्नी उमा की प्रतिक्रिया को कहानीकार ने उमा के शब्दों में व्यक्त न करके उसके परिवर्तित मनोभाव और उसके व्यवहार द्वारा व्यक्त किया है।[261]

नई कहानी की भाषा अनेक स्थलों पर *ऐंद्रिय-चेतना से युक्त* है। विशेष रूप से रेणु की भाषा में ऐंद्रिय-चेतना की यथार्थ अभिव्यक्ति हुई है। 'तीसरी कसम' की निम्नलिखित पंक्तियों में कई ऐंद्रिय-संवेदनाओं की अभिव्यक्ति हुई है—''हीरामन टिकटी पर टिकी गाड़ी पर बैठ गया। उसने टप्पर में झाँककर देखा। एक बार इधर-उधर देखकर हीराबाई के तकिये पर हाथ रख दिया (स्पर्श)। फिर तकिये पर कुहनी डालकर झुक गया, झुकता गया। खुशबू उसकी देह में समा गई। तकिये के गिलाफ पर कढ़े फूलों को अँगुलियों से छूकर सूँघा (गंध) ! हाय रे हाय। इतनी सुगंध ! हीरामन को लगा, एक साथ पाँच चिलम गाँजा फूँककर वह उठा है (स्वाद) ! हीराबाई के छोटे आईने में उसने अपना मुँह देखा। आँखें उसकी इतनी लाल क्यों हैं ? (दृष्टि)[262]

ऐंद्रिय संवेदना की दृष्टि से कमलेश्वर की 'नीली झील', मोहन राकेश की 'फौलाद का आकाश', 'पहचान' आदि भी दृष्टव्य हैं।

नई कहानी में *आलंकारिक* भाषा का भी प्रयोग मिलता है, विशेष रूप से आंचलिक कहानी में। आलंकारिक भाषा का प्रयोग बिंब-विधान के अंतर्गत देखा जा सकता है।

अलंकारों के प्रति नई कहानी में अतिरिक्त-आग्रह नहीं है। अपने सहज और स्वाभाविक रूप में अलंकार नई कहानी में आए हैं। अनेक स्थलों पर नई कहानी की भाषा इतनी *कोमल और संवेदनशील* हो गई है कि वह कविता और संगीत की हदों को छूने लगती है। कमलेश्वर की 'नीली झील' की निम्नलिखित पंक्तियों में भाषा इस दृष्टि से दर्शनीय है। ''नीली झील खामोश थी। किनारों पर गीली आँखों की तरह नमी और घास की टहनियाँ हवा के साथ धीरे-धीरे पानी को सहला रही थीं। नरकुल की लंबी पत्तियाँ पक्षियों की कलंगी की तरह काँप रही थीं और पानी में डूबी सिवार के सूतों से मछलियों के बच्चे कतरा-कतराकर निकल रहे थे''[263]

कृष्णा सोबती की कहानी 'बादलों के घेरे' में भाषा *काव्यात्मक* हो उठी है। ''अपने कंधे से जुड़ी अपनी बाँहों को देखता हूँ, मेरी बाँहों से लगी वे भरी-भरी बाँहें कहाँ हैं...कहाँ हैं वे सुगंध-भरे केश, जो मेरे वक्ष पर बिछ-बिछ जाते थे ? कहाँ हैं वे रस-भरे अधर जो मेरे रस में भीग-भीग जाते थे ? सब था, मेरे पास था। बस मैं आज-सा नहीं था।''[264]

नई कहानी की भाषा में संगीतात्मकता निर्मल वर्मा ने भरी है। डॉ. नामवर सिंह का कहना सर्वथा उचित है कि ''संगीत की जैसी सूक्ष्म संवेदना निर्मल वर्मा ने व्यंजित की है, वह नई कहानी की बहुत बड़ी उपलब्धि है।''[265] उनकी कहानी 'दहलीज' की निम्नलिखित पंक्तियाँ इस संदर्भ में दृष्टव्य हैं—''ग्रामोफोन के घूमते हुए तवे पर फूल-पत्तियाँ उग आती हैं, एक आवाज उन्हें अपने नरम, नंगे हाथों से पकड़कर हवा में बिखेर देती है, संगीत के सुर झाड़ियों में हवा से खेलते हैं, घास के नीचे सोती हुई

भूरी मिट्टी पर तितली का नन्हा-सा दिल धड़कता है...मिट्टी और घास के बीच हवा का घोंसला काँपता है...काँपता है...''[266]।

भाषा की अकृत्रिमता और प्रामाणिकता की ही माँग है कि नई कहानी की भाषा कहीं-कहीं आक्रोशमयी होने के कारण भदेस हो गई है क्योंकि पीड़ित व्यक्ति कोमल-काव्यात्मक भाषा बोल ही नहीं सकता, न वह कृत्रिम सभ्यता का आवरण बनाए रख सकता है। उसकी कुंठा, उसका आक्रोश, 'नंगे' शब्दों में ही व्यक्त होता है–

''लो यारो, सरकारी ऑर्डर क्या हुआ, घर के जनाने का मनमाना खेल ही हो गया। जब चाहा लड़की निकाल मारी, जब चाहा लड़का। भला पूछो, जो मुअत्तल होने वाले थे वे तरक्की के हकदार बन बैठे ?''[267] इसी प्रकार मोहन राकेश की कहानी 'परमात्मा का कुत्ता' का प्रमुख पात्र, जो पाकिस्तान का विस्थापित है और जिसे सात साल की भुखमरी के बाद भी बहुत खराब जमीन मिली तथा जिसे बदलने के लिए उसने सरकारी दफ्तर में दो साल से अर्जी दे रखी है लेकिन कोई कार्यवाही नहीं होती। ऐसे में उससे किसी शिष्ट भाषा की अपेक्षा रखना व्यर्थ है।[268]

ये अपशब्द-पूर्ण भाषा कटु यथार्थ को समस्त तल्खी के साथ अभिव्यक्त करने में सहायक हुई है और अभीष्ट प्रतिपादन को तीव्रता देती है। नई कहानी के अंतर्गत कहीं अपशब्दों को बिंदु-चिन्हों से प्रकट किया गया है[269], कहीं अभिलग्नक (एपॉस्ट्राफी कॉमा) द्वारा।[270] कुछ अपशब्द यौन-क्रियाओं पर आधारित होने से अश्लीलता को स्पर्श करने लगते हैं। वस्तुतः यह भाषा दिखावटीपन और नकलीपन के विरुद्ध जीवंत और बाजारू प्रयोग है। नए कहानीकार ने इस भाषा का समर्थन करते हुए कहा–''तुम जिन्हें फूहड़, भदेस, बाजारू और फोहश कहते रहे हो, हम उन्हीं को तुम्हारी सजी-सजाई बैठकों में लाकर, उन्हीं शब्दों के साथ उठ-बैठकर तुम्हारी नकाबें फाड़ेंगे, खिल्ली और नींद उड़ाएँगे।''[271]

व्यंग्यात्मकता

वर्तमान यांत्रिक जिंदगी को उसकी सारी विसंगतियों-विद्रूपताओं के साथ चित्रित करने में आई तल्खी आज की कहानी की सबसे बड़ी भाषिक उपलब्धि है। यह तल्खी कहीं आक्रोशमयी भाषा में प्रकट हुई है और कहीं व्यंग्य की तीखी धार में।

''मगर गरीबी के दावेदार भाई कैलाश भी हैं जो रेशमी खादी का कुरता पहनकर अमरीकन कट के सुनहरे चश्मे के पीछे से झाँकते हैं, अन्नानास के रस से अपने दिमाग को तर रखते हैं और मोटे गद्दे पर बैठकर पार्कर 51 की कलम से लिखते हैं–'मेरी गरीबी'।''[272]

आज के राजनीतिक और सामाजिक जीवन में व्याप्त विसंगति व्यंग्य के तेवर में ही सक्षम ढंग से व्यक्त हो सकती है। नई कहानी में सर्वत्र यही व्यंग्य की मुद्रा दिखाई पड़ती है।

कहीं-कहीं इसके लिए मुहावरे, लोकोक्ति और सूक्ति का प्रयोग किया गया है।[273]

मुहावरे, लोकोक्ति और सूक्ति-प्रयोग द्वारा नई कहानी ने अपनी भाषा को समृद्ध, संपन्न व जीवंत बनाया है। इससे भाषा की लक्षणा और व्यंजना शक्ति का विस्तार हुआ है।

आंचलिकता

नई कहानी के अंतर्गत आने वाली आंचलिक कहानी की भाषा भी उसी के अनुरूप आंचलिक है। इस दृष्टि से रेणु की कहानी 'तीर्थोदक' का यह अंश दृष्टव्य है–

''बूढ़ी उठी। चुपचाप, गृहदेवता की पायलागी करने गई : जै बाबा बैदनाथ ! जै बाबा विश्वनाथ ! बहुत दिनों की लालसा मन की पूरन करो ठाकुर। ओसारे पर आकर मोतिया की माँ से बोली—अरी मखनी, चल गठरी उठा। टीशन तक पहुँचा दे। पाव कोस जमीन चलने से मेरी एड़ी नहीं घिस जाएगी। नहीं चाहिए गाड़ी-छकड़ा। संग-साथ की भी जरूरत नहीं। गाँव के इतने लोग जा रहे हैं, और कितना संग-साथ ? तू टीशन तक पहुँचा दे।''[274]

गँवई बोली का प्रयोग धर्मवीर भारती की 'गुलकी बन्नो' में भी है–

''ऐ मर कलमुँहे।'' अकस्मात् घेघा बुआ ने कूड़ा फेंकने के लिए दरवाजा खोला और चौंतरे पर बैठे मिरवा को गाते हुए देखकर कहा, ''तोरे पेट में फोनोगिराफ उलियान बा का, जौन भिनसार भवा कि तान तौड़े लाग ? राम जौने, रात के कैसन एकरा दीदा लागत है।''[275]

पात्र और वातावरण के अनुरूप शब्द-प्रयोग भाषा का समर्थ पक्ष है लेकिन अतिरिक्त आग्रह के कारण अपरिचित शब्द-प्रयोग, भावान्विति को तोड़ता है–''पंचकौणी से रमपतिया के चुमौना की बात चलाई।[276] ग्रामीण और आंचलिक कहानियों में विकृत-भदेस शब्द-प्रयोग भी मिलता है। 'जिला' के लिए 'जिल्ला'[277], सब्र के लिए 'सबुर'[278], 'प्रतीति' के लिए 'परतीत'[279], इनाम के लिए 'इलाम'[280] आदि।

निरर्थक शब्द-प्रयोग से नए कहानीकार ने भाषा में आत्मीयता और घरेलूपन उत्पन किया है यथा 'ओना-कोना', 'अंतरा-संतरा'।[281]

शब्दों को नई स्थिति में रखकर *नवीन व्यंजना* भी नए कहानीकार ने की है–''कल्याणी उसके बारे में विषम सोच चुकी थी।''[282]

कुछ स्थलों पर *शब्दों की पुनरावृत्ति* का प्रयोग प्रभाव को गहराने के लिए किया गया है–''जिस मीरा को मैंने वर्षों जाना है, वह अब पास-सी नहीं लगती, अपनी-सी नहीं लगती। उसे मैंने छू-छूकर छुआ था, चूम-चूमकर चूमा था, पर मन पर जब मोह और प्यार की उछलन आती है, तो मीरा नहीं, मन्नो की आँखें ही सगी दीखती हैं।''[283]

शब्दों के संक्षिप्त रूपों का प्रयोग भी नई कहानी में हुआ है। इनमें अधिकांश शब्द अंग्रेजी के हैं–

''अब तो 'एक्जाम्स' ही बताएँगे, कौन किसके सिर से फाँद जाता है।''[284]

''मि. सेन हकला-से गए।''[285]

विशेषणों के भी विशेषण देकर नए कहानीकारों ने अपनी भाषा को प्रभविष्णु बनाया है यथा--'कनकन ठंडा पानी',[286] 'नीले कच आसमान'।[287] कई स्थलों पर विशेषण-प्रयोग द्वारा अमूर्त को मूर्त करने का प्रयास किया गया है जैसे 'स्मृति का उद्भ्रांत पाखी',[288] 'सहमा-सा जल'[289] आदि।

कहानी में आए किसी *वाक्य की गूँज* कहीं-कहीं सारी कहानी में ध्वनित होती रहती है। उदाहरणार्थ निर्मल वर्मा की 'परिंदे' में आया वाक्य 'हम कहाँ जाएँगे'[290] सारी कहानी में गूँजता रहता है। कमलेश्वर की 'नागमणि' में 'राम अब घर चल'[291] कहानी का केंद्रीय वाक्य है जो संपूर्ण देश के स्वतंत्र भारतीय परिवेश में लौटने की व्याकुलता और लौटने पर प्राप्त शून्यता, निष्फलता को व्यंजित करता है। हिंदी भाषा के विषय में भी वह वाक्य संदर्भवान व सार्थक है।

नई कहानी में कहीं तो बहुत *छोटे-छोटे वाक्य* मिलते हैं जैसे—"शाम को इरा मुझे कॉफी-हाउस ले जाती है। अचानक मुझे वहाँ निशीथ दिखाई देता है। मैं सकपकाकर नजर घुमा लेती हूँ। पर वह हमारी मेज पर ही आ पहुँचता है।"[292] और कहीं *लंबे वाक्यों का विधान* किया गया है—"आज बरसों बाद भी मैं उस बात को भूली नहीं हूँ...आज भी जब कभी केशी 'स्पेस' की बात कहता है, तो उसकी आँखों में वही अलंघ्य, अपरिचित दूरी का-सा भाव घिर आता है, जो बरसों पहले मैंने उस अंग्रेज की आँखों में देखा था और मुझे लगता है कि सामने बंद फाटक है, जो कभी कोई नहीं खोलेगा, कब्रें हैं, पहाड़ी हवा है और पत्थरों के बीच लंबी घास है, जो हवा में काँपती है, धीरे-धीरे मेरे कानों में कह रही है—लेट द डेड लाइ इन पीस..."[293]

विभिन्न ध्वनियों की भाषिक अभिव्यक्ति भी नई कहानी में मिलती है जो कहानीकार की सूक्ष्म दृष्टि की परिचायिका है। इसका सबसे अधिक प्रयोग रेणु ने किया है। चील की आवाज को 'टिं-टिं-हिक',[294] गरम लोहे पर ठंडा पानी डालने को 'छुं-छुं-ऊँ-गुड़र्र-र',[295] रेलगाड़ी के खुलने की 'छि-ई-ई-छक्क'[296] आदि। अन्य कहानीकारों ने भी यथा-स्थान विभिन्न ध्वनियों को शब्द दिए हैं जैसे पनचक्की की 'खस्स-खस्स',[297] बच्चे के पेट पर होंठ रखकर उसे खेलाने के क्रम में 'ब-ब-ब-बा'[298] का उच्चारण, एयर कंडीशनर की 'घन्-घन्-घन्'[299] पनचक्की की मथानी की पानी काटने की आवाज 'छच्छिर-छच्छिर'[300] आदि।

कथ्य के अनुसार *विभिन्न व्यवसायों से संबंधित शब्दावली* का प्रयोग भी यहाँ मिलता है जैसे हलवाई[301] की शब्दावली, बढ़ई, लोहार की,[302] गाड़ीवान की[303] आदि। इसके अतिरिक्त कुछ तकिया-कलामों का प्रयोग भी नई कहानी में मिलता है यथा 'इस्स'[304], 'चस्सी-चस्सी'[305], 'अम...अ'[306] आदि।

नई कहानी में लोकगीतों व कलागीतों का भी सार्थक व परिवेशानुकूल प्रयोग किया गया है। लोकगीतों का प्रयोग अधिकांशतः आंचलिक कहानीकारों ने किया है। रेणु की 'तीसरी कसम' में लोकगीतों का सर्वाधिक प्रयोग हुआ है। कहानी की परिस्थितियों के अनुकूल होने के कारण ये लोकगीत सार्थक हो उठे हैं। 'लाली लाली डोलिया...'[307] गीत

में हीरामन का अपना दर्द, अपना कभी सच न होने वाला स्वप्न अभिव्यक्त हुआ है। 'महुआ घटवारिन'[308] का गीत अपनी विशिष्ट शब्दावली और ध्वन्यात्मकता की दृष्टि से विशिष्ट होने के साथ-साथ हीराबाई और हीरामन के जीवन से भी जुड़ जाता है। इसी प्रकार 'मारे गए गुलफाम' हीराबाई द्वारा गाए गीत की आधी कड़ी है। जो हीरामन को याद रह जाती है। कहानी के अंत में यह कड़ी अपनी सार्थकता प्रकट करती है।

शिवप्रसाद सिंह की कहानी 'नन्हो' में आई रैदास की भजन-पंक्तियाँ[309] नन्हो की मानसिक स्थिति को स्पष्ट कर देती हैं। मन में गूँजती हुईं इन्हीं पंक्तियों को आत्मसात कर वह रामसुभग की बात न सहकर उसे डाँट देती है।

नई कहानी की भाषा इसके कथ्य के समान ही *विविधोन्मुख* है। इसका फलक बहुत व्यापक है। इसके भाषिक प्रयोगों में "एक ओर अमरकांत का ठेठ गद्य है, दूसरी ओर मन्नू भंडारी का व्याकरण-सम्मत विशेषणहीन गद्य, तीसरी ओर कमलेश्वर का भावुक-संवेदनशील गद्य है, चौथी ओर राजेंद्र यादव का प्रयोग-बहुल कलात्मक गद्य, पाँचवीं ओर निर्मल वर्मा का लंबे-लंबे विशेषणों से भरा गद्य है, छठी ओर शिवप्रसाद सिंह का सटीक, शब्दपूर्ण, बिंबोपमान मूलक अर्थ-प्रधान गद्य, सातवीं ओर नरेश मेहता का अभिनव भाषिक प्रयोगपूर्ण गद्य है, आठवीं ओर रमेश बक्षी का शैली की विच्छित्ति से भरा गद्य, नवीं ओर 'रेणु' का सूक्ष्म, ध्वन्यात्मक, अभिव्यक्ति-क्षम आंचलिक गद्य है तो दसवीं ओर मोहन राकेश का गतिशील समर्थ गद्य।"[310]

नई कहानी की भाषा पात्र, परिवेश और कथ्य के अनुरूप है। इसने अनेक भाषाओं के शब्द व वाक्य ग्रहण कर स्वयं को सहज, स्वाभाविक और अकृत्रिम बनाया है। अनेक भाषाओं का प्रभाव नई कहानी पर दिखाई पड़ता है जिनमें मुख्यतः उर्दू, पंजाबी, बंगला, मगही व मराठी आदि हैं। अंग्रेजी भाषा का प्रभाव नई कहानी पर सर्वाधिक है। किसी हद तक यह स्वाभाविक भी है। शिक्षित और अभिजात भारतीय धड़ल्ले से अंग्रेजी शब्द व वाक्य बोलते देखे जा सकते हैं। जब ऐसे व्यक्ति कहानी के पात्र बन जाते हैं तो उनके वार्तालाप में अंग्रेजी का प्रयोग स्वाभाविकता की रक्षा के लिए अनिवार्य हो जाता है। कुछ अंग्रेजी शब्द तो इतने अधिक प्रचलित हो गए हैं कि हिंदी का ही अंग बन गए प्रतीत होते हैं, विदेशी भाषा के शब्द नहीं लगते। यहाँ तक कि ग्रामीण अशिक्षित व्यक्ति भी अंग्रेजी शब्दों का विकृत प्रयोग करते देखे जा सकते हैं। आंचलिक कहानी में इस प्रकार के शब्द प्रायः मिल जाते हैं जैसे—'डरामा',[311] 'टिसन',[312] 'इस्पेशल',[313] आदि अंग्रेजी के विकृत रूप प्रयोग हुए हैं। *कहीं-कहीं हिंदी व्याकरण में अंग्रेजी शब्दों* को ढाल लिया गया है यद्यपि ऐसे प्रयोग विरल हैं जैसे कांवेट से 'कांवेटीय'[314] क्लासिक से 'क्लासिकीय'[315] आदि। *अंग्रेजी वाक्य गठन का प्रभाव* भी वाक्य-रचना पर दिखाई पड़ता है जैसे—'झूठे बहाने' के स्थान पर 'लँगड़े बहाने',[316] 'नई आदत लग गई' की जगह 'नई आदत ने जन्म लिया'[317] । इसी प्रकार 'द विंड ब्लोज ऑन द रूफ' के आधार पर 'हवा चलती है छत पर'[318] का प्रयोग मिलता है।

अंग्रेजी से प्रभावित विशेषणों का प्रयोग भी नई कहानी में मिलता है। डॉ. शिवप्रसाद

सिंह[319] ने निर्मल वर्मा की कहानियों में ऐसे विशेषणों की ओर संकेत किया है यथा मुलायम धूप[320], फीका-सा अँधेरा।[321]

इतना ही नहीं पूरे अंग्रेजी वाक्यों का प्रयोग नए कहानीकारों ने स्थिति, वातावरण, पात्रादि के अनुरूप किया है जिससे काफी हद तक कहानी की स्वाभाविकता की रक्षा हो सकी है–

'सो यू आर दि मैन'[322]

'आई नो सच गर्ल्स'[323]

'आई ऑलवेज थॉट द बॉय हैड सुइसाइडल टेडेंसीज'[324]

लेकिन कहीं-कहीं अंग्रेजी वाक्य-प्रयोग से सामान्य पाठक के लिए संप्रेषण में कठिनाई भी उपस्थित हो गई है–"सम ऑफ अवर केलीग्ज रिपीटेडली एडवाइस्ड अस, हॅल, नॉट टु हैव ऐनी सच अंडटेकिंग–आई मीन–इन कोलेबोरेशन विद इंडियन बिजनेस फोक, दे आर नॉट सपोज्ड टु बी फेयर-माइंडेड"[325]।

हिंदीतर भारतीय भाषाओं के शब्दों व वाक्यों का प्रयोग भी नए कहानीकारों ने निस्संकोच होकर किया है।

पंजाबी का प्रयोग मुख्य रूप से मोहन राकेश, कमलेश्वर, नरेश मेहता आदि कहानीकारों ने किया है। पंजाबी भाषा के शब्दों में सोहणेओ,[326] चूजेओ,[327] वाहेगुरु,[328] टींडा,[329] बादशाओ,[330] त्वाड़ी,[331] अलत,[332] कुड़ी,[333] मुआ,[334] आदि अनेक शब्दों का प्रयोग मिलता है। पंजाबी पात्रों द्वारा पूरे-के-पूरे वाक्य भी पंजाबी में बोले गए हैं यथा–

"वे जीण जोगयो, अराम नाल बैठो। वे रब्ब दियो बंदयो, कुज होश करो।"[335]

नई कहानी में बंगला-भाषा के भी बहुत से शब्द प्रयुक्त हुए हैं। जैसे मिश्टी,[336] बोशुन,[337] भालो,[338] डाकते,[339] कोत्थे,[340] आदि। बंगला का सर्वाधिक प्रयोग नरेश मेहता और रमेश बक्षी ने किया है।

"तुमि जोल खाबे ?"[341]

"आज फुटल तोमार ओइ गुलब कावली।"[342]

बंगला का प्रयोग रेणु ने भी किया है–

"बंगला भाषा मधु से भी जास्ती मिस्टी आछे।"[343]

मराठी भाषा का प्रयोग रमेश बक्षी में मिलता है। अनेक मराठी शब्दों के साथ-साथ कहीं-कहीं पूरे वाक्य मराठी के ही हैं।[344]

रेणु की कहानियों में मगही का प्रयोग भी कहीं-कहीं मिल जाता है–

"बाबूजी निरधिन डोम भेल-पाड़ा क थुथनी में चुम्मा लेल"[345]

उर्दू *शब्दों का व्यवहार* लगभग सभी कहानीकारों ने किया है। वस्तुतः उर्दू शब्द हिंदी में इतने घुल-मिल गए हैं कि सभी हिंदी-भाषी जाने-अनजाने निस्संकोच उनका प्रयोग कर लेते हैं। नई कहानी में इनके प्रयोग की सूची बहुत लंबी है। यहाँ तक कि अपढ़ ग्रामीण भी उर्दू शब्दों का प्रयोग करते दिखाई देते हैं चाहे उच्चारण जनपदीय हो–निमक हराम, पोख्ता, मुलुक, सोहदा, इलाम-बकसीस, खपसुरती।[346] अन्य भाषाओं

के शब्द अथवा वाक्य जहाँ कहानी की भाषा को व्यापक बनाते हैं और कथ्य व पात्रों को विश्वसनीयता प्रदान करने में सहायक होते हैं, वहीं इनके प्रति अतिरिक्त आग्रह सामान्य पाठक के लिए संप्रेषणीयता में बाधक सिद्ध होता है, अतः इनका प्रयोग उचित सीमा तक ही ग्राह्य है।

नए कहानीकारों ने अनेक भाषिक चिन्हों का प्रयोग करके अपनी भाषा को समृद्ध बनाया है। इस तरह वे कथ्य को और अधिक प्रभावी और संप्रेषणीय बनाने में सफल हुए हैं।

कथ्य के प्रमुख और गौण अंश को अलग करने के लिए, किसी भाव या विचार के पूरक के रूप में या संदेह रूप में व्यक्त करने के लिए नई कहानी में कोष्ठकों का प्रयोग अनेक स्थानों पर दिखाई पड़ता है।

'मुझे उसका इस तरह पुकारना (या मेरे विचारों को तोड़ना) भला नहीं लगा'।[347]

''फिर जानते हो, मैंने क्या किया ? मैं एकदम खड़ा हो गया (इस तरह मैं जॉर्ज के सन्मुख खड़ा हो गया) और जोर से चिल्लाया, गुड इंवनिंग। अरे, बाहर कैसे खड़े हो ? (और मैं सचमुच चिल्ला रहा था—जॉर्ज के मुँह पर) होटल का मालिक उत्सुकता से मेरी ओर देख रहा था।''[348]

''कोई हँस रहा है—(क्या यह मैं हूँ)''[349]

''बेकली कहीं जाने (या न जाने) से, किसी से मिलने (या न मिलने) से, दिन-भर मुँह लटकाए भटकते रहने (या रात-भर करवटें बदलते रहने) से, हँसने-हँसाने (या हिनहिनाने) से कदापि दूर नहीं होती।''[350]

''हमें टॉप-रिस्पांसिबल पोस्ट्स के लिए ऐसे आदमियों की जरूरत पड़ेगी, जो काम के हमारे तौर-तरीके भी जानते हों—गाईज लाइक यू (तुम्हारे जैसे नौजवान)''[351]

नई कहानी में आए भाषिक चिन्हों के अंतर्गत डॉट्स (बिंदुओं) का प्रयोग स्वाभाविक मौन, अधूरेपन, अव्यवस्था, अनिश्चितता, अनकहे को अभिव्यक्त करने के लिए वर्णन को अश्लीलता से बचाने के लिए किया गया है—

''कोई नहीं जानेगा कि कहाँ टीलों और सदियों पुरानी चट्टानों के बीच बेर की एक झाड़ी है...पिछले साल उस झाड़ी के पीछे मैंने मीनू से कुछ कहा था, वे शब्द आज भी कहीं कच्चे बेरों के संग पड़े होंगे।''[352]

''उसने उलटकर देखा, बोरे भी नहीं, बाँस भी नहीं, बाघ भी नहीं...,परी... देवी...मीता...हीरा देवी...महुआ...घटवारिन...को-ई नहीं।''[353]

''उसने तुम्हारी मम्मी के गालों को इस तरह...।''[354]

यति चिन्ह (—) का प्रयोग भी नई कहानी में मिल जाता है—'' 'केशी'—मैंने धीरे से कहा—'केशी'—मैं अँधेरे में खड़ी रही देहरी पर। मुझे लगता है जैसे मेरे भीतर बादल का एक श्यामल टुकड़ा आ समाया है—वह बूँद-बूँद टपक रहा है।''[355]

एकोद्धरणी या *इंवर्टेड कॉमा* का प्रयोग कहानी में प्रयुक्त अन्य भाषा के शब्दों के लिए किया गया है या संदर्भानुसार विशिष्ट अर्थ देने वाले शब्दों के लिए किया गया है—

''अचानक उसे 'पर्सनल' वाले लिफाफे का खयाल हो आया।''[356]

''यह सेक्स, जिसमें मारलिन मुनरो आदि ऐक्ट्रेसों को याद करना पड़ता है। 'उस वक्त'।[357]

भावाभिव्यक्ति को संश्लिष्ट बनाने के साथ कई भाषिक चिन्हों का प्रयोग रेणु के यहाँ दिखाई पड़ता है–

''हीराबाई जाते-जाते रुक गई। हीरामन के बैलों को संबोधित करके बोली, 'अच्छा मैं चली भैयन।' बैलों ने भैया शब्द पर कान हिलाए।''

''??... ??... X X ... !''[358]

हीराबाई के चले जाने की आशंका से उत्पन्न हीरामन के मनोभावों को ये चिन्ह सशक्त रूप से व्यक्त करते हैं। उसके मन में आए खालीपन से उसके जड़वत् हो जाने को, उसके जीवन-भर के स्वप्न, जो उसे रास्ते में पूरे होते जान पड़े थे, उनके टूट जाने के मौन दर्द को ये चिन्ह वाणी देते हैं। जहाँ शब्द चूक जाते हैं वहाँ ये भाषिक चिन्ह मुखर हो उठते हैं।

इसमें कोई संदेह नहीं कि नए कहानीकारों ने विभिन्न भाषिक चिन्हों द्वारा अपनी भाषा को और अधिक प्रभावशाली, संप्रेषणीय, समर्थ व संश्लिष्ट बनाया है। लेकिन चिन्हों का सतर्क प्रयोग न करके कहानीकार ने जहाँ मनमाना प्रयोग किया है वहाँ भाषा के प्रभाव को क्षीण भी किया है–''शाम। ठंडी। बर्फ की सिल। उस पर हवा।''[359] सौभाग्य से भाषिक चिन्हों का ऐसा प्रयोग विरल ही है।

संदर्भ

1. द्रष्टव्य–'थका हुआ पानी और रोशनी की शमशीरें', कमलेश्वर, ज्ञानोदय, अक्टूबर 1964
2. नई कहानी (लेख), हरिशंकर परसाई, संकलित 'नई कहानी : प्रकृति और संदर्भ', सं. देवीशंकर अवस्थी, पृ. 56
3. कहानी : नई कहानी, डॉ. नामवर सिंह, पृ. 155
4. हिंदी कहानी अपनी जबानी, डॉ. इंद्रनाथ मदान, पृ. 139
5. कितने पाकिस्तान, कमलेश्वर की श्रेष्ठ कहानियाँ, पृ. 22
6. नई कहानी : प्रकृति और पाठ, सं. श्री सुरेंद्र, पृ. 432
7. राजेंद्र यादव की श्रेष्ठ कहानियाँ, सं. राजेंद्र यादव, पृ. 68
8. वही, पृ. 97
9. किनारे से किनारे तक, राजेंद्र यादव, पृ. 120
10. महुए का पेड़–मार्कण्डेय, पृ. 32
11. सपना नहीं, ज्ञानरंजन, पृ. 194
12. एक दुनिया समानांतर, राजेंद्र यादव, पृ. 31
13. चीफ की दावत, भीष्म साहनी, एक दुनिया समानांतर, पृ. 227
14. पराया शहर : खोई हुई दिशाएँ, कमलेश्वर, पृ. 227

15. वापसी, उषा प्रियंवदा, पृ. 152, नई कहानी : संदर्भ और प्रकृति, सं. श्री सुरेंद्र
16. प्रेम कहानियों का बदला हुआ स्वरूप, श्रीकांत वर्मा, नई कहानी–दशा : दिशा : संभावना, सं. सुरेंद्र, पृ. 231
17. ठंड : श्रीकांत वर्मा, पृ. 88
18. 1960 के बाद की कहानियाँ, सं. विजयमोहन सिंह, पृ. 280
19. जहाँ लक्ष्मी कैद है–राजेंद्र यादव, पृ. 34
20. यही सच है–मन्नू भंडारी, पृ. 50
21. मेज पर टिकी हुईं कुहनियाँ, रमेश वक्षी, पृ. 98
22. मांस का दरिया, कमलेश्वर, पृ. 50
23. वही, पृ. 80
24. भटकती राख, भीष्म साहनी, पृ. 121
25. सपाट चेहरेवाला आदमी, दूधनाथ सिंह, पृ. 9
26. नौ साल छोटी पत्नी, रवींद्र कालिया, पृ. 85
27. वही, पृ. 23
28. नई कहानी : संदर्भ और प्रकृति, देवीशंकर अवस्थी, पृ. 160
29. छोटे-छोटे ताजमहल, राजेंद्र यादव, पृ. 198
30. जलती झाड़ी, निर्मल वर्मा, पृ. 11
31. यारों के यार : तिन पहाड़, कृष्णा सोबती, पृ. 125
32. ठंड, श्रीकांत वर्मा, पृ. 96
33. यही सच है तथा अन्य कहानियाँ, मन्नू भंडारी, पृ. 155
34. वही, पृ. 176
35. परिंदे, निर्मल वर्मा, पृ. 129
36. एक समर्पित महिला, नरेश मेहता, पृ. 85
37. परिंदे, निर्मल वर्मा, पृ. 55
38. पात्रों का यह प्रेत संसार : कमलेश्वर, धर्मयुग, जून 1967, पृ. 17
39. एक दुनिया समानांतर, राजेंद्र यादव, पृ. 36
40. मोहन राकेश की संपूर्ण कहानियाँ, पृ. 278
41. वही, पृ. 277
42. एक दुनिया समानांतर, राजेंद्र यादव, पृ. 298
43. यही सच है (मन्नू भंडारी), एक दुनिया समानांतर, सं. राजेंद्र यादव, पृ. 238
44. मोहन राकेश की संपूर्ण कहानियाँ, पृ. 12
45. कमलेश्वर की श्रेष्ठ कहानियाँ, पृ. 71
46. नई कहानी की भूमिका, कमलेश्वर, पृ. 19
47. किनारे से किनारे तक, राजेंद्र यादव, पृ. 37
48. मोहन राकेश की संपूर्ण कहानियाँ, पृ. 172
49. चीफ की दावत, भीष्म साहनी, एक दुनिया समानांतर, सं. राजेंद्र यादव, पृ. 226
50. चीफ की दावत, भीष्म साहनी, एक दुनिया समानांतर, सं. राजेंद्र यादव, पृ. 231
51. जहाँ लक्ष्मी कैद है, राजेंद्र यादव, पृ. 202
52. कमलेश्वर, सं. मधुकर सिंह, पृ. 34
53. मोहन राकेश की संपूर्ण कहानियाँ, पृ. 238
54. 'मेरा दुश्मन', कृष्ण बलदेव वैद, नई कहानी : प्रकृति और पाठ, सं. श्री सुरेंद्र, पृ. 148

55. मोहन राकेश की संपूर्ण कहानियाँ, पृ. 154
56. साथ के लोग, शेखर जोशी, पृ. 11-12
57. मोहन राकेश की संपूर्ण कहानियाँ, पृ. 223
58. वही, पृ. 223
59. कमलेश्वर की श्रेष्ठ कहानियाँ, पृ. 196
60. नई कहानी : एक पर्यवेक्षण—उपेंद्रनाथ अश्क, नई कहानी : संदर्भ और प्रकृति, सं. देवीशंकर अवस्थी, पृ. 50
61. मोहन राकेश की संपूर्ण कहानियाँ, पृ. 417
62. कमलेश्वर की श्रेष्ठ कहानियाँ, पृ. 67-68
63. मोहन राकेश की संपूर्ण कहानियाँ, पृ. 302
64. वही, पृ. 346
65. वही, पृ. 349
66. कमलेश्वर : सं. मधुकर सिंह, पृ. 44
67. वही, पृ. 44
68. मोहन राकेश की कहानियाँ, पृ. 417
69. परिंदे, निर्मल वर्मा, पृ. 123
70. वही, पृ. 43-44
71. नौ साल छोटी पत्नी, रवींद्र कालिया, पृ. 19
72. खोई हुई दिशाएँ, कमलेश्वर, पृ. 75
73. वही, पृ. 83
74. मेरी प्रिय कहानियाँ, कमलेश्वर, पृ. 171
75. सपना नहीं, ज्ञानरंजन, पृ. 162-163
76. नई कहानी : संदर्भ और प्रकृति : देवीशंकर अवस्थी, पृ. 159
77. नई कहानी : संदर्भ और प्रकृति, सं. सुरेंद्र, पृ. 115
78. पिछली गर्मियों में, निर्मल वर्मा, पृ. 149
79. आलोचना, जन-मार्च 1968 (वहस का प्रारूप—डॉ. नामवर सिंह), पृ. 22
80. एक दुनिया समानांतर, सं. राजेंद्र यादव, पृ. 344
81. सपाट चेहरेवाला आदमी—दूधनाथ सिंह, पृ. 121
82. वही, पृ. 90
83. ज्ञानोदय, अप्रैल 66, पृ. 37
84. मेरा दुश्मन, कृष्ण बलदेव वैद, पृ. 9
85. ज्ञानोदय, अप्रैल, 1966, पृ. 37
86. द्रष्टव्य—जोखिम (कमलेश्वर), बादलों के घेरे (कृष्णा सोबती), शबरी (रमेश बक्षी), दूध और दवा (मार्कण्डेय), मेरा दुश्मन (कृष्ण बलदेव वैद), दस वर्ष बाद (ओमप्रकाश निर्मल); सेलर (रामकुमार), भविष्यवक्ता (राजेंद्र यादव), ग्लास टैंक, बस-स्टैंड की एक रात, सेफ्टीपिन, एक आलोचना (मोहन राकेश)।
87. द्रष्टव्य—शबरी, रमेश बक्षी, एक दुनिया समानांतर, राजेंद्र यादव
88. 'मोहन राकेश की संपूर्ण कहानियाँ', फ्लैप पर उद्धृत
89. राजा निरबंसिया तथा कस्बे का आदमी (संग्रहों का संयुक्त रूप)
90. नई कहानी : प्रकृति और पाठ, श्री सुरेंद्र, पृ. 440
91. मोहन राकेश की संपूर्ण कहानियाँ, पृ. 17

92. निशाचर, भीष्म साहनी, पृ. 186
93. जलती झाड़ी, द्वितीय संस्करण, पृ. 58
94. वही, पृ. 58
95. नई कहानी: प्रकृति और पाठ–सं. श्री सुरेंद्र, पृ. 211
96. झाड़ी, श्रीकांत वर्मा, पृ. 46
97. विकल्प, नवंबर 1968, पृ. 402
98. मन्नू भंडारी की श्रेष्ठ कहानियाँ, पृ. 91
99. परिंदे, निर्मल वर्मा, पृ. 28
100. नई कहानी की भूमिका, कमलेश्वर, पृ. 175
101. मांस का दरिया, कमलेश्वर, पृ. 82
102. कमलेश्वर, धर्मयुग, 2 जुलाई 1967, पृ. 10
103. यारों के यार : तिन पहाड़, कृष्णा सोवती, पृ. 31
104. एक दुनिया समानांतर, राजेंद्र यादव, पृ. 265
105. मोहन राकेश की संपूर्ण कहानियाँ, पृ. 368
106. एक दुनिया समानांतर, राजेंद्र यादव, पृ. 339
107. वही, पृ. 359
108. नई कहानी : प्रकृति और पाठ, श्री सुरेंद्र, पृ. 107
109. एक दुनिया समानांतर, राजेंद्र यादव, पृ. 251
110. मोहन राकेश की संपूर्ण कहानियाँ, पृ. 113
111. किनारे से किनारे तक : राजेंद्र यादव, पृ. 141
112. मोहन राकेश की संपूर्ण कहानियाँ, पृ. 27
113. नई कहानी : संदर्भ और प्रकृति–सं. देवीशंकर अवस्थी, (लेख-कहानी : नए संदर्भों की खोज–मोहन राकेश), पृ. 94
114. वही, (लेख–आज की कहानी, परमानंद श्रीवास्तव) पृ. 125
115. मोहन राकेश की संपूर्ण कहानियाँ, पृ. 369
116. वही, पृ. 202
117. कहानी : परिवेश और प्रभाव (लेख) कहानी : जून 1968, पृ. 22
118. नई कहानी : दशा : दिशा : संभावना, सं. सुरेंद्र, पृ. 221
119. प्रभाकर माचवे, प्रकर, मई-जून 1973, सं. विद्यासागर विद्यालंकार
120. नई कहानी : संदर्भ और प्रकृति,देवीशंकर अवस्थी, लेख–आज की हिंदी कहानी : प्रगति और परिमिति, शिवप्रसाद सिंह, पृ. 143
121. उच्चाटन, रेणु, आदिम रात्रि की महक, पृ. 91
122. वही, पृ. 99
123. ठुमरी, रेणु, पृ. 150
124. वही, पृ. 84
125. रसप्रिया, मेरी प्रिय कहानियाँ, रेणु पृ. 11
126. कहानी : नई कहानी, डॉ. नामवर सिंह, पृ. 62
127. भूदान, मार्कण्डेय, पृ. 15
128. कहानी : नई कहानी, डॉ. नामवर सिंह, पृ. 38
129. वही, पृ. 38
130. प्रकर–मई-जून 1973, डॉ. लक्ष्मण दत्त गौतम, स्वातंत्र्योत्तर हिंदी कहानी, पृ. 58

131. कहानी : नई कहानी, डॉ. नामवर सिंह, पृ. 65
132. वही, पृ. 64
133. अंधकूप, शिवप्रसाद सिंह, पृ. 333
134. वर्ष—1, अमरकांत, पृ. 51
135. वही, पृ. 52
136. माया—भारत विशेषांक, पृ. 141-142
137. नई कहानी : प्रकृति और पाठ, सं. श्री सुरेंद्र, पृ. 340
138. नई कहानी : प्रकृति और पाठ, सुरेंद्र, पृ. 216
139. हिंदी कहानी : उद्‌भव और विकास—डॉ. सुरेश सिन्हा, पृ. 549
140. समकालीन कहानी : दिशा और दृष्टि, सं. धनंजय (लेख—परिवर्तन की प्रक्रिया, विजयमोहन सिंह), पृ. 130
141. मोहन राकेश की संपूर्ण कहानियाँ, पृ. 369
142. मैं हार गई, मन्नू भंडारी, पृ. 18
143. नई कहानियाँ, अप्रैल 65, पृ. 24
144. कमलेश्वर की कहानियाँ, सं. मधुकर सिंह, पृ. 68
145. आदिम रात्रि की महक, रेणु, पृ. 81
146. वही, पृ. 80
147. मोहन राकेश की संपूर्ण कहानियाँ, पृ. 323
148. वही, पृ. 324
149. वही, पृ. 325
150. मेरी प्रिय कहानियाँ, कमलेश्वर, पृ. 78
151. पटरियाँ, भीष्म साहनी, पृ. 75
152. आदिम रात्रि की महक, रेणु, पृ. 166
153. पापजीवी, अंधकूप शिवप्रसाद सिंह पृ. 175
154. वही, पृ. 281
155. मोहन राकेश की संपूर्ण कहानियाँ, पृ. 143
156. मोहन राकेश की संपूर्ण कहानियाँ, पृ. 145
157. वही, पृ. 146
158. मोहन राकेश की सर्वश्रेष्ठ कहानियाँ, पृ. 146
159. दुःस्वप्न, सपाट चेहरेवाला आदमी, दूधनाथ सिंह, पृ. 41
160. नई कहानी : प्रकृति और पाठ, सं. श्री सुरेंद्र, पृ. 380
161. कमाल कुर्सी का—सिद्धनाथ कुमार, भूमिका, पृ. 5
162. एक इंटरव्यू परसाई का—परसाई के साथ, नई कहानियाँ, अगस्त '66, पृ. 139
163. नई कहानी (लेख) : हरिशंकर परसाई, नई कहानी : संदर्भ और प्रकृति, पृ. 57
164. समकालीन कहानी : दिशा और दृष्टि, सं. धनंजय, पृ. 219
165. कैफियत—हरिशंकर परसाई—सदाचार का तावीज, पृ. 7
166. नई कहानी की भूमिका : कमलेश्वर, पृ. 159
167. कहानी : स्वरूप और संवेदना, राजेंद्र यादव, पृ. 97
168. कथाकार की अपनी बात : आज की कहानी के संदर्भ में—रमेश बक्षी, नई कहानी संदर्भ और प्रकृति, देवीशंकर अवस्थी, पृ. 107
169. ज्ञानोदय, फरवरी 1966, धनंजय, पृ. 164

170. कहानी : नई कहानी, डॉ. नामवर सिंह, पृ. 37
171. कथा समारोह, कलकत्ता, दिसंबर 1965
172. कहानी : नई कहानी, डॉ. नामवर सिंह, पृ. 18-19
173. आधुनिक हिंदी कहानी, डॉ. लक्ष्मी नारायण लाल, पृ. 82
174. नई कहानियाँ, अप्रैल 1965, पृ. 120-121
175. कहानी : नई कहानी, डॉ. नामवर सिंह, पृ. 23
176. एक जलती शाम द्विवेदीजी के साथ, डॉ. शिवप्रसाद सिंह, लेख—धर्मयुग, 23 अक्टूबर 1966, पृ. 53
177. कहानी : नई कहानी, डॉ. नामवर सिंह, पृ. 30
178. कहानी : नई कहानी, डॉ. नामवर सिंह, पृ. 57
179. नई कहानी लेख, नई कहानी : संदर्भ और प्रकृति, सं. देवीशंकर अवस्थी, पृ. 57
180. कहानी : नई कहानी, डॉ. नामवर सिंह, पृ. 18
181. जलती झाड़ी, निर्मल वर्मा, पृ. 79-80
182. एक दुनिया समानांतर, सं. राजेंद्र यादव, पृ. 143
183. गले की जंजीर—अमरकांत, बादलों के घेरे—कृष्णा सोबती, यही सच है—मन्नू भंडारी, तीसरा गवाह—निर्मल वर्मा आदि।
184. 'आकृतियाँ'—अमृता भारती, ज्ञानोदय, अप्रैल 1962, पृ. 33
185. कहानी, मार्च 69, पृ. 12
186. कहानी, जून 68, पृ. 35
187. कहानी : नई कहानी, डॉ. नामवर सिंह, पृ. 100-101
188. धर्मयुग, 19.10.69
189. सदाचार का तावीज, हरिशंकर परसाई
190. वही
191. जैसे उनके दिन फिरे, पृ. 58
192. नई कहानी की भूमिका, कमलेश्वर, पृ. 165
193. कहानी : नई कहानी, पृ. 43
194. हिंदी कहानियों की शिल्पविधि का विकास, डॉ. लक्ष्मी नारायण लाल, पृ. 339
195. परिवेश का आग्रह हिंदी कहानी का एक खतरनाक बदलाव, कल्पना, मार्च 1972, पृ. 24
196. तथापि, नरेश मेहता, पृ. 42
197. नन्हों, शिवप्रसाद सिंह, एक दुनिया समानांतर, सं. राजेंद्र यादव, पृ. 341
198. घर, श्रीकांत वर्मा, पृ. 58
199. नई कहानी की भूमिका, कमलेश्वर, पृ. 153
200. एक दुनिया समानांतर, राजेंद्र यादव, पृ. 71
201. मिचली कहानी, ठंड—संग्रह, श्रीकांत वर्मा, पृ. 45
202. कहानी : नई कहानी, डॉ. नामवर सिंह, पृ. 41
203. पिछली गर्मियों में, निर्मल वर्मा, पृ. 159-60
204. तीन निगाहों की एक तसवीर, मन्नू भंडारी, पृ. 22-23
205. मोहन राकेश की संपूर्ण कहानियाँ, पृ. 410
206. जहाँ लक्ष्मी कैद है, राजेंद्र यादव, पृ. 227
207. सपाट चेहरेवाला आदमी, पृ. 86
208. द्रष्टव्य (क) एक और जिंदगी, मोहन राकेश, पृ. 9, (ख) नई कहानी : संदर्भ और प्रकृति,

सं. अवस्थी (लेख : स्वतंत्रता के बाद की हिंदी कहानी, डॉ. लक्ष्मी नारायण लाल), पृ. 216, (ग) वही, (लेख : आज की कहानी, परमानंद श्रीवास्तव), पृ. 131

209. कहानी : नई कहानी, डॉ. नामवर सिंह, पृ. 42
210. एक प्लेट सैलाब, मन्नू भंडारी, पृ. 138
211. किनारे से किनारे तक, राजेंद्र यादव, पृ. 39
212. कमलेश्वर, सं. मधुकर सिंह, पृ. 35
213. एक और जिंदगी, मोहन राकेश, पृ. 162
214. मोहन राकेश की संपूर्ण कहानियाँ, पृ. 23
215. एक दुनिया समानांतर, सं. राजेंद्र यादव, पृ. 162
216. जलती झाड़ी, निर्मल वर्मा, पृ. 134-35
217. पटरियाँ, भीष्म साहनी, पृ. 20
218. कहानी : स्वरूप और संवेदना, राजेंद्र यादव, पृ. 97-98
219. नई कहानी : संदर्भ और प्रकृति, डॉ. देवीशंकर अवस्थी (लेख : आज की कहानी, डॉ. परमानंद श्रीवास्तव) पृ. 132
220. आत्मनेपद : अज्ञेय, पृ. 256
221. एक दुनिया समानांतर, सं. राजेंद्र यादव, पृ. 190
222. मोहन राकेश की संपूर्ण कहानियाँ, पृ. 147
223. खेल खिलौने, राजेंद्र यादव, पृ. 12
224. मेज पर टिकी हुईं कुहनियाँ, रमेश वक्षी, पृ. 71
225. नई कहानी : प्रकृति और पाठ, सं. श्री सुरेंद्र, पृ. 114
226. मोहन राकेश की संपूर्ण कहानियाँ, पृ. 40
227. झाड़ी, श्रीकांत वर्मा, पृ. 10
228. सदाचार का तावीज, हरिशंकर परसाई, पृ. 11
229. एक दुनिया समानांतर, सं. राजेंद्र यादव, पृ. 294
230. छोटे-छोटे ताजमहल, राजेंद्र यादव, पृ. 212-13
231. मोहन राकेश की संपूर्ण कहानियाँ, पृ. 225
232. छोटे-छोटे ताजमहल, राजेंद्र यादव, पृ. 155
233. एक दुनिया समानांतर, सं. राजेंद्र यादव, पृ. 95
234. सपाट चेहरेवाला आदमी, दूधनाथ सिंह, पृ. 28
235. मेज पर टिकी हुईं कुहनियाँ, रमेश बक्षी, पृ. 106
236. एक दुनिया समानांतर, सं. राजेंद्र यादव, पृ. 68
237. जलती झाड़ी, निर्मल वर्मा, पृ. 14-15
238. लवर्स, जलती झाड़ी, निर्मल वर्मा, पृ. 14
239. वही, पृ. 14
240. नन्हों, शिवप्रसाद सिंह, एक दुनिया समानांतर, सं. राजेंद्र यादव, पृ. 351
241. तीसरी कसम, रेणु, वही, पृ. 213
242. पानफूल, मार्कण्डेय, पृ. 54
243. परिणय : झाड़ी, श्रीकांत वर्मा, पृ. 106
244. नई कहानी : संदर्भ और प्रकृति, सं. देवीशंकर अवस्थी, पृ. 134
245. स्वतंत्रता के बाद की हिंदी कहानी : उपलब्धियाँ और खामियाँ, लक्ष्मी नारायण लाल, ज्ञानोदय, 1964

246. कहानी : स्वरूप और संवेदना, राजेंद्र यादव, पृ. 54-55
247. नई कहानी : संदर्भ और प्रकृति, देवीशंकर अवस्थी, पृ. 154
248. कहानी : नई कहानी, डॉ. नामवर सिंह, पृ. 47-48
249. नई कहानी : प्रकृति और पाठ, सं. श्री सुरेंद्र, पृ. 135
250. एक कोई दूसरा, उषा प्रियंवदा, पृ. 66
251. दृष्टव्य; नीली झील, मांस का दरिया; कमलेश्वर, पृ. 135
252. (क) जिंदगी और जोंक, अमरकांत, एक दुनिया समानांतर, पृ. 87
(ख) तीसरी कसम, रेणु, वही, पृ. 200
253. (कहानी : नए संदर्भों की खोज) नई कहानी : संदर्भ और प्रकृति, अवस्थी, पृ. 93-94
254. मोहन राकेश की संपूर्ण कहानियाँ, पृ. 23
255. वही, पृ. 23
256. वही, पृ. 23
257. मोहन राकेश की संपूर्ण कहानियाँ, वही, 17
258. वही, पृ. 24
259. कहानी : नई कहानी, डॉ. नामवर सिंह, पृ. 42
260. झाड़ी, श्रीकांत वर्मा, पृ. 14
261. वही, पृ. 18
262. एक दुनिया समानांतर, राजेंद्र यादव, पृ. 208
263. मांस का दरिया, कमलेश्वर, पृ. 148
264. एक दुनिया समानांतर, सं. राजेंद्र यादव, पृ. 122
265. कहानी : नई कहानी, डॉ. नामवर सिंह, पृ. 44
266. दहलीज, निर्मल वर्मा, जलती झाड़ी, पृ. 99
267. यारों के यार : तिन पहाड़, कृष्णा सोबती, पृ. 48
268. मोहन राकेश की संपूर्ण कहानियाँ, पृ. 325
269. अलग-अलग कद के दो आदमी, गिरिराज किशोर, पेपर वेट, पृ. 52
270. "अबे तुम मुझे तिया समझते हो....." वही, पृ. 52
271. कहानी : स्वरूप और संवेदना, राजेंद्र यादव, पृ. 118
272. एक आलोचना, मोहन राकेश की संपूर्ण कहानियाँ, पृ. 327
273. द्रष्टव्य, वर्ष—1, अमरकांत, डिप्टी कलेक्टरी, पृ. 56
274. ठुमरी, रेणु, पृ. 29-30
275. नई कहानी : प्रकृति और पाठ, सं. श्री सुरेंद्र, पृ. 174
276. ठुमरी, रेणु, पृ. 19
277. ठुमरी, रेणु, पृ. 15
278. वही, पृ. 97
279. वही, पृ. 118
280. वही, पृ. 138
281. वर्ष—1 अमरकांत, पृ. 63
282. वर्षाभीगी, नरेश मेहता, एक समर्पित महिला, पृ. 32
283. बादलों के घेरे, कृष्णा सोवती, एक दुनिया समानांतर, पृ. 139
284. पेपरवेट, गिरिराज किशोर, पृ. 27
285. वही, पृ. 36

286. ठुमरी, रेणु, पृ. 108
287. शवरी : रमेश बक्षी, एक दुनिया समानांतर, पृ. 286
288. जलती झाड़ी, निर्मल वर्मा, पृ. 104
289. वही, पृ. 104
290. एक दुनिया समानांतर, सं. राजेंद्र यादव, पृ. 190
291. मेरी प्रिय कहानियाँ, कमलेश्वर, पृ. 129
292. यही सच है, मन्नू भंडारी, एक दुनिया समानांतर, पृ. 238
293. धागे, निर्मल वर्मा, पिछली गर्मियों में, पृ. 21
294. रसप्रिया, रेणु, ठुमरी, पृ. 18
295. सिरपंचमी का शगुन, वही, पृ. 93
296. वही, पृ. 149
297. कोसी का घटवार, शेखर जोशी, साथ के लोग, पृ. 29
298. मेज पर टिकी हुई कुहनियाँ, रमेश बक्षी, पृ. 28
299. दांपत्य, राजकमल चौधरी, नई कहानी : प्रकृति और पाठ, पृ. 359
300. कोसी का घटवार, शेखर जोशी, पृ. 390
301. तथापि, नरेश मेहता, पृ. 55
302. ठुमरी, रेणु, पृ. 92
303. वही, पृ. 114
304. वही, पृ. 122, 126, 138
305. टूटना : राजेंद्र यादव, एक दुनिया समानांतर, पृ. 299, 300, 301, 304, 321
306. मिस पाल : मोहन राकेश, मोहन राकेश की संपूर्ण कहानियाँ, पृ. 16. 17, 18, 22
307. एक दुनिया समानांतर, सं. राजेंद्र यादव, पृ. 209
308. वही, पृ. 211
309. वही, पृ. 355
310. नई कहानी की भाषा : पांडेय शशिभूषण शीतांशु, ज्ञानोदय, मई '69, पृ. 63
311. आदिम रात्रि की महक, रेणु, पृ. 93
312. वही, पृ. 102
313. वही, पृ. 45
314. एक समर्पित महिला, नरेश मेहता, पृ. 98
315. वही, पृ. 59
316. मेरा दुश्मन, कृष्ण बलदेव वैद, पृ. 129
317. नरेश मेहता, तथापि, पृ. 96
318. जलती झाड़ी, निर्मल वर्मा, पृ. 55
319. माध्यम, जुलाई 1965, पृ. 86
320. परिंदे, निर्मल वर्मा, एक दुनिया समानांतर, पृ. 177
321. वही, पृ. 177
322. अंतर, निर्मल वर्मा, जलती झाड़ी, पृ. 147
323. मेज पर टिकी हुई कुहनियाँ, रमेश बक्षी, पृ. 112
324. मोहन राकेश की संपूर्ण कहानियाँ, पृ. 56
325. टूटना, राजेंद्र यादव, एक दुनिया समानांतर, पृ. 300
326. मोहन राकेश की संपूर्ण कहानियाँ, पृ. 253

327. वही, पृ. 253
328. वही, पृ. 254
329. वही, पृ. 12
330. तथापि संग्रह, नरेश मेहता, पृ. 67
331. वही, पृ. 62
332. वही, पृ. 14
333. वही, पृ. 15
334. मांस का दरिया, कमलेश्वर; पृ. 39
335. पटरियाँ, भीष्म साहनी, पृ. 32
336. तथापि, नरेश मेहता, पृ. 116
337. वही, पृ. 114
338. वही, पृ. 121
339. शबरी, रमेश बक्षी, एक दुनिया समानांतर, पृ. 289
340. वही, पृ. 289
341. वही, पृ. 290
342. वही, पृ. 292
343. न जाने केहि वेश में, आदिम रात्रि की महक, रेणु, पृ. 142
344. मेज पर टिकी हुईं कुहनियाँ, रमेश वक्षी, पृ. 116
345. तबे एकला चलो रे, आदिम रात्रि की महक, रेणु, पृ. 22
346. 'आदिम रात्रि की महक' और 'ठुमरी' कहानी-संग्रह, रेणु
347. एक पौधे की जीवनी, रमेश बक्षी, मेज पर टिकी हुईं कुहनियाँ, पृ. 42
348. लंदन की एक रात, जलती झाड़ी, निर्मल वर्मा, पृ. 120
349. वही, पृ. 136
350. मेरा दुश्मन, कृष्ण बलदेव वैद, पृ. 106
351. टूटना, राजेंद्र यादव, एक दुनिया समानांतर, पृ. 301
352. तीसरी कसम, रेणु, एक दुनिया समानांतर, पृ. 224
353. धागे, निर्मल वर्मा, पिछली गर्मियों में, पृ. 21
354. आया गीत गा रही थी, मेज पर टिकी हुईं कुहनियाँ, रमेश बक्षी, पृ. 27
355. पिछली गर्मियों में, निर्मल वर्मा, पृ. 22
356. टूटना, राजेंद्र यादव, एक दुनिया समानांतर, पृ. 302
357. एक पति के नोट्स, महेंद्र भल्ला, पृ. 10
358. तीसरी कसम, रेणु, एक दुनिया समानांतर, पृ. 216
359. एक पति के नोट्स, महेंद्र भल्ला, पृ. 15

अमरकांत की कहानियों की संवेदना

अमरकांत प्रेमचंद की परंपरा के कहानीकार हैं। परंपरा का विकास करने वाला ही परंपरा का कहानीकार कहा जा सकता है। परंपरा की पुनरावृत्ति परंपरा का विकास नहीं है। प्रेमचंद ने हिंदी कहानी को एक दीर्घ यात्रा संपन्न कराई है। उनकी कहानियों की विषय-वस्तु और स्तर विविधतापूर्ण हैं जिसमें 'सारंगा सदावृक्ष' और 'आत्माराम' जैसी लोकवार्ता का आश्रय लेकर चलने वाली कहानियाँ; 'दिल की रानी' और 'शतरंज के खिलाड़ी' जैसी ऐतिहासिक कहानियाँ; 'दो बैलों की कथा' जैसी प्रतीकात्मक कहानियाँ; 'मोटेराम' और 'मोटर की छींटें' जैसी व्यंग्य प्रधान कहानियाँ; 'मैकू', 'इस्तीफा', 'बड़े घर की बेटी' जैसी हृदय परिवर्तन पर आधारित कहानियाँ और आद्यंत सामाजिक यथार्थ यानी सामाजिक विषमता का निर्वाह करने वाली 'पूस की रात' और 'कफन' जैसी कहानियाँ सम्मिलित हैं।

प्रेमचंद ने प्रधानतः आदर्शोन्मुख यथार्थवादी कहानियाँ लिखी हैं। उनकी अधिकांश कहानियों में स्वाधीनता आंदोलन की दीप्ति और आदर्शवाद विद्यमान है। लेकिन अंतिम दिनों में उन्होंने 'पूस की रात' और 'कफन' जैसी कहानियाँ लिखीं—जो यथार्थ-बोध की निर्ममता से निर्मित हैं। उनमें आदर्शवाद का आग्रह नहीं है। न ही समस्या का आदर्शवादी समाधान प्रस्तुत करने की आतुरता है, बल्कि स्थिति-बोध से ही मार्मिकता उत्पन्न की गई है। इन कहानियों की मार्मिकता तक पहुँचने के लिए बोध आवश्यक है। इसे कहानियों के उदाहरण से समझा जा सकता है :

'पूस की रात' का अंतिम अंश इस प्रकार है :

दोनों खेत की दशा देख रहे थे। मुन्नी के मुख पर उदासी छाई थी पर हल्कू प्रसन्न था।

मुन्नी ने चिंतित होकर कहा—"अब मजदूरी करके माल-गुजारी भरनी होगी।"

हल्कू ने प्रसन्न मुख से कहा—"रात की ठंड में यहाँ सोना तो न पड़ेगा।"[1]

कहानी का यह अंत चौंका देने वाला है। यहाँ किसान फसल नष्ट हो जाने पर राहत अनुभव कर रहा है। यह किसान की अकर्मण्यता कही जा सकती है लेकिन इस अकर्मण्यता के पीछे उसका चरित्र या कोई पैतृक, पारिवारिक दुर्गुण नहीं है। यहाँ प्रेमचंद ने हल्कू के माध्यम से छोटे किसान की उस मानसिकता या व्यवहार को उस पृष्ठभूमि में अंकित किया है जब खेतों से छोटे किसान को कोई लाभ नहीं मिलता था अपितु

मजदूरी के पैसे भी खेत खा जाते थे। उस समय भूमि पर लगान बढ़ रहा था और उसका दबाव किसान पर पड़ रहा था। एक छोटे किसान के लिए भूमि संपत्ति का स्रोत न रहकर कभी-कभी विपत्ति का स्रोत बन जाती है। उस समय छोटा किसान कर्ज में डूबता जा रहा था। जब भूमि का स्वामित्व बोझ बन जाए और किसी प्रकार की सुविधा देने की बजाय केवल असुविधा, अपमान, उलझन और कष्ट ही दे तो छोटे किसान की यह संभावनारहित दुखद स्थिति उसको भी यदि अकर्मण्य बना दे तो इसमें कोई आश्चर्य नहीं। सामाजिक विसंगति या स्थिति की तर्कहीनता के कारण लोग अकर्मण्य भी हो जाते हैं। जब श्रम का फल नहीं मिलता तो श्रम क्यों किया जाए ? जब सबकुछ करने से भी कुछ नहीं होता तो कुछ भी क्यों किया जाए ? यही मानसिकता 'कफन' की कहानी के घीसू-माधव की है। 'पूस की रात' कहानी में हल्कू की जो मानसिकता कहानी के अंत में बनती है वह 'कफन' के घीसू-माधव में कहानी के प्रारंभ से ही दिखाई देती है। वे अकर्मण्य, चोर और धूर्त हैं। माधव की स्त्री प्रसव-वेदना से मरणासन्न है लेकिन दोनों में से कोई भी उसके पास न जाने के बहाने बनाता है तथा दूसरे से जाने के लिए कहता है। उन्हें आशंका है कि वहाँ से चले जाने पर दूसरा भुने हुए आलू का अधिक भाग चट न कर ले। उन दोनों की सारी चालाकी और काइयाँपन केवल पेट भरने के लिए है। भरपेट पूड़ी-तरकारी खाने की एक घटना घीसू के जीवन की सबसे सुखद स्मृति है। एक तरफ बुधिया चीखकर मर रही है, दूसरी तरफ घीसू-माधव उस स्मृति को चुभला रहे हैं। इससे अधिक विडंबनापूर्ण स्थिति और क्या होगी ? कफन खरीदने के लिए किए गए चंदे के पैसे से वे कफन न खरीदकर शराब पीते हैं और इच्छित भोजन कर अपने जीवन की सबसे बड़ी आकांक्षा पूरी करते हैं। उनके हाथ में इतने पैसे पहले कभी नहीं आए होंगे और न ही भविष्य में इसकी संभावना होगी। अपनी इस चिर संचित साध को पूरा करने के लिए ही वे काइयाँ और चालाक होकर इस प्रकार का अमानवीय आचरण कर रहे हैं। पशु-स्तर पर जीने वाले इन पात्रों का पाशविक व्यवहार आश्चर्यजनक नहीं। इस अमानवीय आर्थिक और सामाजिक व्यवस्था के सामने वे निहायत असहाय हैं। असहायता से उत्पन्न उनका काइयाँपन उनकी विवशता को और अधिक तीव्रता से प्रकट करता है। पेट भरने के लिए उनका यह तुच्छ चकमा व्यवस्था के उस बृहत्तर चकमे को व्यंजित करता है जिसके अंतर्गत उन्हें जीवन की मूलभूत आवश्यकताओं के लिए भी चालाकी और काइयाँपन करना पड़ता है। भोजनोपरांत उनकी तृप्ति व उदारता क्षणिक है, मात्र छलावा है, जो उनकी वास्तविक असहायता और आजीवन अभावग्रस्तता को ही उजागर करती है।

'पूस की रात' और 'कफन' जैसी कहानियों में केवल सम-सामयिक यथार्थ का ही चित्रण नहीं है अपितु युग के केंद्रीय अंतर्विरोध अर्थात् आर्थिक अंतर्विरोध की भी अभिव्यक्ति है।

प्रेमचंद की परंपरा के कहानीकार

अमरकांत ने अपनी कहानियों का सूत्र प्रेमचंद की इन्हीं परवर्ती कहानियों से पकड़ा है। अपने लेखन के प्रारंभिक दिनों में वे प्रेमचंद की ऐतिहासिक दृष्टि-संपन्नता एवं प्रगतिशीलता से प्रभावित हुए थे, ऐसा उल्लेख उन्होंने स्वयं किया है।[2] प्रेमचंद ने जिस भूमि पर लाकर कहानी को छोड़ा, अमरकांत ने वहीं से कहानी को उठाया है। प्रेमचंद की पूर्ववर्ती आदर्शवादी कहानियों से अमरकांत की कहानियों की तुलना नहीं की जा सकती। अमरकांत की कहानी 'दोपहर का भोजन' अवश्य आदर्शवादी कहानी का भ्रम उपस्थिति करती है क्योंकि सिद्धेश्वरी आदर्श-पत्नी की भाँति स्वयं भूखी रहकर पति और बच्चों को खिलाती है। पति भी आदर्श पति की तरह पत्नी से सद्व्यवहार करता है। बच्चे भी एक-दूसरे का ध्यान रखते हैं। ऐसा व्यवहार सुखी-संपन्न और संतुष्ट परिवारों में पाया जाता है। अभावग्रस्त समाज इस शिष्टता को नहीं निभा सकता। अभावग्रस्त समाज को कहानी का विषय बनाकर इस शिष्टता का खोखलापन प्रायः प्रेमचंद के (पूर्ववर्ती) युग तक नहीं मिलता। गाँधीवादी संयम और संतोष, जिसमें कठिन श्रम से अर्जित अपर्याप्त और रूखी-सूखी से व्यक्ति संतुष्ट हो जाता है, वह भी इस कहानी में नहीं है। हालाँकि कहानी में बहुत दूर तक ऐसा ही वातावरण दिखाई पड़ता है लेकिन जब अंत में सूचित होता है कि मुंशी चंद्रिका प्रसाद की नौकरी डेढ़ महीने पूर्व छूट चुकी है तो यह संयम और संतोष अपना वास्तविक अर्थ खोल देते हैं और पूरे कथानक का संत्रास उभर आता है। अमरकांत ने इस कहानी में संयम और आत्मदान के माध्यम से जो संत्रास उत्पन्न किया है वह इसे प्रेमचंद के आदर्शवाद से अलग सिद्ध करता है।

शोषित पात्रों की चारित्रिक जटिलता

अमरकांत की कहानियों का चित्रण किसी आदर्शवादी रूढ़ि के चौखटे में नहीं होता। निम्नवर्ग के शोषित पात्रों की चारित्रिक जटिलता पूरी तरह से इनकी कहानियों में प्रकट होती है जिसका सूत्रपात प्रेमचंद अपनी कहानी में कर चुके थे। चारित्रिक जटिलता से अभिप्राय है कि पात्र सीधे-सपाट नहीं होते, उनका व्यवहार व मनोवृत्ति संश्लिष्ट होती है। गरीब व शोषित पात्र केवल निरीह नहीं होगा, मौका मिलने पर वह यथाशक्ति चालाकी और काइयाँपन अवश्य करेगा जोकि इनके अस्तित्व की ही माँग है। अपना अस्तित्व बनाए रखने के लिए वे ऐसा करने के लिए विवश हैं। शोषक वर्ग के अमानवीय व्यवहार का दबाव भी शोषित वर्ग पर पड़ता है। उससे अपने को बचाने के लिए ये काइयाँपन का सहारा लेते हैं। इस प्रकार दोनों वर्गों में अपने-अपने स्वार्थों के लिए दाँव-पेंच चलता रहता है। चारित्रिक जटिलता से पात्रों की विश्वसनीयता और सजीवता भली प्रकार स्थापित होती है। कथा-साहित्य में शोषित को हमेशा दयनीय दिखाना वास्तविकता को खा जाता है। अमरकांत के निम्नवर्गीय पात्र अधिक सजीव और वास्तविक लगते हैं, निःसंदेह इसका कारण उनकी चारित्रिक जटिलता ही है।

'जिंदगी और जोंक' का रजुआ समाज द्वारा हर प्रकार से शोषित है। चोरी का झूठा आरोप लगाकर लोग उसे पीटते हैं। मनमाना काम लेकर गैर-वाजिब मजदूरी देते हैं। जब वह पगली को अपने पास रखना चाहता है तो एक लफंगा उसे पीटता है और पगली को लेकर दूसरी जगह चला जाता है। रजुआ की बुआ बनी हुई 'बरन की बहू', जिसके पास वह अपनी मेहनत की कमाई जमा करता है, उसके दस रुपए मार लेती है। प्रकृति का प्रकोप भी उस पर होता है। पहले उसे हैजा हो जाता है, फिर खुजली। इन सब स्थितियों से गुजरते हुए भी उसकी जीने की लालसा कम नहीं होती। पशु-स्तर पर जीते हुए भी वह मस्त है। अपने जीने-भर को, जिंदगी का रस वह निकाल लेता है। जहाँ से और जितना भी उसे मिल जाए उसी में वह प्रसन्न है।

''उसके हाथ में एक रोटी और थोड़ा-सा अचार था और वह सूअर की भाँति चापुड़-चापुड़ खा रहा था। बीच-बीच में वह मुसकरा पड़ता, जैसे कोई बड़ी मंजिल सर करके बैठा हो।''[3]

इस अमानवीय व्यवस्था में इसी सूअरपन और गधेपन[4] के सहारे ही वह जी सकता है। कफन के घीसू-माधव को कम-से-कम कफन की चिंता तो नहीं थी लेकिन रजुआ के समाज में कफन मिलना भी मुश्किल है।[5] अकर्मण्य घीसू-माधव चोरी करके अपना काम चला लेते थे किंतु यह व्यवस्था तो रजुआ को चोरी न करने पर भी चोरी का झूठा आरोप लगाकर उसे पीटती है। अकर्मण्यता से उसका निर्वाह हो ही नहीं सकता। लेकिन इस सब के बावजूद उसे बिलकुल निरीह या बेचारा नहीं कहा जा सकता। जीवन का रस लेना वह जानता है। मुहल्ले में थोड़ा-सा जम जाने पर वह अपने आगमन की सूचना देने के लिए राजनीतिक नारे लगाने लगता है। छोटी जाति की स्त्रियों से भौजाई का संबंध जोड़कर उनसे हँसी-मजाक और हलकी-फुलकी छेड़खानी भी करता है–

''कुएँ पर पहुँचकर वह किसी औरत को कनखी से निहारता और अंत में पूछ बैठता, 'यह कौन है ? अच्छा, बड़की भौजी हैं। सलाम, भौजी। सीताराम, सीताराम, राम-राम जपना पराया माल अपना।' इतना कहकर वह दुष्टतापूर्वक हँस पड़ता।''[6]

इतना ही नहीं, बेसहारा विक्षिप्त पगली को वह ''सड़क की दूसरी ओर स्थित क्वार्टरों की छत पर ले गया।...उन पर...गरमी में रात को लावारिस लफंगे सोया करते थे।''[7] बुद्धू-सा लगने वाला रजुआ व्यवहार में बहुत सतर्क है। उसका काइयाँपन इस बात से भी प्रकट होता है कि हँसी-मजाक छोटी जाति की ही स्त्रियों से करता है, उच्च वर्ग की स्त्रियों से नहीं। मजाक करते हुए उनको 'भौजी' शब्द से संबंधित अवश्य करता है और सलाम भी करता है ताकि वे उसकी छेड़छाड़ से क्रुद्ध होकर उसको पिटवा न दें क्योंकि वे विवाहिता हैं। पगली विक्षिप्त और असहाय है तो वह उसके साथ घर बसाना चाहता है। रजुआ से 'रजुआ भगत' बनकर छोटी जाति के लोगों को धार्मिक चर्चाओं से प्रभावित कर समाज में अपना स्थान बनाना चाहता है।

लेकिन इस सब से भी उसकी जिंदगी की अमानवीयता का अहसास कम नहीं होता बल्कि और तीव्र हो उठता है, उसकी दुरावस्था और अधिक प्रकट होती है। पशुओं

की-सी चेष्टा करने वाला रजुआ, जीवन भी उन पशुओं का-सा ही जीता है जिनकी चेतना शरीर तक ही सीमित होती है। उसका पशु-जीवन व्यवस्था की अमानवीयता को उजागर कर देता है।

'कफन' कहानी की भाँति 'जिंदगी और जोंक' हमारे इतिहास की भीषण विसंगति, विद्रूप एवं असफलता का चित्र उपस्थित करती है। जहाँ मनुष्य पशु-स्तर पर जीने को बाध्य है, वह समाज संपूर्ण बदलाव की माँग करता है। यह कहानी साहित्य की पुरानी मान्यताओं में परिवर्तन करती है, हमारे दृष्टिकोण को बदलती है और हमें मनुष्य के अधिक निकट ले जाती है।[8] और इस प्रकार प्रगतिशील बदलाव की आकांक्षा एवं दृष्टिकोण को व्यक्त करती है।

अमरकांत की कहानी 'मूस' का मुख्य पात्र मूस आरंभ में बहुत ही निरीह है। उसका वर्णन कहानीकार ने इस प्रकार किया है—

"मूस का जीवन उस मरियल बैल की तरह था, जो चुपचाप हल में जुतता है, चुपचाप मार सहता है और चुपचाप माँद में भूसा खाता है। उसको देखकर यह कहना मुश्किल था कि उसकी कोई इच्छा या अनिच्छा भी है। उसके मुख पर कोई भाव नहीं था और वह ऐसी पुरानी मशीन की तरह लगता, जो वर्षों से काम करते रहने पर भी खराब नहीं होती। एक कोने में दुबककर वह रोटियाँ उस रोगी की तरह निगल जाता, जो मीठी दवाएँ खाने में आपत्ति नहीं करता है। वह काफी मुँह-दूबर था और जरूरत पड़ने पर ही वह बोलता। मुँहचोर भी वह पहले नंबर का था। बड़े घरों के बाबू-बबुआनों को देखते ही वह झुककर सलाम करता और फौरन खिसक जाता। औरतों की ओर तो वह देखता ही नहीं था।"[9]

यहाँ मूस की उपमा 'मरियल बैल', 'पुरानी मशीन' और 'रोगी' से की गई है। ये उपमाएँ उसकी दयनीय स्थिति, उसकी व्यक्तिहीनता और शारीरिक अक्षमता को प्रकट करती हैं। 'मरियल बैल' उसके शक्तिहीनता और सीधेपन का परिचायक है। पुरानी मशीन उसकी यांत्रिक दिनचर्या और मनोविकार विहीनता को प्रकट करती है। दुर्बल शरीर के कारण उसे रोगी की तरह बताया गया है। लेकिन मुनरी के संपर्क में आने पर मूस का व्यक्तित्वांतर हो जाता है।

"उसका व्यक्तित्व माँद में सोए हुए बाघ की तरह जाग पड़ा। उसके हृदय में एक अनजान, अप्रतिरोध्य हिंसा तथा क्रोध की भावना जाग्रत हुई, जैसे वह सारी दुनिया से अपने अपमान और हेठी का बदला लेना चाहता हो। लोगों से बोलचाल में उसमें अजीब ऐंठ पैदा हो गई। उसका मुँह रहिले (चने) की तरह टेढ़ा रहता और देह जेंवर (रस्सी) की तरह ऐंठी। दूसरों के प्रति वह खामखाह दुष्ट व्यक्तियों की तरह जलन और घृणा से भरा रहता। अब वह लड़कों को अस्पष्ट स्वर में डाँट-डपट देता और कुत्तों को बिना कसूर बुरी तरह डंडे से पीटने लगता। बड़े घरों के लोगों को देखकर वह उपेक्षा से दूसरी ओर मुँह कर लेता, जिससे उसको सलाम न करना पड़े। औरतों की ओर वह अब साहस से देखता। परबतिया से तो वह सदा जला-भुना रहता, जैसे उसके खिलाफ सबसे अधिक

शिकायत हो। वह उससे छोटी-छोटी बात पर भी लड़ने लगता और देखते-ही-देखते उसे डंडे, काँवर से मारने को तैयार हो जाता।''[10]

''क्रोध किस चिड़िया का नाम है, यह मूस एक-सवा साल पहले जानता भी नहीं था।''[11]

मूस के इस मरियल बैल से बाघ में रूपांतरण का कारण, जीवन में पहली बार इस अनुभूति का होना कि 'एक जवान, सुंदर, गुणी और नखरीली औरत उस पर लट्टू है।'[12] इस आत्मविश्वास की अनुभूति के कारण ही वह अपने को श्रेष्ठ समझने लगता है। प्रथम बार नारी के संपर्क के कारण उसका व्यवहार असंयत हो जाना अस्वाभाविक नहीं है। बचपन में वह सामान्य बालकों की तरह जिद्दी, शरारती और उच्छृंखल था।[13] लेकिन माँ-बाप की मृत्यु के बाद चाचा-चाची का दुर्व्यवहार तथा उस के बाद परबतिया जैसी पत्नी, जो ''मूस से चार बित्ता लंबी, बीमार गाय की तरह हाड़-हाड़, काली-कलूटी और बदसूरत थी। उसके मुख को देखकर आसानी से लखनऊ के हिजड़ों की याद आ जाती। बातूनी, मुँह-छुट्टी और काहिल, वह दमे की मरीज थी।...वह लड़ने-झगड़ने में उस्ताद और अव्वल नंबर की लुतरी थी।''[14] उसका भी मूस से व्यवहार ठीक नहीं था। वह उसे डाँटती-फटकारती रहती, सदा रुखाई से पेश आती। उसको अकसर 'दो बित्ते का मर्द' कहकर हीनता का आभास कराती रहती। तबीयत भारी होने के कारण काम पर न जाने पर, एकाध रोटी अधिक माँगने पर, काम-धाम से देर होने पर, वह मूस को डाँटती-डपटती रहती।

इस प्रकार सहृदयता, अपनत्व, प्रेम जैसी कोमल भावनाओं ने जीवन में कभी मूस को स्पर्श नहीं किया था। इसी कारण हीनता-बोध से उसका व्यक्तित्व हमेशा दबा-दबा रहा लेकिन मुनरी के जीवन में प्रवेश करते ही वह पहले की तरह नहीं रह जाता। अपनी शक्ति और पुरुषत्व का अहसास उसे अहंकारी, क्रोधी और हिंसक बना देता है। लेकिन ध्यान दें तो पता लगता है कि इन भावनाओं के होते हुए भी उसके व्यवहार में पूर्ण सतर्कता है। लड़कों को वह डाँटता-डपटता है तो 'अस्पष्ट' शब्दों में। पीटता है तो 'कुत्तों' (जानवर) को या झगड़ता है तो 'अपनी पत्नी' परबतिया से क्योंकि दूसरी स्त्री मुनरी उसके पास है जो परबतिया से हर दृष्टि में श्रेष्ठ है।

मुनरी के घर छोड़कर चले जाने पर वह फिर पहले की तरह दीन-हीन और पस्त हो जाता है।[15]

माँ जैसा स्नेह, अपनत्व और प्रेम उसे मुनरी से मिलता है। मुनरी को खोकर उसे माँ की याद आती है जो उसके बचपन में ही मर गई थी। उसे लगता है, वह आज भी उसी तरह चौखट के पास खड़ा होकर रो रहा है, जैसे माँ की अर्थी जाने के समय रोया था। उसकी सारी शक्ति और पुरुषत्व मुनरी के बल पर ही टिका हुआ था। उसका प्रेम पाकर उसमें दुनिया से टक्कर और बदला लेने की भावना जाग्रत हो गई। उसके चले जाने पर वह फिर से पहले जैसा हो गया। इसकी पुष्टि कहानी के अंत में भी होती है। जब मुनरी एक बार फिर उसके दरवाजे पर आती है तो उससे कहीं-न-कहीं जुड़े

होने के अहसास से उसके मन में एक अनजान-सा अभिमान मचलने लगता है और वह करवट बदलकर दूसरी ओर मुँह फेर लेता है। संभवतः इस आशा से कि वह उसको मनाएगी।

मूस की सारी दीनता, कातरता, व्यक्तित्वहीनता, हीनता-बोध व्यवस्था द्वारा ही प्रदत्त है। इस व्यवस्था ने, इस समाज ने उसे कुछ नहीं दिया है। मुनरी के संसर्ग में उसका क्षणिक रूपांतरण जीवन-भर की उसकी अभावग्रस्तता और व्यवस्था की अमानवीयता को ही व्यंजित करता है।

उल्लेखनीय है कि अपने चहेते के घर में बसकर भी मुनरी की मूस के प्रति दया, सहानुभूति की भावना समाप्त नहीं हुई। प्रेम ने उसके हृदय को और अधिक विशाल और उदार बना दिया। झूठे और अपर्याप्त बंधन को छोड़कर सच्चे व पर्याप्त बंधन में बँधी मुनरी के हृदय-प्रसार का चित्रण करके लेखक ने मुनरी का पक्ष लिया है।[16] यह उनकी प्रगतिशील दृष्टि का परिचायक है।[17]

'सप्ताहांत' कहानी का रामसंजीवन मध्यवर्ग बल्कि निम्न-मध्यवर्ग से संबंध रखता है और दफ्तर में छोटी-मोटी नौकरी करता है। परिवार में पत्नी के अतिरिक्त चार पुत्रियाँ और एक पुत्र हैं। शुरू में उसने पुस्तकों की दुकान खोली जिसमें उसे घाटा हुआ। उसके बाद कई छोटी-मोटी नौकरियाँ भी कीं। निरंतर बढ़ते परिवार और आर्थिक दबाव में भी वह मस्त है, किसी प्रकार की हीनता, असहायता का भाव उसमें नहीं दिखाई देता। इसका कारण यह है कि वह इस जीवन का अभ्यस्त हो गया है।

"दफ्तर में कम-से-कम काम करने, एक मेज से दूसरी मेज पर जाकर गपशप करने, प्रतिद्वंद्वियों को अपमानित करने, उधार लेने, बिना सब्जी के रोटी खाने तथा पैदल चलने में वह अत्यधिक दक्ष हो गया।"[18]

जहाँ परिश्रम करने के बाद भी समुचित फल न मिले, अभावग्रस्त जीवन ही जीना पड़े वहाँ रामसंजीवन की ही तरह कम-से-कम काम करके तनावरहित रहा जा सकता है। वह अपना समय गपशप करके काटता है। जब उपस्थित रहने से ही वेतन मिल सकता हो तो काम क्यों किया जाए। प्रतिद्वंद्वियों का अपमान इस वर्ग में अपनी साहसिकता का परिचय देने और अपने अस्तित्व को बनाए रखने की अनिवार्य शर्त है। उधार लेना, रूखी रोटी खाना और पैदल चलना रामसंजीवन की विवशता है। कठिन आर्थिक स्थितियों में भी उसका उत्साह कम नहीं होता। प्रत्येक सप्ताह किसी-न-किसी तरह वह दो-चार रुपए बचाकर "हर शनिवार की शाम को रबड़ी-मलाई खाता, रात को स्पेशल भोजन करता और कमरे में रंगीन रोशनी जलाता।"[19]

इस प्रकार वह शानो-शौकत से रहने के अपने सपने को पूरा करता है।

निष्क्रियता और चमत्कारप्रियता में आपस में गहरा संबंध है। व्यवस्था ने रामसंजीवन को जहाँ निष्क्रिय बनाया है वहीं चमत्कारप्रिय भी। पुस्तकों की दुकान में घाटा होने पर अब वह प्रकाशन के क्षेत्र में आकर 'सारे भारत में तहलका' मचा देना चाहता था। लेकिन इसके लिए भी उसे कुछ रुपयों की आवश्यकता थी जो उसके पास नहीं थे।

छह वर्ष तक भी पैसे की जब कोई व्यवस्था न हो सकी तो उसने लाटरी के टिकट खरीदने शुरू कर दिए।

गुजारा चलाने के लिए उसे हर समय काइयाँपन और चालाकी करनी पड़ती है क्योंकि इसके बिना उसका काम ही नहीं चल सकता। कहीं से कुछ भी मिल जाए या मिल सकता हो तो उसमें वह चूकता नहीं। एक बार ट्रेन में अपने गाँव की तरफ के एक नौजवान से परिचय होने पर पता लगा कि वह 'राष्ट्रीय प्रेस' का मालिक है तो रामसंजीवन ने उसके यहाँ से एक बोरा रद्दी कागज लाने की योजना बना ली। दो महीने तक निरंतर प्रेस के चक्कर काटकर उसे अपनी योजना में सफलता मिल ही गई जिसके लिए पीछे से उसे निकम्मे और मुफ्तखोर जैसे शब्द सुनने पड़े लेकिन उसने उन्हें अनसुना कर दिया।

इसी प्रकार अपने मुहल्ले के पास की बस्ती में रहने वाले जनक बाबू को जब उसने दो लौकियों के साथ आते देखा तो उससे न रहा गया। अभिवादन के पश्चात् बोला—

"अकेले-अकेले ताऊ ? हजम नहीं होगी..."

"तुम भी खाओ जी..."

"दिल से कहते हो ताऊ ? बाद में पछताओगे।"

"अरे छोड़ो..."

"तो लाओ फिफ्टी-फिफ्टी।" यह कहकर रामसंजीवन ने हाथ आगे बढ़ाकर एक लौकी जनक बाबू के हाथ से जबरदस्ती ले ली और 'अच्छा, आम-आम' कहकर चलता बना।[20] (रामसंजीवन 'र' का उच्चारण नहीं कर पाता)

इस प्रकार रामसंजीवन बड़ी चालाकी से जनक बाबू की एक लौकी लेने में सफल हो जाता है। रामसंजीवन और जनक बाबू—दोनों एक ही वर्ग के हैं। अतः हाथ से गई लौकी के लिए जनक बाबू के मन में 'घोर चिंता' उत्पन्न हो गई। आगे निकल गए रामसंजीवन को उन्होंने जोर से पुकारा। इस पर रामसंजीवन ने लौकी को पीछे की ओर छिपाकर कहा, 'यह लौकी हमाई है, इसे हाथ न लगाना। जनक बाबू ने रामसंजीवन के हृदय में सहृदयता उत्पन्न करने के लिए लाटरी की चर्चा छेड़ दी जो रामसंजीवन का प्रिय विषय था कि शायद वह लौकी वापस कर दे। जब इससे भी काम न बनता दिखाई दिया तो "सहसा एक बहुत ही उपयुक्त समय देखकर उन्होंने लौकी की ओर झपट्टा मारा, पर रामसंजीवन इस मामले में अधिक होशियार निकला और अंततः हँसते हुए लौकी-सहित तेजी से आगे निकल गया...।"[21]

यहाँ रामसंजीवन की सारी चालाकी, होशियारी और काइयाँपन केवल एक लौकी प्राप्त करने के लिए है। ताकि रोटी बिना सब्जी न खानी पड़े। लेकिन जनक बाबू के लिए भी एक लौकी खोना मामूली बात न थी। बात उन्हें चुभ गई थी, अतः वे रामसंजीवन की लाटरी निकलने की झूठी खबर फैलाकर बदला ले लेते हैं।

अभावग्रस्त स्थिति के कारण ये पात्र छोटी-छोटी चीजों के लिए चालाकी, काइयाँपन करने के लिए विवश हैं।[22] अपने ऐसे तुच्छ व्यवहार से ही इस अमानवीय व्यवस्था में

अपना निर्वाह कर पाते हैं, जीने का कोई-न-कोई रास्ता निकाल लेते हैं।

'छिपकली' कहानी का रामजीलाल भी व्यवस्था का शिकार पात्र है। सात बच्चों का पिता रामजीलाल एक प्राइवेट कंपनी में नौकरी करता है और जिसका वेतन चार-पाँच साल से केवल सवा सौ रुपए है। रामजीलाल ने इससे पूर्व ईमानदारी और परिश्रम से पैसा कमाना चाहा था लेकिन उसे सफलता नहीं मिली। तब उसने प्रकाशन कार्य शुरू किया जिसके लिए कुछ रुपए तो उसके पास थे ही और कुछ बीवी के गहने बेचकर तथा शेष मित्रों से उधार लेकर काम शुरू किया। "वह दिखा देना चाहता था कि ऐसी उच्चकोटि की पुस्तकें भी छापी जा सकती हैं जिनसे देश का नैतिक स्तर उन्नत हो...पुस्तक छप गई परंतु लगभग दो हजार रुपए की विज्ञापनबाजी और लिखा-पढ़ी भी चार वर्ष में सौ से अधिक प्रबुद्ध ग्राहक पैदा न कर सकी। बाकी रुपए पेट-पूजा में स्वाहा हो गए।"[23]

यदि रामजीलाल 'उच्चकोटि' की पुस्तक छापने की बजाय सामान्य अभिरुचि और सस्ते स्तर की पुस्तकें छापता तो वह भी अन्य प्रकाशकों की भाँति सफल हो सकता था। प्रकाशन के क्षेत्र में असफल होकर उसने आफिसर्स ट्रेनिंग स्कूल में साग-सब्जी, मक्खन-अंडे वगैरह सप्लाई करना प्रारंभ किया। वह अच्छे से अच्छा माल उचित मूल्य पर सप्लाई करता किंतु यहाँ भी ईमानदारी ने उसे असफल बना दिया।[24]

आज ठेका प्राप्त करने के लिए अच्छा माल उचित मूल्य पर सप्लाई करना आवश्यक नहीं है। ठेका ऐसे ही व्यक्ति को मिलता है जो घूस खिला सके, जिसकी पहुँच बड़े-बड़े लोगों तक हो। केवल ठेके के काम में ही नहीं प्रत्येक आर्थिक मामले में भी यही कटु यथार्थ आज सामने आता है। योग्यता का इस व्यवस्था में कोई मूल्य नहीं।

ऐसी व्यवस्था में रामजीलाल जैसे व्यक्ति सवा सौ रुपए की नौकरी में दस बजे की बजाय नौ-सवा नौ बजे आकर दफ्तर में बैठने के लिए विवश है।[25] मालिक से हर बात के लिए, बिना सफाई दिए, चुपचाप अपनी गलती स्वीकार करके डाँट खाने के लिए मजबूर है।[26] यह मजबूरी वस्तुतः उसका कौशल है। इसी विनत कुशलता से वह अपनी रक्षा कर पाता है।

रामजीलाल अभिशप्त है, डाँट सुनने के लिए क्योंकि बड़े परिवार की जिम्मेदारी उस पर है। यह नौकरी छोड़कर वह आर्थिक जोखिम उठाने की स्थिति में नहीं है मालिक ऐसे लाचार आदमी का अधिक-से-अधिक काम लेकर शोषण क्यों न करेगा।[27]

फिर भी रामजीलाल अपने कटु जीवन को सरस बनाने की कोई-न-कोई युक्ति खोज लेता है।

"जब रामजीलाल यह सुनता कि दुनिया का प्रलय होने वाला है या कहीं पर महामारी से हजारों आदमी मर गए या कोई घोर कष्ट में पड़ गया है तो उसको संतोष और उत्साह से रोमांच हो आता। वह हर रविवार या छुट्टी के दिन किसी-न-किसी साधु-संन्यासी के दर्शन करने भी जाता था और उसको निश्चित रूप से पता रहता था कि लकड़िया बाबा कहाँ रहते हैं, तुंबड़िया बाबा का प्रवचन कब होगा और शहर में

किस-किस व्यक्ति ने यक्षिणियों को सिद्ध कर लिया है।''[28]

लोगों के मरने और कष्ट में पड़ने पर संतोष और उत्साह अनुभव करना उसके आलस्यपूर्ण, निष्क्रिय और हताश जीवन की उत्तेजना की माँग है, इस दमघोंटू और संकीर्ण व्यवस्था को न बदल पाने की नपुंसकता है। अभावग्रस्त निम्न मध्यवर्गीय व्यक्ति चमत्कार द्वारा धन व स्त्री प्राप्ति के अंधविश्वास से घिरे रहते हैं। उनकी ये इच्छाएँ इस अमानवीय व्यवस्था में मेहनत व परिश्रम से पूर्ण नहीं हो सकतीं। जिस व्यवस्था में कर्म और फल में कोई संबंध न हो वहाँ व्यक्ति का निष्क्रिय और चमत्कारप्रिय होना अस्वाभाविक नहीं। लकड़िया और तुंबड़िया बाबा पर विश्वास का यही कारण है।

स्त्री प्राप्ति की इच्छा वे यक्षिणी सिद्ध या स्त्री-पुरुष के संबंधों पर चर्चा करके पूर्ण करते हैं–

''उसकी (नंदलाल) हाल ही में शादी हुई थी जिससे लाभ उठाकर रामजीलाल नारी-पुरुष के गुप्त संबंधों तथा पक्के अनुभवों की चर्चा करके उसके दिल को और भी मोहने में सफल होता था।''[29]

इस प्रकार के वार्तालाप से रामजीलाल का उद्देश्य केवल अपना और नंदलाल का मनोरंजन करना ही नहीं है। वह नंदलाल की बड़ी मेज से अपनी छोटी और खराब मेज बदलना चाहता था। उसका काइयाँपन इस बात से भी प्रकट होता है कि वह मेज बदलने की बात एकदम उससे नहीं कहता। पहले उससे सेक्स-संबंधी चर्चा करके घनिष्ठता स्थापित करके ही अपना प्रस्ताव उसके सामने रखता है ताकि उसके मना करने की कोई संभावना न रहे–

''वे कुछ देर तक जब ऐसी बातें कर चुके जिनको सुनकर घोर व्याभिचारी भी शरमा जाए तो रामजीलाल ने दीवार-घड़ी देखकर कहा–यार, तुम अपनी यह मेज दे रहे हो ?

–भाई, ले जाइए न, मैं तो कई बार कह चुका।

–बाद में कुछ न कहना।

–नहीं जी.....यह मेरे लिए बहुत बड़ी भी है।''[30]

रामजीलाल न केवल यह जानता है कि अपनी बात को कब कहना है बल्कि यह भी जानता है कि किस तरह कहना है। मेज बदलने का प्रस्ताव वह नंदलाल की ओर देखकर नहीं रखता बल्कि दीवार-घड़ी की ओर देखकर बड़े ही नामालूम ढंग से रखता है जैसे वह बहुत ही तुच्छ बात कह रहा हो जबकि बड़ी मेज पा जाना उसके लिए कम महत्त्वपूर्ण बात नहीं है। संभवतः उसको विश्वास नहीं था कि नंदलाल वास्तव में ही मेज बदल लेगा। इसलिए नंदलाल के हामी भरने पर भी वह बात को और अधिक पक्का करने के लिए कहता है कि 'बाद में कुछ न कहना'।

जीवन को सरस बनाने के उसके पास कई अन्य उपाय भी हैं। वह टेनिस का मैच देखता है। अखबार के कार्यालय की दीवार पर चिपके ताजे अंक पढ़ता है–''पहले स्थानीय पृष्ठ और सिनेमा के विज्ञापन देखता था। फिर वह प्रथम पृष्ठ पर आ जाता

था। इस तरह वह धीरे-धीरे सभी पृष्ठ पढ़ जाता था, एक-एक शीर्षक और एक-एक लाइन टटोलते हुए। फिर वह विभिन्न विज्ञापनों से निबटता था। यहीं पर उसको सबसे अधिक सुख मिलता था।''[31] इतना ही नहीं दिल-बहलाव के लिए उसके पास दिवास्वप्न हैं, कल्पनाएँ हैं—कभी काजल बनाने की, कभी आँवले का तेल बनाने की और कभी साबुन बनाने की। अपनी इन योजनाओं से वह धनवान बनना चाहता है—''इसके बाद तेजी से उसके माल की प्रसिद्धि दूर-दूर तक फैल जाएगी। उसके चारों ओर रुपए बरसने लगेंगे। फिर एक बड़े से कार्यालय की जरूरत पड़ेगी, जिसमें सैकड़ों लोग काम करेंगे...उत्साह से उसकी आँखें अँधेरे में चमक रही थीं।''[32]

इन्हीं कल्पनाओं से वह जीवन में उत्साह और उत्तेजना बनाए रखता है और अपनी दुरावस्था में भी निराश नहीं होता।

अमरकांत के शोषित पात्रों के तुच्छ काइयाँपन, चालाकी और धूर्तता से जो बिंब बार-बार उभरता है, वह है—व्यवस्था के अथाह जल में डूबते हुए व्यक्ति द्वारा अपने बचाव के लिए हाथ-पैर मारने का। अमरकांत के निम्नवर्गीय पात्रों की चालाकी, काइयाँपन वस्तुतः डूबते हुए व्यक्ति के द्वारा हाथ-पैर मारना ही है। इस क्रूर और अमानवीय व्यवस्था में जीवित रहने के लिए संघर्ष करना, चालाकी करना, डूबते हुए व्यक्ति के हाथ-पैर मारने से कम त्रासद नहीं है क्योंकि तमाम प्रयत्नों के बावजूद उसकी नियति डूब जाना है, हारकर पस्त हो जाना है। अमरकांत की कहानी का मुख्य स्वर भी यही है।

शोषित किंतु निरीह पात्र

अमरकांत के सभी शोषित पात्र काइयाँ, धूर्त और चालाक हों ऐसा नहीं है। कुछ शोषित पात्र ऐसे भी हैं जो सर्वथा निरीह हैं। वे घीसू-माधव या रजुआ की कोटि के पात्र नहीं हैं। लेकिन निरीहता उनकी प्रकृति नहीं है अपितु विवशता है क्योंकि कहीं-कहीं यह क्रूर व्यवस्था इन्हें तुच्छ चालाकी व काइयाँपन का अवकाश भी नहीं देती और इस प्रकार केवल निरीहतापूर्ण अपना शोषण करवाना इनकी नियति बन जाती है, इनके अस्तित्व की एक अनिवार्य शर्त बन जाती है।

इसी प्रकार के पात्रों में एक प्रमुख पात्र है 'नौकर' कहानी का नौकर जंतू। नाम के अनुरूप उसकी स्थिति किसी पशु जैसी बल्कि उससे भी बदतर है क्योंकि पशु के मरने से मालिक को आर्थिक हानि होती है, लेकिन नौकर के मरने पर या उसे निकाल देने पर दूसरा नौकर आसानी से मिल जाता है।[33] इसलिए बीमार पड़ने पर भी कोई उसकी परवाह नहीं करता—

''शुरू से ही कामचोर है। नखरे फैला रहा है।''

''ऐसा-वैसा दिन भी तो नहीं कि बुखार हो जाए।''

''हरारत है, ठंडे पानी से नहा ले, सब ठीक हो जाएगा।''

''क्या कभी ऐसे में काम छोड़ा जाता है ? ऐसे लक्षणों से तो बड़े लोगों की नौकरी

हो चुकी।''

''कह दो जाकर उससे कि चुपचाप काम करना शुरू कर दे। बीमार ही पड़ना है तो अपने दादा के यहाँ जाकर बीमार पड़े।''[34]

उसकी दवा-दारू की परवाह भी किसी ने नहीं की क्योंकि सबकी राय थी कि छोटी जाति के लोग तो हवा-पानी से ठीक हो जाते हैं। उसके ठीक न होने से भी घर के लोगों को कोई फर्क नहीं पड़ता, वे उसे निकाल देते और उन्हें कोई दूसरा नौकर बड़ी आसानी से मिल जाता। इसी कारण उसके बीमार होने पर सहानुभूति के स्थान पर निकाले जाने की ही धमकी उसे बार-बार मिलती है—

''वकील साहब ने क्रोध में कहा, 'और अगर नहीं चंगा होंगे तो बच्चू निकाल बाहर कर दूँगा।'... बुढ़िया दादी ने कनखी से जंतू की ओर देखते हुए कहा, 'अरे दुलहिन, उस रोज बड़े बाबू (वकील साहब) बहुत बिगड़ रहे थे। कहते थे, मरीज नौकर को घर में रखने से क्या फायदा, मैं उसे निकालने जा रहा हूँ।'... शाम को वकील साहब ने भी रूखे स्वर में कहा, 'जंतू, क्या बात है ? पहले की तरह काम नहीं करते। अगर नहीं होता है तो साफ-साफ कह दो, हम कोई दूसरा आदमी खोजेंगे।''[35]

केवल दो वक्त बचे-खुचे और अत्यंत घटिया भोजन[36] के बदले वह बहुत सुबह से रात के बारह-साढ़े बारह तक कठोर श्रम करता है जिसके फलस्वरूप ''जंतू का दम फूलने लगता, हाथ अकड़ जाते और गले की नसें उभर जातीं।''[37] इस बात पर भी बात-बात पर नौकरी से निकाल दिए जाने की धमकी जंतू सहन करता है और गिड़गिड़ाकर माफी माँगता रहता है—''नहीं माई-बाप, आगे से कोई गलती नहीं होगी। आपका अन्न खाता हूँ, इधर-उधर की सोचूँ तो भगवान मुझे आज ही उठा ले।''[38]

दिन-रात कठोर श्रम करने पर भी वइ इस प्रकार के अमानवीय व्यवहार को सहन करने के लिए विवश है क्योंकि निकाल दिए जाने पर कहीं और नौकरी पा सकना बहुत मुश्किल था। अतः हर हाल में वह यहीं नौकरी करने के लिए अभिशप्त है—

''वहाँ से निकाल दिए जाने पर वह कहाँ जाएगा ? सारे शहर में मजदूरों में भयंकर बीमारी फैली हुई है, दो कौड़ी को भी कोई न पूछेगा, भूखों मरना पड़ेगा। यहाँ दोनों जून भरपेट अन्न तो मिल जाता है।''[39] अगर यह मजबूरी न होती तो वह इतना निरीह और कातर न होता—

''उसे क्रोध आ जाता और वह मन में सोचता कि जितनी औरतें हैं, उतने ही नखरे हैं।''[40]

'बहादुर' कहानी के नौकर बारह-तेरह वर्षीय बहादुर की भी यही स्थिति है। वाचक के घर में नौकरी करने से पूर्व जब वह अपने गाँव में रहता था तो उसमें सामान्य बालकों की तरह उच्छृंखलता और शरारत थी। ''वह पहाड़ या जंगल में निकल जाता और पेड़ों पर चढ़कर चिड़ियों के घोंसलों में हाथ डालकर उनके बच्चे पकड़ता या फल तोड़-तोड़कर खाता।''[41] जबकि विधवा माँ चाहती थी कि वह घर के कामों में हाथ बँटाए। काम न करने की वजह से माँ उसको बहुत मारती थी। माँ के इस व्यवहार से तंग आकर

वह घर से भाग गया। वाचक के घर पर आने पर उसे घर के सभी काम करने पड़े।''[42] जिनको न करने के कारण वह अपनी माँ से पिटता था। यहाँ काम करके भी उसे गालियाँ और पिटाई से मुक्ति न मिली। अपने घर से वह भाग आया था और कहीं और उसका कोई ठिकाना न था अतः यहाँ गाली-गलौच और मार खाने के लिए वह विवश था। ''...पर इतनी सारी फरमाइशों की पूर्ति में कभी-कभी कोई गड़बड़ी भी हो जाती। जब ऐसा होता, किशोर गर्जन-तर्जन करने लगता, उसको बुरी-बुरी गालियाँ देता और उस पर हाथ छोड़ देता। मार खाकर बहादुर एक कोने में खड़ा हो जाता—चुपचाप।''[43] बहादुर के साथ वाचक के पुत्र किशोर का ही व्यवहार ऐसा नहीं है अपितु पत्नी निर्मला भी उससे इसी तरह पेश आती है—''निर्मला का गुस्से से बुरा हाल हो गया। उसने लपककर उसके माथे पर दो-तीन थप्पड़ दिए—सूअर कहीं के।''[44] इतना ही नहीं रिश्तेदार द्वारा बहादुर पर चोरी का झूठा इल्जाम लगाने पर उसकी जमकर पिटाई की जाती है—''पता नहीं मुझे क्या हो गया। मैंने सहसा उछलकर उसके गाल पर एक तमाचा जड़ दिया। मैं आशा कर रहा था कि ऐसा करने से वह बता देगा। तमाचा खाकर वह गिरते-गिरते बचा। उसकी आँखों से आँसू गिरने लगे।... इसके बाद निर्मला ने भी उसको डराया-धमकाया और दो-चार तमाचे जड़ दिए, पर वह 'नहीं-नहीं' करता रहा। इस घटना के बाद बहादुर काफी डाँट-मार खाने लगा। घर के सभी लोग उसको कुत्ते की तरह दुरदुराया करते। किशोर तो जैसे उसकी जान के पीछे पड़ गया था।''[45] वाचक की पत्नी जानती थी कि रिश्तेदार जान-बूझकर रुपए की चोरी का आरोप बहादुर पर लगा रहे हैं।[46] लेकिन वह बहादुर पर पड़ रही डाँट-डपट और मार-पिटाई का विरोध न करके स्वयं भी उसमें शामिल हो जाती है क्योंकि इन लोगों के विचार से नौकर-चाकर तो मार-पीट खाते ही रहते हैं। अगर यह आरोप वाचक के पुत्र किशोर पर लगता और चाहे वह सत्य भी होता तो भी उसके माता-पिता इसे स्वीकार न करते बल्कि रिश्तेदार से ही लड़ाई-झगड़े की नौबत आ जाती। न ही रिश्तेदार आसानी से वाचक के पुत्र पर आरोप लगाने की हिम्मत ही कर सकते थे। नौकर अनाथ है, लाचार है, अतः उस पर झूठा इल्जाम आसानी से लगाया जा सकता है, पुलिस के सुपुर्द करने की धमकी दी जा सकती है, मारा-पीटा जा सकता है। असहाय नौकर बहादुर यह सबकुछ सहन करने के लिए विवश है। और एक रोज जब उससे सिलबट्टा उठाकर रखते हुए सिल गिरकर टूट गई तो वह गाली-गलौच, मार-पीट की भयावह कल्पना से डरकर घर ही छोड़कर भाग गया क्योंकि यदि बिना चोरी किए उसकी इतनी पिटाई हो सकती थी तो वास्तव में नुकसान कर देने पर उसकी क्या दशा की जाएगी। ये सब सोचकर उस निरीह, असहाय व अबोध बालक के सामने भाग जाने के सिवाय कोई चारा न था।

इस क्रूर और अमानवीय व्यवस्था में 'नौकर' कहानी के जंतू और 'बहादुर' कहानी के नौकर बहादुर की ही तरह 'कुहासा' का दूबर, 'दो चरित्र' का भिखमँगा लड़का 'जन्मकुंडली' का भैयालाल और 'लड़की की शादी' का युवक कृष्णमोहन चतुर्वेदी भी निरीह, कातर और असहाय हो उठे हैं। घीसू-माधव या रजुआ की तरह तुच्छ काइयाँपन

और चालाकी का भी अवकाश इन्हें नहीं मिलता।

नारी का दोहरा शोषण

नारी का तो दोहरा शोषण यह व्यवस्था कर रही है। अमरकांत की कहानी 'प्रिय मेहमान' की 'नीलम' इसी प्रकार की पात्र है। उसकी माँ प्राइमरी स्कूल की अध्यापिका थी जिसको उसके पति ने युवावस्था में ही छोड़ दिया था। बाद में पति के एक मित्र ने कुछ दिन रखकर मार-पीटकर घर से निकाल दिया था। यह व्यवस्था की नारी के प्रति अमानवीय है कि ऐसी स्त्री को समाज अच्छी दृष्टि से नहीं देखता जिसे उसका पति छोड़ दे। भले ही उसमें स्त्री का कोई दोष न हो। ऐसी बदनाम स्त्री की पुत्री को भी समाज आदर नहीं देता। वह समाज उसी को आदर दे सकता है जो या तो आर्थिक दृष्टि से संपन्न हो या पारिवारिक दृष्टि से सुदृढ़। अंग्रेजी में एम.ए. पास नीलम के पास ये दोनों चीजें ही नहीं हैं। अतः लोग इन दोनों चीजों का ही लालच देकर उसका अधिक-से-अधिक शोषण करने को तत्पर रहते हैं–

"शादी और नौकरी के बारे में उसकी स्थिति लगभग समान थी। अचानक यह समाचार उड़ता कि फलाने से उसकी शादी होने वाली है, जो कुछ दिनों तक खूब गरम भी रहता और अंत में धीरे-धीरे ठंडा पड़ जाता। नौकरी उसको जितनी आसानी से मिलती, उतनी ही आसानी से छूट भी जाती थी और वह इस तरह प्राइमरी से लेकर इंटर कॉलेज तक ऐसे विद्यालयों में साठ-साठ रुपए तनख्वाह पर पढ़ा चुकी थी जिनके व्यवस्थापक बड़े-बड़े विद्वान और मानवतावादी नेता थे। यह भी कहा जाता था कि महत्त्वाकांक्षी लोग शादी का लालच देकर उसको अपने जाल में फँसा लेते हैं और अंत में गन्ने की तरह चूसकर फेंक देते हैं।"[47]

विद्वान और मानवतावादी कहे जाने वाले लोग जो विभिन्न शैक्षणिक संस्थाओं के शीर्ष-पदों पर आसीन है, एम.ए. पास नीलम से साठ रुपए तनख्वाह में इंटर कॉलेज तक में पढ़वा लेते हैं। इतना ही नहीं अत्यल्प वेतन पर नौकरी देकर वे उसके शरीर पर भी अपना अधिकार समझते हैं। इच्छा-पूर्ति न होने पर वे उसे नौकरी से निकाल देते हैं। 'विद्वान' और 'मानवतावादी' समझे जाने वाले लोगों की नारी के प्रति यह दृष्टि है तो अन्य लोगों के बारे में क्या कहा जा सकता है ?

ऐसा ही एक 'मानवतावादी विद्वान' नीरज है जो विश्वविद्यालय का शिक्षक है। पत्नी की अनुपस्थिति में नीलम के घर आ जाने पर सोचता है–"प्रेम रोमांस में हर्ज ही क्या है, विशेष रूप से ऐसी परिस्थिति में ? घटना-शून्य जिंदगी भी कोई जिंदगी है ? फिर वह तो कुएँ के पास गया नहीं बल्कि कुआँ ही उसके पास सरक आया, इसलिए उसकी व्यक्तिगत नैतिकता पर कोई आँच नहीं आती और न उसकी किसी प्रकार की हेठी होती है। बहती गंगा में हाथ धोने की इच्छा किसकी नहीं होती ?"[48] ऐसा सोचते हुए किसी प्रकार का अपराध-बोध उसे नहीं होता। अपनी कलुषित भावना का औचित्य सिद्ध करने के लिए पहले वह उसकी 'फ्रैंकनेस' के कारण ही उसे मन-ही-मन आवारा

मान लेता है क्योंकि उसे लगता है कि नीलम उसकी पत्नी की अनुपस्थिति में जान-बूझकर उसके पास आई है और उसे निश्चित रूप से पता होगा कि उसकी पत्नी घर में नहीं है। वह मन-ही-मन आगे और भी तर्क करता है कि ''फिर मान लिया जाए कि उसको कुछ मालूम न हो और वह यहाँ अचानक ही चली आई है तो वह नहाने को झट कैसे तैयार हो गई। यदि कोई अन्य शरीफ औरत होती तो अपनी सहेली के पति को पाकर फौरन रफूचक्कर हो जाती।''[49] फिर वह अपनी मानवतावादी दृष्टि से तर्क करता है—''ठीक से सोचा जाए तो यह एक मजबूर और सताई हुई औरत है। बेईमान अविवाहितों से तंग आकर एक शरीफ, सुसंस्कृत विवाहित के प्यार का सहारा चाहती है तो हर्ज क्या है ? ऐसी स्थिति में उसके दुख-दर्द को कम कर देना एक परोपकार की बात होगी।''[50] उसके ये सारे तर्क अपने व्यवहार का औचित्य सिद्ध करने के लिए हैं। नीलम को अपने अनुकूल करने के लिए वह उसे झूठे आश्वासन भी देता है—''मैं सब ठीक कर दूँगा। तुम्हारे भाग्य को बदल दूँगा। बस मिलते-जुलते रहना।''[51]

'विजेता' कहानी की नीलम के प्रति व्यवस्था की भोगवादी दृष्टि और पुरुष द्वारा नारी को व्यक्तिगत संपत्ति समझे जाने की मानसिकता व्यक्त हुई है। इसलिए नीलम के पति रामायण को नीलम से दुर्व्यवहार करने का पूर्ण अधिकार प्राप्त है—''वह उसे सदा डाँटता-डपटता और मारता। वह उसको किसी से मिलने-जुलने भी नहीं देता। न उसके हाथ पर पैसा-कोड़ी रखता, और न उसके लिए कोई अच्छी साड़ी खरीदता। बस, हर बात में मीन-मेख निकालना और गाली-गलौच तथा मार-पीट करना।''[52]

अपनी डींग मारने की प्रवृत्ति और असभ्य व्यवहार के कारण उसका मित्र वाचक मन-ही-मन उसका घोर प्रतिद्वंद्वी और शत्रु बन गया। वह रामायण का घमंड, शान, प्रतिष्ठा की मिट्टी में मिलाने की योजना बनाने लगा—

''और इसी समय मुझे उसकी पत्नी याद आई। मेरा मन खुशी से गेंद की तरह उछलने लगा। नीलम उसका दुर्बल किला है। शत्रु को कभी क्षमा नहीं करना चाहिए, उस पर वहीं प्रहार करना चाहिए, जहाँ वह सबसे कमजोर है। अब मैं उस पर निर्दयतम हमला करूँगा।''[53]

यह पुरुष का स्त्री के प्रति दृष्टिकोण है। प्रतिद्वंद्विता और शत्रुता दो पुरुषों में है लेकिन उसका शिकार बनती है एक असहाय और निरीह स्त्री। जहाँ शत्रु या प्रतिद्वंद्वी को कोई और नुकसान न पहुँचाया जा सके वहाँ उसकी पत्नी को बेइज्जत करना शत्रु को सबसे बड़ी क्षति पहुँचाना है क्योंकि वह उसकी व्यक्तिगत संपत्ति जो ठहरी। उसके अपने स्वतंत्र व्यक्तित्व की कल्पना यह समाज नहीं करता। इसलिए पति द्वारा त्रस्त और उपेक्षित नीलम को वाचक बड़ी चतुराई से अपने जाल में फँसा लेता है—

''घबराओ नहीं...जब तक जिंदा हूँ...मैं उसको प्यार और विश्वास का एक लंबा उपदेश पिलाता।...इसके बाद मैं अपने प्यार की खूब डींगें मारता। मैं शुरू से आखिर तक झूठ बोलता था।...'मेरे रहते तुम्हारा कोई कुछ भी बिगाड़ नहीं सकेगा। मैं वही झूठे आश्वासन देता था।...मेरे इन आश्वासनों का तो बस एक ही उद्देश्य है—और वह है

अपने शत्रु को अपमानित करना, बेइज्जत करना, उसकी शान और घमंड को सर्प के विषदंतों की तरह तोड़ देना।''[54]

इतना ही नहीं वाचक अपने इन संबंधों को बढ़ा-चढ़ाकर प्रचार करके सरल-निश्छलहृदया नीलम को धोखा भी देता है–''मैं अपने प्यार का धुआँधार प्रचार करने लगा। अब मैं चाहता था कि रामायण को मेरे प्रेम-कांड को पता लग जाए और वह अपनी हीनता को अपनी आँखों से ही देखे।''[55] लेकिन वाचक के इस कुकृत्य का परिणाम अंततः नीलम को ही भोगना पड़ता है–''रामायण ने उस रात क्रोध में आकर नीलम को बहुत मारा था। उसके पेट में तीन-चार महीने का बच्चा था।''[56] जिस शरीर पर शत्रु अधिकार कर ले और जिस कोख में उसकी संतान पल रही हो उसे नष्ट कर देना ही शत्रु का सबसे बड़ा नुकसान है, चाहे वह शरीर और कोख अपनी पत्नी की ही क्यों न हो। ''रामायण इससे बड़ी क्षति मेरी क्या कर सकता था।''[57] इस प्रकार दो प्रतिद्वंद्वी एक-दूसरे को नीचा दिखाने व नुकसान पहुँचाने के लिए एक असहाय स्त्री को आधार बनाते हैं। एक तन और मन से उसे छलता है, दूसरा उसके प्राण तक ले लेता है। इस अमानवीय व्यवस्था में स्त्री को ही हर बात के दुष्परिणाम भोगने पड़ते हैं। स्त्री को पुरुष की व्यक्तिगत संपत्ति समझने की मानसिकता यदि न हो (जिसका एक कारण पुरुष पर उसकी आर्थिक निर्भरता भी है) तो शायद वह पुरुष की हर चाल का मोहरा न बने और अत्याचार व शोषण से भी उसका बचाव हो सके।

'लड़का-लड़की' कहानी की तारा एक क्लर्क की लड़की है। एक ओर आर्थिक कठिनाइयों के कारण घर का वातावरण तनावपूर्ण रहता है जिसके कारण स्वयं उस पर भी रोज ही डाँट-फटकार पड़ती। उसको छाती फाड़कर काम करने पड़ते, बच्चों को सँभालना पड़ता और छोटे भाई को गोद में लादना पड़ता।[58] 'तीन मील' पैदल चलकर कॉलेज पहुँचने वाली तारा को इसलिए पढ़ाया जा रहा है कि 'बिना पढ़ाई-लिखाई के शादी नहीं हो पाएगी।' दूसरी ओर चंदर प्रेम का नाटक रचा उसका शारीरिक शोषण करता है और विवाह की बात पर तारा पर आरोप लगाकर कन्नी काट जाता है कि–''तुम धोखेबाज हो। तुमने शुरू से आखिर तक मेरे साथ धोखा किया है।... इसीलिए तुम मेरे पीछे पड़ी हुई थी।''[59] तारा को मेहनत, त्याग का उपदेश देने वाला चंदर अपने लिए केवल मौजपूर्ण गैर-जिम्मेदारी चाहता है। 'पलाश के फूल' के राय साहब भी इसी प्रवृत्ति के व्यक्ति हैं। राय साहब पहले पंद्रह-सोलह वर्षीय अंजोरिया के बाप भुलई को बुरी तरह पीटकर उसके हाथ-पाँव बेकार कर देते हैं फिर इलाज के लिए उसको पैसे उधार देते हैं, खाने के लिए गल्ला भिजवाते हैं और इस तरह बड़ी कूटनीति से उसे राजी कर लेते हैं कि वह अंजोरिया को उसके यहाँ काम करने भेज दे। इसके बाद मिठाई, साड़ी, साबुन, कंघी, इत्र-फुलेल से बहकाकर उसका तीन साल तक शारीरिक शोषण करते हैं लेकिन जब वह रखैल बनाकर रखने की विनती करती है तो उसे शैतान और माया का चक्कर समझकर एक रोज चुपके से वहाँ से खिसक जाते हैं।

'हत्यारे' की मजदूर स्त्री कड़ी मेहनत-मजदूरी करके भी अपना गुजारा नहीं चला पाती। अतः श्रम बेचने के साथ-साथ अपना शरीर बेचने के लिए भी विवश है। लेकिन यह व्यवस्था उसे गरीब और असहाय जानकर उसकी भी कीमत नहीं देना चाहती। गोरा और साँवला—दोनों युवक उससे अपनी वासनापूर्ति करके, बिना पैसे दिए भाग जाते हैं।

नारी पात्र अधिक योग्य और कर्मठ

इस प्रकार यह क्रूर और अमानवीय व्यवस्था अभावग्रस्त वर्ग के पुरुष का जहाँ आर्थिक शोषण करती है वहीं इस वर्ग की स्त्रियों का दोहरा शोषण—आर्थिक और शारीरिक करती है। उल्लेखनीय है कि अमरकांत के लगभग सभी नारी पात्र शोषित होते हुए भी कुटिल, काइयाँ या धूर्त नहीं हैं। वे पुरुष से अधिक व्यावहारिक, योग्य, साहसी व कर्मठ हैं।

'दोपहर का भोजन' की सिद्धेश्वरी घोर आर्थिक अभाव की स्थिति में भी परिवार की हिम्मत बँधाती रहती है। उन्हें मानसिक रूप से टूटने नहीं देती। स्वयं बचा-खुचा थोड़ा-बहुत खाती है किंतु परिवार के अन्य सदस्यों को भोजन का अभाव महसूस नहीं होने देती। यह दूसरी बात है कि परिवार के लोगों को यह सब मालूम है। 'लड़का-लड़की' में चंदर का साथ पाकर तारा उत्साह, स्फूर्ति, स्नेह और सद्भाव की मूर्ति बन गई। उसकी दृढ़ता देखकर उसके माता-पिता चंदर से उसका विवाह करने के लिए राजी हो गए। चंदर ने जब यह सुना तो वह बिगड़ उठा। सपनों की दुनिया में खोए रहने वाला चंदर सोचता था कि उसका प्यार महान संघर्ष, महान तूफान और महान कुर्बानी के दौर से गुजरेगा। अपने प्यार की ऐसी साधारण परिणति देखकर उसने तारा पर धोखा देने का आरोप लगाया कि वह इसीलिए उसके पीछे पड़ी हुई थी। तारा तुरंत समझ गई कि यह जिम्मेदारियों से बचने और स्वार्थ को छिपाने का बहाना है। वह साहसपूर्वक चंदर को खूब खरी-खोटी सुनाती है—

"साफ बात तो यह है कि आपको एक नारी-देह की जरूरत है और जरूरत है अपने अहंकार की तृप्ति की।....आपको दो ही बातों से मतलब है, एक मेरी देह से और दूसरा मुझे उपदेश देने से। मैं मेहनत करूँ, मैं कुर्बानी देने को तैयार हो जाऊँ। आप क्या करेंगे ? आप क्या मेहनत करते हैं ? बात तो यह है कि आप सदा हवा में उड़ते रहना चाहते हैं। और आज जब जमीन पर उतरने का मौका आया है, त्याग करने का समय आया है, तो आप जान बचाना चाहते हैं, इसीलिए आप नाराज हैं, अपने लिए मौज, पूर्ण गैर-जिम्मेदारी और दूसरों के लिए परिश्रम, कर्त्तव्य और जिम्मेदारी, यही आपका जीवन-दर्शन है। पर मैं आपसे यह पूछती हूँ कि आपने मेरा जीवन क्यों बरबाद किया ? खैर, आप यह गाँठ बाँध लीजिए कि मैं किसी की दया पर निर्भर नहीं रहना चाहती।"[60] यहाँ तारा का स्वाभिमान मुखर हो उठा है। चंदर के संपर्क में आकर उसकी विश्वास-हीनता, व्यक्तित्व-हीनता समाप्त हो गई थी। इसी परिचय से उत्पन्न चारित्रिक दृढ़ता के कारण ही वह चंदर के झूठे आरोप को सहन न कर सकी और उसने चंदर से संबंध उसी समय तोड़ लिए।

'प्रिय मेहमान' की नीलम भी काफी बुद्धिमान, व्यावहारिक और साहसी है। नीरज से उसकी पत्नी की अनुपस्थिति में उसी के घर में मिलने पर वह नीरज के व्यवहार से अपने प्रति उसके दूषित मनोभावों को तुरंत पहचान जाती है। इसलिए वह कुछ गंभीर हो जाती है। इस पर नीरज यह समझकर कि वह प्रभावित हो रही है, उपदेशक और हिंतचिंतक की मुद्रा धारण करके उससे आत्मीयता जताने लगता है और प्रलोभन भी देता है–"मैं सब ठीक कर दूँगा। तुम्हारे भाग्य को बदल दूँगा। बस मिलते-जुलते रहना।"[61] इसके बाद वह नीलम को किस्मत की धनी बताकर उससे हाथ दिखाने को कहता है। बातचीत के इस मोड़ पर पहुँचकर नीलम की सहनशीलता समाप्त हो जाती है–

"मैं भी जानती हूँ कुछ-कुछ।" वह व्यंग्यपूर्वक हँसी।

"तुम ?" नीरज की आँखें फैल गईं।

"हाँ, आपके जानने में और मेरे जानने में फर्क है। आप हाथ देखकर बताते हैं, मैं बिना हाथ देखे ही बता सकती हूँ।" वह कटुता से बोली।

"अच्छा !" नीरज उसको पूरी नासमझी से देख रहा था।

"भाई साहब," वह आहत क्रुद्ध सिंहनी की तरह उसको देखती हुई अत्यधिक अभिमानपूर्वक बोली, "मैं अभी, इसी समय आपका हाथ देखे बिना आपके बारे में सैकड़ों बातें बता सकती हूँ। अच्छा, अब मैं चलूँगी...।"

हितचिंतक का नकाब ओढ़ नौकरी आदि का प्रलोभन देकर अपना स्वार्थ साधने वाले पुरुषों को नीलम अच्छी तरह पहचानती है, संभवतः पुरुषों का यह व्यवहार उसके लिए नई बात नहीं है। आर्थिक कठिनाइयों से जूझती हुई असहाय नारी होकर भी उसमें किसी प्रकार की हीनभावना नहीं है। साहसपूर्वक वह नीरज का नकाब उतार फेंकती है।

'मछुआ' कहानी की विधवा सीता देवी अपनी पुत्री नीरजा के साथ मेहनत और परिश्रम से जीवन-यापन कर रही है–

"शहर के किसी बालिका विद्यालय में पढ़ाने वाली वह साधारण-सी महिला जितनी कर्मठ थी, उतनी ही निश्छल भी। नौकरी के अलावा वह शाम-सवेरे ट्यूशन, बाजार-हाट, रसोई-पानी सबकुछ करती थी। दस वर्ष पूर्व पति की मृत्यु के बाद से अब तक घोर परिश्रम करके उन्होंने लड़की को इंटरमीडिएट में पहुँचाया था। नीरजा अपनी माँ के कड़े अनुशासन में रहकर पढ़ने-लिखने के अलावा पुस्तकों पर कवर चढ़ाती, कमरे को सजाती, परदों और तकियों के गिलाफ को बदलती, दीवारों पर नए चित्र, कैलेंडर टाँगती और घूमने-टहलने या मनोरंजन के नाम पर बस्ती की शिक्षित नव-विवाहित बहुओं से सिलाई-कढ़ाई आदि के नए-नए गुण सीखती।"[62] पड़ोस में अकेले रहने वाले युवक अनिलेश के बीमार पड़ने पर वे दोनों उसकी सेवा करती हैं। ठीक हो जाने पर अपने परिवार के सदस्य के समान उससे अपनत्व-भरा व्यवहार करती हैं। अनिलेश द्वारा उनके घर आने-जाने से मुहल्ले के लोग उनके चरित्र पर आक्षेप भी लगाते हैं।[63] यहाँ तक

कि जान-पहचान की औरतों ने सीता देवी के घर जाना बंद कर दिया। नीरजा को भी अपनी सहेलियों से लड़ना पड़ा। इतना सब होने पर भी अनिलेश के प्रति उनके व्यवहार में कोई अंतर नहीं आता। उनके इस सद्व्यवहार से ही अनिलेश का हृदय परिवर्तित हो जाता है। प्रारंभ में उसने नीरजा को अपने जाल में फँसाने के लिए ही उसके परिवार से घनिष्ठता कायम की थी लेकिन उन लोगों के अच्छे व्यवहार से अभिभूत होकर वह इसका साहस नहीं कर पाता और अपने स्वभाव के विरुद्ध अपने प्रेम में बँधी अवश नीरजा को समझाता है—''नीरजा...यह उचित नहीं है।...तुम पर गंभीर जिम्मेदारियाँ हैं। तुम्हीं को अपनी माँ के दुख को दूर करना है। तुमको आगे बढ़ना है।''[64] अनिलेश का यह कायाकल्प सीता देवी और नीरजा के सरल, निश्छल और अपनत्व-भरे विश्वास के कारण ही हो पाता है।

'शुभ चिंता' की सीता हो या 'लड़की और आदर्श' की कमला, 'मूस' की मुनरी हो या 'असमर्थ हिलता हाथ' की मीना—अमरकांत के अधिकांश नारी पात्र व्यावहारिक, कर्मठ और ईमानदार हैं। पुरुष पात्रों की भाँति काइयाँ, धूर्त या आलसी नहीं हैं। इससे अमरकांत की नारी विषयक दृष्टि का बोध होता है।

निम्न मध्यवर्गीय संवेदना

'अमरकांत की संवेदना हमारे निम्न मध्यवर्ग की संवेदना है।'[65] ''अमरकांत ने अपनी कहानियाँ यहीं से उठाई हैं और इस तरह हमारी आँखों से हमारी ही जिंदगी के जाने कितने परदे उठ गए हैं। इस क्षेत्र में अमरकांत की कहानियाँ किसी भी नए लेखक के लिए चुनौती हैं।''[66] अमरकांत ने मध्यवर्ग की यातना का, उसकी विडंबना का, बेहतरी की आशा और महत्त्वाकांक्षा की पूर्ति के लिए उसकी व्यस्तता और दौड़-धूप का और परिणाम में व्यर्थता और सामूहिक सदाशयता के प्रति उसके बढ़ते हुए अविश्वास का सजीव चित्रण किया है। उच्चवर्ग और निम्नवर्ग की तुलना में इनकी विडंबना अधिक तीव्र दिखाई पड़ती है। उच्चवर्ग कभी-कभी इस वर्ग को ऊँचा उठने का, यथास्थिति से उबरने का एकाध अवसर प्रदान कर देता है और मध्यवर्ग इसे भाग्य का खेल समझता है। जिससे उच्चवर्ग की अपनी स्थिति सुदृढ़ होती है और मध्यवर्ग जादू-टोने, अंधविश्वास, चमत्कार, अध्यात्म में फँसकर सक्रियता और कर्मठता त्यागकर निष्क्रिय हो जाता है।

1. भाग्य या ईश्वर पर विश्वास—इस तर्कहीन व्यवस्था में ईमानदारी और परिश्रम पर भरोसा करना मृगतृष्णा ही है। यदि ऐसा न होता तो 'डिप्टी कलेक्टरी' के शकलदीप बाबू अपने पुत्र नारायण के डिप्टी कलेक्टरी में सफल होने की बात न सोचते लेकिन उन्हें अपने पुत्र की योग्यता पर नहीं, *भगवान या भाग्य पर विश्वास है* क्योंकि पहले दो बार डिप्टी कलेक्टरी की परीक्षा में असफल रहने वाले, मामूली ए.जी. ऑफिस की क्लर्की में भी न सफल होने वाले, थर्ड क्लास बी.ए. नारायण अपनी योग्यता के बल पर चुन लिए जाएँ, यह संभव नहीं था। अतः आर्थिक कठिनाइयों से जर्जर शकलदीप बाबू भाग्यवादी हो उठते हैं। नारायण को कठिन श्रम करते देखकर वे प्रसन्न अवश्य

होते हैं, किंतु उन्हें भरोसा नहीं होता। राधास्वामीवादियों की सदैव कठोर आलोचना करने वाले शकलदीप बाबू अपने अलावा अपनी पत्नी से पूजा-पाठ करने की अनुनय करते हैं–

"नारायण की अम्माँ, आजकल तुम्हारा पूजा-पाठ नहीं होता क्या ?...सुनते हैं, सच्चे दिल से राधास्वामी की पूजा करने से सभी मनोरथ सिद्ध हो जाते हैं।...जरा और सवेरे उठकर नाम ले लिया करो। सुबह नहाने से तबीयत दिन-भर साफ रहती है। कल से तुम भी शुरू कर दो। मैं तो अभागा था कि मेरी आँखें आज तक बंद रहीं। खैर, कोई बात नहीं, अब भी कुछ नहीं बिगड़ा है, कल से तुम भी सवेरे चार बजे उठ जाना।"[67] लेकिन इतने से ही उन्हें संतोष नहीं होता। "कुछ दिनों से शकलदीप बाबू सायंकाल घर से लगभग एक मील की दूरी पर स्थित शिवजी के एक मंदिर में भी जाने लगे थे। वह बहुत चलता मंदिर था और उसमें भक्तजनों की बहुत भीड़ होती थी।...मंदिर में एक-डेढ़ घंटे तक रहते और लगभग दस बजे घर आते।"[68] वस्तुतः अपनी तरफ से वे कोई कोर-कसर नहीं छोड़ना चाहते। नारायण के इम्तहान देने जाने के एक दिन पूर्व भगवान को प्रसाद भी चढ़ाते हैं जिसे गाड़ी के चलने पर दौड़कर अपने हाथ से नारायण को देते हैं–"उन्होंने डिब्बे के सामने पहुँचकर उत्सुक तथा चिंतित मुद्रा में डिब्बे से सिर निकालकर झाँकते हुए नारायण के हाथ में एक पुड़िया देते हुए कहा, बेटा, इसे श्रद्धा के साथ खा लेना, भगवान शंकर का प्रसाद है।"[69]

नारायण द्वारा लिखित परीक्षा उत्तीर्ण कर लेने और इंटरव्यू अच्छा कर लेने पर भी उनके मन में गहरे कहीं संदेह बना रहता है कि वह डिप्टी कलेक्टर हो पाएगा कि नहीं, अतएव वे प्रत्येक परिचित से बात करके, उसका समर्थन प्राप्त करके आश्वस्त होना चाहते हैं। अपने संदेह को दूर करने के लिए वे तर्क करते हैं–

"हाँ, देखिए, जहाँ एक-से-एक धुरंधर लड़के पहुँचते हैं, सबसे तो बीस मिनट ही इंटरव्यू होता है, पर इनसे पूरे पचास मिनट। अगर नहीं लेना होता तो पचास मिनट तंग करने की क्या जरूरत थी, पाँच-दस मिनट पूछताछ करके...

गौरी ने सिर हिलाकर उनके कथन का समर्थन किया और कमल ने कहा, 'पहले का जमाना होता, तो कहा भी नहीं जा सकता, लेकिन अब तो बेईमानी-वेईमानी भी नहीं होती।

शकलदीप बाबू ने आँखें संकुचित करके हलकी-फुलकी आवाज में पूछा, 'बेईमानी नहीं होती न ?'

'हाँ, अब नहीं होती। पहले बात दूसरी थी। वह जमाना अब लद गया।' गौरी ने उत्तर दिया।

शकलदीप बाबू अपनी आवाज पर जोर देते हुए बोले, 'अरे अब कैसी बेईमानी, साहब, गोली मारिए, अगर बेईमानी ही करनी होती, तो इतनी देर तक इनका इंटरव्यू होता ? इंटरव्यू में बुलाया ही न होता और बुलाते भी तो चार-पाँच मिनट पूछताछ करके विदा कर देते।'

इसका किसी ने उत्तर नहीं दिया, तो वे मुसकराते हुए घूमकर घर में चले गए।"[70]

इस प्रकार तर्क में सबको निरुत्तर कर वे स्वयं विश्वास करना चाहते हैं कि नारायण डिप्टी कलेक्टर हो जाएगा, लेकिन उनकी आशंका तब भी समाप्त नहीं होती। फिर वे लगातार दो दिन स्वप्न में नारायण का डिप्टी कलेक्टर हो जाना देखते हैं और इसका विश्वास कर लेना चाहते हैं–

"शकलदीप बाबू ने जोश में आकर कहा, 'और मान लो कि झूठ है तो वह सपना एक दिन दिखाई पड़ता, दूसरे दिन भी हूबहू वही सपना क्यों दिखाई देता, फिर वह भी ब्रह्म मुहूर्त में ही।"[71]

शकलदीप बाबू के स्वप्न की व्याख्या फ्रायड के स्वप्न विश्लेषण से की जा सकती है अर्थात् स्वप्न द्वारा इच्छा-पूर्ति। दरअसल शकलदीप बाबू के मन में गहरी उथल-पुथल मची है जो उन्हें बेचैन किए है। पुत्र के डिप्टी कलेक्टर होने-न होने पर उनका अपना भविष्य भी निर्भर है। निरंतर आर्थिक अभावों से ग्रस्त शकलदीप बाबू ने उधार ले-लेकर नारायण के इम्तहान की फीस भरी है, अन्य सुविधाएँ उपलब्ध कराई हैं। अतः पुत्र के डिप्टी कलेक्टर हो जाने की जितनी गहरी आकांक्षा उनके मन में है, उतनी ही गहरी आशंका भी, इसलिए शकलदीप बाबू नतीजा निकलने के दिन तक भी अपना पूजा-पाठ और मंदिर जाने का नियम बनाए रखते हैं–"शकलदीप बाबू सवेरे रामायण का पाठ तथा नाश्ता करने के बाद मंदिर चले गए। छुट्टी के दिनों में वे मंदिर पहले ही चले जाते और वहाँ दो-तीन घंटे, और कभी-कभी तो चार-चार घंटे रह जाते। वे आठ बजे मंदिर पहुँच गए। जिस गाड़ी से नतीजा आने वाला था, वह दस बजे आती थी।...उन्होंने भीतर जाकर भगवान शिव के पिंड के समक्ष अपना माथा टेक दिया। काफी देर तक वे उसी तरह पड़े रहे। फिर उठकर उन्होंने चारों ओर घूम-घूमकर मंत्रोच्चारण किए तथा गाल बजाए। अंत में भगवान के समक्ष पुनः दंडवत कर बाहर निकले।"[72]

लेकिन उनकी आशा-आकांक्षा की पूर्ति स्वप्न में ही हो जाती है यथार्थ में नहीं। शकलदीप बाबू की आकांक्षा और आशंका तथा उनकी आशा और निराशा के द्वंद्व को अमरकांत ने बड़ी सजीवता से उभारा है।

2. अध्यात्मवाद–जहाँ परिश्रम और फल का आपस में कोई संबंध ही नहीं है, ऐसी तर्कहीन व्यवस्था में वह व्यक्ति श्रम पर भरोसा कैसे कर सकता है, वह केवल धर्म, पूजा-पाठ, जादू-टोने में ही विश्वास कर सकता है। 'छिपकली' का रामजीलाल भी व्यवस्था का शिकार पात्र है। ईमानदारी से कड़ा परिश्रम करने के बाद भी जब उसे कोई सफलता नहीं मिलती तो उसका *अध्यात्म* की ओर मुड़ना स्वाभाविक ही है–"हर रविवार या छुट्टी के दिन किसी-न-किसी साधु-संन्यासी के दर्शन करने को जाता था और उसको निश्चित रूप से पता रहता था कि लकड़िया बाबा कहाँ रहते हैं, तुंबड़िया बाबा का प्रवचन कब होगा और शहर में किस-किस व्यक्ति ने यक्षणियों को सिद्ध कर लिया है।"[73]

3. चमत्कारप्रियता–'सप्ताहांत' के रामसंजीवन को नौकरी करके भी उधार लेना

पड़ता है, बिना सब्जी के रोटी खानी पड़ती है, पैदल चलना पड़ता है।[74] ऐसी व्यवस्था में श्रम के प्रति उसके अविश्वास को अनुचित नहीं कहा जा सकता। वह कम-से-कम परिश्रम से प्रकाशन व्यवसाय द्वारा लखपति बनना चाहता है लेकिन पुस्तक-प्रकाशन के लिए भी उसे दो हजार रुपए की जरूरत थी लेकिन छह वर्ष व्यतीत हो जाने पर भी इतने पैसों की व्यवस्था वह नहीं कर पाता तो *लॉटरी* में ही उसे यह संभावना दिखाई देती है और वह नियमित रूप से लॉटरी का टिकट खरीदना प्रारंभ कर देता है।[75] उसे पूरा विश्वास है कि उसकी लॉटरी अवश्य निकलेगी–"मैं एन सीरिज में हूँ, ताऊ। तीन लाख छब्बीस हजार पाँच सौ मुझे याद हो गया है। इस बाअ आना है, ताऊ तुम्हाआ क्या है ?"[76]

4. निष्क्रियता तथा प्रत्येक कार्य को आसान समझना–इस तर्कहीन व्यवस्था में सक्रियता या कर्मठता निरर्थक है, अतः व्यक्ति का श्रम के प्रति उत्साह और विश्वास समाप्त हो जाता है और वह निष्क्रिय हो जाता है। 'गगनबिहारी' का सुंदरलाल इसी तरह का पात्र है जो योजनाएँ तो बड़ी-बड़ी बनाता है, किंतु अपनी निष्क्रियता के कारण उनका कार्यान्वयन नहीं कर पाता। निःसंदेह निष्क्रियता उसकी निजी प्रवृत्ति है, किंतु उसके पीछे कहीं-न-कहीं यह तर्कहीन व्यवस्था भी है जहाँ व्यावसायिक उन्नति सहज-स्वाभाविक या तर्कसंगत नहीं, मात्र एक चमत्कार है। अतः गगनबिहारी का सुंदरलाल दिवास्वप्नों में ही विचरण करता रहता है–

"उसने निश्चय कर लिया कि होमियोपैथी डॉक्टरी करके ही अब वह जीवन में आगे बढ़ेगा। यह कार्य कठिन नहीं।...होमियोपैथी में पता नहीं कितनी प्रतीक्षा करनी पड़े, लेकिन इसमें तो चट बोइए और पट काटिए। यह तो अब निश्चित है ही कि पढ़ाई-लिखाई वाले काम में उसका दिमाग नहीं लग सकता। खेती में उसकी प्रतिभा निश्चित रूप से चमक सकती है।...खेती में है ही क्या... ।...और अंत में इस विचार का वह पक्का गुलाम हो गया कि व्यापार ही उसके लिए सबसे उपयुक्त है।...व्यापार करना कौन मुश्किल काम है।...परंतु कुछ दिनों बाद कुछ अनजान कारणों से उसको आलूवाली बात अधिक पसंद आने लगी...और आख़िर में आलू बेचने की स्कीम के पक्ष में ही निर्णय देना उचित समझा।...अगर दो हजार रुपए कहीं से मिल जाएँ तो यहाँ से ट्रक पर आलू लादकर आजमगढ़ में बेचा जाए।"[77]

पिता जब दो हजार रुपए देने के लिए राजी हो गए तो सुंदरलाल के लिए समस्या खड़ी हो गई कि अब तो वास्तव में कुछ काम करना पड़ेगा, जो उसके बस की बात न थी और तभी "अचानक उसको याद आया कि वह दो दिनों से जुकाम से पीड़ित है...क्या वह बीमार पड़ने वाला है ? हो सकता है, वह इस बार सख्त बीमार हो जाए और महीनों चारपाई से न उठे। इस विचार से उसको बड़ी ही राहत मिली।...दिन-भर वह चारपाई पर चादर ओढ़कर पड़ा रहा। दो दिनों तक उसकी यही हालत रही। फिर तो उसकी तबीयत अकसर खराब रहने लगी।"[78]

5. दिवास्वप्नी–सुंदरलाल बड़ी-बड़ी योजनाएँ बनाने के सिवा कुछ नहीं करता।

प्रत्येक कार्य को वह बहुत आसान समझता है। इसका वास्तविक कारण यह है कि करना उसे कुछ भी नहीं है। उसकी स्वप्नप्रियता उसकी निष्क्रियता की ही उपज है।

'अमेरिका की यात्रा' का वाचक भी अपनी इसी प्रवृत्ति के कारण सब कार्यों को बहुत आसान समझता है। "मैं जब चाहूँगा, दिन-रात परिश्रम करके महानता प्राप्त कर लूँगा।...मैंने घोर मेहनत करने की योजना बनाई। इस योजना के अनुसार मुझे रोज दस घंटे पढ़ना था।"[79] लेकिन घोर मेहनत करने से पूर्व वह भविष्य की मीठी कल्पनाओं में खो गया—

"जब मैंने किताब पर आँखें स्थिर कीं तो मन उड़ने लगा।... मैं दिन-रात पढ़कर भारी विद्वान हो गया हूँ... सारा देश आश्चर्य से स्तंभित रह गया है... मेरे भाषणों की विद्वत्ता से लोग श्रद्धावनत हो-हो जाते हैं...सुंदरियाँ अपनी बड़ी-बड़ी कजरारी आँखों से स्नेहपूर्वक कटाक्ष करती हैं...फिर...फिर एक ऐसी खूबसूरत लड़की से भेंट होती है, जो शिक्षित होने के अलावा किसी अत्यंत ही संपन्न घराने की है—पहले वह तनती है, अकड़ती है, पर अंत में एक दिन एकांत में मेरे सामने जमीन पर कटे वृक्ष की भाँति गिरकर फफक-फफककर रो पड़ती है...प्यार...प्यार। खैर उस रोज पढ़ाई न हो सकी।"[80]

वाचक की यह मीठी कल्पना 'छिपकली' के रामजीलाल और 'गगनबिहारी' की असंभव कल्पनाओं से भिन्न नहीं है क्योंकि पढ़ाई उसकी बाद में भी कभी नहीं हो पाती।[81] परिणामतः इंटरमीडिएट में उसे थर्ड क्लास मिलता है। "पर मुझे गम नहीं था। मुझे अब भी विश्वास था कि कठिन परिश्रम मेरे बाएँ हाथ का खेल है और मैं कठिन परिश्रम करके एक-न-एक दिन दरजे में अवश्य 'टॉप' करूँगा। बल्कि डिवीजन बिगड़ने से मेरा जोश और बढ़ गया...अब मैं नित्य पंद्रह घंटे पढ़ने का मन-ही-मन फैसला कर रहा था।"[82]

लेकिन वाचक की इस योजना के कार्यान्वयन के पूर्व ही उसका मित्र उसे नई रोशनी देता है—"भारत में रहकर उन्नति करना मुश्किल है और इसके लिए अमेरिका जाना आवश्यक है...बात मुझे जँच गई।...जब मैं सात-आठ वर्ष बाद संसार के समस्त ज्ञान से संपन्न होकर देश वापस लौटूँगा तो लोग कितने चकित होंगे।...मुझे किसी तरह बंबई पहुँचना था। वहाँ पहुँचकर अमेरिका जाने वाले किसी जहाज में कोई मजदूरी कर लेनी थी। फिर तो कोई बात नहीं।"

यह पात्र भी यहाँ सबकुछ बहुत आसान समझ रहा है और अपने को बहुत सामर्थ्यवान, लेकिन केवल आसान समझने से ही कोई कार्य आसान नहीं हो जाता। जब घर से भागकर वह अमेरिका के लिए रवाना हो जाता है और जब उसे भूख-प्यास सताती है तो दो ही दिन में उसके सारे संकल्प धरे-के-धरे रह जाते हैं—

"मुझे अपने फूफा की याद आने लगी, जो इसी शहर में रोशनबाग मोहल्ले में रहते थे। मैं उनका घर जानता था और पहले कई बार उनके यहाँ जा चुका था। और पता नहीं क्या हुआ कि मेरे पैर उधर ही सरकने लगे अपने-आप।"[83] इस तरह के पात्र चाहे वह 'गगनबिहारी' का सुंदरलाल हो, 'छिपकली' का रामजीदास हो, 'सप्ताहांत' का

रामसंजीवन हो या 'अमेरिका की यात्रा' का वाचक हो—सभी पात्र कठिन परिश्रम की बात अवश्य करते हैं, लेकिन करते कुछ भी नहीं। प्रत्येक कठिन कार्य को वे बहुत सरल समझते हैं क्योंकि उन्हें उसका व्यावहारिक अनुभव नहीं। इस कोटि के सभी पात्रों के इस तरह के आचरण और विचारों के मूल में कहीं-न-कहीं यह तर्कहीन समाज अवश्य है जहाँ सामाजिक व्यवस्था के नाम पर केवल अव्यवस्था है, असंगति है। मूल्यों के संस्थानों का विध्वंस हो चुका है। आज के व्यक्ति में वैज्ञानिक चेतना का अभाव है जिससे वह अंधविश्वासों, भाग्य-रूढ़ियों और कर्मफल में विश्वास करके निष्क्रिय हो गया है। वह साहसपूर्ण कर्मठता से अपने जीवन को बदलने का प्रयास नहीं करता। जिस हालत में वह है उसे ही नियति मानकर संतुष्ट हो जाता है। वस्तुतः यह मानसिकता उसे संपन्न और शोषक वर्ग की ही दी हुई है।

ईश्वर और भाग्य का शोषक वर्ग द्वारा अपने हित में उपयोग

इस मानसिकता का इस्तेमाल ये स्वार्थी लोग अपने हित के लिए करते हैं। स्वार्थी संपन्न वर्ग धूर्तता और चालाकी से अभावग्रस्त वर्ग का शोषण करता है और उसे भाग्य या ईश्वर की इच्छा का नाम दे देता है—

"सब वही कराता है। वही रंक को राजा और राजा को रंक बनाता है। जब वह चाहेगा, तभी मन में विचार व इच्छाएँ भी उत्पन्न होंगी और योजनाएँ बन जाएँगी। उसने हर प्राणी—मनुष्य, भालू, शेर, बंदर, चींटीं-चींटे, कीड़े-मकौड़े, चिरई-चुरंग की किस्मत पहले से ही तैयार कर रखी है..."[84]

यह तर्क देकर 'जन्मकुंडली' के शिवदास बाबू अपनी संपन्नता और कठोर श्रम करने वाले भैयालाल की अभावग्रस्तता का औचित्य सिद्ध कर लेते हैं। अपने तर्क की पुष्टि करते हुए वे भैयालाल के बारे में कहते हैं--

"इतनी ठंड में एक फटा कुरता, घुटनों तक मैली धोती और कंधे पर एक अँगोछा—पर माथे पर कोई शिकन नहीं। ठीक जानवरों की तरह। सचमुच पत्थर का शरीर है इन लोगों का। और खाना ऐसा, जिसे उनके घर के कुत्ते-बिल्ली भी न खाएँ। बस, बस, इसे ही कहते हैं किस्मत। जब इनके करम में यही लिखा है तो मोहनभोग कैसे खाएँ ?"[85]

उसकी यह दरिद्रता 'किस्मत' या 'करम' के कारण नहीं है अपितु शिवदास बाबू और उन जैसे स्वार्थी लोगों के कारण है जो उस जैसे लाचार लोगों का अधिकतम शोषण करते हैं। सड़क की पटरी पर खाना बनाने वाले मजदूर भैयालाल को वे एक कोठरी रहने के लिए दे देते हैं। अपनी दया और उदारता प्रदर्शित करते हुए वे कहते हैं—

"दुखिया-गरीबों के लिए मैं जान देता रहता हूँ, नहीं तो इस कोठरी का किराया दो सौ-ढाई सौ फौरन मिल जाए। तुम्हें जो जुरे दे देना—दो रुपया, एक रुपया, आठ आना जो भी हो। हाँ, तुम्हें रोज अहाते और बँगले में झाड़ू लगाना पड़ेगा, फूल-पौधों की क्यारियों में पानी देना होगा और रात में चौकन्ना होकर बँगले की रखवाली करनी होगी।"[86]

इतना ही नहीं "शाम-सवेरे जब वह बँगले में होता तो उससे डटकर काम लेते। जहाँ चाहते दौड़ा देते। जिस काम पर चाहे भिड़ा देते। औरतों की अलग फरमाइशें होतीं, वे अपने तरीके से उसे पेरती रहतीं।"[87]

आगे चलकर वे कोठरी का किराया भी दो रुपए से बढ़ाकर चार रुपए कर देते हैं।[88] भैयालाल का इतना शोषण कर उसे फिर भाग्य या किस्मत का नाम दे देते हैं—"जो किस्मत में लिखा था, उसका एक-एक अक्षर घट रहा था, नहीं तो ऐसा आदमी उनके यहाँ क्यों आता और उस पर उनकी नजरें क्यों जातीं ?"[89]

केवल भैयालाल का ही नहीं अपने संपर्क में आने वाले हर व्यक्ति का उपयोग वे अपने स्वार्थ के लिए करते हैं—

"चुटकी बजाते ही वे किसी को मित्र बना लेते हैं, पर कुछ समय बाद जब वह निरर्थक और अनुपयोगी लगने लगता है, तो उससे अपने को आसानी से काट लेते हैं और किसी दूसरे जीवंत, उपयोगी पुरुष को नया मित्र बनाने का अभियान चलाने लगते हैं। सचमुच इससे उनको बहुत लाभ हुआ है और वे निरंतर प्रगति करते गए हैं। बात यह है कि जब कुंडली में यही लिखा है तो दूसरा होता क्या ?"[90]

उनका जीवन-दर्शन है कि "हर संबंध से लाभ मिलना चाहिए और लाभ की दृष्टि से ही कोई संबंध बनाना-बिगाड़ना उचित है। ऐसे कैसे हो गया ? हो गया, क्योंकि यही होना था। यानी जो लिखा है, वह होकर रहता है।"[91]

शिवदास बाबू की संपन्नता और समृद्धि का वास्तविक कारण उनका अत्यधिक स्वार्थी व अमानवीय दृष्टिकोण है। अपनी चालाकी और धूर्तता से वे संपर्क में आने वाले प्रत्येक व्यक्ति का यथा-शक्ति शोषण करते हैं और उसे भाग्य या किस्मत का नाम देकर उसका औचित्य सिद्ध करते हैं। उनकी इस औचित्य-सिद्धि के पीछे गहरे कहीं यह अपराध-बोध भी है कि उनकी सुख-समृद्धि और संपन्नता तर्कसंगत और मानवीय नहीं है। इसलिए हर बार वे भाग्य और ईश्वर के नाम पर अपने व्यवहार (शोषण) की तार्किक संगति बिठा लेते हैं। साथ ही इसके द्वारा शोषित को नियतिवादी दर्शन देकर उन्हें अपनी स्थिति पर संतुष्ट रहने को प्रेरित करते हैं ताकि वे व्यावहारिक चिंतन द्वारा आर्थिक विषमता के मूल तक न पहुँच सके और असंतुष्ट होकर अपनी स्थिति के प्रति विद्रोह न कर उठें।

'पलाश के फूल' में राय साहब अपनी सारी तिकड़में लगाकर 15-16 वर्षीय अंजोरिया को अपनी वासना का शिकार बनाने में सफल हो जाते हैं। प्रेम का ढोंग रचकर[92] और छोटी-मोटी चीजें उसे देकर[93] वे उसे छलते रहते हैं। भोली-भाली किशोरी प्रेम के इस नाटक को सत्य समझ उसमें डूबती जाती है। यहाँ तक कि अपनी ससुराल से भी भागकर उनके पास आ जाती है। तीन वर्ष बाद एक दिन वह राय साहब से प्रस्ताव करती है कि वह उसे कहीं भगाकर ले चलें और शहर में मकान लेकर उसे रखैल की भाँति रख लें क्योंकि गाँव में लोग उस पर आवाजें कसते हैं। उसके इस प्रस्ताव से उनकी जिम्मेदारी-रहित मौज-मस्ती में बाधा उपस्थित हो जाती है, और 'लड़का-लड़की'

कहानी के चंदर की भाँति जिम्मेदारी की संभावना से उन्हें भी यह सब धोखा लगता है और वे वहाँ से भाग निकलते हैं लेकिन अध्यात्म की आड़ में–

''भैया, ऐसा लगा कि मेरे दिमाग में एक रोशनी जल उठी है। सब कुछ साफ़ होता गया। मेरे अंदर कोई कह रहा था, नवल किशोर तुम आज तक शैतान के चक्कर में रहे, वही शैतान तुम्हारी इज्जत, जमीन-जायदाद, बाल-बच्चे सभी कुछ छीनकर तुम्हें बरबाद करना चाहता है।...और एक रोज, भैया, मैंने सोचा कि अब तक मुझ पर शैतान का असर है, जब तक मैं यहाँ से टलता नहीं, वह खत्म नहीं होने का।...तुम समझ रहे हो न ? सब भगवान सोचवा रहा था।...अब देखिए कि मैं एक रोज वहाँ से चुपके से घर के लिए रवाना हो जाता हूँ।...फिर मैं वहाँ कभी नहीं गया।...मैं अच्छी तरह समझ गया कि सब उन्हीं की लीला थी। वे चाहते थे कि मैं शैतान के चक्कर में फसूँ, जिससे मेरी आँखें खुलें।''[94]

राय साहब की आँखें खुल गईं और वे अपने धूर्त आचरण की आध्यात्मिक व्याख्या करके अपनी जिम्मेदारी से बच निकले। स्त्री के मामले में ही नहीं, धन-संपत्ति के मामले में भी वे समान रूप से धूर्त, बेईमान और चालाक हैं–

''जब मैं बिहार से भाग आया, उसके कुछ ही दिनों बाद जमींदारी टूटी थी। मैंने बड़ी दौड़-धूप की, रुपए खर्च किए और किसी तरह करीब पचहत्तर बीघे जमीन खुद काश्त करवा ली। बताओ, अगर उसकी दया न होती, तो सारी जमीन चली न जाती ?...कहाँ तक गिनाऊँ ? छोटा लड़का आवारा निकला जा रहा था, मैंने मिल-मिलाकर दो-तीन ठेके दिलवा दिए...अब हजारों पीटता है। बड़ा लड़का बनारस में कमिश्नरी में वकील है। गाँव पर आटा की चक्की और चीनी का कारखाना खुल गया है। पिछले साल से पंचायत का सभापति भी हो गया हूँ...सच पूछो तो रोब-दाब में कमी नहीं आई है। और यह किसकी बदौलत ? सब सरकार की कृपा का फल है।''[95]

संपत्ति-अर्जन में अपने ''झूठ, बेईमानी, नीचता, घमंड, बदकारी''[96] आदि दुर्गणों को श्रेय न देकर राय साहब ईश्वर को इसका श्रेय देते हैं। वस्तुतः ये दुष्प्रवृत्तियाँ ही उनका ईश्वर हैं। इसी की सहायता से वे अपना प्रत्येक स्वार्थ सिद्ध करते हैं। ईश्वर, माया, अध्यात्म और दार्शनिकता[97] का प्रयोग तो उनके लिए अपने आचरण को तर्कसंगत सिद्ध करने के लिए है।

कर्त्तव्य, आदर्श, सिद्धांत, उदारता आदि का संपन्न शोषक वर्ग द्वारा अपने हित में उपयोग

यह वर्ग केवल धर्म, ईश्वर, अध्यात्म को ही अपनी स्वार्थ-पूर्ति का साधन नहीं बनाता अपितु कर्त्तव्य, उदारता आदि का भी ढोंग करके अपना स्वार्थ सिद्ध कर लेता है। वस्तुतः इस वर्ग का एकमात्र उद्देश्य किसी भी तिकड़म से दूसरों का शोषण करके अपना स्वार्थ साध लेना है।

'लड़की की शादी' कहानी का वाचक भी इसी श्रेणी का पात्र है जिसने समाज में

अपना महत्त्वपूर्ण स्थान बना रखा है। उसका विश्वास है कि "सुख स्वयं नहीं आता, बल्कि वह शक्ति, साहस और चतुराई से खरीदा जाता है।"[98] अपने इसी विश्वास के आधार पर अपनी कुरूप लड़की का विवाह अच्छे-से-अच्छे लड़के से करना चाहता है। पहले एक मंत्री के लड़के से, फिर एक कलेक्टर के लड़के से, तत्पश्चात् दो-तीन अन्य संपन्न और सुंदर लड़कों से अपनी लड़की के विवाह की बात चलाता है लेकिन उसे सफलता नहीं मिलती क्योंकि मंत्री, कलेक्टर आदि भी वाचक के वर्ग के ही व्यक्ति हैं और उसी के समान धूर्त और चालाक हैं, अतः वे वाचक की बातों में नहीं आते और उसका प्रस्ताव बड़ी कुशलता से टाल जाते हैं। वे जानते हैं कि वाचक की लड़की "खूबसूरत नहीं थी। शरीर थुलथुल था, और नाक चिपटी। जनमते ही चेचक से एक आँख जाती रही थी।...वह इतनी घमंडी, हठी, क्रोधी और आलसी निकली कि इंटर से आगे पढ़ने से फौरन इनकार कर दिया। लाड़-प्यार के कारण वह कोई शऊर-अऊर भी सीख न सकी।"[99]

सब तरफ से निराश होकर वाचक को एक युवक कृष्णमोहन की याद आती है, जिसको वाचक की सिफारिश पर अध्यापक की नौकरी मिली थी। बड़ी चतुराई से वह अपनी लड़की उसके गले मढ़ देता है। पहले वे उसे अच्छी नौकरी का प्रलोभन देता है—"हाँ, मैं तुमसे यह पूछने आया हूँ कि क्या तुम किसी दूसरी लाइन में काम करना पसंद करोगे—मेरा मतलब है, टीचरी लाइन को छोड़कर ? समझो कि ८०० रुपए तनख्वाह होगी।"[100] इस लालच के बाद वह उस पर अपने प्रभाव का सिक्का जमाते हुए अप्रत्यक्ष रूप से धमकी भी दे देता है ताकि वह उसके प्रभाव को अस्वीकार न कर सके—

"मैं किसी मंत्री या अफसर से कह दूँ तो तुम कल ही मोटरवाले हो जाओ। मैंने हजारों को ऐसा बना दिया है। मैं जिसको प्यार करता हूँ, उसके लिए क्या नहीं कर सकता ? साथ ही मुझमें यह खराबी अवश्य है कि जिस पर मैं नाराज हो जाता हूँ, उसको नेस्त-नाबूद भी कर देता हूँ।"[101] इसके पश्चात् वे बड़े कौशल से अपना प्रस्ताव उसके सम्मुख रखते हैं—

"मुझे पूरी उम्मीद है कि तुम मेरी राय को ठुकराओगे नहीं। अगर तुम मेरे कहे अनुसार चले तो कुछ वर्षों में मैं तुमको बहुत बड़ा आदमी बना दूँगा। हर इनसान की जिंदगी में एक ही अवसर आता है। इस अवसर को बिरले ही पकड़ पाते हैं। जो इस अवसर को पकड़ लेता है, वह बहुत ऊँचा उठता है। जो नहीं पकड़ता, वह जिंदगी-भर रोता है।...मैं केवल तुम्हारी मंजूरी चाहता हूँ। तुम्हारे पिताजी को तो मैं राजी कर ही लूँगा। मेरे कहने को वे टाल भी नहीं सकते। वे पुरानी नैतिकता और आदर्श में फले-फूले हैं। वे उसकी बात तो जान देकर भी मानेंगे, जिसने उनके साथ अहसान किया हो। हालाँकि मैं इसलिए कभी अहसान नहीं करता।"[102]

इस प्रकार प्रलोभन, रौब और धमकी तथा आदर्श-नैतिकता का उपदेश देकर वह अपने उद्देश्य में अंततः सफल हो जाता है। और युवक कृष्णमोहन जिसका चेहरा

वाचक का प्रस्ताव सुनकर तेजी से उतर गया था जिस पर स्याही-सी पुत गई थी, वही युवक उसका प्रस्ताव स्वीकार करने के लिए विवश हो जाता है—

"सबसे बड़ा है इनसान का कर्त्तव्य। आपने मेरे और मेरे कुटुंब के साथ जो अहसान किया है, उसको मैं भूल नहीं सकता। उस उपकार का बदला नहीं चुकाया जा सकता। मुझे धन से मोह नहीं। उससे अधिक मैं सिद्धांत और कर्त्तव्य और आदर्श को प्यार करता हूँ, चना-सत्तू खाकर रह सकता हूँ। आपका प्रस्ताव तो मामूली बात थी। यदि आपने जान देने को भी कहा होता, तो मैं आपके लिए तैयार हो जाता।"[103]

यह युवक कृष्णमोहन की सिद्धांत, कर्त्तव्य और आदर्श की आड़ में केवल स्वीकृति नहीं है अपितु इसके द्वारा वह अपने व्यवहार का औचित्य भी सिद्ध कर रहा है जिसने एक गरीब घर की मामूली लड़की के प्रेम को भावना तथा संपन्न पिता की बदसूरत लड़की से विवाह को कर्त्तव्य और इनसानियत बना दिया है। नीति, सिद्धांत, आदर्श आदि की आड़ में संपन्न वर्ग अभावग्रस्त वर्ग को छलता है और अभावग्रस्त वर्ग इनकी आड़ में स्वयं को छलता है क्योंकि अपने आचरण की सिद्धांत, नीति-संबंधी व्याख्या करके उसे अपने व्यवहार पर किसी प्रकार का क्षोभ या अपराध-बोध नहीं होता।

इसी कर्त्तव्य की आड़ में 'असमर्थ हिलता हाथ' कहानी में बड़ी चतुराई से मीना को दिलीप से अंतर्जातीय विवाह करने से रोक दिया जाता है। मीना की माँ लक्ष्मी अपने अंतिम समय में इस विवाह के लिए स्वीकृति देना चाहती थी लेकिन लकवे के कारण वह बोल न सकी। केवल उसका बायाँ हाथ मुश्किल से कुछ ऊपर उठा और एक या दो क्षण हिलने के बाद बिस्तर पर गिर गया। इसी को लक्ष्मी की इस विवाह के संबंध में वर्जना कह दिया गया—

"बीबीजी, अम्माँजी का प्राण आसानी से नहीं निकल रहा है। वे आप ही से कुछ कहना चाहती हैं। उनको बस आपकी चिंता है।...आप अपनी जिद छोड़ दीजिए...देखा नहीं, वे हाथ हिला रही थीं ? समझ लीजिए, आप जिंदगी-भर अफसोस करेंगी...मैं तो अम्माँजी के लिए कह रही हूँ। वे आपको सबसे अधिक प्यार करती रहीं, आप उनका कहना नहीं मानेंगी, तो उनकी आत्मा चौरासी लाख योनियों में भटकेगी। जल्दी कीजिए, चलकर कह दीजिए, उनका प्राण तो आसानी से निकल जाए...।"[104]

और इस प्रकार दिलीप से विवाह न करने का वचन उससे ले लिया गया जोकि सब लोग शुरू से उससे चाहते थे।

इसी प्रकार उदारता, मानवता आदि का ढोंग कर 'दुर्घटना' कहानी का राजेश एक सीधे-सादे ग्रामीण को मूर्ख बनाकर अपना उल्लू सीधा करता है। उसका विचार है कि "इस दुनिया में क्या नहीं हो सकता, बस व्यक्ति को पहचानकर अवसर की धारा को एक खास दिशा में मोड़ देने की क्षमता होनी चाहिए।"[105] उसके जीवन के कुछ सिद्धांत थे—"आदमी की पहचान, फायदा और होशियारी। यह होशियारी उसके आचार-व्यवहार, मित्रता, रिश्तेदारी, दुनियादारी, विचार, आदर्श, त्याग आदि सभी चीजों के मूल में विद्यमान रहती थी।"[106] अपने इन्हीं विचारों और सिद्धांतों का वह पूर्णतया अनुकरण

भी करता है। अपनी ट्रेन यात्रा में वह दो बर्थों पर कब्जा कर लेता है और एक देहाती के जगह माँगने पर झिड़कते हुए कहता है–

"जाओगे नहीं तुम ? तुम जानते नहीं हो कि किससे बातें कर रहे हो ! जल्दी में थर्ड क्लास के डिब्बे में आकर बैठ गया तो यह मत समझना कि खा जाओगे, एक इशारा कर दूँ तो बड़े घर की हवा खानी पड़ेगी। इसीलिए कहता हूँ कि हिंदुस्तान में भेड़ियाधसान है, इन लोगों का पता ही नहीं कि कल्चर किस चिड़िया का नाम है, ये केवल डंडे की भाषा समझते हैं।"[107]

यही राजेश ट्रेन पर डाकुओं के हमले की संभावना होने पर उस ग्रामीण से परिचय कायम करने लगता है ताकि पता लग सके कि कहीं वह डाकुओं के गिरोह का सदस्य तो नहीं है या यदि ऐसा न भी हो तो असहायावस्था में उसकी नीयत कहीं बदल न जाए और वह बदला लेने की बात न सोचने लगे या डाकुओं के साथ न मिल जाए। आत्मीयता जताने के लिए हठपूर्वक उसे अपने साथ सीट पर बिठाता है। उससे अपने साथ खाने-पीने का अनुरोध करता है। उसके मना करने पर कहता है–

"इसका मतलब है कि तुम हम लोगों से अपने को अलग समझते हो। मेरा दिल ऐसा नहीं है। मैं तो एक बार जिसका साथ देता हूँ, उसका अंत तक देता हूँ। अगर मान लो कि यदि यहाँ डाकू आ जाएँ और तुम पर हमला कर दें तो मैं पहला आदमी होऊँगा, जो आगे बढ़कर तुम्हारी रक्षा करेगा और जरूरत पड़ने पर अपनी जान भी दे देगा।"[108] फिर उसकी प्रशंसा करते हुए कहता है–"मैं एक देहाती को बहुत ऊँची नजर से देखता हूँ। वह पवित्र, निश्छल, परिश्रमी और त्यागी होता है। वह देश की आत्मा और अन्नदाता है। कभी मैं भी देहात में रहता था।"[109] इस प्रकार वह स्वयं को देहात से जुड़ा हुआ प्रदर्शित करता है। इसके बाद शहरी व्यक्ति के दिखावे की प्रवृत्ति की बुराई करते हुए बताता है कि उसके पास पैसा नहीं है और पत्नी के गहने पीतल के हैं ताकि किसी प्रकार का लालच उस देहाती के मन में न आए। डाकुओं का हमला तो न हुआ लेकिन दुर्घटना के कारण ट्रेन के सभी यात्रियों को दूसरी ट्रेन दो-तीन फर्लांग दूर से मिलनी थी। राजेश के साथ उसकी पत्नी, माँ और काफी सामान था। रास्ते में उन्हें घुटनों तक पानीवाली एक नदी भी पार करनी थी लेकिन कोई कुली या मजदूर वहाँ उपलब्ध नहीं था। राजेश उस ग्रामीण से अपना अधिकांश भारी सामान उठवाकर उससे कुली का काम लेता है किंतु हितैषी का मुखौटा धारण करके वह कहता है–"भैया, जरा सँभलकर चलना। मुझे तो हर क्षण तुम्हारी ही चिंता लगी हुई है।"[110]

मुखौटा, दोहरा व्यक्तित्व तथा शब्दों का अनर्थक प्रयोग

यह मुखौटा इस वर्ग की खास पहचान है। यह वर्ग मूल्यों, आदर्शों और सिद्धांतों की बात बहुत बढ़-चढ़कर करता है लेकिन उसके बड़े-बड़े शब्द उनके स्वयं के लिए कोई अर्थ नहीं रखते। उसका आचरण उनके शब्दों के सर्वथा विपरीत होता है। उसके पास पहुँचकर शब्द निरर्थक नहीं अनर्थक हो उठे हैं। 'कुहासा' के बाबू साहब दूबर से अपने

बारे में कहते हैं—"लो, मेरे जैसा शरीफ आदमी इस शहर में ढूँढ़ने पर नहीं मिलेगा! दूसरों को खिलाने-पिलाने ही में तो बरबाद हो गया... ।"[111] जिस खिलाने-पिलाने में बाबू साहब बरबाद हो गए, वह यह है—"लकड़ी की तरह कड़ी-पूड़ियाँ-कचौड़ियाँ, कोंहड़े की बासी महकती सब्जी, पुलाव की भुरकनी और ढेर सारी मीठी चटनी।"[112] और इसके लिए "उन्होंने दूबर से सिर्फ़ पाँच घंटे डटकर काम लिया जिसकी वजह से वह अधमरेपन की स्थिति पर पहुँच गया।"[113]

बाबू साहब जैसे 'शरीफ आदमी' दूबर जैसे असहाय लोगों का इसी तरह शोषण करते हैं। 'घर' कहानी का प्रकाशक जो हमेशा घोषित करता रहता है कि उसके पास 'जहर खाने को भी पैसा नहीं'[114] एक आलीशान मकान का स्वामी है, नौकर-चाकर रखता है। वह इस वाक्य द्वारा मेहनती, योग्य और गरजमंद लोगों से काम करवाकर भी उनका पारिश्रमिक उन्हें नहीं देता। बार-बार चक्कर लगाने और अपना पैसा माँगने पर वह विनय से कहता है—"भैया, पैसे की तो तुमसे अधिक मुझे जरूरत है। इधर मेरी जो हालत थी और लोगों ने जैसा धोखा दिया, उसकी वजह से तो मैं आत्महत्या करने जा रहा था। लेकिन इतने पर भी मैं आपको हमेशा याद करता रहा। पैसा तो मुझे मर- जीकर देना ही है, देर भले ही हो जाए।"[115] जबकि वास्तविकता यह थी कि उसके पास इन दिनों बहुत पैसा आया था और वह अपना काम भी बढ़ाना चाहता था। लेकिन इस तरह अपना रोना रोकर वह विनय को एक हजार के स्थान पर साढ़े चार सौ रुपए ही देने में सफल हो जाता है।

'दलील' कहानी का विनय भी इसी श्रेणी का पात्र है। अपने क्रांतिकारी भाषणों में वह गरीब-असहायों का पक्ष लेकर वाहवाही लूटना चाहता है—

"खैर सस्ता तो एक-डेढ़ साल पहले था, जब अड्डे से आनंद भवन तक दो-ढाई रुपए से अधिक नहीं लेते थे। और आज पाँच से कम पर जाने का सवाल ही नहीं उठता। पर रिक्शेवाले भी क्या करें ? जब महँगाई सुरसा की तरह बढ़ेगी, बाबू लोगों की तनख्वाह बढ़ेगी, बिजनेसवाले भी दोनों हाथ से मनमानी बटोरेंगे, दादा लोगों की चाँदी कटेगी...सोच के इस बिंदु पर पहुँचकर वह खुश हो गया, बस-बस, उसको अच्छा विषय मिल गया है। आज के समारोह में वह इन्हीं सवालों को उठाकर एक जोरदार भाषण देगा।"[116] लेकिन यथार्थ में उसका सिद्धांत है कि "पैसा अपने से तो आता नहीं, या तो उसे बचाइए अथवा उसे कमाइए। और वह इन दोनों सिद्धांतों पर मुस्तैदी से चलता था। जाहिर है कि यदि रिक्शेवाला सीधा-सादा है तो उसे आसानी से तीन रुपए दिए जा सकते हैं, वह कुछ नहीं बोलेगा और यहाँ भी दो रुपए की बचत हो जाएगी।"[117]

अपने इसी सिद्धांत का अनुकरण करके वह रिक्शे में बैठा सारे रास्ते तिकड़म लगाता रहता है कि कैसे उसे कम-से-कम पैसे दिए जाएँ। उसके रिक्शे में नुक्स निकालता रहता है क्योंकि उसका विचार है कि "किसी से लाभ उठाने के लिए जरूरी है कि उसकी आलोचना कीजिए, उसके काम में दोष निकालिए, उसको यह सोचने पर मजबूर कर दीजिए कि वह गलती पर है। फिर वह अपने हक पर जोर नहीं दे पाएगा

तो दूसरे को लाभ होगा ही।''[118] इतना ही नहीं वह थोड़े में संतोष करने का उपदेश भी देता है—''तुम्हारी यह बात ठीक ही है कि पैसे के पीछे नहीं दौड़ना चाहिए। इनसानियत बड़ी चीज है। पैसा तो इनसान को गिरा देता है। जो थोड़े में संतोष करते हैं, वे बड़े सुखी हैं... ।''[119] संतोष और इनसानियत उसके स्वयं के लिए कोई महत्त्व नहीं रखते। अभावग्रस्त लोगों को ही इनका उपदेश देकर उनका अधिकतम शोषण करना ही विनय जैसे लोगों की दृष्टि में इन शब्दों की सार्थकता है। इन लोगों को अभावग्रस्त और असहाय लोगों के कल्याण और हित की जरा भी चिंता नहीं है लेकिन अपने स्वार्थों की पूर्ति करने के लिए ये ऐसा प्रदर्शित करते हैं, जैसेकि ये उनके परमहितैषी हों, इसी भाव-भूमि से 'जन्मकुंडली' के शिवदास बाबू भैयालाल का अधिक-से-अधिक शोषण करके भी एक शुभचिंतक का मुखौटा ओढ़े रहते हैं—''देखो, मैं कुछ करूँगा। मैं तो हमेशा तुम्हीं लोगों के बारे में चिंतित रहता हूँ। दिन-रात तुम्हीं लोगों के बारे में सोचता रहता हूँ, जो कुछ कर रहा हूँ, तुम्हीं लोगों के लिए कर रहा हूँ। तुम लोग सोच भी नहीं सकते कि किन परेशानियों में मुझे रहना पड़ता है। पर मैं अपनी जान की परवाह नहीं करता। एक हिसाब से तुम लोग बड़े अच्छे हो, न कोई समस्या, न कोई झंझट; कमाया, पकाया, खाया और डटकर सोया। यहाँ तो नींद ही नहीं आती। दिन-रात देश, समाज-जाति व धर्म आदि के कल्याण के लिए सोचते रहते हैं—पर इसके बदले मुझे मिलता क्या है ? मुझसे तुम लाख दर्जे अच्छे हो।...हाँ, इस समय मैं कुछ परेशानी में हूँ और तुम लोग हो कि नोट बटोरे जा रहे हो। भई तुम अब दे सकते हो, इस कोठरी का किराया। अब तुम्हें चार रुपए देने पड़ेंगे...''

'मालिक...' भैयालाल ने दाँत निपोरे।

'अरे, यह कुछ नहीं...हाँ, तो जरा इस कोने में झाड़ू लगा देना...''[120]

सबका भला चाहने वाले शिवदास बाबू का यह वास्तविक चेहरा है। वैसे शिवदास बाबू को पैसे की तो जरूरत नहीं थी, पर उनका सिद्धांत यही कहता था कि भैयालाल से कुछ-न-कुछ जरूर लेना चाहिए, अन्यथा वे गरजमंद समझे जाएँगे। संबंधों की परिभाषा के लिए भी वे इसे जरूरी समझते हैं।[121]

आर्थिक दबावों में जी रहे युवक कृष्णमोहन से अपनी कानी, कुरूप, गुणहीन कन्या का विवाह करने के इच्छुक 'लड़की की शादी' के वाचक की मुद्रा भी हितचिंतक की ही है—

''जबसे तुमसे मेरी बातचीत हुई है, मुझे तुम्हारे लिए बड़ी चिंता हो गई है। रोज ही मैं सोचता रहा हूँ कि देखो न, एक होनहार नौजवान इसलिए सड़ रहा है कि सामाजिक व्यवस्था ठीक नहीं। मैं आदमी को देखकर पहचान जाता हूँ। बुद्धिमान और प्रतिभावान मुझको आकर्षित करते हैं। प्रतिभा, कला और संस्कृति को मैं धन और शक्ति से ऊँचा समझता हूँ, इसलिए मैं प्रतिभावान नवयुवकों को उत्साहित करता हूँ, उनकी मदद करता हूँ, उनको आगे बढ़ाता हूँ।''[122]

इस प्रकार यह शोषक वर्ग, मूल्यों, आदर्शों, सिद्धांतों का धूर्ततापूर्ण उपयोग अपने स्वार्थों की पूर्ति के लिए करता है। इस तर्कहीन, अमानवीय व्यवस्था में सफलता प्राप्त

करने के लिए परिश्रम, सूझ-बूझ और व्यवहार-कुशलता का स्थान चापलूसी, झूठ-फरेब और चार सौ बीसी ने ले लिया है। इसी का प्रयोग करके आज न जाने कितने अवसरवादी धनशक्ति संपन्न[123], राजनीतिज्ञ[124], विद्वान[125], व कलाकार[126] बन बैठे हैं। यहाँ व्यक्ति जितना कुटिल है उतने ही सात्विक शब्द वह प्रयोग करता है। 'बस्ती' कहानी का नेता रामलाल भी इसी वर्ग का प्रतिनिधि है। उसके नेतृत्व में दो वर्ष तक तेज आंदोलन चलाए जाने के बाद निम्न मध्यवर्गीय लोगों के लिए एक बस्ती बनाई गई। यह सफलता आंदोलनकारियों की एकता, परिश्रम और निस्वार्थ भावना के कारण मिल सकी। उद्घाटन समारोह में रामलाल ने एक अत्यधिक प्रभावशाली भाषण किया—

"यह सफलता साधारण लोगों के परिश्रम, एकता और त्याग की वजह से मिली है।...यह बस्ती हमारी न्यायसंगत आकांक्षाओं की साकार प्रतिमा है। इसकी एक-एक ईंट हमारे संघर्ष और दृढ़ इच्छा-शक्ति की कहानी कहती है। इन्हीं गुणों से कोई जाति तरक्की करती है।...आपके मकान के पीछे एक गली है। कितनी खूबसूरत है वह। उसकी एक-एक ईंट एक-दूसरे से मजबूती से जुड़ी हुई है। ऐसी ही एकता से मजबूती आती है। यह गली केवल ईंटों की ही मामूली गली नहीं है, बल्कि यह हमारी सभ्यता, संस्कृति एवं उच्चादर्शों की प्रतीक है। एक सुंदर और साफ-सुथरी गली वहाँ के निवासियों की चेतनशीलता को प्रकट करती है। इसलिए गली को साफ-सुथरा रखें और उसकी एक ईंट को भी उखड़ने न दें। यदि उखड़ जाए तो फौरन जोड़ दें। हमको सारे शहर के सामने एक उच्चादर्श प्रस्तुत करना है...।"[127]

रामलाल ने अपना वास्तविक उच्चादर्श प्रस्तुत भी कर दिखाया। उसने रात में गली की ईंटें उखाड़कर अपने आँगन में गुसलखाना बनवा लिया। यह रहस्योद्घाटन किया बाँकेलाल ने जो रामलाल का निकट सहयोगी था। उसने रामलाल का विरोध करने की घोषणा की क्योंकि वह महान आदर्शों की हत्या होते नहीं देख सकता था।[128] इसके बाद बस्ती में दो दल बन गए। दूसरे दल का मुखिया बाँकेलाल बन गया। "उसके भाषणों में 'आत्मा', 'नैतिकता', 'शहादत', 'क्रांति', 'रक्त' आदि शब्दों की भरमार होती थी।...वह गरजकर ऐलान करता कि आइंदे यदि यहाँ कोई भ्रष्टाचार की घटना हुई तो जनता उसको बरदाशत नहीं करेगी।"[129] बड़े-बड़े शब्दों का प्रयोग करने वाला यह बाँकेलाल आगे चलकर गली की नालियों की लोहे की जाली और मैनहोल के ढक्कन रात के अँधेरे में चुरा लेता है। यही इस जैसे लोगों की वास्तविक नैतिकता और क्रांति है। अच्छे शब्दों का इस्तेमाल ये आम लोगों को बेवकूफ बनाने और बुरे इरादे के लिए करते हैं। भाषा का व्याकरण ही इन लोगों ने विकृत कर दिया है।

मोहभंग

स्वाधीनता आंदोलन के सिद्धांत, आदर्श और नारे स्वातंत्र्योत्तर भारत में समाप्त नहीं हुए, वे बने रहे किंतु उनके अर्थ बदल गए हैं। वे स्वार्थांधता के आवरण या मुखौटे बन गए हैं। अमरकांत ने इन आदर्शों और सिद्धांतों को स्वाधीनता आंदोलन और स्वातंत्र्योत्तर

भारत के परिप्रेक्ष्य में देखा है, उनकी विसंगति और विडंबना को पहचाना है।[130] और इसी विडंबना तथा विसंगति को अपनी रचनाओं का विषय बनाया है। स्वातंत्र्योत्तर भारत की वास्तविक स्थिति से अमरकांत की संवेदना निर्मित है। स्वातंत्र्योत्तर भारत की स्थिति मूलतः करनी और कथनी के अंतर एवं उससे उत्पन्न मोहभंग की स्थिति है। यह मोहभंग स्वातंत्र्योत्तर भारत में प्रत्येक सामान्य जन का हुआ। अमरकांत इसी मोहभंग के रचनाकार हैं।

'बस्ती' कहानी का आत्मानंद बस्ती के दोनों तथाकथित नेताओं की बड़ी-बड़ी बातों में छला जाता है। अंत में जब सच्चाई उसके सामने आती है तो उसका जबरदस्त मोहभंग होता है।

"उसके दिल के जैसे असंख्य टुकड़े कर दिए गए हों। क्या दुनिया ऐसी है ? क्या विश्वास का यही फल मिलता है ? कितना बेवकूफ उसे बनाया गया है। उसकी जिंदगी का क्या महत्त्व है ? उसने क्या पाया अभी तक ? न उसे ख्याति ही मिली और न धन ही।"[131]

इसी तरह 'जनमार्गी' के बलराज का मोहभंग स्वातंत्र्योत्तर भारत में होता है। स्वाधीनता आंदोलन में उसने सक्रिय भाग लिया था। वह क्रांतिकारी और जन-कवि था। स्वतंत्रता प्राप्ति के लिए उसे अपना सबकुछ खोना पड़ा था। यहाँ तक कि प्रेम भी। लेकिन स्वतंत्र भारत से उसे मिला तो केवल—आर्थिक अभाव, लोगों की व्यंग्य दृष्टि, अपमान और पीड़ा। जबकि अवसरवादी सुखी और संपन्न थे।[132] तब वह सोचने के लिए मजबूर हो जाता है कि—

"जब वह समर्थ तथा शक्तिशाली था तो उसने लालच, झूठ, बेईमानी, चापलूसी वगैरह के सामने झुकने से क्यों इनकार कर दिया था ? उसको यह सोचकर सख्त अफसोस होता था कि उसने जीवन में कोई अपराध नहीं किया। यदि वह क्रांतिकारी न होकर कोई डाकू या घूसखोर होता, तो क्या फर्क पड़ता ? तब वह शायद सम्मान और निश्चिंतता का जीवन व्यतीत करता।"[133]

जीवन के सारे आकर्षणों को तिलांजलि देकर क्रांति-मार्ग पर चलने वाले बलराज जैसे व्यक्तियों का ही मोहभंग स्वातंत्र्योत्तर भारत में नहीं हुआ, जनसामान्य का मोहभंग बड़े व्यापक स्तर पर हुआ था। अमरकांत की 'छिपकली', 'डिप्टी कलेक्टरी', 'इंटरव्यू' आदि की भी मुख्य संवेदना यही है।

विकृत और मूल्यांध मानसिकता के प्रतीक 'हत्यारे'

इस मोहभंग से उत्पन्न विकृत और मूल्यांध मानसिकता के प्रतीक-पात्र 'हत्यारे' हैं। ये मात्र किसी एक व्यक्ति के हत्यारे नहीं हैं अपितु संपूर्ण मानवीय विवेक और जीवन-मूल्यों के भी हत्यारे हैं। उनको शरण देने वाली व्यवस्था भी उनसे भिन्न नहीं है। 'हत्यारे' आज की रुग्ण पीढ़ी का प्रतिनिधित्व करते हैं। कहानी के हत्यारे युवक अपने में अकेले नहीं हैं बल्कि उनके समानधर्माओं की बाढ़ तीव्रता से हमारे देश में आई है। "उनके चरित्र

की मूल रेखाओं में नए जमाने की सारी मर्दानगी, अचेतनता, दुर्गति और भावनाहीन नियामक शक्तियाँ अंतर्निहित हैं। उनके पुष्ट, सुगठित शरीर समाजवादी भावनाओं की राख से ढाली हुई मूर्तियों की तरह किसी अछोर अंधकार के वैनाशिक प्रतीक बनकर हमारी सड़कों पर अड्डा जमाए हुए हैं। ये हमारे उद्देश्यहीनता के उस गर्त से भी नीचे गिर चुके हैं जहाँ व्यक्ति अपने पारिवारिक स्वार्थों की पूर्ति के लिए कानून की गर्द उड़ाता है। यहाँ तक कि प्रलाप और कृत्य का अंतर भी उनके लिए मिट गया है। बात की बात में वे एडल्टरी से हत्या की छत तक पहुँच जाते हैं। लेकिन इस भय की एक शिकन भी उनके ललाट पर नहीं रेंगती क्योंकि वे अपनी जीवनचर्या के प्रति लोगों से लेकर पुलिस तक की भीतरी हमदर्दी के प्रति आश्वस्त हैं। हत्यारों की यह नई जाति बुराइयों की अनुभूति से ही अछूती है। अतः उसे सद्गुणों का अर्थ ही नहीं समझाया जा सकता। सामाजिक स्तर पर ये हत्यारे राजनीतिक हत्या-प्रणाली के मात्र चिन्ह हैं।''[134] 'हत्यारे' कहानी आज की युवा पीढ़ी के मानसिक विघटन और कुंठित व्यक्तित्व को उद्घाटित करती है। इस तर्कहीन व्यवस्था के विरुद्ध वे विद्रोह करना चाहते हैं लेकिन विद्रोह और विरोध की सही दिशा क्या है, वे नहीं जानते। इसलिए उनका विद्रोह अंधा है, विवेकहीन है। शिक्षा संस्थाओं व सत्ता आदि के प्रति इनका आक्रोश व विद्रोह केवल मौखिक है। बलात्कार इनके लिए 'रचनात्मक कार्य' है, और गरीब मजदूर स्त्री के पैसे न देकर भागना बुद्धिमानी, मौलिकता, साहस, कर्मठता द्वारा आर्थिक और सामाजिक क्रांति है। यहाँ शब्द और अर्थ में अनुचित संबंध का कारण श्रम और फल में अनुचित संबंध हो जाना है। जिस व्यवस्था में श्रम और फल में अनुचित संबंध हो जाते हैं वहाँ अन्य क्षेत्र में भी यही स्थिति होती है। मूल्यांधता और दायित्व-हीनता इसी वजह से आती है। ये हत्यारे युवक हिंसक हैं, क्रूर नहीं क्योंकि पशु क्रूर नहीं होता। सुसंगत व्यवस्था में वे बहुत अच्छा कर सकते थे लेकिन इस विषम व्यवस्था ने उन्हें पशु की तरह हिंसक बना दिया है, अपने से कमजोर पर वे वार करते हैं।

व्यवस्था का जंगल-रूप

डॉ. विश्वनाथ त्रिपाठी का इस तर्कहीन व्यवस्था को जंगल मानना सर्वथा उचित है।[135] इससे अधिक सटीक शब्द दूसरा कोई हो ही नहीं सकता। अमरकांत के पात्रों का बार-बार पशु-पक्षियों की तरह चेष्टा करना इसी मानव-जंगल को रेखांकित करता है। ''समाज में यदि तर्कशील, मानवीय व्यवस्था होती तो सक्रियता, कर्मठता सार्थक होती है, लेकिन 'जंगल' में व्यक्तिगत कर्मठता का भरोसा मृगतृष्णा है। जंगल का यह केवल एक रूप है। इस जंगल की कुटिलता यह है कि वह कभी-कभार कुछ लोगों को अच्छे अवसर भी प्रदान कर देता है। इससे जंगल के वासी पूरी तरह अपना मोहभंग नहीं कर पाते। वे सक्रिय होते हैं, उछल-कूद करते हैं, एक-दूसरे को काटते हैं, (जंगल का मालिक वर्ग अलग अपना काम कर रहा होता है) हाँफते हैं, थकते हैं, निराश होते हैं, माथा ठोककर रह जाते हैं और भाग्य का खेल समझकर सो जाते हैं। अमरकांत के पात्रों का

बार-बार पशु-पक्षियों जैसा आचरण करना इस मानव-जंगल के कारण है। उनकी मानवता उनके जंगल से टकराती है। किसी क्रांतिकारी परिवर्तन के अभाव में प्रायः जंगल ही जीतता है। अमरकांत के पात्र स्थितियों से निराश होकर अंत में खामोश और पस्त हो जाते हैं। जैसे पशु-पक्षी कटघरे या पिंजरे में से बाहर निकलने की अपार छटपटाहट के बाद असफल होकर सो जाएँ।''[136]

व्यवस्था के विरुद्ध न लड़कर परस्पर स्पर्धा

यह आज की व्यवस्था द्वारा पैदा की गई विसंगतियों का ही परिणाम है कि युवावर्ग की शक्ति और सामर्थ्य का उपयोग केंद्रीय मानवीय तत्त्वों, मूल्यों के अनुकूल न होकर परस्पर-स्पर्धा में हो रहा है जिसमें एक-दूसरे को अपमानित, अपदस्थ और नष्ट करने में ही व्यक्ति कुत्सित संतोष का अनुभव करता है। इस आपसी लड़ाई का लाभ व्यवस्था उठाती है, यह विवेकहीन स्पर्धा अंततः व्यवस्था के ही हाथ मजबूत करती है, प्रतिस्पर्धियों का इससे नुकसान ही होता है। इसी यथार्थ का सशक्त अंकन अमरकांत की कहानी 'म्यान की दो तलवारें' में मिलता है। प्रेस में इकट्ठे काम करने वाले कवि संपादक 'विकल' और 'मदमस्त' में किसी छोटी-सी बात को लेकर मनमुटाव हो जाता है। आपसी लड़ाई और स्पर्धा से कुंठित होकर ये दोनों विवेकहीन होकर लगातार एक-दूसरे को नीचा दिखाने की कोशिश में हास्यास्पद हो उठते हैं।

''गुणों की प्रतिद्वंद्विता में अवरोध होने से उनके बीच अवगुणों की प्रतिद्वंद्विता स्वाभाविक थी। किंतु इस मामले में 'मदमस्त' कुछ उन्नीस पड़ता...इसलिए उसने 'विकल' से महान बनने के लिए उससे अधिक व्याभिचारी और दुर्व्यसनी होने का निश्चय किया।''[137] तभी प्रेस में वेतन वृद्धि के स्मरण-पत्र के उत्तर में संपादकों के कार्य के घंटे बढ़ा दिए गए। इसकी प्रतिक्रिया में एक संपादक ने पत्रकार-संघ का सदस्य बनने का सुझाव दिया। 'विकल' ने इसका विरोध किया तो 'मदमस्त' का समर्थन करना लाजिमी था। लेकिन मालिकों द्वारा अनावश्यक रूप से परेशान किए जाने पर जब विकल पत्रकार-संघ की कार्यवाहियों में सक्रिय हिस्सा लेने लगा तो मदमस्त पत्रकार-संघ के आंदोलन का विरोधी हो गया और विकल को नीचा दिखाने के लिए प्रबंधकों की चापलूसी के लिए वह स्वयं को तैयार करने लगा लेकिन अपनी समस्त दुर्भावनाओं के बाद भी वह ऐसा नहीं कर पाता। प्रबंधकों को दिए गए विरोध-पत्र में उसका नाम होने से उस पर भी झूठे आरोप लगाकर बरखास्त करने की धमकी दी जाती है जिसकी उसे तनिक भी उम्मीद न थी। अनजाने ही उसमें एक विवेक-भरी अकड़ पैदा हो जाती है और वह विरोध-पत्र से अपना नाम वापस लेने से साफ इनकार कर देता है, उस समय वह विकल का विरोध करने की अपनी विवेकहीनता को भूल जाता है। कहानीकार का यह संकेत यहाँ महत्त्वपूर्ण है कि उसने विरोध की सही और वास्तविक जगह को पहचान लिया है।

'विजेता' में एक-दूसरे को नीचा दिखाने की टुच्ची स्पर्धा में अपने को विजेता समझने वाले वाचक के पास अंत में अपराध-बोध, पश्चात्ताप और ग्लानि ही बचते हैं—

''मैं सन्न हो गया। फिर मुझे ऐसा महसूस हुआ कि मेरे कलेजे को कोई आरे से चीर रहा हो। जैसे किसी ने मुझ पर हमला करके मुझे बुरी तरह जख्मी कर दिया हो।...मैं उसके पास चुपचाप खड़ा था। मेरी आँखों से लगातार आँसू गिर रहे थे। काश, वह अपनी आँखें खोल पाती तो मैं उससे माफी माँग लेता। काश, मैं उसे यह बता पाता कि मैं कितना झूठा, दंभी और कमीना हूँ। लेकिन उसकी आँखें उसी तरह बंद रहीं। फिर शाम होते-होते वह मर गई।...रामायण इससे बड़ी क्षति मेरी क्या कर सकता था। मैं बुरी तरह से घायल एक पशु की तरह लड़खड़ाते कदमों से सड़क की धूल में लिपटा चलने लगा।''[138] जो विजय मात्र अपने लिए और वह भी अपने व्यक्तित्व में स्थित सामाजिक और मानवीय-बोध को मारकर प्राप्त की जाती है, वह पराजय ही है। अमरकांत ने इस तथ्य को ठोस वस्तुगत स्थिति के द्वारा व्यक्त किया हैं। गर्भवती नीलम का पति उसे पीटता है जिसके कारण हुई उसकी और गर्भस्थ शिशु की मृत्यु—स्वयं को विजेता समझने वाले वाचक की मानवीयता और भविष्य की मृत्यु की प्रतीक है। विजेता अपने को नीलम का पति भी समझता है। अतः पराजय दोनों ही की हुई।

एक-दूसरे को काटने का और पस्त होने का यही भाव 'सप्ताहांत' और 'इंटरव्यू' में भी है। पस्त होते जाना ही इस जंगल के जीवों की नियति है, चाहे वे 'इंटरव्यू' के विभिन्न उम्मीदवार हों, 'मूस' कहानी का मूस हो, 'असमर्थ हिलता हाथ' की मीना हो। व्यवस्था जब जंगल हो जाए तो वहाँ तर्कसंगति, मानवीयता, सक्रियता, कर्मठता का कोई अर्थ नहीं रह जाता।

अमरकांत के पात्रों की मुसकराहट

इस अमानवीयता और तर्कहीन व्यवस्था को अमरकांत ने छिपकली और मकान के प्रतीक से भी व्यंजित किया है। इस अमानवीय व्यवस्था में जीने का संघर्ष करने वाले पात्रों की मुसकराहट खोखली हो गई है। ''रामजीलाल ने सोचा कि यह छिपकली पहले छोटी और दुमकटी थी, लेकिन अब उसकी दुम भी जम आई है और मोटी भी हो गई है। इस खयाल से उसको बड़ा अचंभा हुआ और उसके सूखे होंठों पर एक मुसकराहट दौड़ गई।''[139] रामजीलाल के सूखे होंठों की यह खोखली मुसकराहट और कुछ नहीं अपनी पस्ती पर मुसकराना है अमरकांत के अधिकांश पात्रों की मुसकराहट ऐसी ही है। इसी से अमरकांत के इन पात्रों की 'मुसकराहट मुँह पर फूटे कोढ़ के समान' लगती है।[140] डिप्टी कलेक्टरी के शकलदीप बाबू घोर निराश स्थिति में मुसकराकर स्वयं को सहज दिखाने का प्रयत्न करते हैं, लेकिन सफल नहीं होते। उनकी प्रत्येक चेष्टा उनकी मनःस्थिति को उद्घाटित कर देती है—

''शकलदीप बाबू ने मुसकराते हुए आश्वासन दिया, अरे कुछ नहीं, सब कल्याण होगा, चिंता की कोई बात नहीं। पहले यह बताओ, बबुआ को तुमने कभी यह तो नहीं बताया था कि उनकी फीस और खाने-पीने के लिए मैंने 600 रुपए कर्ज लिये हैं।

शकलदीप बाबू मुसकराते हुए उठे। उनका चेहरा पतला पड़ गया था, आँखें धँस

गई थीं और मुख पर मूँछें झाड़ू की भाँति फरक रही थी।...उनके पैर काँप रहे थे और उनका शरीर थरथरा रहा था। उनकी साँस गले में अटक-अटक जा रही थी।...वे धीरे से चोर की भाँति पैरों को दबाकर कमरे के अंदर दाखिल हुए। उनके चेहरे पर अस्वाभाविक विश्वास की मुसकराहट थिरक रही थी।"[141]

घोर निराशा की इस स्थिति में भी शकलदीप बाबू एक मुसकराहट लगातार ओढ़े हुए हैं।

'सवा रुपए' में सबके द्वारा प्रताड़ित होने पर बाबा की मुसकराहट खिसियाहट-भरी है। 'मित्र-मिलन' में उमाशंकर बड़े उत्साह से मित्र से मिलने रेलवे स्टेशन पर जाते हैं लेकिन उसके अकेले-अकेले चाय-नाश्ता करने पर उनकी मुसकराहट एक विचित्र प्रकार की पस्ती का बोध लिये हुए है। 'आमंत्रण' कहानी में जयमंगल सिंह के आगमन पर नागरी प्रचारणी सभा के सदस्यों की मुसकराहट औपचारिक, चापलूसी और आत्मविश्वासहीनता से युक्त है। 'फर्क' में डाकू को देखकर मुसकराने में भी यही आत्मविश्वासहीनता ही है। इसी तरह 'जनमार्गी' के बलराज की मुसकराहट कभी दयनीय[142] हो जाती है और कभी पीड़ामयी।[143]

इन पात्रों की हँसी भी अस्वाभाविक और अपनी झेंप मिटाने के लिए है। 'डिप्टी कलेक्टरी' में शकलदील बाबू का विभिन्न अवसरों पर हँसना, 'केले पैसे मूँगफली' में आनंदमोहन का घर में कहीं भी पैसे न होने पर हँसना और 'जिंदगी और जोंक' के अंत में रजुआ की हँसी—सभी की हँसी उनकी मुसकराहट की ही भाँति खोखली और पस्ती-भरी है। इस मुसकराहट को ये पात्र मुखौटे की तरह पहने हुए हैं ताकि अपने वास्तविक मनोभावों को छिपा सकें।

एब्सर्डिटी

तर्कहीन व्यवस्था तर्कहीन (एब्सर्ड) मनःस्थिति भी उत्पन्न करती है। अमरकांत की कहानियों में एब्सर्डिटी के तत्त्व भी मिल जाते हैं। यह एब्सर्डिटी अस्तित्ववादी तौर पर चित्रित नहीं है, बल्कि एब्सर्ड स्थितियों की उपज है। अमरकांत ने उसे किसी मूल्य के रूप में चित्रित न करके पात्र की स्थिति-विशेष को व्यंजित करने के लिए अपनाया है। एब्सर्डिटी असंबद्ध विचार या आचरण के रूप में प्रकट होती है। ऊपरी तौर पर असंबद्ध लगने पर भी उसका कोई-न-कोई वस्तुगत आधार अवश्य होता है। इसी से बेतुका और हास्यास्पद व्यवहार भी इस वस्तुगत आधार के कारण करुणा उत्पन्न करता है। इसका विस्तृत विवेचन शिल्प के अंतर्गत किया जाएगा।

मनोवैज्ञानिकता

अमरकांत की कहानियाँ इस अर्थ में मनोवैज्ञानिक हैं कि उनके अंतर्गत पात्रों की स्थिति, उनकी सोच, मानसिकता और उनके व्यवहार में पूर्ण सामंजस्य दिखाई देता है। अनेक अन्य कहानीकारों की तरह उन्होंने पात्रों के मनोविश्लेषण में पन्ने पर पन्ने नहीं रँगे।

लेकिन इसके बावजूद भी "वर्ग-चरित्रों और उनकी मनोवैज्ञानिक समझ के क्षेत्र में अमरकांत की गहरी रुचि है"[144] और पकड़ अचूक है। उन्होंने मुख्य रूप से आर्थिक दृष्टि से विपन्न बुजुर्ग, छोटे क्लर्क या बेरोजगार युवक आदि को अपनी कहानी का प्रमुख विषय बनाया है। "किसी विशेष स्थिति में अपनी असमर्थता, असहायता और शक्तिहीनता को ढँकने, नकारने या भुलाए रखने के जो तर्क या भ्रांतियाँ एक निम्न मध्यवर्गीय व्यक्ति काम में लाता है, उन सबका अमरकांत को अद्भुत ज्ञान है।"[145] 'इंटरव्यू', 'दोपहर का भोजन' आदि कहानियाँ इसी तथ्य को रेखांकित करती हैं। राजेंद्र यादव का यह विश्लेषण एकदम सही है कि "अमरकांत टुच्चे, दुष्ट और कमीने लोगों के मनोविज्ञान का मास्टर है। उनकी तर्कपद्धति, मानसिकता और व्यवहार को जितनी गहराई से अमरकांत जानता है, मेरे खयाल से हिंदी का कोई दूसरा लेखक नहीं जानता।"[146] 'पलाश के फूल' और 'प्रिय मेहमान' इस दृष्टि से उल्लेखनीय हैं।

पात्रों की मनःस्थिति का चित्रण अमरकांत अपनी तरफ से नहीं करते अपितु पात्रों की चेष्टाओं के माध्यम से ही स्थिति-विशेष में उनकी मनःस्थिति, उनका द्वंद्व पूरी तरह से प्रकट हो जाता है। 'डिप्टी कलेक्टरी' में अमरकांत ने शकलदीप बाबू की असहज मनःस्थिति और उनके द्वंद्व को उनकी चेष्टाओं के माध्यम से बहुत ही मनोवैज्ञानिक ढंग से अभिव्यक्त किया है।

अमरकांत को अपने एक पत्र में राजेंद्र यादव ने 'पलाश के फूल' के बारे में अपनी राय देते हुए लिखा--" 'पलाश के फूल' में नाम के अतिरिक्त बाकी कमाल-ही-कमाल है। वह निहायत ही दुष्टतापूर्ण कहानी है और मेरी उस धारणा को पुष्ट करती है कि तू बुड्ढ़ों का चित्रण बहुत ही सुंदर कर सकता है।"[147] राजेंद्र यादव की यह धारणा निश्चित रूप से अमरकांत के सभी सहृदय पाठकों की भी होगी। 'मित्र-मिलन' में 50 वर्ष उपरांत दो वृद्धों के मिलने पर उनकी मनःस्थिति और बातचीत और व्यवहार का संजीव चित्रण मिलता है—

"दोनों मित्र खिड़की के पास बर्थ पर एक-दूसरे की ओर मुँह किए बैठ गए। बैठते ही दोनों ने दो-चार बार एक-दूसरे की ओर छिपी-छिपी दृष्टि से देखा।

—प्रभु की दया से तुम खूब मिले। सब ठीक-ठाक है न ? अच्छा, यह बताओ कि तुम किस सन् में रिटायर हुए ?

फिर दोनों में तेज और उखड़ी-उखड़ी आवाज में जल्दी-जल्दी ऐसी अनोखी बातचीत होने लगी, जिसमें तुलनात्मक विवरण अधिक था..."[148]

पचास वर्ष के दीर्घ अंतराल के बाद दोनों घनिष्ठ मित्र आपस में मिल रहे थे। मिलने की कल्पना के दौरान उनकी स्मृति में मित्र की युवावस्था की वही पुरानी तसवीर होगी जबकि वे साथ पढ़ते थे लेकिन अब वे जिससे मिल रहे थे उसकी शक्ल-सूरत वृद्धावस्था के कारण विकृत हो गई थी और एक-दूसरे के लिए नितांत अपरिचित थी। इसलिए वे एक-दूसरे को छिपी दृष्टि से देख रहे थे कि उनकी नजरों के अपरिचय और वितृष्णा को दूसरा पहचान न ले। इस लंबे अंतराल में दैनिक जीवन की छोटी-छोटी बातें

समाप्त हो जाती हैं। एक-दूसरे के वर्तमान से अनभिज्ञता के कारण इसी तरह की तुलनात्मक बातचीत ही दोनों के बीच हो सकती है। दोनों की तेज और उखड़ी आवाज का कारण उनकी वृद्धावस्था और आत्मविश्वासहीनता है और जल्दी-जल्दी बातचीत वे इसलिए कर रहे थे कि उनके पास समय आधा घंटे का ही था क्योंकि ट्रेन वहाँ इतनी ही देर रुकती थी और बातें उन्हें बहुत सारी करनी थीं। अमरकांत ने 'उनका जाना और आना' में सत्तर वर्षीय वृद्ध गोपालदास की मानसिकता का भिन्न स्थितियों में कुशलतापूर्वक चित्रण करके अपने सूक्ष्म मनोवैज्ञानिक पर्यवेक्षण का परिचय दिया है। छह लड़के और चार लड़कियों के पिता गोपालदास की मर्जी से ही एक समय सबकुछ होता था।[149] अब उनके चार पुत्र जिनकी आर्थिक स्थिति सुदृढ़ है परिवार से अलग, अपनी नौकरी वाले स्थानों पर रहते हैं लेकिन दो पुत्र जिनकी आय का कोई खास जरिया नहीं है अपने परिवार सहित उनके पास रहते हैं। निरंतर जर्जर होती आर्थिक स्थिति में भी अपने पुत्रों की उपलब्धियों से वे स्वयं को गौरवान्वित महसूस करते हैं—"उनके होंठों पर हलकी-सी मुसकराहट थिरक आई थी और आँखों में इस आशा का भाव कि लोग उनको एक महत्त्वपूर्ण व्यक्ति समझें। सचमुच वे महत्त्वपूर्ण व्यक्ति तो थे ही, जिसका कारण हर व्यक्ति को जानना चाहिए और यह सोचकर उनको अपने तथा अपने लड़कों पर गर्व होने लगा। इसी गर्व की दुनिया में वे आजकल निरंतर विचरण किया करते थे और दूसरों को भी अत्यंत उदारतापूर्वक उसकी सैर कराते थे।"[150] अपनी महत्ता समझकर ही वे कहीं आना-जाना पसंद नहीं करते। वे कहाँ-कहाँ नहीं गए, इसे वे बड़े रौब से सुनाते हैं—"वे हाथ को नचाकर कहा करते थे, 'लड़का लखनऊ में सख्त बीमार था, मैं नहीं गया। बहिन कैंसर से मर रही थी, मैं नहीं गया। गाँव के 100 बीघे खेत निकल गए, मैं नहीं गया।"[151] वस्तुतः उनका यह व्यवहार लोगों में अपनी प्रतिष्ठा बनाए रखने तथा अपने मन को दिलासा देने के लिए ही है। जिस प्रकार 'डिप्टी कलेक्टरी' के शकलदीप बाबू के मन में नारायण के डिप्टी कलेक्टर होने में जितना अधिक संदेह है, वे उतना अधिक स्वयं को आशावान दिखाते हैं। यही स्थिति गोपालदास की भी है। परिवार में उनकी कोई पूछ नहीं रह गई है फिर भी वे भ्रम पाले हुए हैं कि उनका पुत्र रवि "लाख डॉक्टर है अगर वे कह दे कि एक पैर पर खड़े हो जाओ तो वह फौरन तैयार हो जाए।"[152] रवि द्वारा अपनी पुत्री का विवाह अपने पैतृक घर से करने को इनकार करने पर भी उन्हें रवि पर इतना विश्वास है। रवि के घर शादी में जाने पर उनका यह विश्वास पग-पग पर टूटता है। हर मौके पर उनकी उपेक्षा की जाती है। तब वे अपनी पुत्री दमयंती (गरीबी के कारण उसकी भी उपेक्षा और अपमान हो रहा है) को समझाने के बहाने स्वयं को भी दिलासा दे रहे हैं—"मन को छोटा न करो। शादी-ब्याह के घर कुछ-न-कुछ होता ही है। रवि की एक हैसियत है, एक इज्जत है। फिर रवि ने खानदान को बहुत सँभाला है। उसने सबके लिए किया है...।"[153] दमयंती के रो पड़ने पर गोपालदास की चेष्टाओं का चित्रण उनकी मनोदशा समझने की कहानीकार की सामर्थ्य का पूरा परिचय दे देती है—

''उनका सिर विचित्र ढंग से हिल रहा था और अँगुलियाँ तख्त पर इस प्रकार गतिशील हो गईं जैसे तबला बजा रहे हों...।''[154]

यहाँ गोपालदास की स्थिति बहुत ही दयनीय और असहाय हो गई है। किसी समय पूरे परिवार के स्वामी गोपालदास पुत्री के रोने पर भी कुछ नहीं कर सकते। यहाँ तक कि क्रोध भी नहीं। रवि से कुछ कह नहीं सकते क्योंकि रवि के वैभव-संपन्नता के सामने वे हीनता और पोती की शादी में खाली हाथ आने की अपराध-भावना से ग्रस्त थे। पुत्री के प्रति करुणा, उसके रुदन से दुखी और क्रोधित, हीनता, अपराध-बोध और इन सबको लेकर उनके मानसिक द्वंद्व की सजीव अभिव्यक्ति अमरकांत ने गोपालदास की निरर्थक-सी लगने वाली चेष्टाओं के माध्यम से की है।

अपनी इसी विलक्षण मनोवैज्ञानिक समझ का परिचय अमरकांत ने अपने संपूर्ण कथा-साहित्य में दिया है।

व्यंग्य

स्वातंत्र्योत्तर भारत के यथार्थ के चित्रण का यदि कोई माध्यम हो सकता है तो निःसंदेह वह व्यंग्य ही है। स्वाधीन भारत में हमारे सामाजिक और राजनीतिक जीवन में भ्रष्टाचार तथा कथनी-करनी का अंतर इतनी तीव्रता से बढ़ता जा रहा है कि एक प्रगतिशील रचनाकार उसकी उपेक्षा नहीं कर सकता। कथनी-करनी में आज कोई सकारात्मक संबंध नहीं रह गया है। ये एक-दूसरे के विपरीत हो गए हैं। कथनी अर्थात् सिद्धांत, आदर्श-बोधक कथनों का प्रयोग आज का संपन्न वर्ग अभावग्रस्त वर्ग को मूर्ख बनाकर अपने निहित स्वार्थों की पूर्ति के लिए करता है। उसके कथन और व्यवहार में कोई तालमेल नहीं रह गया है। जब रचनाकार इस अंतर्विरोध का चित्रण करता है तो इस दो-मुँहे वर्ग के प्रति अपना आक्रोश वह व्यंग्य के माध्यम से प्रकट करता है। रचनाकार द्वारा किया गया व्यंग्य जहाँ शोषित के प्रति करुणा उत्पन्न करता है वहीं शोषक के प्रति आक्रोश और अंततः घृणा उत्पन्न करता है। व्यंग्य के माध्यम से हर प्रकार के ढोंग, छद्म, सामाजिक विसंगतियों और व्यवस्थागत अंतर्विरोधों के निर्मम अंकन द्वारा रचनाकार निश्चित रूप से एक बेहतर सामाजिक व्यवस्था की अपनी आकांक्षा को ही व्यंजित करता है।

''अमरकांत की कहानियों में बहुधा ही व्यंग्य की एक प्रच्छन्न अंतर्धारा प्रवाहित रहती है जो पूरी व्यवस्था को ही छूती और छीलती चलती है।''[155] इसके माध्यम से वे व्यवस्था की विसंगतियों का रचनात्मक विरोध करते हैं। यूँ तो व्यंग्य की उपस्थिति अमरकांत की कहानियों में सर्वत्र है, फिर भी कुछ उदाहरण अमरकांत के व्यंग्यधर्मी लहजे को स्पष्ट करने के लिए देना आवश्यक है।

'मैत्री' में अमरकांत ने उन नवयुवकों पर व्यंग्य किया है जो स्वयं को आधुनिक रचनाकार समझते हैं। एकाध रचना प्रकाशित होते ही साहित्य के क्षेत्र में अपना स्थान महत्त्वपूर्ण समझ लेते हैं और बड़े-बड़े साहित्यकारों के गुणों की बजाय उनकी दुर्बलताओं

को अपनाकर स्वयं को उनके समकक्ष समझने लगते हैं। कहानी का नव-लेखक सुनील अपने महान कलाकार होने के पक्ष में अपनी ऐसी ही दुर्बलताओं का वर्णन विमल कुमार (जिसने साहित्य के क्षेत्र में अभी पदार्पण ही किया है) से इस प्रकार करता है।

"सिगरेट को वह बुरा समझता है परंतु उसके बिना कुछ भी नहीं कर पाता। उसने जो कुछ लिखा है वह बिस्तरे पर लेटकर मामूली होल्डरनिब से ही; मेज-कुर्सी पर बैठकर फाउंटेन पेन से लिखने से पता नहीं क्यों उसकी प्रतिभा कुंद हो जाती है...।"[156]

विमल कुमार भी इस मामले में पीछे नहीं रहता। वह भी अपनी उन आदतों का वर्णन सुनील से करता है जो उन जैसे लोगों की दृष्टि में बुद्धिजीवी या महान कलाकार की पहचान कराती हैं[157]—

"कॉफी मेरी विशेष दुर्बलता बनती जा रही है। दिन में एक बार जरूर ही इधर आना हो जाता है। शाम को तो शहर के करीब सभी इंटेलेक्चुअल्स खिंचकर यहाँ आ जाते हैं।..." इसके बाद वह विस्तारपूर्वक बताने लगा कि शुरू-शुरू में कॉफी से उसको कैसी नफरत थी और बाद में कैसे आदत पड़ी। वह ऐसे स्वर में बोल रहा था, जैसे वहाँ बैठे अन्य लोगों को भी अपने विचारों से अवगत करना आवश्यक समझ रहा हो। वह बदन ऐंठता, ललाट तथा मुँह सिकोड़ता, जोर से हँसता और कुछ ऐसी चेष्टाएँ करता, जिसे विशेष व्यक्तियों की अनजान स्थानों में भी पहचान हो जाती है।"[158]

यहाँ विमल कुमार आदतों से ही नहीं, भाव-भंगिमाओं से भी स्वयं को विशिष्ट प्रदर्शित कर रहा है। वस्तुतः ऐसे व्यक्तियों में न विशेष प्रतिभा होती है और न ही वे परिश्रम करते हैं। उनकी दृष्टि में कुछ विशिष्ट आदतों या शब्दों के सहारे महान साहित्यकार बना जा सकता है—

"तब विमल ने उत्तेजित स्वर में नई कविता की करीब तीस पंक्तियाँ सुनाईं जिनमें दर्शन के अभेद्य तत्त्व थे। वह उन्हीं कविताओं की महान परिपाटी में थी, जिनमें महाभारत के पात्रों या घटनाओं के प्रतीकों के सहारे निहायत ही अनोखी होशियारी से बातें पेश की जाती हैं...

लेखक होने के नाते वह अपनी बातों में 'आस्था', 'मूल्य', 'धुंध', 'कैक्टस' आदि शब्दों का खूबी के साथ इस्तेमाल करता।"[159]

यहाँ अमरकांत ने आधुनिक कविता और आधुनिक लेखकों की शब्दावली पर व्यंग्य किया है। इन तथाकथित आधुनिक लेखकों का विचार है कि इन शब्दों की दुम पकड़कर ही आधुनिक रचनाकार बना जा सकता है क्योंकि आधुनिक कविता में फैशन के तौर पर इन शब्दों का प्रयोग धड़ल्ले से हो रहा है।

स्वयं को महान साहित्यकार प्रदर्शित करने वाले लोगों के छद्म का उद्घाटन अमरकांत ने यहाँ व्यंग्य के माध्यम से किया है। इसी प्रकार कला के क्षेत्र में होने वाली व्यावसायिकता और कला अकादमियों के दूषित वातावरण का व्यंग्यपूर्ण चित्रण अमरकांत की 'कलाप्रेमी' में हुआ है। यहाँ अमरकांत तथाकथित आधुनिक रचनाकारों या कलाकारों पर ही व्यंग्य नहीं करते बल्कि उस व्यवस्था पर भी जिसके कारण इन लोगों की

मानसिकता इस प्रकार की हो जाती है।[160] पूर्ण रूप से कला को समर्पित कलाकार को जीवन-यापन की सुविधाएँ यह व्यवस्था नहीं देती। प्रसिद्धि भी अवसरवादी व चापलूस लोगों को ही मिलती है। ऐसे में मेहनत और ईमानदारी पर भरोसा न रहे तो क्या आश्चर्य। 'कलाप्रेमी' के सुमेर का जीवन-दर्शन बदलने का यही कारण है–

"उसने घोर परिश्रम किया और उसे पुरस्कार भी मिला। पर इससे क्या ? चार-पाँच वर्ष तक उसने अपार कष्ट और घोर तिरस्कार सहे और अंत में भुखमरी की गौरवशाली स्थिति से भी गुजरने लगा।"[161]

यह अमानवीय व्यवस्था एक सच्चे कलाकार को गौरव के स्थान पर अभाव और भुखमरी ही देती है, अतः इस प्रसंग में कहानीकार की व्यंग्य चेतना मुखर हो गई है।

'बस्ती' कहानी में अमरकांत ने उन अवसरवादी नेताओं[162] पर व्यंग्य किया है जो कुरता-टोपी पहनकर और बड़े-बड़े शब्दों का इस्तेमाल करके जनता को मूर्ख बनाते हैं और अंततः अपनी स्वार्थ-सिद्धि के लिए उससे छल करते हैं–

"बाँकेलाल बहुत ही गरम और जोशीला भाषण देता था। खूब जोर-जोर से चिल्लाना वह अपनी महानता सिद्ध करने के लिए बहुत जरूरी समझता था। रामलाल जितना लंबा कुरता पहनते थे, उससे वह अधिक लंबा कुरता पहनता था। रामलाल से अपने बाल भी वह लंबे रखता था। उसकी टोपी रामलाल से अधिक पतली और नुकीली थी। उसके भाषणों में 'आत्मा', 'नैतिकता', 'शहादत', क्रांति', 'रक्त' आदि शब्दों की भरमार होती थी। बीच-बीच में वह ललकारकर कहता था, 'मैं चेतावनी देता हूँ कि...।' उसका विश्वास था कि इस तरह चेतावनियाँ देने से लोग उसको रामजीलाल से अधिक बहादुर, त्यागी और गंभीर तथा विद्वान समझेंगे। वह गरजकर ऐलान करता कि आइंदे यदि यहाँ कोई भ्रष्टाचार की घटना हुई तो जनता उसको बरदाश्त नहीं करेगी।"[163]

दोहराने की आवश्यकता नहीं कि यही बाँकेलाल आगे चलकर अपने भ्रष्ट आचरण से जनता के साथ विश्वासघात करते हैं। 'छिपकली' कहानी में रामजीलाल के मालिक का वर्णन इस प्रकार किया गया है–

"उनका साँवला शरीर भारी-भरकम था और वे पीले मक्खन के रंग का बढ़िया सूट पहने थे। वे प्रगतिशील विचारों के व्यापारी समझे जाते थे, जिनसे इस अभागे देश को बहुत आशा थी। वस्तुतः उनको कुछ पवित्र क्षणों में यह समझ नहीं आता था कि वे रुपए कमाने के लिए पैदा हुए हैं या कला, संस्कृति एवं जनता की सेवा करने के लिए। अपने पिता की मृत्यु के बाद जब उन्होंने कार्यभार सँभाला तो वे टाटा-बिड़ला से आगे बढ़कर राष्ट्र का मस्तक ऊँचा करना चाहते थे। दो मिलें तो पहले से चलती थीं, इनके अलावा उन्होंने अन्य दिशाओं में हाथ-पैर फैलाए, लेकिन फौरन ही आशानुकूल सफलता न मिली तो टाटा-बिड़ला के खिलाफ होकर समाजवादी हो गए और कुछ वामपंथी पार्टियों को चंदा भी देने लगे। इससे उनकी इज्जत काफी बढ़ गई और वे देखते-ही-देखते कई विकासोन्मुख संस्थाओं के अध्यक्ष या संरक्षक बन गए। उनका अब

विश्वास हो गया था कि वे पैसे इसलिए पैदा करते हैं कि देश की तरक्की हो और इसी तर्क से प्रभावित होकर वे निर्दयतापूर्वक पैसे कमाने लगे थे।''[164]

यहाँ अमरकांत ने उस व्यापारी वर्ग पर व्यंग्य किया है जिनका एकमात्र उद्देश्य रामजीलाल जैसे लोगों का अधिकाधिक शोषण करके लाभ कमाना है। उन्हें किसी प्रकार की नैतिकता, मूल्य, आदर्श-सिद्धांत, कला, संस्कृति या जनसेवा से कोई सरोकार नहीं लेकिन जब एक दिशा में सफलता नहीं मिलती तो दूसरी तरफ खिंच जाते हैं। इस दल-बदल (पूँजीवाद से समाजवाद) में विचाराधारात्मक आग्रह नहीं है, जहाँ सफलता और लाभ मिले उसी तरफ ऐसे लोग हो जाते हैं।

'देश के लोग' कहानी में अमरकांत ने डिग्री कॉलेज में पढ़ाने वाले अखिल का वर्णन इस प्रकार किया है।

''वह एक लोकप्रिय अध्यापक था अर्थात् वह अकसर नए-नए फैशन की पोशाक पहनकर आता, शरारती लड़कों से दोस्ताने ढंग से बोलता, पढ़ाते वक्त कवियों तथा लेखकों की प्रेम-लीलाओं का विस्तारपूर्वक उल्लेख करता और गैरहाजिर छात्रों की हाजिरी बना देता।''[165]

यहाँ अमरकांत ने आज के लोकप्रिय अध्यापक की व्याख्या की है। उसकी लोकप्रियता का आधार अच्छा अध्यापन न होकर बाकी सबकुछ है। अपरिपक्व बुद्धि के छात्रों के बीच सस्ती लोकप्रियता हासिल करने की वृत्ति पर यहाँ व्यंग्य किया गया है। अखिल जैसे लोग लंबी-चौड़ी बहसों में बड़ी-बड़ी बातें करते हैं, सबमें कमियाँ ढूँढ़ते हैं लेकिन अपनी ओर इनकी नजर नहीं जाती–

''यह बात माननी पड़ेगी कि इस देश के लोग काहिल और कामचोर हैं, इसलिए न यहाँ कोई अच्छा कलाकार है, न कोई अच्छा वैज्ञानिक है, न अच्छी शासन-व्यवस्था है, न अच्छे नागरिक हैं...''[166]

देश में अच्छे नागरिक न होने की शिकायत वह अपनी बहसों में जोर-शोर से करता है लेकिन स्वयं उसमें जरा-सी भी इनसानियत नहीं है। वह अपने को श्रेष्ठ समझता है। एक गरीब-बीमार के साथ रिक्शे में बैठने में अपनी हेठी समझता है। उसके प्रश्नों का ढंग से उत्तर नहीं देता और उसके सड़क पर गिरकर छटपटाने और खून की उल्टी होने के बाद लुढ़क जाने पर भी उसके दिल में उसके प्रति सहानुभूति, करुणा या उसके लिए कुछ करने की भावना नहीं आती बल्कि वहाँ लगी भीड़ में से वह खिसक जाता है। इस पर कहानीकार ने टिप्पणी दी है कि ''अखिल चुपके से बाहर निकल आया, जैसे उसका वहाँ रुकना उचित न हो।''[167] यहाँ उस सफेदपोश वर्ग पर अमरकांत का आक्रोश व्यंग्य के रूप में प्रकट हुआ है जो पूरी तरह से संवेदनहीन है। किसी के दुख-तकलीफ उन्हें द्रवित नहीं करते लेकिन विचारक होने का दंभ वे करते हैं। 'दलील' का विनय भी इसी श्रेणी का पात्र है जो भाषण तो बड़े ही विचारोत्तेजक देता है जिनमें गरीबों की वकालत करता है लेकिन स्वयं वह इसी तिकड़म में लगा रहता है कि रिक्शा चालक को कम-से-कम पैसे किस प्रकार दे। इसी विसंगति पर अमरकांत ने इस कहानी

में व्यंग्य किया है।

इसी तरह 'घर' कहानी में प्रकाशकों की धूर्ततापूर्ण शोषणवृत्ति पर 'मुलाकात' में प्रकाशक और तथाकथित लेखक की तुच्छ मानसिकता पर, 'इंटरव्यू', 'गले की जंजीर', 'काली छाया', 'दो चरित्र', 'फर्क' कहानियों में जन-प्रतिक्रियाओं के माध्यम से समूचे मध्यवर्ग की मानसिकता पर जिसके अंतर्गत वह हर विदेशी वस्तु को प्रशंसनीय समझता है[168] चाहे वह कलेक्टर का बँगला हो या कुत्ता। 'गले की जंजीर' में उस मानसिकता पर जिसके तहत उसके पास हर स्थिति के लिए तैयार-शुदा सुझाव रहते हैं जिनसे वह उस व्यक्ति को ही मूर्ख घोषित करता है जिसका कोई नुकसान हो जाता है। इसी तरह 'काली छाया', 'दो चरित्र' और 'फर्क' में मध्यवर्ग की उस मानसिकता पर अमरकांत व्यंग्य करते हैं जब कमजोर व्यक्ति उनके हत्थे चढ़ जाता है तो उसी पर वे अपना आक्रोश व पूरी मर्दानगी दिखाते हैं—उसे भला-बुरा कहते हैं[169] किंतु किसी शक्तिशाली के सामने भीगी बिल्ली बन जाते हैं, उसकी प्रशंसा करने लगते हैं। 'शक्तिशाली' कहानी की भी यही भाव-भूमि है।

'लड़की की शादी', 'जन्मकुंडली' और 'दुर्घटना' में सुविधा-जीवी वर्ग की अवसरवादिता, उनके द्वारा निम्नवर्ग के धूर्ततापूर्ण शोषण की चालाकी पर व्यंग्य है।[170] 'एक बाढ़-कथा' में प्रशासन-व्यवस्था की कार्य-प्रणाली पर व्यंग्य किया गया है कि एक समस्या पर निम्नवर्ग के लिए उसका ट्रीटमेंट कुछ और होता है और उसी समस्या पर संपन्नवर्ग के लिए उसका ट्रीटमेंट कुछ और।[171]

इस प्रकार अमरकांत की अचूक व्यंग्य प्रतिभा उनके कहानी-साहित्य में सर्वत्र व्याप्त है। अमरकांत व्यक्ति की शारीरिक विद्रूपता पर व्यंग्य नहीं करते, वे उसके छद्म व ढोंग पर व्यंग्य करते हैं। साथ ही इस तर्कहीन विसंगत व्यवस्था पर भी जिसने व्यक्ति को इतना विरूप कर दिया है। अपने सामाजिक संदर्भों के कारण अमरकांत के व्यंग्य विभिन्न वर्गों के अंतर्संबंधों में विद्यमान समस्त विडंबना और विसंगति को उजागर करते हैं। अमरकांत के व्यंग्य के विषय में मधुरेश का यह विश्लेषण सर्वथा उचित है कि "हिंदी कहानी में अमरकांत से पहले शायद ही किसी लेखक ने व्यंग्य को इस तरह सामाजिक धरातल पर प्रतिष्ठित करके उसका ऐसा सार्थक और सृजनात्मक उपयोग किया हो। मूल्यों में विपर्यय की स्थिति को भी अमरकांत व्यंग्यधर्मी लहजे में उभारते हैं जिससे एक ओर तो कहानी का इकहरापन, उसकी ऊपरी तौर पर मालूम पड़ने वाली सपाटता खत्म हो जाती है तथा उसकी बुनावट में संश्लिष्टता एवं जटिलता आ जाती है, वहीं वह हमारे समय व परिवेश के अंतर्विरोधों पर टिप्पणी का काम भी देती है।"[172]

संदर्भ

1. आधुनिक कहानी संग्रह, सं. श्रीमती सरोजिनी शर्मा, पृ. 20
2. आत्मकथ्य, अमरकांत, वर्ष-1, पृ. 32-33
3. अमरकांत की कहानियाँ, भाग-1, पृ. 130
4. "तब वह गधे की भाँति ढीचूँ-ढीचूँ कर उठता", वही पृ. 132
5. "मैंने इसके आगे रजुआ के संबंध में कुछ न पूछा। मैं अचानक डर गया कि यदि मैंने मामले में अधिक दिलचस्पी दिखाई तो हो सकता है कि मुझे उसकी लाश फूँकने का भी प्रबंध करना पड़े।"—वही, पृ. 146
6. अमरकांत की कहानियाँ, भाग-1, पृ. 132-33
7. वही, पृ. 136
8. वर्ष-1, पृ. 119
9. वर्ष-1, पृ. 81 (देश के लोग—28)
10. देश के लोग, 34, धारा प्रकाशन, इलाहाबाद, प्रथम—1969, लॉटरी खुलने की ख़बर मात्र से 'सप्ताहांत' के रामसंजीवन का भी व्यवहार परिवर्तित हो जाता है। (मौत का नगर, पृ. 278)
11. वही, पृ. 27
12. वही, पृ. 33
13. "उसकी माँ उसी की तरह दुबली-पतली और छोटी थी। वह कितना उसको तंग करता था...मन की बात न होने पर खाने की छिपुली पटक देता, पानी की घइली (घड़े) में थूक देता, ढेला चलाकर मार देता।" (देश के लोग, पृ. 38)
14. वही, पृ. 28-29
15. देश के लोग, पृ. 28-29
16. 6 फरवरी, 1977 को हुई एक बातचीत में डॉ. विश्वनाथ त्रिपाठी के यह कहने पर कि 'लेखक को अपने पात्रों की साइड नहीं लेनी चाहिए', प्रत्युत्तर में अमरकांत ने कहा, 'नहीं, लेखक को साइड भी लेनी पड़ती है'। (वर्ष-1, पृ. 209)
17. मेरी रचनाओं में अपने इतिहास की विसंगतियों एवं असफलताओं पर गंभीर चिंता व्यक्त की गई है, प्रगतिशील शक्तियों का पक्ष लिया गया है तथा बदलाव की व्याकुलता ध्वनित हुई है। 'डिप्टी कलेक्टरी' और 'मूस' को मैं इसी रूप में देखता है। वर्ष-1, अमरकांत, 119
18. मौत का नगर, रचना प्रकाशन, पृ. 271
19. वही, पृ. 270
20. मौत का नगर, पृ. 274
21. मौत का नगर, पृ. 275
22. "उनके पात्र छोटी-छोटी प्रवंचनाओं में फँसे, छोटी-छोटी चालाकियों के जरिए समाज की तथाकथित धुरी तक पहुँचने की कोशिश करते हैं।" (कलफ और खिजाब की दुनिया से दूर, ममता कालिया, वर्ष-1, पृ. 103)
23. देश के लोग, पृ. 84-85
24. वही, पृ. 85
25. वही, पृ. 79
26. देश के लोग, पृ. 89-90
27. वही, पृ. 87

28. मौत का नगर, पृ. 227-228
29. देश के लोग, पृ. 88
30. वही, पृ. 88
31. देश के लोग, पृ. 93
32. वही, पृ. 94
33. "इस तरह से नौकरी हो चुकी। यही करना है भैया तो तुम अपना रास्ता लो। पैसे हैं तो बहुत मिलेंगे तुम्हारे जैसे।"—अमरकांत की कहानियाँ, भाग-1, पृ. 81
34. वही, पृ. 84
35. अमरकांत की कहानियाँ, भाग-1, पृ. 85-86
36. क. "रात की बची हुई जली, मोटी लिट्टी और बासी, खट्टी महकती हुई जमी तरकारी। तरकारी न हुई तो पाँच-सात वर्ष पुराना आँवले का भुरभुरा गंदा अचार साथ में रख दिया जाता।" वही, पृ. 82-83

    ख. "पीतल की थाली में केवल उसी के लिए बनाए गए मक्के या सेल्हा भात ऊपरी आधी लिट्टी, बची-खुर्चा तरकारी और पानी की तरह दाल।".....वही, पृ. 83
37. वही, पृ. 83
38. वही, पृ. 86
39. अमरकांत की कहानियाँ, भाग-1, पृ. 86
40. वही, पृ. 82
41. मौत का नगर, पृ. 256
42. "सवेरे ही उठकर वह बाहर नीम के पेड़ से दातुन तोड़ लाता था।...वह घर की सफाई करता, कमरों में पोंछा लगाता, अँगीठी जलाता, चाय बनाता और पिलाता। दोपहर में कपड़े धोता और बरतन मलता।...किसी को मामूली-से-मामूली काम होता तो वह बहादुर को आवाज देता। 'बहादुर, एक गिलास पानी' 'बहादुर पेंसिल नीचे गिरी है, उठाना।' इसी तरह की फरमाइशें। बहादुर घर में फिरकी की तरह नाचता रहता।"—मौत का नगर, पृ. 258, 260
43. मौत का नगर, पृ. 261
44. वही, पृ. 263
45. वही, पृ. 266-267
46. "अरे वह सब झूठ है। मैं तो पहले ही जानती थी कि वे लोग बच्चों को कुछ नहीं देना चाहते, इसलिए अपनी गलती और लाज छिपाने के लिए यह प्रपंच रच रहे हैं। उन लोगों को क्या मैं जानती नहीं ? कभी उनके रुपए रास्ते में गुम हो जाते हैं...कभी वे गलती से घर ही पर छोड़ आते हैं।" वही, पृ. 268
47. मित्र-मिलन तथा अन्य कहानियाँ, पृ. 67
48. वही, पृ. 68
49. मित्र-मिलन, पृ. 68
50. वही, पृ. 68
51. वही, पृ. 71
52. मौत का नगर, पृ. 179
53. मौत का नगर, पृ. 182
54. वही, पृ. 183, 185
55. वही, पृ. 185

56. मौत का नगर, पृ. 186
57. वही, पृ. 187
58. मित्र-मिलन तथा अन्य कहानियाँ, पृ. 12
59. वही, पृ. 17
60. मित्र-मिलन, पृ. 18-19
61. वही, 71
62. मित्र-मिलन, पृ. 82
63. "बस्ती में यह जोर की अफवाह फैली कि अनिलेश का माँ-बेटी–दोनों से संबंध है"–मित्र-मिलन, पृ. 83
64. वही, पृ. 88
65. वर्ष-1, अमरकांत के व्यक्तित्व और कृतित्व की पड़ताल, इलाहाबाद प्रेस, पृ. 292
66. कहानी, नई कहानी, नामवर सिंह, पृ. 50
67. वर्ष-1, पृ. 59, 60
68. वही, पृ. 62
69. वही, पृ. 65
70. वर्ष-1, पृ. 68
71. वही, पृ. 70
72. वर्ष-1, पृ. 73
73. मौत का नगर, पृ. 228
74. "उधार लेने, बिना सब्जी के रोटी खाने तथा पैदल चलने में वह अत्यधिक दक्ष हो गया था।"–वही, पृ. 271
75. "बंदा के तो हमेशा आठ-दस खच्च हो जाते हैं..." वही, पृ. 270
76. वही, पृ. 274
77. मौत का नगर, पृ. 242, 246, 247, 250, 251
78. वही, पृ. 253
79. कुहासा, पृ. 120
80. वही, पृ. 120
81. "जब पढ़ने का समय आता तो शरीर में अजगर की तरह आलस्य घिर आता और समय बीतने पर जबरदस्त फुर्ती फैल जाती।" वही, पृ. 121
82. वही, पृ. 121
83. कुहासा, पृ. 128
84. कुहासा, पृ. 88
85. वही, पृ. 92
86. कुहासा, पृ. 95
87. वही, पृ. 96
88. "इस कोठरी का किराया अब तुम्हें चार रुपए देने पड़ेंगे।", वही, पृ. 98
89. वही, पृ. 96
90. वही, पृ. 89
91. कुहासा, पृ. 91
92. "देर तक उसके बालों पर हाथ फेरता, अपने प्रेम की सच्चाई की दुहाई देता।...कभी-कभी

पागल की तरह उसके पैरों को चूमने लगता।''—मौत का नगर, पृ. 221

93. ''वह खुश रहे, ऐसी हमेशा कोशिश करता। अपने हाथ से रोज मिठाई खिलाना, अच्छी-अच्छी साड़ियाँ, साबुन-कंघी, इत्र-फुलेल, रुपए-पैसे देना...''। वही, पृ. 221

94. मौत का नगर, पृ. 223-224

95. वही, पृ. 224

96. ''मेरे जैसा झूठा, बेईमान, नीच, घमंडी, बदकार कोई नहीं होगा।''—मौत का नगर, पृ. 216

97. ''...पर सच कहता हूँ, मुझे किसी से कोई मतलब नहीं। भैया, इस जीवन में कोई सार नहीं...।'' वही, पृ. 224

98. वही, पृ. 109

99. मौत का नगर, पृ. 109

100. वही, पृ. 116-117

101. वही, पृ. 117

102. मौत का नगर, पृ. 117-118

103. वही, पृ. 120

104. मौत का नगर, पृ. 21

105. वही, पृ. 315

106. वही, पृ. 312

107. मौत का नगर, पृ. 311

108. वही, पृ. 317

109. वही, पृ. 317

110. मौत का नगर, पृ. 320

111. कुहासा, पृ. 29

112. वही, पृ. 28-29

113. वही, पृ. 28

114. कुहासा, पृ. 19

115. वही, पृ. 22

116. 'अतएव' त्रैमासिक पत्रिका, अंक-1, जुलाई-सितंबर, पृ. 50

117. वही, पृ. 51

118. 'अतएव' त्रैमासिक पत्रिका, अंक-1, जुलाई-सितंबर, पृ. 51

119. वही, पृ. 52

120. कुहासा, पृ. 97-98

121. द्रष्टव्य, वही, पृ. 96

122. मौत का नगर, पृ. 115

123. 'शक्तिशाली' का भोलाराम, 'कुहासा' के बाबू साहब, 'आमंत्रण' के ठाकुर जयमंगल सिंह, 'जन्मकुंडली' के शिवदास बाबू, 'छिपकली' के मालिक, 'पलाश के फूल' के राय साहब, 'लड़की की शादी' का वाचक, 'महान चेहरा' का अमूल्य , 'दुर्घटना' का राजेश।

124. 'वस्ती' के रामलाल और बाँकेलाल, 'अंतरात्मा' के विमल बाबू।

125. 'प्रिय मेहमान' का नीरज, 'देश के लोग' का अखिल।

126. 'कला प्रेमी' का सुमेर, 'जनमार्गी' के युवा कवि सुरेंद्र और कुसुम, 'मुलाकात' का कुसुमाकर, 'चाँद' कहानी का नवोदित कहानीकार।

127. मित्र-मिलन, पृ. 27-28
128. वही, पृ. 32
129. मित्र-मिलन, पृ. 33
130. ''उसने आजादी मिलने के बाद बहुत से लोगों को चोला बदलते हुए देखा। उनमें से कई तो ऐसे थे, जिनका वह बहुत आदर करता था। एक ओर शरणार्थियों की फौज, सारे वातावरण को विषाक्त करने वाली घटनाएँ और किस्से, सांप्रदायिक दंगों का दावानल और दूसरी ओर सत्ता एवं सुविधाओं के लिए दौड़। चारों ओर जातिवाद, क्षेत्रवाद और संप्रदायवाद का नृत्य दिखाई देने लगा। कालाबाजार, भ्रष्टाचार, गुटबाजी, परमिट-परस्ती, धक्कम-धुक्की।''—आत्मकथ्य, अमरकांत, वर्ष-1, पृ. 29
131. मित्र-मिलन, पृ. 34
132. ''उसके साथी भी, जो आजादी की हर लड़ाई में और जेल में उसके संग रहे थे, धनी, मोटे, सभ्य और सुसंस्कृत हो गए थे। वे उसको या तो पहचानते नहीं थे या देखकर मुँह फेर लेते थे। राजनीति, शिक्षा-संस्थाओं, सरकारी कार्यालयों में, जहाँ भी थे, वे जाति, धर्म और गुट का संघटन करके शक्ति हथियाए हुए थे और दूसरों को उपदेश देते थे। उनको भविष्य की कोई चिंता नहीं थी। उनकी काफी इज्जत भी थी।''—देश के लोग, पृ. 12
133. वही, पृ. 13-14
134. युवा-1, अमरकांत के नाम एक पत्र, संदर्भ 'हत्यारे' पृ. 83, वर्ष-1, पृ. 164
135. वर्ष-1 पृ. 128
136. वही, पृ. 128
137. मौत का नगर, पृ. 132-133
138. मौत का नगर, पृ. 186-87
139. देश के लोग, पृ. 91
140. अमरकांत की कहानियाँ, भाग-1, इंटरव्यू, पृ. 18
141. वर्ष-1 पृ. 74-76
142. देश के लोग, पृ. 17
143. वही, पृ. 21
144. समय नए सवालों के उठाने का : मार्कण्डेय, वर्ष-1, पृ. 201
145. अमरकांत एक 'अस्तित्व'-वादी कथाकार : राजेंद्र यादव, वर्ष-1, पृ. 192
146. वही, पृ. 190
147. वर्ष-1, पृ. 327
148. मित्र-मिलन, पृ. 153
149. ''उन्होंने जैसा चाहा वैसा ही किया, मजाल है कि उनके सामने कोई जबान भी खोल सके।''—मित्र-मिलन, पृ. 135
150. वही, पृ. 136-137
151. वही, पृ. 134
152. मित्र-मिलन, पृ. 138
153. वही, पृ. 141-142
154. वही, पृ. 142
155. अमरकांत : एक पक्षधर लेखक की भूमिका—मधुरेश, वर्ष-1, पृ. 157
156. मित्र-मिलन, पृ. 98

157. 'म्यान की दो तलवारें' में मदमस्त दुर्गुणों को ही महानता की पहचान समझता है—"वह जानता था कि सभी महान व्यक्ति, टॉलस्टॉय, रूसो आदि असाधारण दुर्बलताओं के आगार थे, इसलिए उसने 'विकल' से महान बनने के लिए उससे अधिक व्यभिचारी और दुर्व्यसनी होने का निश्चय कर लिया।"—देश के लोग, पृ. 108

158. मित्र-मिलन, पृ. 103

159. मित्र-मिलन, पृ. 101

160. "व्यंग्य अमरकांत का गढ़ है। इसका वे लगातार दोहरा इस्तेमाल करते हैं ताकि पक्ष-प्रतिपक्ष कोई पूरी तरह आश्वस्त न हो पाए"—ममता कालिया, वर्ष-1, पृ. 104

161. वर्ष-1, पृ. 173

162. 'अंतरात्मा' के अंतर्गत ऐसे महत्त्वाकांक्षी, कूटनीतिज्ञ, अवसरवादी नेता पर व्यंग्य है। द्रष्टव्य, मौत का नगर, पृ. 282

163. मित्र-मिलन, पृ. 33

164. देश के लोग, पृ. 90

165. वही, पृ. 127

166. देश के लोग, पृ. 127

167. वही, पृ. 133

168. यही प्रवृत्ति कई अन्य कहानियों में भी—
   क. 'शुभचिंता' का ज्ञान जानसन तथा शॉ की हाजिरजवाबी के भक्तों में एक है। (अमरकांत की कहानियाँ, भाग-1, पृ. 48)
   ख. 'देश के लोग' का अखिल विदेशी साहित्यकारों को ही प्रतिभाशाली मानता है। (देश के लोग, पृ. 131)
   ग. कबड्डी का वाचक इस खेल को गँवारू और बेकार समझता है क्योंकि विदेश के लोग इसे नहीं खेलते। (कुहासा, पृ. 114)
   घ. पढ़ाई भी अमेरिका में अच्छी है—ऐसी 'अमेरिका की यात्रा' के वाचक की धारणा है। (कुहासा, पृ. 121-122)

169. 'जिंदगी और जोंक' में भी यही स्थिति है।

170. 'बहादुर', 'नौकर', 'कुहासा' और 'जिंदगी और जोंक' में भी घरेलू नौकरों के अमानवीय शोषण पर व्यंग्य है।

171. "ठीक है कि बाढ़ हर साल आती है और बाढ़ नियंत्रण के वादे हर साल किये जाते हैं, भाषणों और वक्तव्यों में हर वर्ष यह आश्वासन दिया जाता है कि शीघ्र ही नगर में कुछ शक्तिशाली पंपों की व्यवस्था कर ली जाएगी—पर अच्छे पंप अब भी यहाँ हैं कहाँ ? खैर इस बार जिलाधीश इतने होशियार थे कि जल्दी ही समझ गए कि यह समय भाषणों का नहीं है।"—कुहासा, पृ. 102

172. अमरकांत पर कुछ जरूरी नोट्स, यदुनाथ सिंह, वर्ष-1, पृ. 226

अमरकांत की कहानियों का शिल्प

अमरकांत की कहानियों का कला-पक्ष भी संवेदना-पक्ष की भाँति पुष्ट है। उनकी रचनाओं की कलात्मकता संवेदना को रूपायित करती है। वस्तुतः रचनाकार की संवेदना अभिव्यक्त होने के लिए रूप ग्रहण करती है। अमरकांत वस्तु की दृष्टि से ही नहीं रूप की दृष्टि से भी प्रेमचंद की परंपरा के वाहक हैं। "अमरकांत ने सपाट वर्णन की उस पद्धति का उपयोग किया है जो प्रेमचंद का विकास भी है और प्रेमचंद के बाद के आत्मकेंद्री रूपवाद से सचेत प्रस्थान भी है। शिल्प अमरकांत के लिए सहज अभिव्यक्ति का हिस्सा है और अभिव्यक्ति का संयम रचनात्मक प्रभाव का खास गुण है।"[1]

सहज अभिव्यक्ति

उनकी कहानियाँ हमें चौंकाती या चमत्कृत नहीं करती, बल्कि प्रभावित करती हैं।[2] अमरकांत की अभिव्यक्ति की शैली अभिधा-प्रधान है। सीधे-सादे शब्दों में बाह्यांतर का चित्रण और वर्णन करते हैं। संवेदना उनके यहाँ स्थितियों के गुंफन से उत्पन्न होती है। "उनकी कहानियाँ, ऊपरी तौर पर कैसी भी शिल्प सजगता में जैसी हीन और असावधान दिखाई देती है, वैसी हैं नहीं। यह बात अलग है कि अपनी सादगी के कारण वह सजगता, उतनी आसानी से पकड़ में नहीं आती है जितनी आसानी से राजेंद्र यादव, रेणु या निर्मल वर्मा की कहानियों में आ जाती है। इन कहानीकारों की तरह अमरकांत की कहानियाँ कहीं भी अपने प्रभाव से अभिभूत और जड़ नहीं करतीं, वे हमें टीसती और झकझोरती-सी हैं।"[3]

नाट्य-दृश्यता

रचना की वस्तु या स्थिति के वर्णन या चित्रण को पाठक तक पूरी तरह संप्रेषित होने के लिए इतना वास्तविक होना पड़ता है कि वह पाठक के सामने साक्षात् हो जाए। रचनाकार किसी वस्तु या दृश्य को जिस दृष्टिकोण से देखता है अथवा उसके पक्ष को लेकर वह चलता है उसे उसी रूप में पाठक को संप्रेषित कर पाना ही उसकी सफलता का प्रमाण है।

वस्तुतः कलात्मकता का कार्य बाह्यांतर यथार्थ को चित्रित करना है। इस चित्रण के ही माध्यम से वह रूप ग्रहण करके पहचान में आता है और संप्रेषित होता है। यह

चित्रण-प्रक्रिया नाट्य-दृश्यता, सादृश्य-विधान आदि में दिखाई पड़ती है।

पात्र की केवल बाह्य रूपाकृति के चित्रण से पात्र का समग्र चित्र या बिंब पाठक के मन में नहीं उभरता। क्योंकि यह एक स्थिर चित्र होता है। पात्र की चेष्टाओं, उसके आचरण या स्थिति-विशेष में अन्य पात्रों के प्रति उसकी प्रतिक्रिया या परस्पर घात-प्रतिघात, उस स्थिर चित्र को गतिशील, सजीव और विश्वसनीय बनाते हैं। इससे जहाँ स्थिति का विकास होता है वहीं पात्र के चरित्र का उद्घाटन भी होता है। किसी विशेष स्थिति के अंतर्गत विभिन्न पात्रों की चेष्टाएँ व अन्य पात्रों को लेकर उनकी प्रतिक्रियाओं के माध्यम से ही कहानीकार कहानी की संवेदना निर्मित करता है और 'जिस ढंग से' कहानीकार इस संवेदना या प्रभाव की सृष्टि करता है, वस्तुतः वही उसका रूप-पक्ष है।

अमरकांत की संवेदना मूलतः स्वातंत्र्योत्तर भारत की संवेदना है। उनकी कहानियाँ स्वातंत्र्योत्तर भारत के मोहभंग, विसंगति और विडंबना को व्यक्त करती हैं। इसी का दबाव उनकी कहानियों के रूप-पक्ष पर भी पड़ा है।

अमरकांत की संवेदना का विश्लेषण करते हुए हमने देखा कि अमरकांत करुणोन्मुख व्यंग्य के कहानीकार हैं। और इस व्यंग्य का आधार विषमता है। अमरकांत जैसे कहानीकार के यहाँ यह व्यंग्य अपने साथ नाट्य-दृश्यता अवश्य लाता है। कहानीकार स्थितियों की योजना इस प्रकार करता है कि उसमें दृश्यता महत्त्वपूर्ण हो उठती है। नाटकीयता चित्रण के सहारे आती है। जहाँ द्वंद्वात्मकता का वहन करने वाले पात्रों की चेष्टाएँ विस्तार से चित्रित होती हैं, वहाँ नाटकीयता का रंग गहरा हो जाता है। दृश्यता और रचनाकार की अनुपस्थिति चित्रण के लिए अनिवार्य है। चित्रण में तटस्थता भी रचनात्मक छल ही है क्योंकि तटस्थता या अनुपस्थिति के बावजूद जिन स्थितियों को जुटाया जाता है, वे रचनाकार के बोध से गहरे तौर पर जुड़ी होती हैं लेकिन इस छल की भी रचनात्मक उपयोगिता और सार्थकता होती है। नाटकीय कौशल पात्र के अंतर्बाह्य को स्वचं चित्रित कर देता है, वहाँ रचनाकार को अपनी ओर से कुछ कहने की जरूरत नहीं पड़ती। पात्रों की चेष्टाएँ शब्दों की अपेक्षा बहुत कुछ प्रकट कर जाती हैं क्योंकि नाटकीय तत्त्व कहता नहीं, दिखा देता है। उसका लक्षण दृश्यता है, कथन नहीं। कथन में भी नाटकीयता होती है, यह अलग बात है।

चित्र में विवरण होता है, रंग और रेखाएँ होती हैं। मूर्ति में घनत्व होता है, और नाटकीयता एक से अधिक पात्रों की चेष्टाओं में, जो किसी द्वंद्व पर आधारित होती हैं। कभी-कभी एक व्यक्ति अपने को विभाजित करके परस्पर-विरोधी बातें करता या सोचता है तब भी नाटकीयता आ जाती है जैसे मुक्तिबोध की 'अँधेरे में' कविता में। स्वातंत्र्योत्तर भारत में कथनी और करनी का अंतर व्यक्तित्व को विभाजित करता है। यह विभाजन नाटकीयता भी उत्पन्न करता है और एक प्रकार का आत्मनिर्वासन भी। संवेदना के अंतर्गत यह भी चर्चा की गई कि आदर्श, सिद्धांत और मूल्य स्वातंत्र्योत्तर भारत में मुखौटे बन गए। ये मुखौटे स्वातंत्र्योत्तर भारत की खास पहचान बन चुके हैं। इन्हीं के माध्यम से मूल्यों, आदर्शों व सिद्धांतों का धूर्ततापूर्ण उपयोग हो रहा है। 'मुखौटे'

से हमें स्थितियों की नाटकीयता को समझने में आसानी होगी।

कथनी-करनी का अंतर

अमरकांत के अधिकांश (मुख्यतः मध्यवर्ग तथा उच्चवर्ग के) पात्र प्रायः दोहरे व्यक्तित्व वाले हैं। वे प्रायः आदर्श और सिद्धांत के मुखौटे धारण करके अपना वास्तविक रूप छिपाए रखते हैं। विभिन्न स्थितियों की संयोजना से अमरकांत ने अपनी कहानियों में इनके वास्तविक रूप को उद्‌घाटित किया है। व्यक्ति अपने बारे में जो कहता है या प्रदर्शित करता है और वह जो आचरण या व्यवहार करता है, उसमें जब कहीं कोई संगति नहीं होती बल्कि वे एक-दूसरे के बिलकुल विरुद्ध होते हैं तो इन दोनों की द्वंद्वात्मकता नाटकीयता को जन्म देती है।

'जन्मकुंडली' के शिवदास बाबू के कथन और व्यवहार का अंतर इसी नाटकीयता की सृष्टि करता है।

"वह हलकी-सी भुनभुनाहट वाली आवाज में बोले, देखो, मैं कुछ करूँगा। मैं तो हमेशा तुम लोगों के लिए चिंतित रहता हूँ। दिन-रात तुम्हीं लोगों के बारे में सोचता रहता हूँ, जो कुछ कर रहा हूँ, तुम्हीं लोगों के लिए कर रहा हूँ। तुम सोच नहीं सकते कि किन परेशानियों में मुझे रहना पड़ता है। पर मैं अपनी जान की परवाह नहीं करता।...यहाँ तो नींद ही नहीं आती। दिन-रात देश, समाज, जाति व धर्म आदि के कल्याण के लिए सोचते रहते हैं—पर इसके बदले में मुझे मिलता क्या है ?"[4]

उनके इस देश-सेवा और परोपकारिता के मुखौटे के बावजूद उनका व्यवहार वास्तविक रूप का उद्‌घाटन कर देता है। भैयालाल, जिससे वे इस प्रकार हितचिंतक की भाव-भूमि से बात करते हैं, को उन्होंने अपने बँगले में एक कोठरी रहने को दे रखी है जिसके बदले वे उससे रोज अहाते और बँगले में झाड़ू लगवाते हैं, फूल-पौधों की क्यारियों में पानी डलवाते हैं, रात को बँगले की चौकीदारी करवाते हैं। इसके अलावा भी सुबह-शाम जब तक वह बँगले में रहता, उससे कुछ-न-कुछ काम वह कराते रहते हैं और फिर भी उससे दो रुपए महीने कोठरी का किराया भी लेते हैं लेकिन इतने पर भी उन्हें संतोष नहीं होता वे भैयालाल से पूछते हैं—

"इस कोठरी का कुछ देना पड़ता है तुम्हें ? मुझे याद नहीं आ रहा है..."

"दो रुपए मालिक..."

"भई यह कम है। समझो, तुम मुफ्त में राजमहल में रह रहे हो। मैं भी कहूँ... खैर। हाँ, इस समय मैं कुछ परेशानी में हूँ और तुम लोग हो कि नोट बटोरे जा रहे हो। भई, तुम अब दे सकते हो, इस कोठरी का किराया अब तुम्हें चार रुपए देने पड़ेंगे...।"[5]

यह शिवदास बाबू जैसे व्यक्ति का वास्तविक चेहरा है कि सफल ठेकेदार होते हुए वे परेशानी में हैं और किराए का रिक्शा लेकर चलाने वाला उनकी दृष्टि में नोट बटोरे जा रहा है। उनकी कथनी और करनी का यह विरोध कहानी की स्थिति को नाटकीयता

प्रदान करता है। इसी प्रकार की स्थिति अमरकांत की कहानी 'मुलाकात' में भी है। लेखक और प्रकाशक कुसुमाकर एक आगंतुक से अपने उन गुणों की डींगे मारता है जो वास्तव में उसमें हैं ही नहीं। उन्हीं गुणों की आड़ में वह अपनी धूर्तता, स्वार्थपरता और काइयाँपन पर आवरण डालता रहता है–

''हाँ, आप वहाँ कॉलेज-वॉलेज में हैं, मेरी कोई किताब लग सके...कोई ऑर्डर...।''

''मैं इसका ध्यान रखूँगा। कॉलेज की मैनेजिंग कमेटी पर मेरा भारी प्रभाव है... मेरा विश्वास है, कुछ-न-कुछ हो जाएगा।''

''सचमुच ?''

''जी हाँ।''

''हाँ देखिएगा इसको। भई, मैं तो किसी से सिफारिश नहीं करता, किसी को घूस नहीं देता। कोई और सेवा ?'' कुसुमाकर की खीसें निकल आईं।[6]

यहाँ कुसुमाकर के शब्द ही उसके चरित्र के दो मुँहेपन को उद्घाटित कर रहे हैं। वह स्वयं आगंतुक से कॉलेज में अपनी पुस्तक लगवाने के लिए सिफारिश करके भी तुरंत कहता है कि मैं किसी की सिफारिश नहीं करता। यह भी कहता है कि किसी को घूस नहीं देता, साथ ही पूछता है कि कोई और सेवा।

इस तरह के पात्रों की संख्या अमरकांत की कहानियों में कम नहीं है। 'पलाश के फूल' के राय साहब भी आकंठ सांसारिकता में डूबकर भी वैराग्य की बात करते हैं–

''मैंने बड़ी दौड़-धूप की, रुपए खर्च किए और किसी तरह करीब पचहत्तर बीघे जमीन खुद काश्त करवा ली। बताओ, अगर उसकी दया न होती, तो सारी जमीन चली न जाती ?...कहाँ तक गिनाऊँ ? छोटा लड़का आवारा निकला जा रहा था, मैंने मिल-मिलाकर दो-तीन ठेके दिलवा दिए...अब हजारों पीटता है। बड़ा लड़का बनारस में कमिश्नरी में वकील है। गाँव पर आटा की चक्की और चीनी का कारखाना खुल गया है। पिछले साल से पंचायत का सभापति भी हो गया हूँ...सच पूछो तो रोब-दाब में कमी नहीं आई है। और यह किसकी बदौलत ? सब सरकार की कृपा का फल है। वह कुछ उदास से हो गए–तुम्हारी दुआ से मुझे किसी बात की कमी नहीं, जमीन-जायदाद, बाग-बगीचे, इज्जत-आबरू, बाल-बच्चे सबकुछ हैं...पर सच कहता हूँ, मुझे किसी से कोई मतलब नहीं। भैया, इस जीवन में कोई सार नहीं...।''[7]

राय साहब धन-संपत्ति, पद-प्रतिष्ठा के लिए पूरी भाग-दौड़ करके जिस निर्लिप्तता की मुद्रा अपनाते हैं, वह नाटकीयता उत्पन्न करती है। अमरकांत की 'हत्यारे' कहानी में तो सर्वत्र ही भाषिक स्तर पर नाटकीय व्यंजना की गई है जो इस कहानी के दोनों बड़बोले युवकों के परस्पर वार्तालाप और उनके क्रिया-कलाप से रूप ग्रहण करती है। एक ही उदाहरण पर्याप्त होगा–

''–साले, जूते निकालकर हाथ में ले लो।–गोरे ने दुकान के निकट पहुँचकर फुसफुसाहट के स्वर में कहा।

—क्यों ?—साँवला चौंक उठा।

—मेरे आदेश का चुपचाप पालन कर। आज समय आ गया है कि हमारे नवयुवक बुद्धिमानी, मौलिकता, साहस और कर्मठता से काम लें। मैं पूर्ण अहिंसात्मक तरीके से उनका पथ-प्रदर्शन करना चाहता हूँ।

दोनों ने झटपट अपने जूते उतारकर अपने हाथों में ले लिए।

—भाग साले ! आर्थिक और सामाजिक क्रांति करने का समय आ गया है।''[8]

निर्धन और विवश स्त्री से अपनी वासना-पूर्ति कर उसे चालाकी से पैसे न देना ही इन दोनों युवकों के लिए बुद्धिमानी, मौलिकता, साहस और कर्मठता है। इनके अहिंसात्मक तरीके की परिणति आगे चलकर एक हत्या में होती है। गरीब स्त्री को लूटकर भाग जाने में ही इनकी सामाजिक और आर्थिक क्रांति है। नाटकीयता इस कहानी में आद्यंत व्याप्त है।

नाटकीयता का एक उत्कृष्ट उदाहरण 'डिप्टी कलेक्टरी' में भी दिखाई पड़ता है। जहाँ शकलदीप बाबू अपने पुत्र नारायण के डिप्टी कलेक्टर चुने जाने के प्रति काफी आशावान दिखाई पड़ते हैं, लेकिन वास्तव में मन में कहीं गहरे आशंका है कि हो सकता है वह न लिया जाए इसलिए अनेक स्थलों पर वे बड़े विश्वास के साथ उसके लिए जाने की बात कहते हैं।[9] वस्तुतः अपने मन के संशय से मुक्त होने के लिए ही वे इस प्रकार की बातें करते हैं लेकिन उनका संशय उन्हीं की बातों और चेष्टाओं से बार-बार मुखर हो जाता है—

''शकलदीप बाबू ने सड़क से गुजरती हुई एक मोटर को गौर से देखने के बाद धीरे-धीरे कहा, 'हाँ, देखिए, जहाँ, एक-से-एक धुरंधर लड़के पहुँचते हैं, सबसे तो बीस मिनट ही इंटरव्यू होता है, पर इनसे पूरे पचास मिनट। अगर नहीं लेना होता, तो पचास मिनट तंग करने की क्या जरूरत थी, पाँच-दस मिनट पूछताछ करके...'

गौरी ने सिर हिलाकर उनके कथन का समर्थन किया और कमल ने कहा, 'पहले का जमाना होता, तो कहा भी नहीं जा सकता, लेकिन अब तो बेईमानी-वेईमानी भी नहीं होती।'

शकलदीप बाबू ने आँखें संकुचित करके हलकी-फुलकी आवाज में पूछा, 'बेईमानी नहीं होती न ?'[10]

यहाँ पहले वे बड़े विश्वास से कहते हैं कि अगर नहीं लेना होता तो इतनी देर तक इंटरव्यू नहीं लिया जाता लेकिन तुरंत ही उनके मन का संदेह पूछ बैठता है कि 'बेईमानी नहीं होती न'। शकलदीप बाबू के इसी संदेश से उत्पन्न बदहवासी उनके रात के एक बजे खाने को कुछ माँगने में भी प्रकट होती है। इस प्रकार 'नारायण के डिप्टी कलेक्टर होने का विश्वास' जिसे शकलदीप बाबू प्रकट करते हैं और 'न होने का संशय' जो उनके मन में गहरे तौर पर समाया है, इन दोनों का द्वंद्व यहाँ नाटकीयता की सृष्टि कर रहा है।

व्यंग्य

यथार्थ के अंतर्विरोधों का चित्रण नाटकीयता के साथ-साथ व्यंग्य का भी सहारा लेता है। कहना चाहिए कि सामाजिक विषमता व्यक्त होने के लिए व्यंग्य की कला अपनाती है। सामाजिक विषमता समाज-शरीर की विरूपता है। जिस प्रकार व्यक्ति की शारीरिक विरूपता हास्य तथा व्यंग्य को जन्म देती है, उसी प्रकार सामाजिक विरूपता भी। जो जहाँ जिस मात्रा में होना चाहिए उसका अभाव विरूपता और व्यंग्य को जन्म देता है। यह व्यंग्य प्रतिष्ठान-विरोधी और करुण होकर मानवीय बनता है। करुणा और प्रतिष्ठान-विरोध से रहित होकर वह दंत-नख विहीन हो जाता है और केवल विनोद या मनोरंजन की वस्तु बन जाता है।

विरूपता स्थितियों में होती है। उन्हें इस कौशल से संयोजित करना कि वे हास्य, करुणा और प्रतिष्ठान-विरोध से युक्त हो जाएँ—यह कला का कार्य है। निश्चय ही इस प्रक्रिया में भी रचनाकार का वैचारिक दृष्टिकोण सक्रिय रहता है। व्यंग्य उत्पन्न करने वाली स्थितियों में द्वंद्व रहता है। इन द्वंद्वात्मक स्थितियों की सक्रियता का चित्रण किया जाए तो उसमें नाटकीयता का भी समावेश हो जाता है। इसलिए जब सामाजिक वातावरण में कथनी-करनी का अंतर बहुत बढ़ जाता है तब रचनाधर्मिता में नाटकीयता के साथ-साथ व्यंग्य की भी संभावनाएँ बहुत बढ़ जाती हैं। (भारतेंदु युग इसका प्रमाण है) बल्कि गंभीर और सोद्देश्य सामाजिक व्यंग्य नाटकीय स्थिति में ही अधिक पूर्णता से प्रकट होता है। व्यंग्य सफल संपन्न वर्ग पर भी किया जा सकता है और असफल अभावग्रस्त वर्ग पर भी। संपन्न सफल वर्ग पर किया गया व्यंग्य उनके प्रति आक्रोश, घृणा उत्पन्न करता है और निम्न या अभावग्रस्त व्यक्ति के प्रति व्यंग्य उसके प्रति सामान्यतः करुणा उत्पन्न करता है या उसके माध्यम से अप्रत्यक्ष रूप से व्यवस्था के प्रति आक्रोश, विक्षोभ उत्पन्न होता है। 'जिंदगी और जोंक' में अमरकांत ने रजुआ के बारे में लिखा है कि "रजुआ इतना शक्तिशाली कतई नहीं था कि नौकर की महान जिम्मेदारियों को सँभाल सके।"[11] यहाँ रजुआ के माध्यम से कहानीकार उस व्यवस्था पर व्यंग्य कर रहा है जो नौकर नामक जीव के लिए किसी मानवीय व्यवहार की जरूरत नहीं समझती। नौकर से अधिक-से-अधिक काम लेकर उसका मनमाना शोषण करने की वृत्ति को ही 'महान जिम्मेदारियों' के माध्यम से व्यंजित किया है। इस प्रकार रजुआ पर किया गया व्यंग्य प्रकरांतर से व्यवस्था पर ही व्यंग्य बन जाता है।

व्यंग्यकार संपन्न वर्ग की सफलता की वास्तविकता को समझता है। वह जानता है कि यह वर्ग किन हथकंडों का इस्तेमाल करके सफलता प्राप्त करता है। अतः व्यंग्यकार के मन में शोषक या सफल व्यक्ति के लिए घृणा, विक्षोभ और विरक्ति होती है। उसी को मन में लिए वह सफल व्यक्ति की सफलता और वैभव का चित्रण करता है। उसे पढ़कर पाठक भी असलियत जान लेता है। उसके सामने सफलता की वास्तविकता खुल जाती है। उसके मन में भी सफल व्यक्ति के प्रति घृणा, विक्षोभ और आक्रोश उत्पन्न हो जाता है। 'घर' की कहानी के प्रकाशक बलराम का वर्णन करते हुए

कहानीकार ने लिखा है कि–

"उसका एक यह भी उसूल था कि लेखक को खिलाने-पिलाने में चाहे जितना खर्च कर दो, हक के नाम पर उसे पैसा न दो, क्योंकि किसी का हक देकर उसका हक नहीं मारा जा सकता। और दूसरे का हक ही अपनी इमारत होती है। और सबसे अधिक महत्त्व देता था वह हवा के रुख को, इसीलिए तत्कालीन प्रभावशाली अफसर, यूनिवर्सिटी-कॉलेजों के सर्वाधिक दबंग विभागाध्यक्ष, जोंक की तरह तिरछे चलने वाले अध्यापक, विभिन्न कार्यालयों के खाऊ क्लर्क, शासनारूढ़ दल के नेता या तो उसके नजदीकी रिश्तेदार निकल आते अथवा घनिष्ठतम मित्र बन जाते। इस तरह उच्च सिद्धांतवादिता और घोर गरीबी का जीवन व्यतीत करते हुए उसने एक आलीशान घर बनवा लिया था।"[12]

इस चित्रण के माध्यम से अमरकांत ने प्रकाशक की अवसरवादिता, चालाकी, धूर्तता को उद्घाटित किया है। कहानीकार ने उसे अवसरवादी, चालाक, धूर्त कहा नहीं है, बल्कि व्यंजित कर दिया है। वस्तुतः व्यंग्य में बात सीधे-सीधे नहीं कही जाती। लेखक अपनी तरफ से वस्तु या दृश्य का यथातथ्य वर्णन करता है। जैसाकि दिखाई पड़ रहा है। लेकिन उसी में से वास्तविकता उद्घाटित हो जाती है। इस प्रकार कहानीकार प्रत्यक्ष रूप से न कहकर वास्तविकता की व्यंजना करता है। संभवतः यही व्यंजना और व्यंग्य का संबंध है।

'कुहासा' कहानी का दूबर गरीबी के कारण ठंड से मर जाता है। उसकी मृत्यु पर कहानीकार ने लिखा–

"उसकी लाश देर तक पड़ी रही। बाद में कुछ भीड़ इकट्ठी हो गई। लाश लावारिस पाई गई थी। कुछ देर बाद उसे पोस्टमार्टम के लिए भेज दिया गया। यह मानना जरूरी था कि उसकी स्वाभाविक मृत्यु हुई थी या किसी ने जहर-वहर दे दिया था अथवा किसी ने गला घोंटकर मार डाला था।"[13]

यहाँ अमरकांत यह नहीं कहते कि व्यवस्था दूबर की मौत के वास्तविक कारण की तरफ ध्यान न देकर नितांत गैर-जरूरी कारणों में रुचि दिखाती है, उन्हें महत्त्वपूर्ण समझती है। व्यंग्य यहाँ व्यंजना के माध्यम से उत्पन्न होता है कि जो जानना चाहिए या मृत्यु के जिस कारण की संभावना सबसे अधिक हो सकती है, उन वजहों की या उसका समाधान खोजने की व्यवस्था उपेक्षा करती है। दूबर जैसे अभावग्रस्त व्यक्ति जिसका सारा संघर्ष जीवित रहते की कोशिश-भर है, ऐसे व्यक्ति की किसी से क्या दुश्मनी होगी कि कोई उसे जहर दे या गला घोंट दे। न ही उसको मारकर किसी को किसी भी तरह का कोई लाभ मिल सकता है। अतः इन दोनों कारणों से दूबर जैसे व्यक्ति की मृत्यु की संभावना न के बराबर है, और इन्हीं असंभव कारणों की पड़ताल यह व्यवस्था जरूरी समझती है। कहानीकार ने यहाँ इतना सबकुछ न कहकर निहायत तटस्थता के साथ मंतव्य लिख दिया है, अपनी तरफ से वह कोई टिप्पणी व्यवस्था पर नहीं देता। अतः व्यंग्य व्यंजना के माध्यम से प्रकट होता है और कहानी को अधिक

प्रभावोत्पादक बनाने में सहायक होता है।

व्यंग्य से मनोरंजन भी होता है, वह इसलिए कि पाठक सफल व्यक्ति, वस्तु या दृश्य की असलियत जान लेता है लेकिन वह पात्र या व्यक्ति फिर भी अपना मुखौटा नहीं उतारता और छद्म आचरण करता रहता है। अतः वास्तविकता को जान लेने के कारण उसका छद्म आचरण या स्वाँग पाठक का मनोरंजन करता है। 'पलाश के फूल' कहानी में स्थितियों के विकास के साथ-साथ राय साहब का चरित्र पाठक के मन में स्पष्ट होता जाता है। उनकी तिकड़मों और धूर्तता से पाठक परिचित हो जाता है। अतः जब वे अपने व्यवहार की धार्मिक और आध्यात्मिक व्याख्या करते हैं तो एक ओर जहाँ पाठक के मन में उनके प्रति घृणा और विक्षोभ उत्पन्न होता है, वहीं उनके स्वाँग पर हँसी भी आती है—

"भैया, ऐसा लगा कि मेरे दिमाग में एक रोशनी जल उठी है। सबकुछ साफ होता गया। मेरे अंदर कोई कह रहा था, नवलकिशोर, तुम आज तक शैतान के चक्कर में रहे, वही शैतान तुम्हारी इज्जत, जमीन-जायदाद, बाल-बच्चे—सभी कुछ छीनकर तुम्हें बरबाद करना चाहता है !...और बात सच थी ! तुम्हीं बताओ हृदय नारायण, एक फाहशा औरत में ऐसी ईमानदारी और लगाव का कारण क्या हो सकता है ? उसने पहले अपने रूप के जादू से मुझे वश में किया, फिर अपना प्यार जताकर मुझे उल्लू बनाती रही, मेरा रुपया-पैसा बरबाद करती रही...माया का असली रूप यहीं देख सकते हो !...तो मैं ज्यों-ज्यों सोचता गया, मुझमें उस औरत के लिए नफरत-सी भरती गई। मैं देर तक पश्चाताप की आग में जलता रहा और रोता रहा..."[14]

व्यंग्य कथनी और करनी के अंतर से प्रकट होता है। यानी रूप कुछ और तथा वस्तु कुछ और। इससे रूपक या नाटकीयता आ जाती है। जैसे स्वार्थ और चालाकी 'वस्तु' हो तो वह सदाशयता, विनम्रता, सेवा आदि के 'रूप' में प्रकट होगी। यह रूपांतरण और इसके आचरण में चित्रण नाटकीयता या स्वाँग को जन्म देते हैं। इससे व्यंग्य रचना में मनोरंजन करने वाला बन जाता है।

अपने परिवेश की विसंगतियों को अमरकांत बहुत ही पैनी दृष्टि से देखते हैं और उसे व्यंग्यधर्मी लहजे में व्यक्त करते हैं। व्यवस्था की अंतर्विरोधपूर्ण स्थिति को अभिव्यक्त करने का संभवतः यही सबसे उपयुक्त माध्यम है।

'कुहासा' कहानी में सूखे की वजह से त्रस्त दाने-दाने को मोहताज खेतिहर मजदूर झींगुर अपने 16-17 वर्षीय पुत्र दूबर को घर से निकाल देता है। दूबर भागकर शहर आ जाता है। भूख से व्याकुल दूबर सबसे पहले एक बाबू साहब का शिकार बनता है जिसके बारे में अमरकांत बताते हैं—"बाबू साहब को पोता हुआ था, जिसकी तेरही के अवसर पर पिछली रात को एक अच्छी-खासी दावत हुई थी। इस खुशी के कारण बाबू साहब मन में काफी उदार हो रहे थे, इसीलिए उन्होंने दूबर से सिर्फ पाँच घंटे डटकर काम लिया जिसकी वजह से वह अधमरेपन की स्थिति में पहुँच गया। बाबू साहब की इसलिए भी तारीफ करनी पड़ेगी कि काम खत्म होने पर उन्होंने दूबर के सामने पत्तल

पर रात का बचा हुआ खाना परोसवा दिया, जिसमें लकड़ी की तरह कड़ी—पूड़ियाँ-कचौड़ियाँ, कोंहड़े की बासी महकती सब्जी, पुलाव की भुरकनी और ढेर सारी मीठी चटनी थी लेकिन दही-बड़े और बूँदियाँ नदारद। 'ले ससुर, डटकर खा। बेटा, ऐसा खाना तुम्हारे सात पुश्तों ने न खाया होगा...।' बाबू साहब ने हँसते हुए कहा।

दूबर खाने पर कुत्ते की तरह टूट पड़ा। एक पूड़ी के सिर्फ दो टुकड़े वह करता था। सचमुच इतना अच्छा खाना उसने कभी नहीं खाया था। चलते वक्त बाबू साहब ने उसे डेढ़ रुपए देने की कृपा करते हुए कहा, 'लो मेरे जैसा शरीफ आदमी इस शहर में ढूँढ़ने पर नहीं मिलेगा। दूसरों को खिलाने-पिलाने ही में तो मैं बरबाद हो गया...।''[15]

गाँव में सूखे के कारण जहाँ 'गरीब लोग दाने-दाने को तरसकर घास-पात खाने लगे'[16] वहीं बाबू साहब जैसे लोग दावतें आयोजित कर रहे हैं। ऐसी दावतों पर तो मनमाना खर्च कर देते हैं किंतु एक गरीब को उसकी मजदूरी देने में पूरा काइयाँपन दिखाते हैं। दूबर को वे काम कराने के लिए इसलिए ही लाए थे कि वह दुबला-पतला, नाटा व कमजोर था और उसके द्वारा मोल-भाव करने की कोई संभावना नहीं थी। ऐसे व्यक्तियों के चरित्र उद्घाटन में कहानीकार का स्वर भी व्यंग्यात्मक हो गया है। वह बाबू साहब के 'उदार' मन की इसलिए प्रशंसा करता है कि उन्होंने दूबर से 'सिर्फ' पाँच घंटे डटकर काम लिया। यहाँ 'उदार' शब्द बाबू साहब की उदारता की पोल खोल रहा है। इसी तरह 'पाँच घंटे' के पूर्व 'सिर्फ' शब्द का प्रयोग उनकी शोषण-वृत्ति का ही उपहास उड़ा रहा है। आगे कहानीकार बाबू साहब की इसलिए 'तारीफ' करता है कि उन्होंने अपने पहले कहे अनुसार काम खत्म होने पर दूबर के सामने खाना परोसवा दिया। लेकिन इस तारीफ का निहितार्थ अगली पंक्ति में खुल जाता है जब कहानीकार खाद्य सामग्री का उल्लेख करता है। इतना खराब-बासी खाना शायद जानवर भी न खाना पसंद करें। दूबर न होता तो संभवतः बाबू साहब बचे हुए बेकार खाने को फेंकते ही, जिसे उन्होंने फेंकने की बजाय दूबर को दे दिया। दूबर का खाने पर कुत्ते की तरह टूट पड़ना जहाँ एक ओर यह संकेत करता है कि वह अत्यंत भूखा था, दूसरी ओर यह भी कि वह भोजन इनसान के खाने योग्य नहीं था। इसी प्रकार पाँच घंटे काम कराकर भी बाबू साहब उसे केवल डेढ़ रुपया देने की 'कृपा' करते हैं और घोषित करते हैं कि खिलाने-पिलाने में वे 'बरबाद' हो गए और यह भी कि उनके जैसा 'शरीफ' आदमी ढूँढ़े न मिलेगा। यहाँ अमरकांत 'उदार', 'सिर्फ', 'तारीफ', 'कृपा', 'शरीफ' और 'बरबाद' आदि शब्दों द्वारा बाबू साहब की शोषण-वृत्ति पर प्रच्छन्न रूप से व्यंग्य करते हैं। यहाँ इन शब्दों के अर्थ बिलकुल विपरीत हो गए हैं जो इस वर्ग की धूर्तता से युक्त शोषण-वृत्ति को उजागर करते हैं।

'कला प्रेमी' में कला संस्थाओं में हो रही धाँधली और उन निरर्थक मीटिंगों पर व्यंग्य किया गया है जिनका रचनात्मक उपयोग कुछ भी नहीं है और जिसके सदस्य तथा अधिकारी पद-प्रतिष्ठा और आर्थिक लाभ के लिए ही इन संस्थाओं से जुड़े हैं। ऐसी ही एक कला संस्था के अधिवेशन में पढ़ी जाने वाली रिपोर्ट के बारे में अमरकांत

लिखते हैं–

"लंबाई में उस रिपोर्ट की तुलना रावण के दरबार में हनुमानजी की पूँछ से की जा सकती है, जो गाँधीजी, पंडित नेहरू, मिसेज रंजन, राष्ट्र, मानवता, कला आदि की मिली-जुली जन्मकुंडली-सी प्रतीत होती थी। सारा हॉल असीम धैर्य के साथ जमुहाइयाँ लेता हुआ इस सारगर्भित रिपोर्ट को सुन रहा था।"[17]

यहाँ अमरकांत ने कला संस्थाओं की सभाओं में पढ़ी जाने वाली लंबी, निरर्थक और उबाऊ रिपोर्टों पर व्यंग्य किया है जिनमें नेहरू, गाँधी और अन्य नेताओं का उल्लेख अनावश्यक रूप से किया जाता है, जैसे नेहरू और गाँधी के बिना कोई भी भाषण पूरा नहीं हो सकता और फिर बड़ी होशियारी के साथ स्थानीय प्रभावशाली नेताओं को उनके समक्ष रख दिया जाता है तथा ऐसे भाषणों में राष्ट्र, मानवता आदि बड़े-बड़े शब्दों का प्रयोग धड़ल्ले से किया जाता है जबकि इन संस्थाओं का इन बृहत्तर सरोकारों से कोई लेना-देना नहीं होता। इन कला-प्रेमियाँ का एकमात्र उद्देश्य सत्ता, पद और अधिकाधिक सुविधाएँ प्राप्त करना होता है। इन सभाओं में पढ़ी जाने वाली रिपोर्टों को सारगर्भित कहकर अमरकांत ने उनकी निरर्थकता पर व्यंग्य किया है, वहीं उसके साथ 'असीम धैर्य के साथ जमुहाइयाँ लेता हुआ' कहकर इस निरर्थकता को रेखांकित किया है। अमरकांत ने इस कहानी में कला संस्थाओं के अध्यक्ष, संरक्षकों आदि पर भी मिसेज रंजन के माध्यम से व्यंग्य किया है, जिनका कला से दूर-दूर तक कोई रिश्ता नहीं होता, कोई योग्यता नहीं होती लेकिन ऊँचे और संपन्न परिवार से संबंधित होने के कारण ऐसी संस्थाओं के शीर्ष पदाधिकारी बन बैठते हैं।[18]

"मिसेज रंजन अपने समय में खूब हसीन रह चुकी थीं। सौभाग्य से वे एक ऐसे ऊँचे और संपन्न परिवार से संबंधित थीं, जिसका हर सदस्य अथवा संबंधी मंत्री या बड़ा अफसर बनने के लिए ही इस धरती पर अवतरित होता है। उनके पति नीहार रंजन विदेशी दूतावासों में एक उच्चाधिकारी रह चुके थे और उनके एक संबंधी मंत्रिमंडल की शोभा बढ़ा रहे थे। वे शहर तथा प्रदेश में खूब प्रसिद्ध हो गई थीं। वे अनगिनत संगठनों, संस्थाओं, अकादमियों, विद्यालयों आदि की संरक्षिका अथवा अध्यक्षा थीं। यह कहना उचित होगा कि उनकी इच्छा के बिना सामाजिक एवं सांस्कृतिक जीवन का एक पत्ता भी नहीं हिल सकता था।

मिसेज रंजन की विशेषताएँ असंख्य थीं। जब वे भाषण देने उठती तो यह घोषणा अवश्य करतीं, 'मैं बहुत संक्षेप में अपनी बात कहूँगी' और इस आश्वासन के परिपालन में कम-से-कम दो-तीन घंटे लग ही जाते थे। उनकी भाषा भी अत्यंत शक्तिशाली होती थी, जिसमें हिंदी, उर्दू और अंग्रेजी शब्दों के अद्भुत मिश्रण के साथ स्त्रीलिंग और पुल्लिंग के इस्तेमाल में अविश्वसनीय मौलिकता से काम लिया गया होता था। उनकी उम्र पचास से ऊपर थी। वे दप-दप गोरी थीं और जवान स्त्री की तरह खूब छनककर बोलती और चलती थीं। वे बार-बार कंधों को उचकाती थीं, बदन को सिकोड़ लेती थीं और सिर को खूबसूरती से झटका देती थीं।"[19]

'सौभाग्य', 'अवतरित', 'शक्तिशाली', 'अद्भुत', 'मौलिकता' शब्दों का प्रयोग द्रष्टव्य हैं। यहाँ सौभाग्य मिसेज रंजन या उनके उन चापलूसों का हो सकता है जिन्होंने मिसेज रंजन की कृपा से कला-जगत में अपना स्थान बना लिया है। जन-सामान्य का तो यह दुर्भाग्य ही है कि ऐसे अयोग्य लोग अपनी संपन्नता और प्रभावशाली परिवार के आधार पर सभी शीर्ष पदों पर अपना कब्जा कर लेते हैं। 'अवतरित' उस मानसिकता पर व्यंग्य है जो इन गुण और प्रतिभा से हीन व्यक्तियों को इनकी उच्च सामाजिक व आर्थिक स्थिति के कारण ऊँचा समझते हैं और 'चापलूसी' करके उन्हें प्रसन्न करने के लिए अधकचरी भाषा को 'शक्तिशाली' कहते हैं और भाषिक-त्रुटि को 'मौलिकता' का नाम देते हैं।

जिन विशेषताओं को अमरकांत ने यहाँ दिखाया है, उससे पाठक के मन में एकदम स्पष्ट हो जाता है कि ये उनकी विशेषताएँ नहीं, कमियाँ हैं। उनमें अतिरिक्त आत्मविश्वास है, भाषा-विषयक अज्ञानता है और योग्यता के नाम पर केवल युवती-सुलभ अदाएँ हैं। यहाँ व्यंजना व्यंग्य का रूप धारण कर लेती है और मिसेज रंजन को प्रादेशिक कला-संघ के अध्यक्ष पद के अयोग्य सिद्ध करती है।

'छिपकली' कहानी में प्राइवेट फर्मों में हो रही धाँधली पर व्यंग्य किया गया है। "अजय कुमार मिश्र की प्रतिभा से मालिक के लाखों रुपए इनकम टैक्स के बचते थे, साथ में फर्म सदा घाटे में रहती थी, जिससे शेयर होल्डरों को लाभ नहीं मिलने पाता था। वह एक कुख्यात गाँधीवादी संस्था में काम करने का सम्मान प्राप्त करके यहाँ आया था, इसलिए उसको कई खातों का चक्रव्यूह बनाने में कमाल हासिल था।"[20]

यहाँ अमरकांत ने गाँधीवादी संस्थाओं में हो रहे भ्रष्टाचार की ओर गाँधीवादी संस्था के साथ कुख्यात शब्द के प्रयोग द्वारा संकेत किया है।

कथनी-करनी के अंतर्गत हमने देखा है कि कैसे सुविधा-जीवीवर्ग मूल्य, आदर्श, सिद्धांत और बड़े-बड़े शब्दों की आड़ लेकर अपनी स्वार्थपूर्ति कर रहा है और इन शब्दों की सहायता से सरल, निरीह, अभावग्रस्त वर्ग का शोषण सफलतापूर्वक करता है। अमरकांत के पात्रों के वार्तालाप में प्रयुक्त ये बड़े-बड़े आदर्शवादी शब्द तो अमरकांत की व्यंग्यात्मक शैली को प्रकट करते ही हैं साथ ही अमरकांत की स्वयं की भाषा भी समाज की विसंगति और दो मुँहेपन के वर्णन में इन्हीं शब्दों का इस्तेमाल करने लगती है जिनका अर्थ शब्दकोश से नहीं संदर्भों से ही खोजा जा सकता है–

"लोग अब अधिक चुस्त, होशियार, आधुनिक तथा महान हो गए थे।"[21] यहाँ शब्दों के सात्विक अर्थों की हत्या हो गई है। आज के संदर्भों में चुस्त, होशियार, आधुनिक और महान का अर्थ 'धूर्त', 'अवसरवादी', 'चालू' तथा 'शासन व राजनीति' में बड़े-बड़े पद हथिया लेना है।

'जिंदगी और जोंक' में एक स्थान पर कहानीकार ने मुहल्लेवालों के बारे में लिखा है–"उन्होंने मौका देखकर उसको अपनी सेवा का अवसर देना आरंभ कर दिया।"[22] यहाँ सेवा शब्द शोषण का पर्याय बन गया है।

'मैत्री' कहानी में विमल की कविता के बारे में कहा गया है—"वह उन्हीं कविताओं की महान परिपाटी में थी, जिनमें महाभारत के पात्रों या घटनाओं के प्रतीकों के सहारे निहायत ही अनोखी होशियारी की बातें पेश की जाती हैं।"[23]

'महान परिपाटी', 'अनोखी होशियारी' शब्दों का प्रयोग यहाँ द्रष्टव्य है। 'महान' यहाँ घिसे-पिटे का पर्याय हो गया है और 'होशियारी' यहाँ दाँव-पेंच का।

इसी प्रकार 'प्रिय मेहमान' में एक वाक्य है—"इस देश का दुर्भाग्य है कि यहाँ की लड़कियाँ पश्चिमी देशों की तरह फारवर्ड नहीं।"[24] यहाँ दुर्भाग्य देश का नहीं, नीरज जैसे स्त्री लोलुप का है और फारवर्ड शब्द यहाँ व्यापक अर्थ में प्रयुक्त न होकर काम-संबंधों की उन्मुक्तता के लिए प्रयुक्त हुआ है।

इस तरह के शब्दों और वाक्यों का अमरकांत ने बहुतायत से प्रयोग किया है। ऊपरी तौर पर ये शब्द या वाक्य धूर्त, चालाक और शोषक वर्ग के समर्थन में जाते हुए लगते हैं लेकिन ऐसा है नहीं। शब्दों का अपनी स्वार्थपूर्ति के लिए जिस प्रकार धूर्ततापूर्ण इस्तेमाल यह वर्ग करता है, उन्हीं की शब्दावली में अमरकांत उन पर व्यंग्य करते हैं। ममता कालिया के शब्दों में—"उन्हीं के बल्ले से उन्हें पीट देते हैं।"[25]

वस्तुतः जहाँ भी विसंगति, छल-छद्म और कथनी-करनी का अंतर है, अमरकांत ने उसे अपने तिलमिला देने वाले व्यंग्य के माध्यम से उद्घाटित किया है। स्वातंत्र्योत्तर भारत का यथार्थ ही इस प्रकार का है कि सब ओर विसंगति और भ्रष्टाचार का बोलबाला है। अमरकांत की तीक्ष्ण और संवेदनशील दृष्टि सब ओर जाती है। यही कारण है कि व्यंग्य उनकी रचना-कला में अंतःसलिला की तरह प्रच्छन्न रूप से सर्वत्र विद्यमान है और उनकी कहानी-कला की सर्वप्रमुख विशिष्टता बन गया है।

सादृश्य-विधान

हमने पहले चर्चा की है कि कहानीकार वस्तु या स्थिति को इस ढंग से चित्रित करता है कि वह पाठक तक पूरी तरह संप्रेषित हो सके अर्थात् किसी व्यक्ति, वस्तु, दृश्य या घटना को देखकर जो प्रभाव कहानीकार के मन पर पड़ रहा है, उसी को वह पाठक को संप्रेषित करना चाहता है। इसके लिए वह वैसा ही प्रभाव उत्पन्न करने वाली वस्तु या दृश्य या घटना को उपस्थित करता है—यही सादृश्य-विधान है। सादृश्य-विधान रचनाकार की अनुभव करने की तथा अभिव्यक्त करने की क्षमता को प्रकट करता है, साथ ही उसके भाव-बोध और वैचारिकता का भी परिचय दे देता है।

अमरकांत के सादृश्य-विधान में नवीनता के दर्शन होते हैं। नवीनता की कसौटी यह है कि किसी दृश्य या घटना को देखकर रचनाकार के मन में जो दृश्य या घटनाएँ, वस्तु या व्यक्ति कौंधते हैं, वे जीवन में परिचित होते हुए भी साहित्य में नए हों, अपरिचित हों।

अमरकांत का सादृश्य-विधान—उपमा, प्रतीक, विशेषण-क्रियाविशेषण, वर्णन या चित्रण तथा लोकोक्ति प्रयोग से निर्मित है।

1. उपमा—अध्याय के प्रारंभ में हमने चर्चा की थी कि न केवल संवेदना की दृष्टि से अपितु रूप या शिल्प की दृष्टि से भी अमरकांत प्रेमचंद की परंपरा के वाहक हैं। दृश्यता या चित्रण के लिए उपमा का प्रयोग प्रेमचंद की ही नहीं, अमरकांत की कहानियों का भी प्रमुख गुण है।[26]

अमरकांत की अधिकांश उपमाएँ मौलिक तथा सटीक हैं। प्रचलित उपमाओं का प्रयोग भी यथास्थान किया गया है। पात्रों के रूपाकार, वेश-विन्यास, सौंदर्य उनकी चेष्टाओं, उनके मनोभावों, उनकी ध्वनि या आवाज, उनकी विशिष्ट मुद्रा, स्थिति-विशेष में उनकी हालत, उनकी कार्य-पद्धति और व्यवहार तथा परस्पर-संबंधों को स्पष्ट करती अनेक उपमाएँ अमरकांत ने दी हैं। इसके अतिरिक्त आकाश, बादल, धूप, सड़क, स्थान, समय, रोशनी आदि की भी उपमाएँ यत्र-तत्र मिल जाती हैं। छोटी-से-छोटी बात को भी उपमा के माध्यम से कहना अमरकांत की विशिष्टता है। उनकी उपमाओं का विस्तृत विवेचन शोध-प्रबंध की सीमाओं को देखते हुए संभव नहीं है। कुछ उदाहरणों से इन उपमाओं को समझने का प्रयास हम यहाँ करेंगे।

(क) रूपाकार—''बड़े आदमियों की छड़ी के समान लंबे और तंदुरुस्त, भौंरे की तरह चित्ताकर्षक रंग, गाँजे की कई वर्ष पुरानी चिलम के समान खूबसूरत और मजबूत नाक, सँडासी की तरह होंठ—ऐसी ही सुंदर काया की उनकी आत्मा अधिकारिणी थी!''[27]

यहाँ कहानीकार ने बड़े कौशल से यदुनंदनजी की कुरूपता का वर्णन हास्यपूर्ण ढंग से किया है। उन्हें लंबे, तंदुरुस्त, चित्ताकर्षक रंग, खूबसूरत और मजबूत नाकवाला बताया है लेकिन इन विशिष्टताओं से पूर्व प्रयुक्त उपमान इनके अर्थ झुठलाकर वास्तविकता को प्रकट कर देते हैं।

''इस मूँछ ने शीघ्र ही कई कमाल दिखाए। जो एक नाचीज-सी हस्ती, पहले काले रिबन के एक छोटे टुकड़े की तरह दिखाई देती थी, उसके दोनों ही सिरे गुल्ली की तरह नुकीले होकर नीचे लटक गए और कुछ महीन बाद वही सिरे भाले की तरह ऊपर उठ गए।''[28]

बढ़ती हुई मूँछ के आकार को स्पष्ट करती ये उपमाएँ कहानीकार के सूक्ष्म पर्यवेक्षण की परिचायक है। मूँछ के बढ़ने के साथ-साथ उसके आकार में क्रमशः जिस प्रकार अंतर आता है, उन्हें ये उपमाएँ दृश्यमान कर देती हैं। अपने सभी प्रमुख पात्रों की शारीरिक विशेषताओं को उन्होंने इसी प्रकार मूर्त कर दिया है।

(ख) पोशाक—जहाँ पात्र की पोशाक विशिष्ट है या उसका चित्रण आवश्यक है, अमरकांत ने उसका उल्लेख किया है—

''पोशाक उस मदारी की तरह, जिसने दो-बार छोटे-मोटे शहरों में जादू का कमाल दिखाकर अपने को 'प्रोफेसर' घोषित कर दिया हो।''[29]

यहाँ अमरकांत ने अल्पतम शब्दों में 'संत तुलसीदास' उर्फ बबुआ रणबहादुर सिंह की पोशाक को चित्रित कर दिया है। यहाँ वे न तो बिलकुल मदारी की पोशाक बताते

हैं और न ही किसी जमे हुए प्रतिष्ठित जादूगर की। मदारी जब जादूगर बनने का प्रयास करेगा तो उसकी जैसी पोशाक होगी वैसी का चित्रण अमरकांत यहाँ उपमा के माध्यम से करते हैं।

(ग) सौंदर्य-चित्रण—सौंदर्य-चित्रण भी वे बहुत संयत ढंग से करते हैं—''वह इस बीच जल में भीगे गुलाब की तरह खिल गई थी।''[30]

पुरुष संपर्क में आने तथा युवावस्था में प्रवेश करती किशोरी के गदराए यौवन का चित्रण अमरकांत 'जल में भीगे गुलाब की तरह खिलने' की उपमा द्वारा बड़े कौशल से कर देते हैं।

(घ) चेष्टाएँ पशु-पक्षीवत्—पात्रों की विभिन्न चेष्टाओं—जैसे चलना, दौड़ना, घूरना, मुँह तनना, पीछे पड़ना, इनकार करना, काँपना, देखना, खाना, बीनना, झाँकना, सरकना, मुसकराना, हिलना, प्रहार करना, सिर हिलाना, छटपटाना आदि को अमरकांत ने प्रसंगानुसार विविध उपमाओं के माध्यम से रूपायित किया है। यहाँ यह उल्लेखनीय है कि अमरकांत ने पात्रों की चेष्टाओं की उपमा अधिकांशतः पशु-पक्षियों से दी है। इसका कारण संभवतः इस अमानवीय व्यवस्था की दारुण और तर्कहीन स्थितियाँ हैं, जहाँ मनुष्य पशु-स्तर पर रहने को विवश है।[31] यह व्यवस्था, व्यवस्था न रहकर जंगल में परिवर्तित हो जाती है। कहानीकार के अंतर्मन में घुमड़ते इस जंगल के कारण ही उनकी कहानियों के पात्र बार-बार पशु-पक्षियों जैसी चेष्टाएँ करते हैं।[32]

''वे भेड़ों की तरह एक-दूसरे से टकरा रहे थे। कभी-कभी वे कुत्तों की तरह चौंकने होकर इधर-उधर देख लेते।''[33]

यहाँ सांप्रदायिक दंगों से उत्पन्न भय और आतंक के वातावरण का चित्रण है जिसमें आत्मरक्षा हेतु एक संप्रदाय के लोग जत्था बनाकर ही बाहर निकलते हैं। अपने जत्थे के साथ बने रहने के प्रयत्न में वे एक-दूसरे से टकरा रहे थे उनका यह आचरण कहानीकार को 'जाते हुए भेड़ों के झुंड' की याद दिलाता है। इधर-उधर से आकर कोई अचानक उन पर वार न कर दे, इस भय से वे चौकन्ने होकर इधर-उधर देख लेते हैं, उनका चौकन्नापन कुत्तों की तरह है।

''एक क्षण ठिठककर शंकित आँखों से उसने मुझे देखा जैसे पक्षी दाना चुगने से पहले बहेलिया को देखता है।''[34]

पकड़े जाने के भय और शंका के कारण जिस दृष्टि से पक्षी बहेलिये को देखता है उसी दृष्टि से यहाँ अंजोरिया राय साहब को देखती है जो आगे चलकर उसके लिए बहेलिये के समान सिद्ध होते हैं।

''घायल पक्षी बार-बार पंख फड़फड़ाकर उड़े और गिर जाए, उसी तरह सीता कभी सिर का पल्ला सँभालती, कभी सीधे बैठती, कभी आगे झुक जाती, कभी कुर्सी पर पीठ टेक देती और कभी दाईं ओर मुड़कर मंजु से हँसकर कुछ भुनभुन कहती।''[35]

यहाँ अमरकांत ने ज्ञान के प्रति सीता के स्नेह-भाव की तीव्रता और उसे प्रकट न कर पाने की उसकी विवशता को उसकी चेष्टाओं के माध्यम से व्यक्त किया है। अपना

प्रेम प्रकट करने तथा ज्ञान का प्रेम पाने की उसकी व्याकुलता घायल पक्षी की चेष्टा के समान ही है, अतः यह उपमा सर्वथा सटीक है।

अमरकांत के पात्र बार-बार विभिन्न पशु-पक्षियों--गौरैया, चिड़िया, सुग्गा, कबूतर, कौआ, चील, चूहा, गिरगिट, साँप, अजगर, मछली, मुर्गियाँ, जोंक, मेमना, उल्लू, लंगूर, सूअर, खरगोश, बंदर, वनमानुष, साँड़, गीदड़, भैंस, भैंसा, गाय, घोड़ी, घोड़े, ऊँट, सारस, पतंगा, बाघ, बाघिन, केंचुआ, चमगादड़, गधा आदि के रूप में चेष्टाएँ करते हैं। अमरकांत के पात्र पशु-पक्षी जैसे हो नहीं जाते बल्कि बीच-बीच में वे उनकी जैसी चेष्टाएँ करते हैं। उनका रूप मनुष्य का ही रहता है लेकिन चेष्टाएँ या आचरण पशु-पक्षी के समान हो जाता है। यह एक स्तर पर मनुष्य के पशु-स्तर पर जीने को प्रकट करता है और दूसरे पर मनुष्यता और पशुता के द्वंद्व को रूपायित करता है। इससे उनकी बाह्यांतर स्थिति स्पष्ट हो जाती है। पात्रों की केवल चेष्टाओं की उपमा ही पशु-पक्षियों से नहीं दी गई, कहीं-कहीं मनोभावों की अभिव्यक्ति का माध्यम भी पशु-पक्षी बने हैं--

''अब सुरसती के बाबू का क्रोध खूँटा तुड़ाए भैंसे की तरह उन्मुक्त हो गया।''[36]

यहाँ क्रोध की अधिकता को कहानीकार ने 'खूँटा तुड़ाए भैंसे' के माध्यम से मूर्त कर दिया है।

(ङ) पशु-पक्षी से इतर उपमाएँ--पात्रों की चेष्टाओं की उपमा अनेक स्थानों पर पशु-पक्षियों के अतिरिक्त अन्य वस्तुओं से भी दी गई है--

''वे दुर्बल तथा बूढ़े आदमी थे, इसलिए उनसे तेज क्या दौड़ा जाता, वे पैरों में फुर्ती लाने के लिए अपने हाथों को इस तरह भाँज रहे थे, जैसे कोई रोगी मरियल लड़का अपने साथियों के बीच खेल-कूद के दौरान कोई हलकी-फुलकी शरारत करने के बाद तेजी से दौड़ने के लिए गरदन को झुकाकर हाथों को चक्र की भाँति घुमाता है।''[37]

यहाँ वृद्धावस्था से क्षीण शकलदीप बाबू, डिप्टी कलेक्टरी का इम्तहान देने जा रहे नारायण को भगवान का प्रसाद देने के लिए, चल पड़ी गाड़ी के साथ भाग रहे हैं। जिसे वे पहले नारायण के दोस्तों से शरम और संकोच के कारण नहीं दे पाए थे लेकिन गाड़ी खुलने पर उन्हें लगा कि अब भी नहीं दिया तो वे फिर नहीं दे पाएँगे और इम्तहान में सफलता के लिए उन्हें नारायण से अधिक ईश्वर पर भरोसा है उन्हें डर है कि यदि वे प्रसाद न दे पाए तो वह इम्तहान में पास नहीं हो पाएगा और उनका अब तक का पूजा-पाठ सब व्यर्थ हो जाएगा, अतः वे पूरी शक्ति से दौड़ पड़ते हैं। एक रोगी और मरियल लड़के की मुद्रा भी उनके जैसी ही होगी जोकि शरारत करके भागेगा लेकिन रोगी और मरियल होने के कारण वह पूरी कोशिश के बावजूद तेज नहीं दौड़ पाएगा। अतः यह उपमा इस दृश्य को पूरी तरह स्पष्ट कर देती है।

'सप्ताहांत' में रामसंजीवन अपने एक परिचित प्रेस-मालिक से एक झोला रद्दी कागज मुफ्त में लेने के चक्कर में है। बहुत टालने पर भी वह टलता नहीं। उसी प्रसंग में ''रामसंजीवन इस तरह मुसकरा रहा था, गोया किसी रूठी प्रेमिका को मना रहा हो।''[38] यहाँ रामसंजीवन की मुसकराहट में जो मनुहार, अपनापन और किसी भी तरह

से मना लेने का आत्मविश्वास है वह यहाँ इस उपमा द्वारा मूर्त हो गया है।

इसी तरह 'मौत का नगर' में सांप्रदायिक दंगों के कारण भय और आतंक के वातावरण में जीते हुए व्यक्तियों के संदर्भ में कहानीकार ने लिखा है कि "उनके शरीर ताजिए की तरह हिल रहे थे।"[39] यहाँ भय और आतंक से अशक्त और निर्जीव—प्रायः उनके शरीरों के हिलने-डुलने की तुलना ताजिए से करना वातावरण की भयावहता को स्पष्ट करने में सहायक है।

'सप्ताहांत' में रामसंजीवन की लॉटरी निकलने की खबर फैल जान पर "एजेंट उससे मीठा-वीठा खाने के लिए आग्रह करने लगा और रामसंजीवन किसी दामाद की तरह इनकार करता रहा।"[40] दामाद की तरह इनकार करने की उपमा मनोरंजक किंतु एकदम सटीक है। उसमें इच्छा होते हुए भी, अपनी स्थिति महत्त्वपूर्ण समझते हुए, औपचारिकता और संकोच से बार-बार मना करने का भाव पूर्णतया व्यंजित हो गया है।

(च) मनोभावों का चित्रण उपमा के माध्यम से—विभिन्न मनोभावों का भी सफलतापूर्वक चित्रण अमरकांत ने उपमाओं के माध्यम से किया है।

"सहसा उसका आक्रोश बालू के घरौंदे की तरह ढह गया।"[41]

विनय प्रकाशक से अपने बकाया पैसे लेने के लिए उसके आगे-पीछे चक्कर काटता रहता था और वह तरह-तरह के बहाने बनाकर टालता रहता था लेकिन आज विनय ने सोचा चाहे जो हो जाए वह अपना पैसा लेकर ही जाएगा किंतु जल्दी ही उसका आक्रोश समाप्त हो गया क्योंकि वह प्रकाशक का कुछ भी नहीं बिगाड़ सकता था और 'ऐसा न हो कि आज भी वह उसे टरका दे', इसका डर उसके मन में उत्पन्न हो गया। 'आक्रोश' की उपमा बालू के घरौंदे से करके उसके अस्थायित्व और कच्चेपन को चित्रित किया गया है। इसी प्रकार इंटरव्यू के लिए अंदर बुलाए जाने पर, जाते हुए उम्मीदवारों के भावों को समझने और उन्हें अभिव्यक्त करने की विलक्षण प्रतिभा का पूरा परिचय दे देता है—

"उनकी आँखें नीचे थीं और उनमें व्यर्थ महत्त्व, बनावटी सभ्यता तथा तुच्छ शरम के ऐसे भाव थे जैसे शादी के दिन मंडप की तरफ बढ़ते हुए दूल्हे के पीछे-पीछे धीरे-धीरे चलने वाले दूर के ऐरे-गैरे भाइयों के मुख पर दृष्टिगोचर होते हैं।"[42]

अपने-आप में कुछ भी न होकर स्थिति-विशेष के कारण स्वयं को महत्त्वपूर्ण समझने पर विभिन्न भाव जो चेहरे पर आते हैं, उनका दुर्लभ-चित्रण बड़ी कुशलता से उपर्युक्त उपमा के माध्यक से अमरकांत ने किया है। क्रोध, आशा, जोश, उत्साह, प्रसन्नता आदि अनेक मनोभावों को अमरकांत ने अपनी उपमाओं द्वारा बड़ी कुशलता से मूर्त किया है।

(घ) पात्रों की विभिन्न आवाजों की उपमा—विभिन्न अवसरों पर पात्रों की हँसी, उनका चिल्लाना, बोलना, सिसकना, किलकारी मारना, हिचकी लेना, रोना, गरजना, तड़पना आदि ध्वनियों को भी अमरकांत ने अपनी उपमाओं से मुखर किया है।

"सवेरे-सवेरे सिहरन-भरी और दाँत कटकटाती सर्दी में किसी नए कठिन शब्द के हिज्जे रटने वाले विद्यार्थी की तरह बचन के मुँह से आवाज निकलने लगी।"[43]

विनय द्वारा तमाचा खाने पर बचन के मुँह से निकली आवाज के कुछ-कुछ अस्पष्ट, अटकती हुई और काँपती हुई होने को स्पष्ट करने के लिए कहानीकार की यह उपमा सर्वथा नूतन है।

"उसकी हँसी बड़ी कोमल और मीठी थी जैसे फूल की पँखुड़िया बिखर गई हों।"[44]

यहाँ ध्वनि को कोमल कहकर कहानीकार ने उसे स्पर्श योग्य बना दिया है और मीठा बताकर उसे रसयुक्त कर दिया है और उसकी उपमा फूल की पंखुड़ियाँ बिखरने से करके उसे एक सुगंधित रंग-बिरंगा दृश्य बना दिया है। इस प्रकार हँसी को सभी इंद्रियों के लिए ग्राह्य बना दिया है जोकि सरल कार्य नहीं।

इसी तरह 'परमात्मा का प्रेमी' में आवाज की यह उपमा सर्वथा नवीन है—

"उनके गले से ऐसी आवाज निकल रही थी जैसे मलेरिया का रोगी कभी-कभी, धीरे-धीरे, काँप-काँपकर कराहता है।"[45] यहाँ आवाज के लगातार न निकलकर थोड़े-थोड़े अंतराल बाद निकलने, इसके मद्धम होने और कंपन से अस्पष्ट होने को मलेरिया के रोगी की आवाज से उपमा देकर प्रकट किया है।

(ज) कार्य-पद्धति/व्यवहार—पात्रों की कार्य-पद्धति और व्यवहार को भी अमरकांत ने उपमा द्वारा अल्पतम शब्दों में स्पष्ट कर दिया है। 'घर' कहानी के प्रकाशक बलराम सिंह के बारे में वे बताते हैं—

"वस्तुतः प्रकाशन जगत में जाकर वह उस औरत की तरह कमाल दिखाने लगा, जो सर्कस में काफी ऊँचाई पर बिना किसी सहारे, तार पर चलती है और वहाँ से बहादुरी से कूद पड़ती है।"[46]

बलराम सिंह जैसे बेईमान प्रकाशकों की आय का कोई सुसंगत रास्ता तो होता नहीं, जहाँ से लाभ मिल सके वही राह ऐसे लोग अपनाते हैं। न ही इनका कोई मूल्य या नैतिकता होती है। अपने लाभ के लिए ये कितने भी गिर सकते हैं। इनकी अनैतिक और शोषक कार्य-पद्धति को इस उपमा द्वारा कहानीकार ने बड़े संकेतात्मक ढंग से उद्घाटित कर दिया है।

इसी प्रकार 'छिपकली' में एक पात्र कमल के बारे में कहा गया है कि "उपयोगी अधिकारियों के पीछे इस तरह पड़ जाता, जैसे सेठों के पीछे पेशेवर तगड़े भिखमंगे।"[47]

पेशेवर तगड़े भिखमंगे, भिखारी होकर भी दीन-हीन नहीं होते, न ही आने-जाने वालों में अपने प्रति दया-सहानुभूति उत्पन्न करके भीख माँगते हैं। वे अपने डील-डौल से एक प्रकार का रोब और आतंक पैदा करते हैं ताकि अपना पीछा छुड़ाने के लिए कुछ-न-कुछ देने के लिए सामने वाला मजबूर हो जाए। कमल द्वारा उपयोगी अधिकारियों के पीछे बुरी तरह पड़ जाने को कहानीकार ने उस उपमा द्वारा बड़ी कुशलता से स्पष्ट कर दिया है।

(झ) विभिन्न मुद्राएँ—अपने पात्रों की विभिन्न मुद्राओं को भी अमरकांत ने अपनी

उपमाओं द्वारा मूर्त किया है—

"मेरा शरीर अकड़ गया था और छाती काफी निकल गई थी, गोया मैं बहुत मशहूर घुड़सवार हूँ।"[48]

यहाँ वाचक की मुद्रा ऐसी है जैसे वह कोई मशहूर घुड़सवार है जबकि वास्तविकता यह है कि अपनी घबराहट छिपाने के लिए वह असाधारण विश्वास प्रदर्शन करते हुए इस तरह की मुद्रा बना रहा है।

'परमात्मा का प्रेमी' में राम अवतारजी पत्नी के अस्वस्थ हो जाने पर डॉक्टर को बुलाने न जाना पड़े इसलिए बार-बार सोने का अभिनय करते हैं, कभी उठने का। उनकी इन्हीं मुद्राओं को अमरकांत ने अलग-अलग उपमाओं से सजीव कर दिया है—

"राम अवतारजी धीरे से उठकर बैठ गए, *जैसे* नींद से उठे हों और आँखें मलकर इधर-उधर देखने लगे। फिर चुपके से उठे और बाहर की अँधेरी और छोटी कोठरी में जाकर आँखें बंद कर चित पड़े रहे। *जैसे* वहाँ डेढ़-दो घंटे से सो रहे हों और घर के लोगों को उसकी खबर न हो।....राम अवतारजी कमरे में इस तरह पड़े थे, *जैसे* दिन-भर चार-पाँच घंटे लगातार चलने के पश्चात् कोई थका मुसाफिर दोपहर को किसी कदंब के वृक्ष के नीचे बेखबर सोया हो।...राम अवतारजी आँखें खोलकर इस तरह बैठकर आश्चर्य से इधर-उधर देखने लगे, *जैसे* गलती से बहुत देर तक सो चुके हों और अब यह पता लगाना चाहते हों कि अंदाजन समय क्या हो गया है।...इतना सुनते ही राम अवतारजी चुपके से चारपाई पर जाकर फिर आँखें मूँदकर लेट गए, जैसे देर से अभी सो ही रहे हों।...राम अवतार बाबू चित होकर छाती को हाथों से बाँधे हुए इस तरह लेटे हुए थे, *जैसे* छत के गिरने पर उसे छाती पर झेलने की प्रतीक्षा कर रहे हों।...राम अवतारजी ने अपने सीधे पड़े शरीर को थोड़ा हिलाया, फिर आँख मलकर उठकर चौंक पड़े, *जैसे* शाम होने वाली हो।...उन्होंने अपने दूसरे लड़के से, जो बाहर आकर पिता को देखकर वहीं थमकर खड़ा हो गया था। इस तरह कहा, जैसे नींद ही में हो..."[49] यहाँ राम अवतारजी जरा भी न सोकर बार-बार सोने और जागने का अभिनय करते हुए जो मुद्राएँ बनाते हैं, उपमाओं के माध्यम से उनका विश्लेषण उनके अभिनय को पाठक के सम्मुख साक्षात् कर देता है।

(ञ) जीवन-पद्धति/हालत—पात्रों की जीवन-पद्धति या स्थिति-विशेष में उनकी हालत को भी अमरकांत ने उपमाओं द्वारा बोधगम्य बनाया है—

"उसकी स्थिति उन त्यागी और अहिंसा-प्रेमी राजनीतिक नेताओं की तरह थी, जो जीवन-भर त्याग करने के बाद बुढ़ौती में पदारूढ़ होने पर अधिकार और मलाल के साथ शक्तिलोलुपता तथा भ्रष्टाचार का प्रदर्शन करते हैं।"[50]

जीवन में पहली बार सुख मिलने पर मूस का अभी तक दबा हुआ व्यक्तित्व जाग गया। उसे अपने पुरुषत्व और शक्ति का अनुभव हुआ। उसी के प्रदर्शन के लिए वह ऐंठ और गुस्से से लड़कों को डाँटता, कुत्तों को पीटता, बड़े लोगों की उपेक्षा करता तथा अपनी पत्नी परबतिया को मारता-पीटता। उसकी इस मानसिक स्थिति की उपमा

वृद्धावस्था में पद-सत्ता प्राप्त नेता से कर, उसे और अधिक स्पष्ट कर दिया है।

'संत तुलसीदास और सोलहवाँ साल' के रणबहादुर "अपने नवदांपत्य जीवन से संबंधित हरेक बात एवं करतब का इस तरह रस ले-लेकर वर्णन करते, जैसे कोई गरीब लड़का स्वादिष्ट मिठाई को उलट-पुलटकर देखता और थोड़ा-थोड़ा दाँत से काटते हुए काफी देर तक अपूर्व संतोष के साथ खाता रहता है।"[51]

इस प्रकार रसपूर्ण वर्णन बबुआ रणबहादुर के रसिक स्वभाव के अनुरूप ही है लेकिन उसके लिए ऐसी उपमा दे पाना अमरकांत के ही वश की बात है। कहीं-कहीं एक ही वस्तु को स्पष्ट करने के लिए उन्होंने एकाधिक उपमाएँ भी दी हैं जैसे—

"...अब दोनों की स्थिति ठीक छत्तीस की तरह हो गई। उनके संबंध आसानी से उस चरम स्थिति पर पहुँच गए, जब एक के दिन कहने पर दूसरे का रात कहना लाजिमी था। संक्षेप में, दो ग्रामीण संतों या एक ही मर्द की दो स्त्रियों या दो मुहल्ले के दो कुत्तों के बीच जैसा स्नेह होता है, ठीक वैसा ही स्नेह उन दोनों कवियों के बीच कायम हो गया।"[52]

यहाँ विकल और मदमस्त—दोनों कवियों के शत्रुतापूर्ण संबंधों को व्यक्त करने के लिए कहानीकार ने उपमाओं की एक लड़ी प्रस्तुत कर दी है। यहाँ भी अपने विशिष्ट अंदाज में प्रतिद्वंद्वियों के वैरभाव को वे स्नेह कहते हैं।

अमरकांत की अधिकांश उपमाएँ पात्र विषयक हैं अर्थात् कहानियों के विशिष्ट पात्रों के रूप, आकार, उनकी चेष्टाएँ, मनोभाव, कार्य-पद्धति, व्यवहार, स्थिति, मुद्रा आदि से संबंधित हैं।

(ट) अन्य वस्तुओं की उपमा—कहीं-कही अन्य वस्तुओं को भी उपमा के माध्यम से भी स्पष्ट किया गया है जैसे—

"आँखों के सामने से ही रात और दिन भविष्य के गर्भ से निकल-निकलकर इस तरह भागने लगे, जैसे छोटे-छोटे बच्चे बिस्तर पर पड़े अपने अशक्त बाबा की डाँट-फटकार और चीख-चिल्लाहट की उपेक्षा कर खेलने-कूदने के लिए घर से भाग निकलें।"[53]

समय के तेजी से बीतने को अमरकांत ने बड़ी सटीक उपमा से स्पष्ट किया है। यहाँ वाचक की कमजोर संकल्प-शक्ति की उपमा बिस्तर पर बड़े अशक्त बाबा से दी गई है जिसकी पुकार को अनसुना करके बच्चे खेलने के लिए भाग जाते हैं। वाचक की संकल्प-शक्ति दृढ़ न होने से दिन-रात खिसकते जा रहे थे और वह अपनी पढ़ाई नहीं कर पा रहा था। इस प्रकार के और भी अनेक उदाहरण अमरकांत की कहानियों में जहाँ-तहाँ मिल जाते हैं—

"सड़क से एक भारी ट्रक गुजर रहा था, जिससे धूल चारों ओर भाप की तरह उड़ने लगी।"[54]

"इस बीच बरामदे के ताक पर रखी ढिबरी की रोशनी किसी बीमार की फीकी मुसकराहट की तरह टिमटिमाती रही।"[55]

"सारा वातावरण इतना शांत था जैसे किसी षड्यंत्र में लीन हो।"[56]

''हवा अचानक तेज चलने लगी थी, जिससे कभी-कभी धूल सड़क पर हिरन की तरह भागती हुई उछल पड़ती थी।''[57]

''सौभाग्य से धर्मवाद, जातिवाद आदि मूँगफली की तरह लोकप्रिय थे।''[58]

उपमाओं का प्रयोग अमरकांत की कहानी-कला की सर्वप्रमुख विशेषता है। अपनी सक्रियात्मकता के कारण अधिकांश स्थानों पर उनकी उपमा बिंबात्मक रूप भी ग्रहण कर लेती है। उन्हें उपमा-मूलक बिंब भी कहा जा सकता है।

अपनी उपमाओं में उन्होंने 'तरह', 'जैसे', 'समान', 'भाँति', गोया' और 'मानो' आदि शब्दों का वाचक के रूप में प्रयोग किया है। अमरकांत की उपमाएँ हृदय में समान प्रभाव उत्पन्न करके कहानी के कथ्य को हृदयंगम कराती हैं। उनकी उपमाएँ सटीक होने के कारण कथ्य और वर्ण्य को पाठक के मन के नेत्रों के सम्मुख साक्षात् कर देती है और दृश्यता तथा नाटकीयता का गुण ला देती हैं। अमरकांत की उपमाओं का संसार बहुत विशाल है। शोध-प्रबंध की सीमाओं को ध्यान में रखकर बहुत ही संक्षेप में यहाँ अमरकांत की उपमाओं से संबंधित मुख्य बातों को स्पष्ट करने का प्रयास किया गया है। हालाँकि अमरकांत की उपमाएँ समग्र विवेचन की माँग करती हैं।

2. रूपक—रूपक का प्रयोग अमरकांत ने कम ही किया है लेकिन उनके रूपक भी उपमा के समान एकदम सटीक हैं—

(क) ''उसने अपनी जिंदगी की बहुत बड़ी इमारत बनाई थी, लेकिन वह झूठ, आडंबर, दंभ, ईर्ष्या और शासन की महत्त्वाकांक्षा की नींव पर बनी थी।''[59] यहाँ जिंदगी का रूपांतरण एक बड़ी इमारत में किया गया है। जिंदगी यहाँ बड़ी है और स्वनिर्मित है लेकिन जैसी नींव होती है वैसी ही इमारत भी होती है। अतः झूठ, आडंबर, दंभ, ईर्ष्या और शासन की महत्त्वाकांक्षा जिसका आधार हो, वह जीवन भी उसके अनुरूप ही होगा। अतः जिंदगी का इमारत में रूपांतरण कथ्य को और अधिक पूर्णता से संप्रेषित करता है।

(ख) ''अंतिम सत्य की मणि को मुट्ठी में लेकर लोगों को उनकी जरूरत के अनुरूप ज्ञान की बातें बताने लगा।''[60] जीवन में स्वयं सफल होकर दूसरों को उपदेश देना बहुत सरल है। अतः इस कहानी का वाचक अंतिम सत्य-रूपी मणि (जो अत्यंत मूल्यवान होती है) लिये लोगों को अवसर के अनुसार ज्ञान का उपदेश देता रहता है।

(ग) ''बातों की इमरती निरंतर छनती रहती है।''[61] बातों या गपशप का इमरती से रूपांतरण बातचीत की मिठास और उसकी निरंतरता को व्यंजित करता है। अतः यह रूपक सर्वथा सार्थक है।

(घ) ''एक बेपनाह डर की अँधेरी खाई में वह लुढ़कने लगा।''[62] बेपनाह डर एक भाव है जिसका रूपांतरण यहाँ अँधेरी खाई में किया गया है।

'अँधेरी' में कुछ भी न सूझने का भाव है और 'खाई' से यह व्यंजित होता है कि ऐसी जगह गिरना जहाँ से निकलना बहुत मुश्किल हो। अत्यंत भय के भाव मन में उत्पन्न होने का अनुभव अँधेरी खाई में लुढ़कने जैसा ही है। अतः यह रूपक एकदम

सटीक है।

इसी तरह अनेक रूपकों का प्रयोग अमरकांत ने अपनी कहानियों में किया है जो कथ्य के संप्रेषण में सहायक हुए हैं।

3. प्रतीकात्मकता—कही-कहीं प्रतीकों का प्रयोग भी अमरकांत ने किया है। कहानियों के शीर्षक ही प्रायः प्रतीकात्मक हैं। जिनकी व्याख्या कहानी के कथ्य से उभरती है। अमरकांत के कुछ प्रतीक परंपरागत अर्थ में प्रयुक्त हैं और कुछ मौलिक अर्थ में। 'मकान' कहानी का शीर्षक व्यवस्था का प्रतीक है। वर्तमान तर्कहीन व्यवस्था को अमरकांत ने मकान शीर्षक से व्यंजित किया है। इस व्यवस्था या मकान में रहकर व्यक्ति इनसानियत खो देता है। अपनी पत्नी और उपकारी से छल करने तथा अभावग्रस्त और सनकी होने के लिए मजबूर हो उठता है और जिस मकान की कल्पना से वाचक की आँखें सनकी की तरह चमकने लगीं, वह वास्तव में समाजवादी व्यवस्था है जिसमें व्यक्ति सुख-संतोष और सुरक्षा का अनुभव करता है। अमरकांत ने स्वयं साहित्य के संदर्भ में एक स्थान पर कहा है कि "ऐसी व्यवस्था...जिसमें गरीबी, अन्याय, झूठ, शोषण, अशिक्षा, भ्रष्टाचार आदि नहीं हैं, बल्कि जिसमें सभी व्यक्तियों को समान अवसर प्राप्त हैं और जिसमें सारा समाज साथ-साथ आगे बढ़ता है। ऐसी कल्पना एक समाजवादी व्यवस्था में ही साकार और सार्थक हो सकती है, ऐसा मेरा विश्वास है।"[63] मकान ऐसा होना चाहिए लेकिन यह अभी कल्पना में ही है। अभी जो मकान है उसमें केवल तकलीफ है और प्रत्येक कार्य वहाँ उलटा ही होता है। यह वर्तमान पूँजीवादी व्यवस्था का प्रतीक है तो अमानवीय और तर्कहीन है। इस विषम व्यवस्था में समाजवादी व्यवस्था की कल्पना की भाव-विभोरता से उत्पन्न आँखों की चमक भी सनकीपन मालूम होती है और उसमें रहकर व्यक्ति अपनी मानवीयता खो देता है।

किंतु इस व्यवस्था से मुक्ति पाकर वह एकदम बदल जाता है—

"लेकिन घर से जब मैं बाहर निकलता हूँ तब मेरा मन अपने ही आप पश्चाताप से भर उठता है। मुझमें बीवी और बच्चों का असीम प्यार उमड़कर लहरें लेने लगता है। मैं कल्पना में उनको ढाढ़स बँधाता हूँ, उनके बालों को सहलाता हूँ, उनके ललाट को प्यार से चूमने लगता हूँ। लगता है कि उनको जितना मैं प्यार करता हूँ, उतना कोई भी किसी को न करता होगा।"[64] घर से बाहर पहुँच जाना स्पष्टतः समाजवादी व्यवस्था में पहुँच जाना है।

मकान की ही तरह 'मौत का नगर' भी वर्तमान तर्कहीन व्यवस्था का प्रतीक है जिसके अंतर्गत सांप्रदायिक दंगों से उत्पन्न हिंस्र वातावरण में मनुष्य का रूपांतरण पशु में हो जाता है। इसका संकेत कहानी में आई उसकी पशु-पक्षीवत और चेष्टाएँ[65] और स्मृति[66] देती है। इस व्यवस्था में 'लोग हत्या, भय और अफवाहों के अलावा और किसी बात पर विश्वास नहीं करते।"[67] जहाँ सड़क विधवा की माँग की तरह सूनी है[68] और अशक्त शरीर ताजिए की तरह हिलते हैं।[69] किसी स्थान और स्थिति-विशेष का यह चित्र प्रतीक बनकर पूरे देश पर छा जाता है। आज की परिस्थितियों में तो यह प्रतीक

और भी सटीक, सार्थक एवं संदर्भवान हो उठा है।

'छिपकली' कहानी का शीर्षक भी प्रतीकात्मक है। छिपकली उस शोषक व्यवस्था की प्रतीक है जिसके अंतर्गत साधारण व्यक्ति की हैसियत एक कीट-पतंगे से बेहतर नहीं है—

''इसी समय उसका ध्यान एक छिपकली की तरफ गया, जो दीवार पर चुपचाप चिपकी थी और उसके सामने कुछ दूरी पर एक काला कीड़ा फड़-फड़ कर रहा था। रामजीलाल ने सोचा कि यह छिपकली पहले छोटी और दुमकटी थी, लेकिन अब उसकी दुम भी जम आई है और वह मोटी भी हो गई है। इस खयाल से उसको बड़ा अचंभा हुआ और उसके सूखे होंठों पर एक मुसकराहट दौड़ गई। सहसा छिपकली कीड़े की ओर दौड़ी, परंतु इसी समय कीड़ा उड़कर नीचे फर्श पर पट से गिर गया।''[70]

यहाँ कीड़ा शोषित वर्ग का प्रतीक है और छिपकली शोषक वर्ग का, जो पहले सामंतवाद के रूप में था। स्वतंत्रता प्राप्ति के उपरांत जमींदारी-प्रथा समाप्त कर दिए जाने पर उसकी स्थिति 'छोटी और दुमकटी' छिपकली के समान थी लेकिन आगे चलकर पूँजीवादी अर्थव्यवस्था के अंतर्गत ये जमींदार और सामंत अपना नाम बदलकर ठेकेदार, व्यवसायी, भूस्वामी, जोतदार बन गए।[71] और मजदूरों, किसानों, भूमिहीनों का शोषण पहले से अधिक होने लगा—इसी को छिपकली की दुम का जम आना और मोटा हो जाना कहा गया है। अपना प्रभुत्व कायम करने के लिए यह शोषक वर्ग निरंतर निम्नवर्ग पर (आर्थिक) वार करके उनके अस्तित्व के लिए खतरा बने रहते हैं। छोटे लोग कीड़े के फर्श पर गिर पड़ने की तरह हर समय क्षमायाचना कर अपने को दीन-हीन बनाकर ही अपने को बचा पाते हैं। यहाँ रामजीलाल अपने मालिक तथा सहकर्मियों के आतंक से त्रस्त है। उसकी स्थिति कीड़े के समान ही तुच्छ है और कुशलता से विनत होकर ही वह अपनी रक्षा कर पाता है। अपनी अधिकाधिक शोषण-वृत्ति के कारण शोषक निरंतर मोटे होते रहते हैं और इनके चापलूसों की सूची लंबी होती जाती है।

'पलाश के फूल' प्रतीक है इस शोषक वर्ग के गुनाहों के जिन्होंने मुखौटे लगाकर दमन और शोषण के नए-नए धूर्ततापूर्ण तरीके अपनाकर घृणित अमानवीय कृत्यों द्वारा गरीब लोगों को भय, आतंक और त्रास से जकड़कर बेबस कर रखा है। अपने व्यभिचार की आध्यात्मिक व्याख्या करके जिस कुत्सित संतोष से वे छलछलाते दिखाई पड़ते हैं उसी को अमरकांत ने पलाश के फूल का विहँसना कहा है।[72]

'जिंदगी और जोंक' कहानी में जोंक शब्द प्रतीकात्मक है। इसके प्रतीकार्थ दो हो सकते हैं, रजुआ के संदर्भ में मानव-जिजीविषा का और व्यवस्था के संदर्भ में जोंक-वृत्ति या शोषण-वृत्ति। अमरकांत के कहानी-संग्रह 'अमरकांत की कहानियाँ भाग-1' की समीक्षा करते हुए 'जिंदगी और जोंक' के संबंध में कुमुद शर्मा ने लिखा है कि ''इसमें जोंक के प्रतीक से मानव की जिजीविषा को व्याख्यायित किया गया है। जीवन की दुखद या सुखद परिस्थितियों का महत्त्व उतना नहीं होता, जितना जीने की इच्छा का होता है। व्यक्ति स्वयं को उसी के अनुरूप ढाल लेता है। यह एक विडंबना भी है और

इच्छा-शक्ति का प्रतीक भी।''[73]

स्पष्ट रूप से यह व्यक्ति की जिजीविषा का ही प्रतीक प्रतीत होता है। 'जोंक' प्रतीक-वृत्ति या शोषण की वृत्ति का भी अर्थ दे सकता है। यदुनाथ सिंह भी यही मानते हैं–

''जिंदगी और जोंक एक विराट प्रश्न-चिन्ह है शिखरों के प्रति समर्पित उस भारतीय समाज पर जो 'जोंक-वृत्ति' पर अंकुश लगाए बिना धर्म, जाति, संप्रदाय, वर्ग, प्रदेशगत श्रेष्ठता-हीनता के रूढ़ प्रतिमानों को ध्वस्त किए बिना रामराज्य और समाजवाद के स्वप्नों को मूर्त कर लेने की खामख्याली का शिकार है।''[74]

इस जोंक-वृत्ति पर अंकुश लगाए बिना किसी बेहतर समाज-व्यवस्था की कल्पना करना भी व्यर्थ है। यह व्यवस्था भीख न माँग, कुछ करके जीवित रहना चाहने वालों को इनसान की तरह जीने का अवसर नहीं देती। उनके शरीर के रक्त की अंतिम बूँद तक वह इनका शोषण करती है। अतः जोंक का प्रतीकार्थ जोंक-वृत्ति भी काफी हद तक सही बैठता है।

'कुहासा' कहानी का शीर्षक भी प्रतीकात्मक है। कुहासा प्रतीक है गरीबी का, अभावग्रस्तता का। क्योंकि कुहासे, ठंड या खराब मौसम से निम्नवर्ग के लोग ही प्रभावित होते हैं, अपनी साधनहीनता के कारण वे मरणांतक कष्ट झेलते हैं, उनके पास अपने बचाव के लिए न कोई आश्रय होता है, न ही पर्याप्त वस्त्रादि; खाने-भर के लिए ही वे बड़ी कठिनाई से जुटा पाते हैं। ऐसे कुहासे या ठंड में मजदूरी आदि का काम न मिलने से उनकी रोजी-रोटी का आधार भी छिन जाता है। संपन्न वर्ग को किसी भी स्थिति में कोई फर्क नहीं पड़ता। श्रीकांत वर्मा की कहानी 'ठंड' का शीर्षक भी अभावग्रस्तता और गरीबी का ही प्रतीक बन गया है।[75] इस कुहासे या गरीबी का कोई अंत नहीं है–

''कुहासे की रात भीगती रही, भीगती रही। लगता था, इस कुहासे का कोई अंत नहीं है और यह शहर में ही नहीं सारे देश में फैल गया है।''[76]

'चाँद' कहानी का भी शीर्षक प्रतीकात्मक है जिसकी व्याख्या कहानी में ही मिल जाती है। जिस प्रकार चाँद में अपनी कोई रोशनी नहीं होती और वह सूर्य से प्रकाश लेकर चमकता रहता है उसी प्रकार कहानी का मुख्य पात्र एक छोटा-मोटा लेखक है, लेकिन प्रभावशाली लोगों से संपर्क होने के कारण यश और मान-सम्मान प्राप्त करता है। इसी को लक्ष्य करके उसका मित्र प्रदीप कहता है–

''इसलिए मैंने कहा कि तुम चाँद हो। अब तुम्हारे अंदर अपनी रोशनी नहीं है, बल्कि दूसरों की रोशनी लेकर तुम चमकते रहते हो...।''[77]

इसी तरह 'मछुआ' कहानी का अखिलेश स्वयं को मछुआ मानता है। ''उसका जीवन-दर्शन था कि इस भवसागर में स्त्रियाँ मछलियाँ हैं और वह मछुआ।''[78] मछुए की भाँति स्त्रियों को अपने जाल में फँसाने का प्रयत्न करनेवाले अखिलेश जैसे व्यक्ति के आचरण को मछुआ प्रतीक पूरी तरह व्याख्यायित करता है।

'जनमार्गी' कहानी के अंत में बलराज का मरना प्रतीकात्मक है। वह एक क्रांतिकारी और जनकवि रह चुका था लेकिन अब "उसको लोग भूल चुके थे। किसी को अब उसकी क्रांति और कविताओं की जरूरत नहीं थी, न उसकी ईमानदारी की और न परिश्रम तथा साहस की ही।...और उसके साथी भी, जो आजादी की हर लड़ाई और जेल में उसके संग रहे थे—धनी, मोटे, सभ्य और सुसंस्कृत हो गए थे। वे उसको या तो पहचानते नहीं थे या देखकर मुँह फेर लेते थे।"[79] लेकिन फिर भी उसे सहारा था सुशीला की स्मृति का। सुशीला, जो कभी उसके जीवन में आई थी लेकिन जब उसने भी उसे नहीं पहचाना तो उसके जीने का कोई अर्थ नहीं रह गया—

"कौन है यह ? क्या नाम बताया ? कहाँ का रहने वाला है ? तुमने पूछा नहीं कि साहब से कौन-सा काम कराना चाहता था...?—सुशीला आतंक से अशक्त वाणी में नौकर से पूछ रही थी। वह मर चुका था।"[80]

यह भी संभव है कि उसकी मृत्यु हार्ट-अटैक से हुई हो क्योंकि उसको पहले भी दौरा पड़ चुका है। ऐसा उल्लेख कहानी में आया है किंतु वास्तविक होते हुए भी उसकी मृत्यु इस अर्थ में प्रतीकात्मक है कि जिस व्यक्ति को कोई नहीं जानता-पहचानता उसके जीवित रहने का कोई मतलब नहीं, कोई सार्थकता नहीं। इसी प्रकार 'जोकर' प्रतीक है नलिन भाई जैसे व्यक्तिवहीन व्यक्तियों का जिनकी सारी चेष्टाएँ हास्यास्पद बनकर रह जाती हैं।

'गगनबिहारी' कहानी के विषय में मधुरेश ने लिखा है कि—

"'गगनबिहारी' में अमरकांत ने स्वप्नजीवी किस्म के उन युवकों का खाका खींचा है जो हर व्यावहारिक काम से कन्नी काटकर कल्पना की दुनिया में खोए रहकर परिवार, समाज और राष्ट्र की हित-चिंता की खामखयाली में भ्रमाए रहते हैं।"[81]

यहाँ गगनबिहारी केवल सुंदरलाल ही नहीं है, अपितु प्रतीक है उस युवक समुदाय का जो आकाशचारी और कल्पनाजीवी है और अपने निकम्मेपन की रक्षा छद्म की ढाल से बखूबी करते हैं। मार्कण्डेय ने भी स्वीकार किया है कि "गगनविहार करने वाले पात्रों का एक समुदाय हमारे समाज में है। अमरकांत लोगों की जानकारी से लाभ उठाकर, एक वास्तविक चरित्र की सृष्टि करते हैं।"[82] इस प्रकार गगनबिहारी एक व्यक्ति न रहकर पूरे समुदाय का प्रतीक बन जाता है। यही बात 'हत्यारे' कहानी के बारे में भी कही जा सकती है,[83] जिसके विषय में 'मौत का नगर' संग्रह की समीक्षा करते हुए विजयमोहन सिंह ने लिखा है—

"इस प्रकार कहानी के माध्यम से केवल कुछ चरित्र नहीं, एक जमाना, एक दौर हमारे सामने आता है, जिसमें इस प्रकार अमानवीयता 'खेल' की सीमा तक स्वाभाविक वृत्ति बन गई है।"[84]

वस्तुतः अमरकांत के अधिकांश पात्र अपना निजी व्यक्तित्व और विशिष्टताएँ रखते हुए भी एक पूरा वर्ग या समुदाय का प्रतिनिधित्व करते हैं, उनकी सोच एक पूरे वर्ग की मानसिक प्रतिक्रिया का अंकन करती है। जोकि श्रेष्ठ कृतियों का प्रमुख गुण

होता है। इसके अभाव में रचनाकार विचित्र और काल्पनिक चरित्रों की सृष्टि करता जान पड़ता है जो पाठक को चमत्कृत तो करता है लेकिन विश्वसनीयता उत्पन्न नहीं कर पाता।

4. लोकोक्ति तथा मुहावरे—सादृश्य-विधान के अंतर्गत लोकोक्ति, मुहावरे आदि की भी थोड़ी-बहुत चर्चा की जा सकती है क्योंकि इनमें दृश्यात्मकता के साथ-साथ, स्थिति-विशेष जैसा ही प्रभाव उत्पन्न करने की क्षमता होती है। इनका समग्र विवेचन भाषा का विश्लेषण करते हुए किया जाएगा। 'मूस' कहानी में एक स्थान पर परबतिया कहती है—"खेत खाए गधा और मार खाए जुलाहा"[85] अर्थात् गलत कार्य कोई करे और उसका दंड किसी अन्य को मिले। यहाँ मुनरी के रात-भर घर से गायब रहने पर मूस परेशान था। परबतिया द्वारा यह प्रसंग चलाते ही उसकी खीज और क्रोध परबतिया पर उतरने लगा, उसने परबतिया को झिड़क दिया। इस पर परबतिया ने उपर्युक्त लोकोक्ति का प्रयोग किया। यह लोकोक्ति उस स्थिति जैसा ही दृश्य उत्पन्न कर वैसे ही प्रभाव की सृष्टि कर रही है। इसी तरह अन्य अनेक लोकोक्तियाँ प्रभाव-साम्य तथा दृश्यता रखने के कारण सादृश्य उत्पन्न करती है।

यही बात मुहावरों के प्रयोग के बारे में भी कही जा सकती है। 'संत तुलसीदास और सोलहवाँ साल' में एक वाक्य आया है—"आप जैसा काठ का कलेजा किसी का न होगा।"[86] यहाँ 'काठ का कलेजा' मुहावरे के रूप में प्रयुक्त हुआ है, भावार्थ है भावनारहित या संवेदनहीन होना लेकिन दृश्यात्मकता यहाँ भी विद्यमान है। इसी तरह के अनेक मुहावरे अमरकांत की कहानियों में बिखरे पड़े हैं।

बिना सादृश्य के दृश्यता

स्थिति को और अधिक स्पष्ट करने के लिए अमरकांत ने उपमा, रूपक आदि के रूप में सादृश्य-विधान का आश्रय लिया है। कहीं-कहीं उनके वर्णन इतने सजीव हैं कि वे दृश्य को पाठक की आँखों के सम्मुख साक्षात् कर देते हैं। किसी भी प्रकार के सादृश्य-विधान की वहाँ आवश्यकता नहीं रह जाती। 'डिप्टी कलेक्टरी' में नारायण के डिप्टी कलेक्टरी का परिणाम घोषित होने और उसके न चुने जाने पर शकलदीप बाबू जब मंदिर से घर लौटते हैं तो घर का वर्णन इस प्रकार किया गया है—

"सारे घर में मुर्दनी छाई हुई थी। छोटे से आँगन में गंदा पानी, मिट्टी, बाहर से उड़कर आए हुए सूखे पत्ते तथा गंदे कागज पड़े थे, और नाबदान से दुर्गंध आ रही थी। ओसारे में पड़ी पुरानी बँसखट पर बहुत-से गंदे कपड़े पड़े थे और रसोईघर से उस वक्त भी धुआँ उठ-उठकर सारे घर की साँस को घोंट रहा था। कहीं कोई खटर-पटर नहीं हो रही थी और मालूम होता था कि घर में कोई है ही नहीं।"[87]

यहाँ घर का वर्णन स्थिति की मनहूसियत, हताशा, दैन्य और घुटन को बड़े ही सजीव ढंग से अभिव्यक्त करता है। इसी प्रकार 'आमंत्रण' कहानी में नौकर द्वारा यह सूचना दिए जाने पर कि ठाकुर जयमंगल सिंह थोड़ी ही देर में आ रहे हैं तो एक घंटे

से प्रतीक्षा कर रहे स्थानीय नागरी प्रचारिणी सभा के सदस्यों की प्रतिक्रिया को कहानीकार इस प्रकार वर्णित करता है–

"सभी देह कड़ा करके बैठ गए। सेक्रेटरी साहब तथा जानकी बाबू काँपते होंठों से धीरे-धीरे मुसकराने लगे। कमलदेव सिंह मेज के नीचे पैरों को तेजी से हिला रहे थे। चंद्रबिहारी वर्मा की भौंहें तन गई थीं और मुँह खिसियाना-सा हो गया था।"[88]

इसमें अमरकांत ने चंदा लेने आए चारों सदस्यों की उत्सुकता, उत्तेजना और घबराहट आदि मिश्रित भावों को अपने कुशल वर्णन द्वारा सजीवता प्रदान कर दी है।

इस प्रकार के अनेक उदाहरण उनकी कहानियों में मिल जाएँगे जहाँ वर्णन अपनी सजीवता के कारण किसी सादृश्य का मोहताज नहीं है।

एब्सर्डिटी

एब्सर्डिटी के तत्त्व भी अमरकांत की कहानियों में मिल जाते हैं। विसंगत और तर्कहीन स्थितियाँ विसंगता तथा तर्कहीन मनःस्थिति भी उत्पन्न करती हैं जिसका प्रभाव संबद्ध व्यक्ति की चेष्टाओं और व्यवहार पर भी पड़ता है। अतः बाहरी तौर पर असंबद्ध और न समझ आने वाली चेष्टाएँ और व्यवहार के भी वस्तुगत कारण होते हैं, वे अकारण या निरर्थक नहीं होते, उसका कोई-न-कोई आधार अवश्य होता है।

अमरकांत के यहाँ एब्सर्डिटी अपने-आप में स्वतंत्र या किसी मूल्य के रूप में चित्रित नहीं है अपितु विसंगति और तर्कहीनता को प्रकट करने के माध्यम के रूप में चित्रित है। एब्सर्ड मनःस्थिति का चित्रण अमरकांत ने कई स्थानों पर किया है–

"वह आगे झुककर धीरे-धीरे साइकिल चला रहा था।...इसी समय उसकी नजर एक गधे की ओर पड़ी जो सड़क के किनारे चुपचाप खड़ा था और उसको लगा, जैसे उसकी लंबाई उस गधे से कम हो। उसको यह बात एक चुनौती की तरह लगी और वह साइकिल से नीचे उतरकर दूसरी ओर देखता हुआ गधे के पास चला गया। वह आश्वस्त होकर मुसकराते हुए फिर चढ़ गया।"[89]

गधे से अपनी लंबाई की तुलना करना और यह लगना कि गधे से लंबाई कम है, यह बात चुनौती की तरह लगना, पास जाकर लंबाई नापना और फिर आश्वस्त होकर मुसकराना। प्रत्यक्ष रूप से यह सारा व्यवहार नितांत अजीब और बेसिर-पैर का लगता है। लेकिन एब्सर्ड मनःस्थिति के चित्रण के लिए कहानीकार ने इसे आधार बनाया है। क्योंकि मनःस्थिति का प्रतिफलन चेष्टाओं के माध्यम से ही होता है। इसलिए रचनाकार तर्कहीन चेष्टाओं का चित्रण तर्कहीन मनःस्थिति को अभिव्यक्त करने के माध्यम के रूप में करता है। हर तरफ से पस्त रामजीलाल में हीन-भावना तथा व्यक्तित्व के बौनेपन और तुच्छता का बोध इस हद तक घर कर गया है कि उसे अपनी लंबाई गधे से भी कम जान पड़ती है। अपनी उत्तेजना में वह इसे चुनौती की तरह लेता है। वस्तुतः वह ऐसी छोटी-छोटी बातों को ही चुनौती की तरह लेता है क्योंकि कोई बड़ी चुनौती स्वीकार करने की सामर्थ्य उसमें नहीं है। पशु जैसा जीवन जीने वाला रामजीलाल अपनी लंबाई

गधे से नाप, आश्वस्त हो अपनी मूर्खता पर मुसकराता है। उसकी इस मनःस्थिति का उसके बेहूदा व्यवहार द्वारा कहानीकार ने कुशल चित्रण किया है।

'डिप्टी कलेक्टरी' के शकलदीप बाबू को अपने पुत्र नारायण के डिप्टी कलेक्टर होने में घोर संदेह है हालाँकि वह लिखित परीक्षा पास कर चुका है और उसका इंटरव्यू भी अच्छा हुआ है। न उन्हें अपने पुत्र की योग्यता पर विश्वास है, न अपने पूजा-पाठ पर। अपनी इस विश्वासहीनता के कारण वे बदहवास हैं। उनकी इस मनःस्थिति का प्रभाव उनकी चेष्टाओं और व्यवहार पर भी पड़ना स्वाभाविक ही है, अतः अमरकांत यहाँ उनकी इस मनःस्थिति को उनके एब्सर्ड व्यवहार के माध्यम से चित्रित करते हैं–

"एक दिन रात को लगभग एक बजे शकलदीप बाबू ने उठकर पत्नी का जगाया और उसको अलग ले जाते हुए बेशरम महाब्राह्मण की भाँति हँसते हुए प्रश्न किया–कहो भाई, कुछ खाने को होगा ? बहुत देर से नींद ही नहीं लग रही, पेट कुछ माँग रहा है। पहले मैंने सोचा, जाने भी दो, यह कोई खाने का समय है पर इससे काम बनते न दिखा तो तुमको जगाया। शाम को खाया था, सब पच गया।"[90]

उनकी यह बेवक्त की भूख उनकी बेचैनी, बदहवासी और विश्वासहीनता से उत्पन्न मनःस्थिति का ही परिणाम है। उनकी यह मनःस्थिति डिप्टी कलेक्टरी का नतीजा आने तक बनी रहती है।–"वह चटोर हो गए और उनको जब देखो, भूख लग आती।"[91] यही स्थिति 'सप्ताहांत' में है। रामसंजीवन की लॉटरी निकलने की खबर से उसकी पुत्री शशि की असंतुलित मानसिक स्थिति का चित्रण उसके व्यवहार के माध्यम से स्पष्ट हो जाता है–

"शशि के पैर का फोड़ा जैसे ठीक हो गया था। वह बार-बार उठकर नल पर जाकर खूब कुल्ला करती या पानी पीती थी।"[92]

रामसंजीवन की पत्नी शीला का रोना[93] भी डिप्टी कलेक्टरी के शकलदीप बाबू जैसी बदहवासी और किंकर्त्तव्यविमूढ़ता की स्थिति के कारण है। दरअसल उसे समझ नहीं आता कि अपनी प्रतिक्रिया वह कैसे प्रकट करे।

इस प्रकार का अजीब और बेहूदा व्यवहार ये पात्र सजग रूप से नहीं करते और न ही ऐसी तर्कहीन चेष्टाएँ अपने-आप में पूर्ण और निरपेक्ष होती हैं। इनका संबंध निश्चित रूप से इनकी जीवन-स्थिति से संबद्ध होता है। ये हरकतें किसी बाह्य या वस्तुगत स्थिति के कारण होती हैं तथा पात्रों की विशिष्ट मनःस्थिति को व्यंजित करती हैं। अमरकांत ने पात्रों के एब्सर्ड व्यवहार के चित्रण के माध्यम से स्थिति की तर्कहीनता और अमानवीयता को ही रूपायित किया है।

तटस्थता

अध्याय के आरंभ में हमने चर्चा की थी कि चित्रण के लिए दृश्यता और रचनाकार की अनुपस्थिति अनिवार्य है। रचनाकार की अनुपस्थिति को रचनाकार की तटस्थता भी कह सकते हैं। यह तटस्थता अमरकांत की कहानियों के शिल्प का महत्त्वपूर्ण घटक है।

हालाँकि जैसा पहले कहा जा चुका है, यह तटस्थता या अनुपस्थिति मात्र एक छलावा ही है क्योंकि जिन स्थितियों की संयोजना रचनाकार करता है, वे उसके बोध से गहरे तौर पर संपृक्त होती हैं लेकिन इस छल का रचनात्मक उपयोग रचनाकार करता है। अपने-आप को दूसरों की निगाहों से देखने को राजेंद्र यादव ने तटस्थ दृष्टि माना है।[94] अमरकांत की तटस्थता पर विचार करते हुए उन्होंने कहा है कि "अमरकांत के अधिकांश पात्र अपनी समस्याओं, स्थितियों या सपनों में उलझे-फँसे और डूबे हुए लोग हैं। और उन्हें जब दूसरों की निगाह से देखा जाता है तो उनकी सारी छोटी-छोटी कोशिशें हास्यास्पद चेष्टाएँ बनकर रह जाती हैं।...लेकिन खुद भी उनके बीच होने का एक ऐसा लगाव भी उसके यहाँ है कि ये कसाई की ठंडी निगाहों की नहीं, डॉक्टर की तटस्थ दृष्टि की याद दिलाती हैं। अगर यह तटस्थ दृष्टि या सामाजिक चेतना उसके पास नहीं आती तो निश्चय ही उसके पात्रों का टुच्चा-कमीनापन कुंठाओं, विकृतियों, संत्रास की मृत्युभोगी नियतियों में समर्पित कहानियों के रूप में प्रकट होता। अपने को अपनी ही निगाह से देखना आत्मदया, सेल्फ जस्टिफिकेशन और कुंठाओं के महिमान्वीकरण को जन्म देता है।"[95]

अपनी तटस्थ दृष्टि के ही कारण अमरकांत यदि व्यंग्य भी करते हैं तो दोनों वर्गों पर—शोषक पर भी और शोषित पर भी।[96] लेकिन शोषक के प्रति किया गया व्यंग्य पाठक के मन में उसके प्रति घृणा उत्पन्न करने में सहायक होता है, वहीं शोषित या अभावग्रस्त निम्नवर्ग के प्रति किया गया व्यंग्य उसके प्रति पाठक के मन में करुणा उत्पन्न करता है। अभावग्रस्त वर्ग पर किया गया व्यंग्य अंततः व्यवस्था की अमानवीयता पर व्यंग्य बन जाता है। निःसंदेह उनकी आत्मीयता निम्नवर्ग या अभावग्रस्त लोगों के साथ है।[97] लेकिन लेखन में उनकी मुद्रा एक तटस्थ रचनाकार की है। "वे अपने सामान्य पात्रों को कभी इसलिए ग्लोरिफाई नहीं करते कि वे सामान्य हैं। बल्कि उनके पात्र छोटी-छोटी प्रवंचनाओं में फँसे, छोटी-छोटी चालाकियों के जरिए समाज की तथाकथित धुरी तक पहुँचने की कोशिश करते हैं।"[98]

अमरकांत अपने साधारण पात्रों की छोटी-छोटी चालाकियों, काइयाँपन, तिकड़म और हथकंडों के आर-पार उनकी मानसिकता को भली प्रकार देखते और समझते हैं। इन सबकी मजबूरी, अनिवार्यता और व्यर्थता को भी समझते हैं। यही बोध उन्हें तटस्थ रहकर व्यंग्य के माध्यम से उनका उपहास करने की सामर्थ्य देता है।

यह तटस्थता उनकी कहानियों का गुण ही नहीं उनका स्वभाव भी है। अपने एक संस्मरण में ममता कालिया ने उनके बारे में लिखा—"अमरकांत धूर्त-से-धूर्त लोगों की संगत में लंबे समय तक रहकर भी उनसे अलग, असंपृक्त व अकलंक रहते आए हैं। इस तरह की ग्रहणशीलता का अभाव उनमें काबिले-रश्क है। दूसरे की सफलता, व्यस्तता, कटुता, धूर्तता की टक्कर में उनकी तटस्थता की प्राचीर और भी पक्की होती जाती है।"[99] अपने इसी तटस्थ स्वभाव के कारण उन्होंने कभी फैशन या नकल में कहानियाँ नहीं लिखीं। किसी आंदोलन, वाद या पार्टी की प्रतिबद्धता के लिए उन्होंने

रचनात्मकता से समझौता नहीं किया बल्कि नई कहानी के प्लावनकारी उन्मेष से स्वयं को अछूता रख वे अपने आस-पास के जीवन को उसकी तमाम विसंगतियों और अंतर्विरोधों के साथ सादगी से चित्रित करते रहे हैं।

'जिंदगी और जोंक' में कहानीकार स्वयं एक पात्र की हैसियत से आता है लेकिन कहीं भी वह अपनी अतिरिक्त सहानुभूति, दया, करुणा आदि रजुआ के लिए प्रदर्शित नहीं करता। उसके भी रजुआ के प्रति लगभग वही भाव हैं जो अन्य किसी भी साधारण व्यक्ति के हो सकते हैं। इसके संकेत कहानी में कई स्थान पर मिल जाते हैं। साड़ी चुराने के झूठे आरोप में "जब लगातार मार पड़ने पर उसने कुछ नहीं बताया तो लोग खामखाह थक गए। कुछ लोग वहाँ से सरकने भी लगे। किसी ने उसे पेड़ में बाँधने और किसी ने पुलिस के सुपुर्द करने की सलाह दी। मैं भी कुछ ऐसी ही सलाह देकर खिसकना चाहता था।"[100] रजुआ का वर्णन वाचक इस प्रकार करता है—"उसके बाद मैंने कोई प्रश्न नहीं किया। हिम्मत नहीं हुई। वह फौरन वहाँ से सरक गया और मेरा हृदय कुछ अजीब-सी घृणा से भर उठा। उसकी खोपड़ी किसी हलवाई की दुकान पर दिन में लटकते काले गैस-लैंप की भाँति हिल-डुल रही थी। हाथ-पैर पतले, पेट अब भी हंडिया की तरह फूला हुआ और सारा शरीर निहायत गंदा एवं घृणित...मेरी इच्छा हुई, जाकर बीवी से कह दूँ कि इससे काम न लिया करो, यह रोगी है...फिर टाल गया, क्योंकि इसमें मेरा ही घाटा था।'[101]

इसी तरह रजुआ को हैजा हो जाने की खबर सुनकर वह निहायत उदासीन स्वर से पूछता है—"जिंदा है या मर गया ?"[102]

यही नहीं उसके मरने का समाचार सुनकर भी वह उसकी मौत का कारण आदि जानने में दिलचस्पी नहीं दिखाता कि कहीं उसे ही लाश फूँकने का प्रबंध न करना पड़े।"[103]

किसी भी प्रकार की भावुकता अमरकांत रजुआ के प्रति कहानी में प्रकट नहीं करते। लेकिन फिर भी रजुआ जैसे पात्र को अपनी कहानी का विषय बनाकर व्यवस्था की अमानवीयता को रेखांकित कर पाठकों की सहानुभूति रजुआ के पक्ष में कर देते हैं तथा इस प्रकार अपनी आत्मीयता रजुआ और उस जैसे वर्ग के लोगों के साथ सिद्ध कर देते हैं। प्रेमचंद की 'कफन' कहानी के बारे में अपने एक साक्षात्कार में अमरकांत ने कहा है कि—

" 'कफन' कहानी ऊपर से यथार्थ का यथातथ्य चित्रण मालूम हो सकती है, कुछ लोग इसे यथार्थ का विकृत अथवा काल्पनिक चित्र कह सकते हैं। पर ऐसा है नहीं। यह हमारे इतिहास की भी भीषण विसंगति, विद्रूप एवं असफलता का चित्र उपस्थित करती है। जहाँ मनुष्य पशु-स्तर पर जीने को बाध्य है, वह समाज संपूर्ण बदलाव की माँग करता है। यह कहानी साहित्य की पुरानी मान्यताओं में परिवर्तन करती है, हमारे दृष्टिकोण को बदलती है और हमें मनुष्य के अधिक निकट ले जाती है।"[104]

'कफन' के बारे में अमरकांत का यह मत उनकी अपनी कहानी 'जिंदगी और

जोंक' पर भी अक्षरतः लागू होता है। अपनी तटस्थ मुद्रा के बावजूद लेखक का वास्तविक उद्देश्य यही है। यहाँ कथाकार अपनी तटस्थता के कारण उपस्थित होकर भी अनुपस्थित है और मानवीय सरोकारों से जुड़े रहने के कारण अनपुस्थित रहकर भी उपस्थित है। उसकी तटस्थ मुद्रा से कहानी में लेखकीय हस्तक्षेप नहीं दिखाई पड़ता, जिससे कहानी की स्थितियाँ अधिक वास्तविक लगती हैं। इस कहानी में अमरकांत अपनी ओर से कुछ न कहकर "पाठकों के मन को झकझोरकर सोचने को विवश कर देते हैं—"क्या यह परिवेश मानवीय है ? क्या यह व्यवस्था सही है ?"'[105] कहानी की मूल संवेदना यहाँ पाठक पर थोपी हुई नहीं लगती अपितु स्वयं स्थितियों के चित्रण के माध्यम से व्यंजित हो जाती हैं। यही इस (तटस्थता के) छल की रचनात्मक उपयोगिता है। न केवल 'जिंदगी और जोंक' अपितु अमरकांत की अनेक कहानियों जैसे 'गले की जंजीर', 'संत तुलसीदास और सोलहवाँ साल', 'सवा रुपए', 'जोकर', 'निर्वासित', 'स्वामी', 'कबड्डी', 'अमेरिका की यात्रा', 'घुड़सवार', 'लड़की की शादी', 'महान बेचारा', 'विजेता', 'बहादुर', 'मकान' आदि में कहानीकार स्वयं एक पात्र है अर्थात् कहानी का वाचक मैं है। लेकिन अमरकांत का 'मैं' नई कहानी के 'वह' से भिन्न नहीं है। नई कहानी में 'वह' का प्रयोग कहानीकारों ने तटस्थता लाने के लिए किया है लेकिन अमरकांत का 'मैं' 'वह' की भाँति ही तटस्थ है बल्कि 'मैं' के प्रयोग से अमरकांत की कहानियों का यथार्थ अधिक प्रामाणिक लगता है।

इसी प्रकार 'दोपहर का भोजन' हो या अन्य कोई कहानी, अमरकांत ने निर्मम तटस्थता से यथास्थिति का यथार्थ चित्रण किया है और उसके माध्यम से उस अमानवीय और तर्कहीन व्यवस्था के प्रति आक्रोश उत्पन्न किया है जिसने निम्नवर्ग या निम्न मध्यवर्ग के इन पात्रों को तुच्छ-काइयाँ बनाकर उन्हें निहायत हास्यास्पद, मूर्ख और अंततोगत्वा 'करुण' बना रखा है।

कहानियों का अंत

अमरकांत के शिल्प की दृष्टि से उनकी कहानियों का अंत भी विचारणीय है। इस दृष्टि से उपेंद्रनाथ 'अश्क' ने उन्हें चेखव के निकट माना है।[106] उनके अनुसार "इस तरह के अंत में कहानी का उपसंहार नहीं, न आवेगों का समाहार ही है। ऐसे अंत कहानी की संवेदना से जरा-सा हटकर हवा में लटके से दिखाई देते हैं। जैसे कहानी की कामेडी या ट्रेजिडी से उनका कोई सरोकार न हो।"[107] 'सप्ताहांत' के उदाहरण से उन्होंने अपनी बात स्पष्ट करते हुए कहा है कि "कहानी तो वहीं खत्म हो जाती है जहाँ सुबह के अखबार से पता चल जाता है कि रामसंजीवन की लॉटरी का नंबर नहीं आया और जनक बाबू ने अपनी लौकी का बदला लेने के लिए वह खबर उड़ा दी थी। लेकिन उसके बाद अमरकांत ने तीन-चार पैरे लिखे हैं, जिनमें रामसंजीवन मुहल्लेवालों के उपहास की ताब न लाकर बाहर निकल जाता है, लगातार चलता जाता है, गलियों, बाजारों के बाहर निकलकर कहीं पार्क में घूमता है और थककर एक वटवृक्ष के नीचे लेट जाता है। कहानी

का अंतिम वाक्य है—'कुछ देर बाद ही उसकी नाक बोलने लगी और वह सुखपूर्वक सो गया।'...परंपरागत कहानी चाहे पहले खत्म हो जाती हो, लेकिन रामसंजीवन के चरित्र-चित्रण की दृष्टि से वे चार पैरे नितांत आवश्यक हैं और उसका अंत निश्चय ही चेखव की कहानियों का-सा है।"[108] अमरकांत की कहानियों 'मौत का नगर' और 'अंतरात्मा' में भी अश्क ने इसी प्रकार का अंत माना है।[109] इस प्रकार का अंत अमरकांत की कहानी को व्यक्ति-चित्र या रेखाचित्र का रूप प्रदान करने में सहायक हुआ है।

ऐसा अंत अमरकांत की अनेक अन्य कहानियों में भी लक्षित किया जा सकता है। 'डिप्टी कलेक्टरी' का अंत तो एकदम 'सप्ताहांत' के समान है। इसके अलावा 'शक्तिशाली', 'प्रैक्टिस', 'मित्र-मिलन' और 'इंटरव्यू' आदि कहानियाँ भी इस दृष्टि से उल्लेखनीय हैं।

सभी कहानियों का अंत इस प्रकार हो, ऐसा नहीं है। अमरकांत की अनेक कहानियों के अंत में आवेगों का समाहार भी दिखाई पड़ता है। उपर्युक्त कहानियों की भाँति उनका अंत लटका-सा नहीं दिखाई पड़ता। 'लड़की की शादी' का वाचक कहानी के आरंभ से ही अपनी कुरूप, अनपढ़, बदमिजाज और गुणहीन लड़की की शादी कहीं अच्छी जगह करना चाहता था। इसी के लिए उसकी तिकड़मों से कहानी का विकास होता है और उसकी सफलता के साथ ही यह कहानी समाप्त हो जाती है। कहानी का अंत इस प्रकार है—

"बहरहाल उसी वर्ष गरमी में कृष्णमोहन की मेरी लड़की से शादी हो गई बड़ी धूमधाम से। इसके पूर्व डेढ़ हजार रुपए मासिक वेतन पर वह एक फर्म में मैनेजर हो गया था। मुझे पक्का विश्वास है कि वह जिंदगी-भर मेरी लड़की का आज्ञाकारी पति बना रहेगा।"[110] इसी तरह का अंत अमरकांत की अनेक कहानियों जैसे 'एक म्यान की दो तलवारें', 'महान चेहरा', 'विजेता', 'बस्ती', 'निर्वासित', 'मुलाकात', 'सवा रुपए', 'केले पैसे और मूँगफली' आदि में दिखाई पड़ता है।

अमरकांत की कुछ कहानियों का अंत इस प्रकार का है कि वहाँ पहुँचकर पाठक के मन में कहानी की पूर्ववर्ती स्थितियाँ व पात्रों की चेष्टाएँ एक नया अर्थ ग्रहण कर लेती हैं। कहानी के कथानक और वस्तु का पूर्ण रूपायन इस नए अर्थ-ग्रहण के उपरांत ही होता है। 'दोपहर का भोजन' कहानी का अंतिम वाक्य इस प्रकार है—

"बाहर की कोठरी में मुंशीजी औंधे मुँह होकर निश्चिंतता के साथ सो रहे थे, जैसे डेढ़ महीने पूर्व मकान-किराया-नियंत्रण विभाग की क्लर्की से छँटनी न हुई हो, और शाम को उनको काम की तलाश में कहीं न जाना हो।"[111]

कहानी में इस वाक्य से पूर्व निम्न मध्यवर्गीय अभावग्रस्तता के साथ संयम और संतोष का वातावरण चित्रित किया गया है। लेकिन इस अंतिम वाक्य से सारे कथानक का संत्रास कौंध जाता है, यह अकेली पंक्ति समस्त पूर्ववर्ती संयम को आतंक और संत्रास में परिवर्तित कर देती है। वस्तुतः यह सभी पात्रों की मनःस्थिति और चेष्टाओं पर छाई है और उन्हें संचालित कर रही है।

लगभग ऐसा ही अंत 'काली छाया' और 'गले की जंजीर' का भी है। 'काली छाया'

पढ़ते हुए पाठक को यही लगता है कि कोई चोर किसी लड़की के गले से हँसुली निकालने का प्रयास करते पकड़ा गया है और कहानीकार उस स्थिति के माध्यम से समाज के विभिन्न लोगों की प्रतिक्रियाओं का अंकन कर रहा है लेकिन कहानी का अंत एक सर्वथा नए प्रसंग की झलक से कथानक और वस्तु के भिन्न अर्थ-संकेतों को उद्घाटित करता है। कहानी का अंत इस प्रकार है–

''लेकिन जीने के पास जो कोठरी थी, उसमें एक जवान लड़की जमीन पर सिर पटक-पटककर बुरी तरह रो रही थी...''[112]

यह एक वाक्य समस्त घटनाक्रम को नए प्रकाश से आलोकित कर देता है और सबकुछ स्पष्ट हो जाता है कि वह युवक कौन था, किसलिए वहाँ आया था ? चोर होकर भी पिटने पर दयनीय स्वर में क्रंदन करके क्यों रोया था ? क्यों वह ऐसा कह रहा था कि ''यहाँ कभी थूकने भी नहीं आऊँगा, मथुरा विदावन चलकर बसूँगा...सभी धोखेबाज हैं।''[113]

'गले की जंजीर' का अंत भी इसी प्रकार का है। इस प्रकार के अंत पाठक को चौंका-सा देते हैं। एक ऐसा सत्य उसके सामने उद्घाटित कर दिया जाता है जिसकी कल्पना वह कहानी पढ़ते हुए नहीं कर सका था। हालाँकि उसके संकेत कहानी के भीतर मिल जाते हैं लेकिन पहली बार कहानी पढ़ते हुए उन्हें पकड़ना निहायत मुश्किल है। इस प्रकार के अंत से एक नए संदर्भ की झलक देकर पाठक को विस्मित कर कहानीकार उसका मजा लेता प्रतीत होता है। अमरकांत के इस स्वभाव को उनके कई मित्र लेखक ने लक्षित किया है–

''एक खास तरह का माहौल बनाकर या अपने किसी अप्रत्याशित निर्णय से सुनने वालों को चकित या प्रभावित करके एक चुस्त फिकरे या हँसी से उस सबको छिन्न-भिन्न कर देना, वर्मा को उन दिनों भी उसकी चुप्पी के बावजूद काफी नाटकीय बनाए हुए था।''[114] लगभग यही विचार शेखर जोशी[115] और ममता कालिया[116] के भी हैं।

'घुड़सवार' और 'अंतरात्मा' के आरंभ में पात्र की जाग्रत अवस्था के क्रिया-कलाप हैं, फिर स्वप्न है जो उनके वास्तविक रूप को उद्घाटित करता है, फिर स्वप्नभंग के बाद कहानी के अंत में पात्र उस वास्तविकता को नकारता है। उल्लेखनीय है कि दोनों पात्र संपन्न और सफल वर्ग से संबंधित हैं और यह सफलता और संपन्नता चूँकि उन्होंने मानवीय तरीके से प्राप्त नहीं की है, अतः अवचेतन में समाया अपराध-बोध का प्रतिफलन स्वप्न के माध्यम से होता है जिसे जागने पर वे झुठलाते हैं। 'घुड़सवार' का अंत इस प्रकार है–

''लेकिन बाद में मैंने एक अजीब सपना देखा। कचहरी के मैदान में खड़ा हूँ। अचानक मैं एक घोड़ा बन जाता हूँ। इसके पश्चात् वही नाटा और भौं-सिकोड़ू जिलाधीश मेरे पास आता है और फुर्ती से मेरी पीठ पर बैठ जाता है। मैं सरपट भाग चलता हूँ....इसके बाद मेरी नींद खुल गई और मैं हड़बड़ाकर बैठ गया। मैं पसीने में नहाया हुआ था। मेरी साँस फूल रही थी। मैंने अपनी देह को छुआ और इधर-उधर

देखा। नहीं, कुछ नहीं था। कैसा गलत, वाहियात और असंभव सपना है।''[117]

'अंतरात्मा' कहानी के अंत में भी नींद टूटने पर विमल बाबू स्वप्न को पूरी तरह नकार देते हैं। यहीं पर कहानीकार व्यंग्य करता है कि 'वह अब पूरी तरह चैतन्य हो गए थे।''[118] वास्तविकता को झुठलाकर फिर से झूठ का नकाब पहनने को चैतन्य कहकर कहानीकार ने चैतन्य का परंपरागत अर्थ ही परिवर्तित कर दिया है।

भले ही स्वप्न में हो, ऐसी कटु वास्तविकता को स्वीकार करने के लिए बड़े आत्मबल की आवश्यकता होती है जो ऐसे अवसरवादियों के पास नहीं होता। जब स्वप्न की वास्तविकता को व्यक्ति झुठला सकता है तो जाग्रत अवस्था की वास्तविकता को स्वीकार करना बिलकुल असंभव-सा है। 'चाँद' और 'लड़का-लड़की' के अंत में यही स्थिति है। 'चाँद' में मित्र द्वारा वास्तविकता के उद्घाटन पर ''उसका चेहरा फक पड़ गया था। फिर अचानक उस पर एक प्रबल गुस्से का प्रकोप हुआ और वह मुँह टेढ़ा करके बोला, झूठ एकदम झूठ।''[119] ऐसा इसलिए हुआ क्योंकि वह अपने को बहुत बड़ा रचनाकार समझता है। सच्चाई को स्वीकार करने का साहस उसमें नहीं है। यही स्थिति 'लड़का-लड़की' में भी है। चंदर यह महसूस करते हुए भी कि तारा की बातें सही हैं, उन्हें पूरी तरह नकार देता है–

''चंदर कुछ देर तक कमरे में सुन्न पड़ा रहा। ऐसी उम्मीद उसको न थी। कुछ क्षणों के लिए उसे लगा कि तारा की बातें सही हैं। तब वह अपने को बहुत छोटा महसूस करने लगा। लेकिन शीघ्र ही उसने अपने को इस भावना से मुक्त कर लिया। अब उसका मुँह क्रोध और घृणा से विकृत हो गया। अहसान करने का यह फल मिलता है। जिसको उसने कीचड़ से निकाला था, वह अब उसी पर प्रहार कर रही है। यह है दुनिया ! उसने अँधेरे में थूका और जोर से दरवाजा बंद कर लिया।''[120]

राजेंद्र यादव ने अपने एक लेख में लिखा है कि ''अभावग्रस्त होना एक स्थिति है और गरीब होना एक मानसिकता। बहुत लोग स्मृद्धि और अभावहीनता में भी ओछे, तुच्छ, टुच्चे और स्वार्थी यानी सब मिलाकर दरिद्र हो सकते हैं।''[121] गरीब मानसिकता वाले संपन्न लोग अमरकांत की कहानियों में अपनी तिकड़म, चालाकी, धूर्तता, अवसरवादिता का उपयोग करके सफलता प्राप्त करते हैं लेकिन प्रकट तौर पर उन्हें किसी प्रकार का अपरोध-बोध नहीं होता और कहानी के अंत में वे प्रायः प्रसन्नचित्त और पवित्र भावनाओं से विभोर दिखाई पड़ते हैं। 'कलाप्रेमी' के सुमेर की सारी कोशिशें अपने को किसी भी तरह कला-जगत में स्थापित कर धन और यश की प्राप्ति की हैं। इसमें वह सफल भी हो जाता है। वह फर्स्ट क्लास का किराया लेकर सेकिंड क्लास दर्जे में यात्रा करता है ताकि आर्थिक लाभ हो। मन में डरता भी है कि कहीं कोई पहचान का न मिल जाए। लौटने के समय तक जब सब ठीक-ठाक रहता है तो अपनी सफलता पर वह कहानी के अंत में प्रसन्न और प्रफुल्लित हो जाता है और सोचता है–''यह दुनिया कितनी सुंदर है...कितनी सुखद ! वह कुछ मधुर, पवित्र कल्पनाओं में खो गया।''[122]

इसी तरह 'देश के लोग' का पात्र अखिल साहित्य की दुनिया में खोया रहता है

लेकिन मानवीय सहानुभूति और करुणा का उसमें सर्वथा अभाव है। अपने को वह बहुत ऊँचा और साधारण अभावग्रस्त लोगों को वह बहुत हेय दृष्टि से देखता है। उसकी इसी मानसिकता का चित्रण कहानी की मुख्य संवेदना है। रिक्शे में अपने सहयात्री के गिरकर मर जाने पर भी उसमें कोई भाव उत्पन्न नहीं होता और वह चुपके से वहाँ से खिसक जाता है ताकि कुछ करना न पड़ जाए और फिर अपने व्यवहार को अपने तर्कों से उचित ठहराकर, कहानी के अंत में "उसका मन पुनः प्रफुल्लित हो गया। उसके कदम तेज पड़ने लगे थे। वह मुसकराने लगा था। वह पुनः अपने विचार के बिखरे सूत्रों को इकट्ठा करने में व्यस्त हो गया था..."[123] 'मैत्री' और 'जन्मकुंडली' में भी इन अभावग्रस्त संपन्न लोगों की यही स्थिति कहानी के अंत में दिखाई पड़ती है।

लेकिन अभावग्रस्त वर्ग के साथ ऐसा नहीं है। वह अपनी तमाम दुर्भावनाओं के बावजूद किसी का अहित नहीं कर पाता। आपसी स्पर्धा में दूसरे का अहित करने के लिए अपनी सारी तिकड़में लगाने के बाद भी अंत में पीछे हट जाता है। 'म्यान की दो तलवारें' और 'मछुआ' कहानी इस बात को अच्छी तरह रेखांकित करती हैं। 'म्यान की दो तलवारें' का कवि संपादक मदमस्त अपने सहकर्मी विकल को व्यक्तिगत शत्रुता के कारण नुकसान पहुँचाना चाहता था। उसकी योजना थी कि वह अधिकारियों के सामने इस रहस्य को उद्घाटित कर देगा कि विकल बी.ए. पास न होकर, जैसाकि उसने अपनी अर्जी में नियुक्ति के समय लिखा था, हाई स्कूल पास है। इसके अलावा विरोध-पत्र से अपना नाम वापस लेने का भी उसका विचार था। लेकिन अपनी तमाम कोशिशों के बाद भी वह ऐसा नहीं कर पाता और अधिकारियों के कहने पर नाम वापस न लेने के कारण उसे बरखास्त कर दिया जाता है। कहानी का अंत इस प्रकार होता है–

"आदेश को लेकर राजशेखर 'मदमस्त' मूर्ख की तरह देखता हुआ बाहर चला आया। उसके दिल की सबसे बड़ी तमन्ना उसके दिल ही में रह गई थी। उसको अपने से ऐसी उम्मीद नहीं थी।"[124]

अपनी उम्मीदों के विरोध में आचरण करने पर पछतावा होने पर भी वह करता वही है जो उचित है, जो करणीय है। यही स्थिति 'मछुआ' कहानी के अंत में भी दिखाई पड़ती है। "इस भवसागर में स्त्रियाँ मछलियाँ हैं और वह मछुआ।"[125] यह जीवन-दर्शन रखने वाला अनिलेश अंत में अपने प्रेम में पागल युवती को समझाता है–"नीरजा... यह उचित नहीं है।"[126] और नीरजा द्वारा घर से निकाल दिए जाने पर "अनिलेश अशक्त कदम रखते हुए कमरे से बाहर निकल गया।"[127]

इस प्रकार अभावग्रस्त वर्ग के पात्र चाहंकर भी किसी का अहित नहीं कर पाते लेकिन यदि क्रोध और ईर्ष्या आदि भावनाओं के वशीभूत होकर वे ऐसा कर भी देते हैं तो अंत में उन्हें पछतावा ही होता है, वे सुविधाजीवी की भाँति प्रसन्न और प्रफुल्लित होकर पवित्र कल्पनाओं के विचरण करते हुए विभोर नहीं होते। विजेता कहानी का अंत इसी पश्चाताप से होता है–

"मैं उसके पास चुपचाप खड़ा था। मेरी आँखों से लगातार आँसू गिर रहे थे। काश,

वह अपनी आँखें खोल पाती तो मैं उससे माफी माँग लेता। काश, मैं उसको यह बता पाता कि मैं कितना झूठा, दंभी और कमीना हूँ।''[128]

इस तरह पश्चाताप कर वह ''बुरी तरह से घायल एक पशु की तरह लड़खड़ाते कदमों से सड़क की धूल में लिपटा चलने लगा।''[129]

अमरकांत के अनेक पात्र तरह-तरह की योजनाएँ बनाते हैं, उनमें असफल होते हैं या अकर्मण्यता और साहस के अभाव में उनका कार्यान्वयन नहीं कर पाते, लेकिन उनका उत्साह फिर भी कम नहीं होता, योजनाएँ वे पूर्ववत् ही बनाते रहते हैं।

'अमेरिका की यात्रा' का वाचक-छात्र अपने अधैर्य और परिश्रम करने की अक्षमता के कारण पढ़ाई में ध्यान केंद्रित नहीं कर पाता, फिर कहीं से यह सुनकर कि अमेरिका में पढ़कर ही भारत में लोग 'पूछते' हैं, वह अमेरिका जाने का निश्चय करता है लेकिन दूरदर्शिता और दृढ़ संकल्प-शक्ति के अभाव में भूख से पीड़ित हो पस्त हो जाता है। लेकिन कहानी के अंत में पेट में भोजन जाते ही अमेरिका जाने की उसकी कल्पना फिर जोर पकड़ने लगती है–

''इसके बाद मेरे सामने खाना परोसा गया। खाने पर मैं टूट पड़ा। जब मेरी क्षुधा शांत होने लगी तो मुझे फिर अमेरिका की याद आई। हाँ, अमेरिका तो मुझे जाना ही है...बस, एक वर्ष और देख लेता हूँ...।''[130]

धनवान होने की एक-से-एक योजनाएँ बनाने वाले सुंदरलाल को जब लगा कि अब वास्तव में कुछ करना पड़ेगा, काम न करने के किसी बहाने की गुंजाइश अब नहीं रही तो उसने अस्वस्थ होने का भ्रम पाल लिया, लेकिन विचार उसके अभी भी पहले जैसे उत्साहपूर्ण रहते हैं। कहानी के अंत में–''परंतु उसके भीतर कहीं अब भी यह दृढ़ विश्वास था कि वह एक दिन खूब तंदुरुस्त और तगड़ा हो जाएगा और कठिन परीश्रम करके अपने कुटुंब और देश का नाम ऊँचा करेगा।''[131]

'छिपकली' के रामजीलाल जीवन-भर पस्त होने के बाद भी कहानी के अंत में साबुन बनाने की योजना और उसकी सफलता के कल्पना-लोक में विचरण करते दिखाई पड़ते हैं।[132]

कथा-रचना पद्धति

अमरकांत की कहानियों की समीक्षा करते हुए विजयमोहन सिंह ने माना है कि ''अमरकांत ने प्रारंभ से ही मुख्य रूप से कथा-रचना की दो पद्धतियाँ ही अपनाई हैं : आत्मालाप या आत्मकथ्य की पद्धति या रेखाचित्र और व्यक्ति-चित्र की पद्धति।''[133] विजयमोहन सिंह का यह विभाजन काफी हद तक सही है। अमरकांत की अधिकांश कहानियाँ मोटे तौर पर दोनों वर्गों में आ जाती हैं। उदाहरणार्थ 'गले की जंजीर', 'निर्वासित', 'कबड्डी', 'घुड़सवार', 'लड़की की शादी', 'विजेता', 'अमेरिका की यात्रा' आदि अनेक कहानियाँ आत्मालाप या आत्मकथ्य की पद्धति के अंतर्गत रखी जा सकती हैं। 'जनमार्गी', 'संत तुलसीदास और सोलहवाँ साल', 'सवा रुपए', 'जिंदगी और जोंक',

'जोकर', 'दो चरित्र', 'उनका जाना और आना', 'स्वामी', 'गगनबिहारी', 'छिपकली', 'देश के लोग', 'डिप्टी कलेक्टरी', 'कलाप्रेमी', 'परमात्मा का प्रेमी' 'दुर्घटना' तथा 'महान चेहरा' आदि कहानियों में रेखाचित्र या व्यक्ति-चित्र की पद्धति अपनाई गई है। लेकिन इस स्थूल वर्गीकरण से अमरकांत की कहानियों को मात्र आत्मकथ्य या रेखाचित्र मान लेना सर्वथा अनुचित है। व्यक्ति को उसके परिवेश के समस्त अंतर्विरोधों के साथ जिस ढंग से अमरकांत चित्रित करते हैं, उससे उनके व्यक्ति-चित्र पूरे एक वर्ग की मानसिकता और व्यवहार के प्रामाणिक दस्तावेज बन जाते हैं।

पूर्वदीप्ति

अपनी रचना-प्रक्रिया में अमरकांत ने पूर्वदीप्ति (फ्लेशबैक) पद्धति का भी उपयोग किया है। इस पद्धति द्वारा कहानी अल्प समय में ही दीर्घकाल की यात्रा संपन्न कर लेती है। अतः उसकी गति तीव्र हो जाती है। अतीत की पृष्ठभूमि साथ रहने से वर्तमान अधिक विश्वसनीय हो उठता है। वर्तमान में किसी भी पात्र की मानसिकता, परिवेश और अन्य पात्रों के साथ उसकी प्रतिक्रिया या व्यवहार बहुत कुछ उसके अतीत पर निर्भर करता है, बल्कि उसी से निर्मित होता है। अतीत की जिन बातों का प्रभाव वर्तमान में पात्र के व्यवहार, चेष्टाओं और मानसिकता पर पड़ रहा होता है, कहानीकार उसे पूर्वदीप्ति पद्धति द्वारा कहानी में रख देता है। कालक्रम से घटनाओं के चित्रण की अपेक्षा यह पद्धति श्रेष्ठतर है, कहानी-विधा के अनुकूल है।

'जनमार्गी' कहानी का आरंभ बलराज द्वारा कमरा बंद करके कॉफी हाउस जाने से होता है। रास्ते-भर में वह अपने लगभग पूरे अतीत की स्मृति-यात्रा कर लेता है, जिसे अमरकांत ने वर्तमान के साथ संयुक्त करके बड़े कौशल से चित्रित कर दिया है।

"ए रिक्शा !

जब वह बैठ गया, तो उसको महसूस हुआ कि वह हाँफ रहा है। उसके दिल की धड़कन तेज हो गई थी। सारे शरीर में उसको कमजोरी मालूम होने लगी—खासकर बाँहों और टाँगों में। उसका सिर भारी हो गया था, जैसे अंदर सीसा भर दिया गया हो। वह डर गया, इसलिए उसने तेजी से भागते रिक्शे पर पीठ टेककर आँखें मूँद लीं और दिमाग को हर विचार से शून्य करने की कोशिश की। परंतु उसके होंठ एक अनजान मुसकराहट से बिचक गए। उसने आँखों पर हाथ रखा तो यह जानकर उसको अचंभा हुआ कि वह रो रहा है।

उसने सकपकाकर इधर-उधर देखा। वह जानता था कि जब किसी उत्तेजना को शांत करने लगता है तो उसकी ऐसी ही हालत हो जाती है। वह किसी वर्षा के दिन और ठंडी हवा तथा गुलाब के फूल की कल्पना करने लगा। धीरे-धीरे वह शांत और खुश हो गया। उसके हृदय में कोमलता भरती गई। उसको ऐसा लगा कि वह किसी हरे-भरे कुंज में पहुँचकर लेट गया है और मुसकरा रहा है।...उस समय उसकी उम्र चौबीस या पच्चीस वर्ष की रही होगी। गठीला शरीर, निकली छाती और बड़ी-बड़ी

चमकतीं आँखें। वह बोलता कम था, क्योंकि उसके दिल में आग जलती थी और वह इस देश से हर किस्म के अन्याय को मिटाने के लिए तड़पता रहता था। वह फरार था और उसको एक व्यक्ति के मकान में छिपाने की व्यवस्था की गई। सुशीला उस घर में बसंत की बयार की तरह डोलती रहती थी। उसके पिता बाहर कहीं नौकरी करते थे और बाबा पोस्टमास्टरी के पद से अवकाश प्राप्त करके अपने दिन गिन रहे थे। भोर होते ही वह चूड़ियों की खनक और कोमल पदचाप सुनने के लिए आतुर हो उठता था। वह रोज ही बाहर की कोठरी में बैठा-बैठा सुशीला को झाड़ू देते, नाश्ता लगाते, खाना परोसते, बाबा को गुड़गुड़ी देते, बिछौना बिछाते भिन्न-भिन्न रूप और पोज में देखता था। कम पावर की बिजली की लाल-मटियाली रोशनी में उसकी पुष्ट देह अत्यधिक रहस्यमय लगती थी। रात में सोने के पूर्व वह उसके सिरहाने पानी रखने आती थी, तो उसकी आँखें नीची रहती थीं, परंतु सारा चेहरा हँसता प्रतीत होता था और जब वह उसकी ओर देखती थी तो ऐसा लगता था कि वह किसी अँधेरे स्थान से अचानक धूप में आ गई हो...।

'अरे !' अचानक रिक्शा रुक गया, तो वह उत्साहपूर्वक बोला।''[134]

यहाँ कहानीकार ने बलराज के अतीत को उसके वर्तमान के साथ पूर्वदीप्ति पद्धति द्वारा चित्रित कर दो विपरीत स्थितियों को एक साथ रखकर उनके प्रभाव से बलराज की बदलती मनःस्थिति को चित्रित किया है। इस पद्धति का प्रयोग 'शुभचिंता', 'प्रैक्टिस', 'मछुआ', 'निर्वासित', 'कलाप्रेमी', 'घर', 'जन्मकुंडली', 'मूस', 'छिपकली', 'पलाश के फूल', 'देश के लोग' आदि कहानियों में भी सफलतापूर्वक किया गया है।

अमरकांत की कहानियों की भारतीयता

अमरकांत के चित्रण इतने सजीव हैं कि लगता है कि वे एक कुशल छायाकार की भाँति अपने कैमरे में स्थिति या दृश्य के छोटे-छोटे विवरण और बारीकी भी कैद कर लेते हैं। प्रायः वे अपना कैमरा मुख्य पात्र पर ही केंद्रित करते हैं जिसके चारों ओर कहानी का घटना-चक्र घूम रहा होता है। लेकिन उनकी प्रसिद्ध कहानियाँ 'दोपहर का भोजन' और 'डिप्टी कलेक्टरी' में उन्होने ऐसा नहीं किया है। 'डिप्टी कलेक्टरी' में डिप्टी कलेक्टरी के उम्मीदवार नारायण हैं लेकिन अमरकांत ने अपना कैमरा शकलदीप बाबू—नारायण के पिता पर केंद्रित किया है। डिप्टी कलेक्टरी के सफल उम्मीदवारों की सूची में नारायण का नाम आ जाने पर प्रसन्नता का अतिरेक, सफलता और असफलता की संभावित स्थितियों का द्वंद्व, यंत्रणादायक आतुरता और असफल होने पर लगभग मरणांतक हताशा शकलदीप बाबू की चित्रित की गई है। यही स्थिति 'दोपहर का भोजन' में भी है। यहाँ नौकरी तो मुंशी चंद्रिका प्रसाद की छूटी है किंतु इस संत्रास को अभिव्यक्त करने के लिए मुंशीजी को नहीं, उनकी पत्नी सिद्धेश्वरी को माध्यम बनाया गया है। कहानीकार ने अपने कैमरे का केंद्र मुंशी चंद्रिका प्रसाद की बजाय सिद्धेश्वरी को बनाया है। ऐसा करने से इन कहानियों की मार्मिकता बढ़ गई है और इसके वस्तुगत कारण हैं।

अपने एक समीक्षात्मक लेख में 'विजयमोहन सिंह' ने लिखा है कि–

"भारतीयता की बात साहित्य और कला के संदर्भ में असंगत-सी लगती है, किंतु अमरकांत जैसे कथाकार (जैसे प्रेमचंद) इस बात के लिए कभी-कभी मजबूर करते हैं कि यह समझा जाए कि भारतीयता का संदर्भ कला और उसकी समीक्षा–दोनों के लिए कितना महत्त्वपूर्ण है।"[135]

भारतीय समाज की एक बहुत बड़ी विशिष्टता इसकी पारिवारिकता है। इसका कारण यह है कि भारतीय परिवार अब भी अधिकांशतः आर्थिक इकाई के रूप में सुरक्षित है। माँ-बाप का अपनी संतान से तथा पति-पत्नी का पारस्परिक संबंध सामान्यतः अखंड एवं अभेद्य माना जाता है। दीर्घ-परंपरा से पोषित यह अखंडता, तीव्र रागात्मकता उत्पन्न करती है जिसमें माँ-बाप अपनी संतान, विशेष रूप से पुत्र के उत्कर्ष को अपने उत्कर्ष से अधिक सामाजिक प्रतिष्ठा का विषय मानते हैं। पति-पत्नी के रागात्मक संबंध साहचर्य की सुदृढ़ भूमि पर आधारित होते हैं। यह अधिकांश भारतीय परिवारों के संबंध में कोरी आदर्श-स्थिति नहीं, वास्तविकता है। व्यक्तिवादी मनोवृत्ति के प्रचार और झोंक में हिंदी के अधिकांश कथाकारों ने इस वास्तविकता की अनदेखी की है। वहाँ पात्र चाहे सुखी हो या दुखी, अपनी स्थिति का अकेला ही भोक्ता चित्रित किया जाता है। यदि किसी नवयुवक को बेकार, भूखा या किसी प्रकार की व्याकुल मनःस्थिति में चित्रित किया जाता है तो नई कहानी और उसके अधिकांश कहानीकार उस पात्र को अकेला ही दिखाते हैं। अमरकांत ने इस विषय में अपने समाज की वास्तविकता को हिंदी के अधिकांश कहानीकारों की अपेक्षा अधिक गहराई और सच्चाई से देखा है। पुत्र की आर्थिक और सामाजिक उन्नति से उसकी अपेक्षा माँ-बाप को अधिक प्रसन्नता नहीं होगी–ऐसा कौन कह सकता है, और उन्नति की आशा टूट जाने पर उसे पुत्र की अपेक्षा अधिक संताप नहीं होगा–यह कौन मानेगा ? लेकिन इसका चित्रण अमरकांत के यहाँ ही मिलता है। माँ-बाप और संतान की जैसी ही स्थिति पति-पत्नी संबंधों की रागात्मकता की भी है। पति के सुख-दुख, उसके उत्कर्ष-अपकर्ष का प्रभाव पत्नी पर पति की अपेक्षा कम नहीं पड़ता। सिद्धेश्वरी अनपढ़ और घरेलू पत्नी तथा माँ है। उसे केवल यही जानकारी है कि पति की नौकरी छूट गई है। कैसे छूट गई, अब क्या होगा, कोई और मिलेगी या नहीं–वह यह सब जानना चाहती है। लेकिन जानकारी कम होने पर उसकी पीड़ा और यातना का बोध कम नहीं होता।

अतः स्पष्ट है कि डिप्टी कलेक्टरी न मिलने की हताशा और नौकरी छूट जाने की यंत्रणा जितने विश्वसनीय रूप में अमरकांत की इन कहानियों में चित्रित है वह अन्यत्र नहीं। यह विश्वसनीयता और मार्मिकता यथार्थ-बोध से प्रेरित है और दुख एक का न होकर परिवार के सदस्यों में व्याप्त हो गया है। इस व्याप्ति से हताशा, यंत्रणा अधिक सघन हो उठी है। यही अमरकांत की कहानियों का भारतीयता का संदर्भ है और इसलिए अमरकांत इन कहानियों में अपना कैमरा या दृष्टि घटनाओं से प्रत्यक्ष रूप से जुड़े पात्रों की बजाय उनसे गहरे तौर पर जुड़े उनके परिवार के अन्य सदस्यों पर केंद्रित करते हैं।

चित्रण में अश्लीलता नहीं

अमरकांत के कुशल छायाकार होने का अंदाजा उन प्रसंगों में भी होता है जिनका चित्रण अश्लीलता के अंतर्गत आ सकता है। ऐसे प्रसंग आने पर वे अपना कैमरा वहाँ से हटाकर आसपास की किसी वस्तु या दृश्य पर केंद्रित कर, प्रसंग-विशेष का केवल संकेत देकर आगे बढ़ जाते हैं। यशपाल ने एक स्थान पर अमरकांत की कहानी 'दोपहर का भोजन' के संदर्भ में कहा है—"इस तरह की ठंडी, घटनाहीन कहानी लिख सकने के लिए बहुत बड़ी ताकत की जरूरत होती है क्योंकि ताकत के आते ही संयम टूटने लगता है।"[136] लेकिन उपर्युक्त प्रसंगों का चटकारा लेकर चित्रण करने के लोभ का संवरण करने के लिए भी बड़ी ताकत की जरूरत होती है और अमरकांत में यह स्पष्ट रूप से विद्यमान है। उनकी कहानी 'असमर्थ हिलता हाथ' में मीना और दिलीप के एकांत में मिलने का चित्रण इस प्रकार है—

"लंबे और घने वृक्षों से घिरी खामोशी में पहुँचकर उसने मीना को अपने पास खींच लिया था। चंचल हवा घास तथा फूल की खुशबू उड़ाती रही।

"अब चलें ?" दिलीप ने कुछ देर बाद पूछा था।

"हाँ !" मीना ने उसकी ओर झुकी-झुकी दृष्टि से देखा।

उसको लगा जैसे वह लजाया हुआ है। यह उसका प्रथम अवसर था जिसकी महानता से वह अभिभूत भी था। वह स्वयं वाणी से दूर पहुँच गई थी। वह सिर झुकाकर चल रही थी। वह जानती थी कि पेड़-पौधों में भी जान होती है। अनंत बाँहोंवाले वे वृक्ष उनको देखकर कुछ सोच रहे होंगे ?"[137]

इसी प्रकार 'हत्यारे' में गोरे और साँवले युवकों द्वारा मजदूर स्त्री के साथ शारीरिक भोग के दौरान कहानीकार का कैमरा कोठरी के बाहर की चीजों पर ही घूमता रहता है।

"गोरा बाहर बँसखट पर बैठा ऊँघता-सा रहा। थोड़ी देर बाद औरत तेजी से बाहर आई और बटलोई को चूल्हे पर से उतारकर पुनः कोठरी में चली गई। अब बाहर बैठने की बारी साँवले की थी। इस बीच बरामदे के ताक पर रखी ढिबरी की रोशनी किसी बीमार की फीकी मुसकराहट की तरह टिमटिमाती रही।

—दो-दो रुपए हुए न ?—बाहर निकलकर गोरे ने हँसकर पूछा।

—आज तो चार-चार लूँगी ! बड़ा परेशान किया है आप लोगों ने।—वह आँखें मटकाकर बोली।"[138]

कहानीकार का कैमरा शुरू से इन दोनों युवकों के ऊपर केंद्रित रहा है लेकिन इस प्रसंग में वह कोठरी के बाहर ही रहता है, उनके कोठरी से निकलने पर वह पुनः उन पर केंद्रित हो जाता है। इसका कारण अमरकांत का संयम तो है ही, उनका संकोची स्वभाव भी है जिसका उल्लेख ममता कालिया[139] और अश्क[140]—दोनों ने किया है।

इसी प्रकार के अन्य प्रसंगों में भी अमरकांत बड़ी कुशलता से किसी प्रकार थोड़ा संकेत देकर आगे बढ़ जाते हैं। कभी यह सांकेतिकता डाट्स के माध्यम से प्रकट होती

है। जैसे 'पलाश के फूल' में राय साहब अंजोरिया को अपनी वासना का शिकार बना लेते हैं। उसी प्रसंग का वर्णन राय साहब के माध्यम से कहानीकार करता हुआ कहता है—"परंतु पता नहीं मुझे क्या हो गया था !...वह रोती और सुबकती रही..."[141]

उपमा के माध्यम से भी अमरकांत ने ऐसे प्रसंगों को बड़ी कुशलता से स्पष्ट किया है—

"अपने नवदांपत्य जीवन से संबंधित हरेक बात एवं करतब का इस तरह रस ले-लेकर वर्णन करते, जैसे कोई गरीब लड़का स्वादिष्ट मिठाई को उलट-पुलटकर देखता और थोड़ा-थोड़ा दाँत से काटते हुए काफी देर तक अपूर्व संतोष के साथ खाता रहता है।"[142]

इसी तरह बिंब के माध्यम से भी उन्होंने ऐसा संकेत दिया है—"उसकी दृष्टि के सामने जल में भीगा एक कमल काँपने लगा। दिमाग में एक खुशबू भर गई और वह इस खुशबू में स्वयं नहाने लगा।"[143]

व्यंजना के माध्यम से सीधे-सादे संकेत तो अनेक कहानियों में मिल जाते हैं जैसे 'जिंदगी और जोंक', 'लड़का-लड़की', 'जोकर', 'मछुआ', 'मूस', 'म्यान की दो तलवारें', 'विजेता' आदि। एक ही उदाहरण पर्याप्त होगा—

"रामसंजीवन की जिंदगी में शनिवार का महत्त्व है। शादी होने पर वह हर शनिवार की शाम को रबड़ी-मलाई खाता, रात को स्पेशल भोजन करता और कमरे में रंगीन रोशनी जलाता। जब उसके परिवार में तेजी से वृद्धि होने लगी, तो लोगों ने कहा कि यह शनिवार की करामात है।"[144]

भाषा

अमरकांत के शिल्प का एक महत्त्वपूर्ण घटक उनकी भाषा है। जिसके बारे में डॉ. नामवर सिंह ने कहा है कि "अमरकांत की भाषा प्रेमचंद की परंपरा का अद्यतन विकास है : वही सादगी और वही सफाई है। पढ़ने पर गद्य की शक्ति में विश्वास जमता है।"[145] नई कहानी की भाषा की चर्चा करते हुए उन्होंने लिखा है कि "हलके-हलके शब्द और छोटे-छोटे वाक्य एक पर एक जमे हुए सहज प्रवाह में बहते चलते हैं; फिर भी सूक्ष्म भाव अथवा विचार का कोई रेशा छूटने नहीं पाता। तमाम अलंकरण, आवरण का कूड़ा-करकट छोड़कर भाषा का व्यवधान ही नहीं रह जाता। कहानी का कथ्य पूरी ताकत के साथ मन पर सीधा असर डालता है।"[146] डॉ. नामवर सिंह का यह मत नई कहानी के बारे में जितना सत्य है उससे कहीं अधिक अमरकांत के बारे में।

सांकेतिकता, प्रतीक, बिंब, दृश्यात्मकता, नाटकीयता, उपमा और रूपक भाषा के ही उपकरण हैं क्योंकि ये सब भाषा के माध्यम से ही रूप ग्रहण करते हैं, अभिव्यक्ति पाते हैं। जिनका विवेचन हम पहले ही कर चुके हैं। अमरकांत की भाषा की अन्य विशेषताओं को देखने का प्रयास हम यहाँ करेंगे।

अमरकांत को शब्द-भंडार सादगी से युक्त होने पर भी विशिष्ट है। उन्होंने तत्सम,

तद्भव, देशज तथा अंग्रेजी, अरबी, फारसी आदि अनेक विदेशी भाषाओं के बहुप्रचलित शब्दों का प्रयोग अपनी भाषा में किया है। इनके शब्द-चयन का आधार सरलता, बोधगम्यता और सहजता है। डॉ. गोविंद स्वरूप गुप्त ने अमरकांत की कहानियों का भाषातात्विक विवेचन करते हुए तत्सम-प्रधान लेखक माना है।[147] यह सही है कि अमरकांत ने तत्सम शब्दों का प्रयोग अपनी कहानियों में काफी मात्रा में किया है लेकिन इनका यह तत्सम शब्द-प्रयोग अनायास नहीं है अपितु सायास है और विशिष्ट उद्देश्य के लिए उसका उपयोग किया गया है। ये शब्द अपने सामान्य अर्थ में प्रयुक्त नहीं हैं। वस्तुतः आज कथनी और करनी का अंतर इतना अधिक बढ़ गया है, व्यक्ति धूर्त, चालाक, मक्कार और अवसरवादी हो गया है, अपने लाभ के लिए वह भाषा का इस्तेमाल इस ढंग से करता है कि वह मुखौटा बन जाती है, व्यक्ति के कुकृत्यों को छिपाने का। संपन्न और शोषक वर्ग द्वारा तत्सम शब्दों के धूर्ततापूर्ण इस्तेमाल से इन शब्दों ने अपने अर्थ खो दिए हैं। वे निरर्थक नहीं बल्कि अनर्थक सिद्ध हो रहे हैं।

अमरकांत की कहानी 'बस्ती' में रामलाल और बाँकेलाल बस्ती के लोगों के नेता हैं। संस्कृत शब्द नेता का अर्थ है नेतृत्व करने वाला, आगे ले जाने वाला। लेकिन यही नेता अपनी स्वार्थ-सिद्धि के लिए जनता को धोखा देते हैं, उनके विश्वास को छलते हैं। पहले रामलाल बड़े-बड़े शब्दों के जाल से बस्ती के लोगों को बेवकूफ बनाता है और ईंटें चुराने जैसा घृणित कार्य करता है। इसका फायदा असवरवादी बाँकेलाल उठाता है। लोगों के समक्ष रामलाल की करनी का भंडाफोड़ कर उसके प्रति घृणा उत्पन्न करके वह स्वयं नेता बन जाता है। रामलाल के भ्रष्टाचार का उल्लेख कर वह कहता है कि "मैं इसका विरोध करूँगा क्योंकि मैं अपने महान आदर्शों की हत्या होते नहीं देख सकता।"[148] "उसके भाषणों में 'आत्मा', 'नैतिकता', 'शहादत', 'क्रांति', 'रक्त' आदि शब्दों की भरमार होती थी।"[149] नेता बनकर बड़े-बड़े शब्दों का प्रयोग बाँकेलाल इसलिए करता है ताकि जनसमर्थन प्राप्त करके वह भी विभिन्न समितियों के कोषों को अपने अधिकार में लेकर रामलाल की तरह निजी स्वार्थों की पूर्ति के लिए उनका उपयोग कर सके। महान आदर्शों की हत्या की चिंता उसे नहीं है बल्कि वह यह सहन नहीं कर पा रहा कि रामलाल अकेले ही जनता का पैसा खा जाए। इसी के लिए वह महान आदर्श, आत्मा, नैतिकता, क्रांति, रक्त आदि शब्दों की आड़ लेता है।

संपन्न शोषक वर्ग ही नहीं, इन शब्दों का इस्तेमाल प्रत्येक वह व्यक्ति करता है जो स्वार्थी, टुच्चा, दंभी, कायर और अकर्मण्य है। 'हत्यारे' के दोनों युवक सिद्धांत, राष्ट्रीय संकट, बाल ब्रह्मचारी, अखिल विश्व, प्रार्थना, सत्य-अहिंसा, निस्वार्थ, सामाजिक-नैतिक स्तर आदि शब्दों का धड़ल्ले से इस्तेमाल करते हैं। आवारा घूमना इनके लिए विदेश-भ्रमण है और शराबखाना स्वदेश।[150]

शारीरिक वासना की पूर्ति इनके लिए रचनात्मक कार्य[151] है। वस्तुतः शब्द इनके लिए कोई अर्थ नहीं रखते। अपनी शान दिखाने और डींग मारने के लिए बड़े-बड़े शब्दों का प्रयोग ये बगैर विवेक के कर देते हैं। इनका भाषा-संसार इनकी बातों की तरह

नितांत अवास्तविक है। मजदूर स्त्री से गोरा साँवले के बारे में कहता है–

"–आज तुम्हारी सेवा में विश्व के महान नेता को लाया हूँ।

–मुझे तो आपकी बात समझ में नहीं आती। कौन है ये ?–उसने अदा के साथ साँवले की ओर देखा।

–ये अखिल विश्व लोफर संघ के अध्यक्ष हैं। इनको हर तरह से तुम्हें खुश करना है।"[152]

यहाँ 'सेवा' शब्द का अर्थ बिलकुल बदल गया है। 'विश्व के महान नेता' प्रयोग शब्दों की अर्थ-महत्ता को समाप्त का देता प्रतीत होता है। इसी प्रकार संस्कृत शब्द 'संघ' का अर्थ समूह, संग्रह या संस्था है लेकिन यहाँ बहुत हलके ढंग से निरर्थक रूप में प्रयुक्त हुआ है।

आगे चलकर महान कार्यकत्री, कष्ट, बुद्धिमानी, मौलिकता, साहस, कर्मठता, अहिंसात्मक, पथ-प्रदर्शन, आर्थिक, सामाजिक-क्रांति आदि तत्सम शब्दों का भी प्रयोग निहायत हलके ढंग से परंपरागत या व्याकरणिक अर्थों से भिन्न अर्थों में हुआ है क्योंकि गरीब स्त्री से अपनी वासना-पूर्ति करने के उपरांत चालाकी से उसे धोखा देकर उसके पैसे न देना ही उनके लिए बुद्धिमानी, मौलिकता, साहस और कर्मठता द्वारा आर्थिक और सामाजिक क्रांति लाना है। शब्दों के अर्थों की इसी विकृति को लक्षित करते हुए विजयमोहन सिंह ने लिखा है कि "उनकी (हत्यारों की) भाषा आजादी के बाद के मुहावरों और नारों की भाषा है–यह वही भाषा है जो हर चौराहे तथा मंच से वायुमंडल में फैलाई जा रही थी और अचानक जो भाषा अपराधियों और हत्यारों की भाषा हो जाती है। कहानी के चरित्रों को दरकिनार कर दें तब भी व्यापक अर्थ में यह एक हत्यारिणी भाषा सिद्ध होती है जो अपने खोखलेपन के कारण इस्तेमाल के लिए केवल यही बचती है।"[153]

कई बार कहानीकार स्वयं अपनी तरफ से पात्रों की प्रशंसा में ऐसी तत्सम-प्रधान शब्दावली का प्रयोग करता है। उसके माध्यम से वह इन पात्रों का चरित्रगत खोखलापन ही उद्घाटित करता है। 'जनमार्गी' में एक स्थान पर आया है कि "उसको लोग भूल चुके थे। किसी को अब उसकी क्रांति और कविताओं की जरूरत नहीं थी–न उसकी ईमानदारी की और न परिश्रम तथा साहस की ही। लोग अब अधिक चुस्त, होशियार, आधुनिक तथा महान हो गए थे।...और उसके साथी भी, जो आजादी की हर लड़ाई और जेल में उसके संग रहे थे, धनी, मोटे, सभ्य और सुसंस्कृत हो गए थे। वे उसको या तो पहचानते नहीं थे या देखकर मुँह फेर लेते थे।"[154]

यहाँ 'महान' और 'सुसंस्कृत' जैसे तत्सम शब्दों का प्रयोग द्रष्टव्य है जो विपरीतार्थक हो गए हैं। 'महान' शब्द वस्तुतः श्रेष्ठता और उच्चता के लिए प्रयोग में लाया जाता है लेकिन यहाँ गिरे हुए या पतित के अर्थ में प्रयुक्त है। बलराज जैसे क्रांतिकारी को लोग इसलिए भूल गए हैं क्योंकि अब वह उनके लिए उपयोगी नहीं है। वास्तव में ऐसा वे इसलिए कर रहे हैं क्योंकि वे चुस्त, होशियार, आधुनिक और महान नहीं बल्कि

चालाक, धूर्त, अवसरवादी और नीच हो चुके हैं। इसी प्रकार कहानीकार बलराज के उन साथियों को सुसंस्कृत कहता है जो अपनी तिकड़मों और धूर्तता से राजनीतिक-शक्ति और धन-संपत्ति हथियाए हुए हैं और असहाय, कमजोर बलराज को पहचान कर भी नहीं पहचानते। 'सुसंस्कृत' भी यहाँ अपने विपरीत अर्थ का ही बोध कराता है। यह अमरकांत का व्यंग्यधर्मी लहजा है जिसके अंतर्गत वे पात्र का चरित्रगत खोखलापन तत्सम और बड़े-बड़े शब्दों के द्वारा व्यंजना के माध्यम से उद्‌घाटित करते हैं। जहाँ भी कहानीकार ने स्थितियों की विसंगति में निम्न मध्यवर्गीय व्यक्ति की विडंबनाओं और कथनी-करनी के अंतर को चित्रित किया है वहाँ यही शब्दावली अपनाई है। इसके अलावा सामान्य रूप से प्रचलित संस्कृत शब्द भी भाषा के सहज प्रवाह में प्रयुक्त हुए हैं।[155]

अमरकांत की संवेदना मुख्य रूप से निम्न मध्यवर्ग की संवेदना है, अतः उसे अभिव्यक्त करने के लिए मूलतः उन्होंने उसी की भाषा को अपनाया है। उनके तद्‌भव और देशज शब्दों के प्रयोग से उनकी लेखन-शक्ति का परिचय मिलता है। इन्हीं शब्दों के माध्यम से अमरकांत ने अपने पात्रों की आंतरिक अनुभूतियों, उनकी चेष्टाओं व हाव-भावों की सजीव अभिव्यक्ति की है। एकाध उदाहरण ही देना पर्याप्त होगा। तद्‌भव शब्दों का प्रयोग पात्रों की मानसिकता, उनके बौद्धिक स्तर का परिचय देने में पूरी तरह सक्षम है।

1. "धीरे-धीरे क्यों बोलूँ, इसी *लच्छन* से परसाल बीमार पड़ जाया गया था।"[156]

2. "—ए !—मुनरी गुस्से से झनक गई—जबान सँभालकर बोलना ! ऐसी कमाई खाए तुम्हारे घरवाले ! तुम्हारी माँ-बहनें ! मुझसे ऐसी *भाषा* न बोलना, हाँ, ठीक नहीं होगा !

—पेड़ की कमाई तो तू खाती है, रे ! नहीं तो तू कौन *सदाबरत* चला रही थी ?"[157]

3. "काली माई की *किरपा* से दिन मजे में कट जाते।"[158]

इसी तरह धरम-करम, मरद, दइव, उपास, परमेसर, तीरथ, सरग, अछूता आदि बहुत से तद्‌भव शब्दों का अमरकांत ने अपनी कहानियों में प्रयोग किया है। देशज शब्दों के प्रयोग से अमरकांत ने वातावरण और पात्रों को प्रामाणिकता तथा आत्मीयता प्रदान की है। उदाहरण से यह बात बिलकुल स्पष्ट हो जाएगी।

1. "साले की खोपड़ी पर एक लट्ठ पड़ जाए, तो सारी *लफंगई* हिरन हो जाए..."[159]

2. "एक *छिनाल* के घर में घुसा रंग-रेलियाँ कर रहा था।"[160]

3. "अब जाँगर नहीं चलता तो क्या करूँ"[161]

इसी तरह घइली, छिपुली, मरकिलौना, जुगाई, भरसायँ, मोटइनी, लसरिया, घिनई, करइत, पिड़कते, टँगरी, मुँहझौंसी, भकुआ, अटण्ड, जवार, धरान, खुद्‌दी-चुन्नी, डाढ़ा, खजाह, मलका-मलका, गुड़गुड़ी, धकिया, पगहिया, बुढ़ौती, दुरदुरा, चिरकुट, सानी, लासा, कटाह-कुकुर आदि बहुत से देशज शब्दों का कुशल प्रयोग भी बड़ी सहजता से

किया गया है। इन देशज शब्दों की विशेषता यह है कि आंचलिकता के मोह में इनका प्रयोग अमरकांत नहीं करते। अतः ये शब्द क्षेत्रीयता की मुद्रा अपनाकर हमें चौंकाते नहीं। उन्हीं देशज शब्दों का प्रयोग मिलता है जो सर्वपरिचित हैं और जिनके प्रयोग से कथ्य के संप्रेषण में किसी प्रकार की बाधा उत्पन्न नहीं होती और परिवेश को प्रामाणिक बनाने में सहायता मिलती है। वस्तुस्थिति की अनिवार्यता को देखते हुए ही इनका प्रयोग किया गया है। अपने अस्तित्व का अलग से बोध ये शब्द नहीं कराते।

साधारण बोलचाल में प्रयुक्त अनेक विदेशी शब्दों का प्रयोग भी अमरकांत ने यथास्थान किया है जिनमें अंग्रेजी, अरबी और फारसी के शब्द प्रमुख रूप से आए हैं। ये शब्द बहुप्रचलित होने के कारण हिंदी के ही प्रतीत होते हैं।

अंग्रेजी के अनेक शब्द अमरकांत की कहानियों में मिल जाते हैं, लेकिन हिंदी-भाषियों के लिए भी वे अपरिचित नहीं हैं। उदाहरणार्थ ट्रेन, आर्टिस्ट, कमर्शियल आर्ट, कंपनी, अफसर, एजेंट, प्रोफेसर, होटल, सेकिंड क्लास, फ्री-लांस, जोकर, डायरी, वेरी-गुड, ब्रश, मीटिंग, मशीन, बासिंग, डियर, डोज, रिपोर्ट, मिसेज, पेपर, स्टेशन, फोन, रिजर्वेशन, शेम-शेम, पोस्टर, कार, प्लेटफार्म।[162] अंग्रेजी शब्दों के विकृत रूप का प्रयोग निम्नवर्गीय पात्रों की भाषा में मिलता है जैसे—टेम, कारड़, जेहल आदि। कहीं-कहीं अंग्रेजी वाक्यों का प्रयोग मिलता है। उल्लेखनीय है कि अमरकांत के यहाँ इस प्रकार के वाक्यों का प्रयोग तथाकथित सभ्य, पढ़े-लिखे पात्रों द्वारा हुआ है जो सफल, अवसरवादी और धूर्त हैं। 'बहादुर' कहानी में वाचक के रिश्तेदार बहादुर पर चोरी का झूठा इल्जाम लगा देते हैं। वाचक के यह विश्वास प्रकट करने पर कि वह ऐसा नहीं है, रिश्तेदार अंग्रेजी में बोलते हैं—"यू डू नोट नो—दीज पीपुल आर एक्सपर्ट इन दिस आर्ट,—रिश्तेदार ने कहा।"[163] वास्तव में यह वाक्य बहादुर से अधिक उन पर लागू होता है जो इस तरह के प्रपंच रचने में दक्ष होते हैं और इस तरह पैसे खर्च करने से बड़ी सफाई से बच जाते हैं। लेकिन इस तरह के आरोप लगाने से निरीह बहादुर को पड़ने वाली डाँट-फटकार और मार से उन्हें कोई अपराध-बोध नहीं होता।

'कला प्रेमी' में नाथ सुमेर से मिलने और उसके द्वारा अपना परिचय देने पर कहता है—"ओ येस। ग्लैड टु मीट यू।..."[164] वस्तुतः यह बगैर किसी आत्मीयता के तथाकथित सभ्य समाज के लोगों के मिलने का औपचारिक ढंग है। इस तरह के वाक्य का कोई खास अर्थ नहीं होता, इन्हें यूँ ही आदतन प्रयोग कर दिया जाता है।

'जोकर' कहानी के नलिन भाई एक अन्य वकील से चाँटा खाकर अंग्रेजी बोलने लगते हैं—

"और लोग भी आ गए, जिनके बीच घिरे नलिन भाई उछल-उछलकर गरज-तड़प रहे थे—छोड़ दो मुझे, आज मैं इस ऋषि-मुनी के बच्चे का यहीं वध करूँगा। आई विल किल हिम।"[165] यहाँ अपमानित और क्रोधित होने के कारण नलिन भाई द्वारा अपना प्रभुत्व-प्रदर्शित करने के लिए अंग्रेजी का प्रयोग बहुत ही मनोवैज्ञानिक है। अपने देश में अंग्रेजी का प्रयोग अब भी गौरव की वस्तु मानी जाती है, अतः तथाकथित सभ्य

समाज में दूसरे को प्रभावित करने, औपचारिकता निर्वाह और क्रोध, घृणा आदि भावों को प्रकट करने के लिए इसी भाषा का प्रयोग किया जाता है। कुछ अन्य कहानियों– 'जिंदगी और जोंक',[166] 'घुड़सवार',[167] 'दो चरित्र'[168] आदि में भी अंग्रेजी वाक्यों का प्रयोग किया गया है। अंग्रेजी का प्रयोग करने वाले सभी पात्र अमरकांत के यहाँ वही हैं जो अपने को श्रेष्ठ और दूसरों को तुच्छ समझते हैं तथा धूर्त, अवसरवादी और काइयाँ हैं।

अरबी और फारसी के अनेक शब्दों का भी प्रयोग अमरकांत ने किया है तथा उन शब्द प्रयोगों के माध्यम से भाषा को सहज, सरल और प्रामाणिक बनाया है। अमरकांत द्वारा प्रयुक्त कुछ अरबी शब्द इस प्रकार हैं–अव्वल, आदत, इस्तेमाल, कसाई, गुलामी, गम, गायब, जुल्म, ताकत, दहशत, फैसला, फिराक, लतीफ, लायक आदि। उस्ताद, कमबख्त और खर्च जैसे फारसी शब्दों का भी अमरकांत ने अपनी कहानियों में प्रयोग किया है। वस्तुतः से सभी शब्द हिंदी भाषा में काफी घुल-मिल गए हैं और सभी वर्ग के लोग सहज रूप से इनका प्रयोग बिना यह जाने कर लेते हैं कि ये किसी अन्य भाषा के शब्द हैं।

वहुतायत से ध्वन्यात्मक शब्द-प्रयोगों से अमरकांत ने अपनी भाषा को विशिष्ट बनाया है। उदाहरणार्थ चापुड़-चापुड़ खाना, धड़-धड़ नमस्कार करना, झिर-झिर हवा, हहर-हहर नहाना, हकर-हकर पानी पीना, खर्र-खर्र खर्राटे भरना, बुद-बुद-बुद की आवाज, सुड़-सुड़ पीना, जूतों को खस-खस घसीटते हुए, खर-खर खाँसकर, हटर-हटर बातें करना, डग-डग चलना, खी-खी हँस पड़ना, मुटर-मुटर ताकना, डहक-डहककर रोना, डकार-डकारकर खाना, गट-गट निगलना, लपर-लपर चलना, चप्पलों की फटर-फटर, टुकर-टुकर देखना आदि अनेक शब्दों के प्रयोग से अपनी भाषा को ध्वनि से युक्त कर श्रव्य बनाया है तथा पात्रों की विभिन्न चेष्टाओं और क्रियाओं को अधिक स्पष्ट और सजीव बनाया है।

अनेक निरर्थक शब्द-प्रयोगों से भी अमरकांत ने अपनी भाषा को घरेलू आत्मीयता प्रदान की है। जिनमें झूठ-मूठ, खटर-पटर, नंग-धड़ंग, अटरम-सटरम, ओना-कोना, अंतरा-संतरा, लौंडी-मजूरिन, नौकर-चाकर, सरदी-जुकाम, शर्म-लेहाज, अपराध-जुल्म, साथ-संगत, फाड़-फूड़, फैला-फैलू आदि को लिया जा सकता है। वस्तुतः इस तरह के दो समानार्थक शब्दों का प्रयोग हम आम बोलचाल में करते हैं। कहानी की भाषा में इस प्रकार के प्रयोग पात्रों के परस्पर वार्तालाप को सहज-स्वाभाविक बनाने में सहायक हुए हैं, दूसरी ओर स्वयं कहानीकार द्वारा वर्णन में प्रयुक्त ये शब्द एक प्रकार की आत्मीयता की सृष्टि करते हैं।

अमरकांत की भाषा की एक अन्य विशेषता ऐसे विशेषणों का प्रयोग है जो सामान्य तौर पर नहीं दिखाई पड़ते। जिस विशेषण को अमरकांत एक साथ रख देते हैं, उन्हें एक साथ न देखने के अभ्यस्त होने के कारण एक बार तो वे विरोधी शब्द बेतुके से प्रतीत होते हैं लेकिन अर्थ की सटीकता के कारण उनके प्रयोग विलक्षण बन

जाते हैं। उदाहरण के लिए अपने आत्मकथ्य में उन्होंने एक वाक्य लिखा है—"उनकी हर बात में बेहद गप्पबाजी और हास्यास्पद गंभीरता होती थी।" हास्यास्पद और गंभीरता शब्दों का अलग-अलग प्रयोग तो बहुत मिल जाता है लेकिन उनका एक साथ आना आश्चर्यजनक किंतु अर्थवान है। यहाँ गंभीरता बोलने वाले के भाव में है। वह अपनी बात बड़ी गंभीरता से प्रस्तुत कर रहा है लेकिन सुनने वाले के मन में यह गंभीरता यदि हास्य उत्पन्न करे, इसी को अमरकांत हास्यास्पद गंभीरता कहते हैं।'जिंदगी और जोंक' में प्रयुक्त 'भयजन्य क्रोध'[169] का प्रयोग भी विचारणीय है। प्रायः भय और क्रोध एक-दूसरे के विरोधी भाव माने जाते हैं। जहाँ एक भाव होता है वहाँ दूसरे का न आना निश्चित होता है लेकिन यहाँ यह नियम टूट गया है। रजुआ को देखकर जितना भय शिवनाथ बाबू को है, उतना ही वे क्रोध व्यक्त कर रहे हैं। इसी कहानी में एक अन्य स्थान पर 'उदार व्यापारिक बुद्धि'[170] के प्रयोग में दो विरोधी शब्द एक साथ रख दिए गए हैं क्योंकि व्यापारिक बुद्धि अपने लाभ को सर्वोपरि रखती है, उदारता से उसका कोई संबंध नहीं होता लेकिन यहाँ बुद्धि व्यापारिक भी है और उदार भी। दोनों शब्दों का सार्थक प्रयोग यहाँ कहानीकार ने किया है क्योंकि यहाँ अपने फायदे के लिए शिवनाथ बाबू का उदार बनना ही उचित था। उनके कुछ बोलने से मुहल्लेवालों से उनका लड़ाई-झगड़ा हो सकता था और फैसला उनके हक में नहीं होता, अतएव चुप्पी साधे रखना ही उनके लिए श्रेयस्कर था। इसी तरह 'भुखमरी की गौरवशाली स्थिति', 'विरोध का पवित्र कार्य', 'हर चेहरा अपरिचित होने का आश्वासन', 'घाटा उठाने का सम्मान', 'अकर्मण्य दया', 'सयत्न लापरवाही', 'कोमल सतर्कता', 'कुख्यात गाँधीवादी', 'कुशल अस्पष्टता का कमाल', 'मानववादी-गुंडा', 'आतुर-संतुष्टि', 'मीठी-उदासी' आदि प्रयोगों को भी देखा जा सकता है। जो परस्पर-विरोधी युग्म होकर भी अत्यंत सार्थक हैं।

अमरकांत के विभिन्न भावों और विचारों के पूर्व 'सराहनीय' और 'प्रशंसनीय' विशेषणों का प्रयोग भी द्रष्टव्य है। 'मैत्री' कहानी में एक वाक्य आया है—"उसको अपनी उदारता में कुछ सराहनीय संशोधन करने पड़े।"[171] यहाँ सराहनीय निरपेक्ष मूल्य नहीं है, यह उदारता में संशोधन करने वाले की अपनी दृष्टि में है। वह उदार न रहकर भी उदारता का नाटक करता है और अपनी चालाकी को मन-ही-मन सराहता है। यही उसका अपनी दृष्टि में सराहनीय संशोधन है। इसी तरह 'घुड़सवार' कहानी में वाक्य है—"कोई दूसरा अवसर होता तो मैं चिल्ला पड़ता, मगर इस समय मैंने सराहनीय सहनशीलता का परिचय दिया।"[172] अपनी सहनशीलता पर मन-ही-मन अपनी ही पीठ ठोंकने वाले भाव को कहानीकार ने सराहनीय सहनशीलता के माध्यम से प्रकट किया है। अमरकांत की कहानियों में अनेक स्थानों पर इस तरह के प्रयोग दिखाई पड़ते हैं जहाँ छोटे-मोटे तुच्छ कार्य करने पर भी ऐसा भाव पात्रों के चेहरे पर आता है मानो उन्होंने भारी प्रशंसा का काम किया हो जिसे उन्होंने प्रशंसनीय फुर्ती, 'प्रशंसनीय मेहनत' 'सराहनीय उदारता', 'प्रशंसनीय हुज्जत' आदि के माध्यम से चित्रित किया है।

अमरकांत की वाक्य-संरचना भी विशिष्ट है। अश्क ने उसका उल्लेख करते हुए कहा है—"उनकी वाक्य-संरचना भी अपने समकालीनों से भिन्न है। जैसे अमरकांत यह नहीं कहेंगे कि उसने दुकान खोली और असफल हो गया। वे कहेंगे—'उसने छोटी-सी दुकान खोली थी और उसमें घाटा उठाने का सम्मान प्राप्त किया था।' अथवा वे नहीं लिखेंगे कि अभी भी वह पुराना सपना पाले हुए हैं, वरन् लिखेंगे—'खैर, अब भी उसका महान उद्देश्य पुस्तक प्रकाशन द्वारा लखपति बनने का है।' एक और वाक्य देखो—'इसके बाद शिकायतों के कुछ महाभियान शुरू हुए जो अन्य कर्मचारियों के स्वास्थ्य के लिए अत्यंत लाभकारी सिद्ध हुए।' ऐसे वाक्यों का उनकी कहानियों में अंत नहीं। इन्हीं हास्य-व्यंग्य मिले वाक्यों से वे इच्छित प्रभाव पैदा करते हैं।"[173]

अमरकांत की इस प्रकार की भिन्न वाक्य-संरचना साभिप्राय है। 'दुकान खोली और असफल हो गया' में वह भाव नहीं आ पाता जो 'घाटा उठाने का सम्मान प्राप्त' करने में है। वस्तुतः घाटा होने पर जो शहीदाना भाव पात्र के चेहरे पर आया होगा उसे 'सम्मान' शब्द भली प्रकार व्यंजित कर देता है। यही स्थिति उनके अन्य वाक्यों की भी है। इस तरह की वाक्य-संरचना से पात्रों के कुछ ऐसे भाव मुखर हो उठते हैं जो साधारण वाक्य-रचना से अभिव्यक्त नहीं हो सकते थे। फिर कहानीकार की तटस्थ दृष्टि और व्यंग्यधर्मी लहजा भी इस वाक्य-संरचना के अन्य प्रमुख कारण हैं।

इस प्रकार अपनी सहज-सरल भाषा में उन्होंने गंभीर व्यंजनाएँ दी हैं। अतः सहज, सरल और सादी होने पर भी उनकी भाषा में सपाटता नहीं है। व्यंग्य की तीखी धार वे उसे देते हैं। भैरवप्रसाद गुप्त भी मानते हैं कि "घुमाव-फिराव या बाल की खाल निकालने वाली बारीकी नहीं मिलेगी, मिलेगी एक सरलता, एक सहजता, एक सादगी और एक सीधापन लेकिन इस सीधेपन को जब अमरकांत अपने व्यंग्य की धार देते हैं, तो उसका वार झेलना आसान नहीं।"[174] अमरकांत के गहरे व्यंग्यों का आधार उनके संश्लिष्ट-सामाजिक अनुभव हैं। अमरकांत के व्यंग्य का विवेचन इस अध्याय के प्रारंभ में किया जा चुका है।

अमरकांत की भाषा को सशक्त बनाने वाला एक अन्य उपकरण उनके द्वारा प्रयुक्त जनपदीय मुहावरे और लोकोक्तियाँ हैं। इनके प्रयोग से भाषा सहज, आत्मीय और अधिक प्राणवान हो गई है। अमरकांत समाज के जिस वर्ग के कहानीकार हैं उसमें मुहावरे और लोकोक्ति का प्रयोग उसकी बोलचाल का ही एक अंग है। उसे उसकी भाषा से अलग नहीं किया जा सकता। इसलिए कोई आश्चर्य नहीं कि अकेले 'संत तुलसीदास और सोलहवाँ साल' में कहानीकार—बबूल के लासा, लट्टू होना, यार पाना कठिन होना, लटकना, पागल होना, चौबीस-घंटे, थुड़ी-थुड़ी मचना, जोरू का गुलाम, नमक चाट-चाटकर पैसा जोड़ना, चूना फेरना, जलना, कलेजा ठंडा होना, किस खेत की मूली, चेहरा फक पड़ना, बीच में सानी जाना, ताड़ लेना, दिल में बात लगता, किजाबंदी, ताक पर रखे रह जाना, मुँह काठ का होना, टूट जाना, पहुँचा हुआ होना, लोट-पोट होना, काठ का कलेजा, आँखें पथरा जाना, जी तोड़कर काम करना आदि मुहावरों का प्रयोग करता है।

मुहावरों की यह छटा कमोबेश उनकी सभी कहानियों में दिखाई पड़ती है।

लोकोक्तियों के प्रयोग से भी अमरकांत ने अपनी भाषा को चुस्त और पैना बनाया है। 'डिप्टी कलेक्टरी' में जमना द्वारा यह बताने पर कि नारायण डिप्टी कलेक्टरी के इम्तहान में बैठना चाहता है। शकलदीप बाबू का आक्रोश मुहावरे और लोकोक्तियों के माध्यम से बड़े प्रभावशाली रूप में व्यक्त हुआ है—

"शकलदीप बाबू एक-दो क्षण चुप रहे, फिर दाएँ हाथ को ऊपर-नीचे नचाते बोले, 'फिर इसकी गारंटी ही क्या है कि इस दफे बाबू साहब ले ही लिए जाएँगे ? मामूली ए.जी. ऑफिस की क्लर्की में तो पूछे नहीं गए, डिप्टी कलेक्टरी में कौन पूछेगा। आप में क्या खूबी है, साहब कि आप डिप्टी कलेक्टर हो ही जाएँगे ? थर्ड क्लास बी.ए. आप हैं, चौबीसों घंटे मटरगश्ती आप करते हैं, दिन-रात सिगरेट आप फूँकते हैं ! आप में कौन से सुर्खाब के पर लगे हैं ? बड़े-बड़े बह गए, गधा पूछे कितना पानी फिर करम-करम की बात होती है। भाई, समझ लो, तुम्हारे करम में नौकरी लिखी नहीं। अरे हाँ, अगर सभी कुकुर काशी ही सेवेंगे तो हँड़िया कौन चाटेगा ?"[175]

इस आक्रोश के पीछे छिपी आर्थिक दृष्टि से जर्जर एक पिता की पीड़ा बड़े तीखेपन से व्यंजित हुई है। इसी प्रकार—किसी की जान जाए और कोई मल्हार गाए, मछली को पानी पीते कौन देखता है, खेत खाए गधा और मार खाए जुलाहा, नीच और नींबू को दबाने से ही रस निकलता है, दाल-भात में ऊँट का घुटना, घर-भर देवर भत्तारे से ठट्ठा, सीधी गाय ही खेत चरती है, ये मियाँ एढ़े तो हम तुमसे ड्योढ़े जैसी लोकोक्तियों से अमरकांत की भाषिक-क्षमता की सूक्ष्मता और सृजनात्मकता का पूरा परिचय मिल जाता है।

निष्कर्षतः कहा जा सकता है कि "अमरकांत उन रचनाकारों में हैं जिनकी कहानियाँ न केवल कथ्य और शिल्प की दृष्टि से बेजोड़ हैं बल्कि जो हमारे समय का अपूर्ण ही सही प्रामाणिक दस्तावेज हैं।"[176]

संदर्भ

1. अमरकांत—रूपवाद के विरुद्ध, डॉ. परमानंद श्रीवास्तव, वर्ष-1, पृ. 165
2. "उनके कथा-संसार में चरम बिंदु नहीं के बराबर हैं फिर भी अपनी सहजता, सपाटबयानी, संवेदना ओर सयानेपन के कारण वे एक अकेला, अछूता, अदम्य प्रभाव छोड़ते हैं। कोई महान आश्चर्य, कोई बहुत गहरा धक्का, कोई गजब का कहर न बरपा करते हुए उनकी कहानियाँ वाकई एक मुट्ठी दिल को एक और मुट्ठी से जकड़ ठीक वहाँ दबाती हैं जहाँ दर्द सबसे तेज व असहनीय होता है।—ममता कालिया, वर्ष-1, पृ. 101
3. अमरकांत : एक पक्षधर लेखक की भूमिका, मधुरेश, वर्ष-1, पृ. 154-155
4. कुहासा, पृ. 97
5. कुहासा, पृ. 98

6. मित्र-मिलन, पृ. 123
7. देश के लोग, पृ. 104
8. देश के लोग, पृ. 51-52
9. वर्ष-1, पृ. 57, 66
10. वर्ष-1, पृ. 68
11. अमरकांत की कहानियाँ, भाग-1, पृ. 128
12. कुहासा, पृ. 20
13. वही, पृ. 44
14. मौत का नगर, पृ. 223
15. कुहासा, पृ. 28-29
16. वही, पृ. 25
17. वर्ष-1, पृ. 181
18. 'आमंत्रण' कहानी का जयमंगल सिंह भी इसी प्रकार का पात्र है।
19. वर्ष-1, अमरकांत, पृ. 174
20. मौत का नगर, पृ. 234
21. जनमार्गी, देश के लोग, पृ. 13
22. अमरकांत की कहानियाँ, भाग–1, पृ. 127-128
23. मित्र-मिलन, पृ. 101
24. वही, पृ. 71
25. कलफ और खिजाब की दुनिया से दूर, वर्ष-1, पृ. 101
26. "उनकी यह प्रवृत्ति उन्हें जितना प्रेमचंद से मिलाती है, शायद अन्य किसी कथाकार को नहीं। जैसाकि मैंने पहले कहा, कोई प्रयास करे तो इन उपमाओं में से काफी इन्हीं अथवा दूसरे शब्दों में प्रेमचंद के यहाँ मिल जाएँगी।"–छोटे दायरे का एक बड़ा रचनाकार : अमरकांत–उपेंद्रनाथ अश्क, वर्ष-1, पृ. 278
27. तंदुरुस्ती का रोग, कुहासा, पृ. 77
28. महान चेहरा, मौत का नगर, पृ. 152
29. संत तुलसीदास और सोलहवाँ साल, अमरकांत की कहानियाँ, भाग-1, पृ. 55
30. पलाश के फूल, मौत का नगर, पृ. 222
31. "उसको याद आया कि कुछ दिन पहले वह इनसान था। हाँ, इनसान !" मौत का नगर, पृ. 30
32. "पशुत्व के धरातल पर अपने अस्तित्व की मूलभूत समस्याओं से जूझते इन लोगों की हर कोशिश अमरकांत को आसपास के किसी जानवर की याद दिलाती है"–"अमरकांत एक 'अंस्तित्व' वादी कथाकार"–राजेंद्र यादव, वर्ष-1, पृ. 194-195
33. मौत का नगर, पृ. 26
34. मौत का नगर, पृ. 218
35. शुभचिंता, अमरकांत की कहानियाँ, भाग–1, पृ. 71
36. काली छाया, मौत का नगर, पृ. 122-123
37. डिप्टी कलेक्टरी, वर्ष-1, पृ. 65
38. मौत का नगर, पृ. 273
39. वही, पृ. 26

40. वही, पृ. 276
41. घर, कुहासा, पृ. 19
42. इंटरव्यू, अमरकांत की कहानियाँ, भाग-1, पृ. 9
43. घर, कुहासा, पृ. 11
44. बहादुर, मौत का नगर, पृ. 258-259
45. हिंदी आलोचना और आज की कहानी, सं. विद्याधर शुक्ल, पृ. 118
46. कुहासा, पृ. 19
47. मौत का नगर, पृ. 233
48. मौत का नगर, पृ. 91
49. हिंदी आलोचना और आज की कहानी, सं. विद्याधर शुक्ल, पृ. 118-119
50. मूस, वर्ष-1, पृ. 85
51. अमरकांत की कहानियाँ, भाग-1, पृ. 56
52. म्यान की दो तलवारें, मौत का नगर, पृ. 137
53. अमेरिका की यात्रा, कुहासा, पृ. 121
54. स्वामी, कुहासा, पृ. 48
55. 'हत्यारे', वर्ष-1, पृ. 97
56. 'जिंदगी और जोंक', एक दुनिया समानांतर, पृ. 92
57. 'जनमार्गी', अमरकांत की कहानियाँ, भाग-1, पृ. 38
58. 'घुड़सवार', मौत का नगर, पृ. 82
59. असमर्थ हिलता हाथ, मौत का नगर, पृ. 17
60. घुड़सवार, वही, पृ. 82
61. एक बाढ़ कथा, कुहासा, पृ. 101
62. घर, वही, पृ. 19
63. साक्षात्कार, वर्ष-1, पृ. 110
64. मौत का नगर, पृ. 299-300
65. (क) उसने कौए की भाँति सिर घुमाकर शंका से दोनों ओर देखा—वही, पृ. 24
(ख) लेकिन फौरन ही चूहे की तरह पुनः भीतर से घुसड़ता—वही, पृ. 25
(ग) बार-बार मुड़कर वह पीछे देख लेता शहर में घुसे गीदड़ की तरह—पृ. 26 आदि
66. "उसको याद आया कि कुछ दिन पहले वह इनसान था।" वही, पृ. 30
67. वही, पृ. 24-25
68. वही, पृ. 25
69. वही, पृ. 26
70. मौत का नगर, पृ. 238
71. दृष्टव्य : 'पलाश के फूल'—मौत का नगर
72. मौत का नगर, पृ. 224
73. सार्थक संघर्ष—इंडिया टुडे, 31 मई, 1987, पृ. 99
74. अमरकांत पर कुछ जरूरी नोट्स, वर्ष-1, पृ. 233
75. ठंड, श्रीकांत वर्मा, पृ. 13
76. कुहासा, पृ. 44
77. वही, पृ. 76

78. मित्र-मिलन, पृ. 82
79. देश के लोग, पृ. 13
80. वही, पृ. 22
81. अमरकांत : एक पक्षधर लेखक की भूमिका, वर्ष-1, पृ. 162-163
82. समय नए सवालों के उठाने का, वर्ष-1, पृ. 199
83. "...वे हत्यारे युवक अपने में अकेले नहीं हैं बल्कि उनके समानधर्माओं की बाढ़ बड़ी तेजी से हमारे देश में आई है"—मधुरेश, वर्ष-1, पृ. 160
84. जय-यात्राओं से अलग, आलोचना, अप्रैल-जून, 1977
85. मौत का नगर, पृ. 34
86. अमरकांत की कहानियाँ, भाग-1, पृ. 65
87. मौत का नगर, पृ. 79
88. कुहासा, पृ. 57
89. छिपकली, मौत का नगर, पृ. 239
90. मौत का नगर, पृ. 73
91. वही, पृ. 73
92. वही, पृ. 279
93. "लेकिन जब मोती ने भीतर जाकर सबकुछ बता दिया, तो शीला धम से फर्श पर बैठ गई और मुँह को आँचल से ढककर ऊँ-ऊँ रोने लगी, गोया कोई गमी हो गई हो..." मौत का नगर, पृ. 276-277
94. अमरकांत एक 'अस्तित्व' वादी कथाकार, वर्ष-1, पृ. 192
95. अमरकांत एक 'अस्तित्व' वादी कथाकार, वर्ष-1, पृ. 192
96. "व्यंग्य अमरकांत का गढ़ है। इसका वे लगातार दोहरा इस्तेमाल करते हैं ताकि पक्ष-प्रतिपक्ष कोई पूरी तरह आश्वास्त न हो पाए।" कलफ और खिजाब की दुनिया से दूर—ममता कालिया, वर्ष-1, पृ. 104
97. (क) अमरकांत के यहाँ भी ये गरीब संपन्न और अभावग्रस्त दोनों जगह हैं। लेकिन मुख्य सरोकार और आत्मीयता उनकी निम्न मध्यवर्ग के साथ ही है।"—राजेंद्र यादव, वर्ष-1, पृ. 194
(ख) "उनकी सहानुभूति प्रधान रूप से समाज के निचले तबके के साथ है जिसे वे उच्च वर्गों की तुलना में हमेशा ज़्यादा मानवीय, दयार्द्र, निरीह, साहसपूर्ण और सरल पाते हैं।" —जय यात्राओं से अलग—विजयमोहन सिंह, आलोचना, अप्रैल-जून, 1977
98. वही, पृ. 103
99. कलफ और खिजाब की दुनिया से दूर, वर्ष-1, पृ. 103
100. मौत का नगर, पृ. 191
101. वही, पृ. 196
102. वही, पृ. 207
103. वही, पृ. 212
104. उद्धृत, वर्ष-1, पृ. 119
105. व्यवस्था की विकृतियों का चित्रण, अशोक कुमार 'सुमन' वर्ष-1, पृ. 245
106. 'छोटे दायरे का एक बड़ा रचनाकार : अमरकांत', वर्ष-1, पृ. 284
107. वही, पृ. 285
108. वही, पृ. 284

109. वही, पृ. 284-285
110. मौत का नगर, पृ. 120
111. वर्ष-1, पृ. 53
112. मौत का नगर, पृ. 129
113. वही, पृ. 128
114. अमरकांत एक 'अस्तित्व' वादी कथाकार-राजेंद्र यादव, वर्ष-1, पृ. 189
115. जरि गइले एड़ी से कपार, वर्ष-1, पृ. 42
116. कलफ और खिजाब की दुनिया से दूर, वर्ष-1, पृ. 101
117. मौत का नगर, पृ. 95
118. मौत का नगर, पृ. 293
119. कुहासा, पृ. 76
120. मित्र-मिलन, पृ. 19
121. अमरकांत एक 'अस्तित्व' वादी कथाकार, वर्ष—1, पृ. 194
122. वर्ष-1, पृ. 186
123. देश के लोग, पृ. 133
124. देश के लोग, पृ. 125
127. मित्र-मिलन, पृ. 82
126. वही, पृ. 88
127. वही, पृ. 89
128. मौत का नगर, पृ. 186
129. वही, पृ. 187
130. कुहासा, पृ. 128
131. मौत का नगर, पृ. 254
132. मौत का नगर, पृ. 241
133. मौत का नगर; जय-यात्राओं से अलग, आलोचना, अप्रैल-जून, 1977
134. अमरकांत की कहानियाँ, भाग-1, पृ. 37-38
135. मौत का नगर, जय-यात्राओं से अलग, आलोचना, अप्रैल-जून, 1977
136. यथास्थिति के परिवर्तन की पक्षधरता, वर्ष-1, पृ. 265
137. मौत का नगर, पृ. 13
138. वर्ष-1, पृ. 97
139. कलफ और खिजाब की दुनिया से दूर, वर्ष-पृ. 104
140. छोटे दायरे का एक बड़ा रचनाकार : अमरकांत, वर्ष-1, पृ. 292
141. मौत का नगर, पृ. 220
142. 'संत तुलसीदास और सोलहवाँ साल', अमरकांत की कहानियाँ, भाग-1, पृ. 56
143. प्रिय मेहमान, मित्र-मिलन, पृ. 68
144. सप्ताहांत, मौत का नगर, पृ. 270
145. कहानी : नई कहानी, डॉ. नामवर सिंह, पृ. 48
146. वही, पृ. 47-48
147. जनसाधारण की भाषा का कोश, वर्ष-1, पृ. 250
148. मित्र-मिलन, पृ. 32

149. वही, पृ. 33
150. वर्ष-1, पृ. 95
151. वर्ष-1, पृ. 96
152. वही, पृ. 97
153. मौत का नगर : जय-यात्राओं से अलग, आलोचना, अप्रैल-जून, 1977
154. अमरकांत की कहानियाँ, भाग-1, पृ. 36
155. (स्तंभित, कृशगात, ब्रह्म-मुहूर्त, प्रस्थान, प्रवचन, तटस्थ, मनोरथ, अहिंसा, स्पर्श, जिज्ञासा, अपूर्व, उद्घोषणा, रिक्त आदि), अमरकांत की कहानियाँ, भाग-1, देश के लोग तथा वर्ष-1 से उद्धृत।
156. डिप्टी कलेक्टरी, वर्ष-1, पृ. 59
157. मूस, वर्ष-1, पृ. 79
158. निर्वासित, मित्र-मिलन, पृ. 107
159. सवा रुपए, अमरकांत की कहानियाँ, भाग-1, पृ. 90
160. फर्क, वही, पृ. 153
161. जोकर, मित्र-मिलन, पृ. 44
162. कला-प्रेमी, वर्ष-1, पृ. 172-186
163. मौत का नगर, पृ. 264
164. वर्ष-1, पृ. 180
165. मित्र-मिलन, पृ. 47
166. मौत का नगर, पृ. 208
167. मौत का नगर, पृ. 94
168. मित्र-मिलन, पृ. 129-130
169. अमरकांत की कहानियाँ, भाग-1, पृ. 124
170. वही, पृ. 128
171. मित्र-मिलन, पृ. 104
172. मौत का नगर, पृ. 92
173. छोटे दायरे का एक बड़ा रचनाकार : अमरकांत, वर्ष-1, पृ. 286
174. 'जिंदगी और जोंक' की भूमिका
175. वर्ष-1, पृ. 56
176. प्रेमचंद की द्वंद्वात्मक दृष्टि और अमरकांत : विश्वनाथ त्रिपाठी, वर्ष-1, पृ. 142

नई कहानी और अमरकांत

नई कहानी का आंदोलन अनेक प्रवृत्तियों का मंच रहा है। नई कहानी की विशेषताओं का संबंध स्वातंत्र्योत्तर भारत की साहित्येतर स्थितियों से है। वस्तुतः साहित्येतर स्थितियाँ रचनाकार के माध्यम से रचना पर अपना प्रभाव डालती हैं क्योंकि रचनाकार अपने आसपास के परिवेश की, साहित्य की किसी भी विधा या माध्यम द्वारा यथार्थ अभिव्यक्ति करता है। विभिन्न रचनाकारों की प्रवृत्तियाँ समान नहीं होतीं। हर रचनाकार दो धाराओं से जुड़ा होता है। एक बाहर से आकर उसमें गिरती है और दूसरी उसमें से निकलकर बाहर आती है। यह प्रक्रिया निरंतर चला करती है। आकर गिरने वाली धारा अनुभव है और बाहर जाने वाली अभिव्यक्ति।[1] अपने भिन्न संस्कारों, प्रभावों और दृष्टिकोण के कारण किसी भी व्यक्ति या रचनाकार का किसी दृश्य, घटना या स्थिति से प्राप्त अनुभव भी एक-दूसरे से भिन्न होगा, अतः उसकी अभिव्यक्ति भी। यही कारण है कि स्वातंत्र्योत्तर भारत की स्थितियों को कहानी के माध्यम से व्यक्त करने वाले प्रमुख कहानीकार जैसे मोहन राकेश, राजेंद्र यादव, कमलेश्वर, मार्कण्डेय, शिवप्रसाद सिंह आदि समान प्रवृत्तियों के रचनाकार नहीं हैं।

सीमित दृष्टि-फलक

अमरकांत ने मुख्यतः निम्न मध्यवर्गीय समाज की विसंगतियों और विडंबना को ही अपनी कहानियों का आधार बनाया है। समकालीनों के मुकाबले में अमरकांत के दृष्टि-फलक को छोटा बताते हुए उपेंद्रनाथ अश्क ने माना है कि "यह ठीक है राजेंद्र यादव जैसा विस्तृत घेरा उनका नहीं है कि एक ओर 'प्रतीक्षा' जैसी कहानी है तो दूसरी ओर 'पास-फेल' जैसी और तीसरी ओर 'टूटना' अथवा 'अभिमन्यु की आत्महत्या' जैसी। न अमरकांत के पास राकेश के अनुभव का विस्तार है कि जहाँ एक ओर वे 'मलबे का मालिक' जैसी कहानी लिखते हैं तो दूसरी ओर 'मिस्टर भाटिया' और तीसरी ओर 'मंदी', 'मिस पाल' अथवा 'परमात्मा का कुत्ता' जैसी...लेकिन जैसाकि मैंने पहले कहा, अमरकांत ने अपेक्षाकृत छोटे घेरे में अपने अनुभव की तमाम संपुटितता से अपने को अभिव्यक्ति दी है और इसमें कहीं-कहीं वे अपने समकालीनों से आगे चले गए हैं।"[2]

दंगे, बाढ़, अकाल

अमरकांत का दृष्टि-फलक भले ही सीमित हो लेकिन "जीवन में, जनता में, साहित्य में उनकी गहरी आस्था और दिलचस्पी है। जनता को छूती कोई समस्या उन्हें नगण्य नहीं लगती...देश में होने वाली बड़ी-से-बड़ी और बारीक-से-बारीक रद्दोबदल में वे अपनी भागीदारी परिभाषित व महसूस करते हैं।"[3] यही कारण है, हिंदू-मुस्लिम दंगों का सजीव चित्रण अपनी कहानी 'मौत का नगर' में करते हैं। सांप्रदायिक दंगों पर अन्य कहानीकारों ने भी कहानियाँ लिखी हैं। किंतु इस वातावरण में घनीभूत भय की आक्रांतता से पहले पशु में रूपांतरण और फिर मानवीयता के हलके से संस्पर्श से पुनः आदमी बन जाने का अनुभव इस कहानी को अन्य कहानियों से विशिष्ट बनाता है।

विभाजन की ही भाँति बाढ़ और अकाल जैसे प्राकृतिक प्रकोपों पर भी नए कहानीकारों ने कतिपय कहानियाँ लिखी हैं। रेणु ने अपनी कहानी 'पुरानी कहानी : नया पाठ' में कोसी की बाढ़ और उसमें अवसरवादियों द्वारा मौके का फायदा उठाकर हर प्रकार की लूट-खसौट को चित्रित किया है, लेकिन अमरकांत इन सबके साथ प्रशासन की दोहरी नीति का भी उद्घाटन करते हैं जिसके अंतर्गत वह ऐसी आपदाओं में निम्नवर्ग को सहायता के नाम पर केवल भाषण या आश्वासन देता है, लेकिन संपन्न वर्ग के मामले में पर्याप्त जागरूक होकर सहायता कार्य की व्यवस्था करता है। प्रशासन के ईमानदार अधिकारी जो इस दोहरी नीति से काम नहीं कर सकते उन्हें श्यामसुंदर दास की तरह इसके कुपरिणाम भोगने पड़ते हैं।[4] इसी तरह अकाल मानवीय संबंधों को कहाँ तक प्रभावित करता है, इसका चित्रण अमरकांत 'कुहासा' और 'निर्वासित' कहानियों में करते हैं। यह अकाल जैसी दारुण स्थिति का ही प्रभाव है कि एक पिता अपने पुत्र को इसलिए मार-पीटकर घर से निकाल देता है कि वह उसे रोटी नहीं दे सकता।[5] और एक पत्नी जो जब सुख के दिन थे, तो इस तरह बोलती, जैसे फूल झड़ रहे हैं। सबका खयाल रखती थी और सेवा करती थी,[6] वही अकाल की यातनाओं से पीड़ित होकर अपने बीमार पति से कहती है कि "मैं तेरा गड्ढा नहीं भर सकती ! खाना है, तो अपना जाँगर चला। जाँगर नहीं चलता, तो भीख माँगकर खा !"[7] मानवीय संबंध यहाँ टूट जाते हैं, संवेदनाएँ मर जाती हैं। स्थिति प्रेमचंद की कफन जैसी ही है जहाँ प्रसव-वेदना से तड़पती बुधिया की चीखें घीसू-माधव को विचलित नहीं करतीं और वे भुने हुए आलू का अधिक हिस्सा खाने के लिए आपस में दाँव-पेंच करते रहते हैं। जहाँ स्थितियाँ इतनी दारुण हो कि मनुष्य पशु-स्तर पर जीने को बाध्य हो जाए वहाँ उनसे किसी मानवीय व्यवहार की अपेक्षा भी व्यर्थ है।

संबंधों पर अर्थ का प्रभाव

विभिन्न संबंधों पर पड़ने वाले अर्थ के प्रभाव को अनेक नए कहानीकारों ने चित्रित किया है।[8] आर्थिक उपयोगिता ही संबंधों का आधार बन गई है और आर्थिक कारणों

ने संबंधों की आत्मीयता को सभाप्त कर दिया है। इस विषय को अमरकांत ने भी उठाया है लेकिन इतने का ही चित्रण उन्हें अभीष्ट नहीं। आर्थिक संकट से टूटते संबंधों का चित्रण तो अमरकांत करते ही हैं लेकिन साथ ही थोड़ा-सा भी आर्थिक आधार पाकर व्यक्ति अपने टूटे पारिवारिक संबंधों से किस प्रकार स्वयं को जुड़ा हुआ अनुभव करता है, अमरकांत उसी को अपनी कहानी की संवेदना बनाते हैं। 'घर' कहानी में आर्थिक विपन्नता की स्थिति में पारिवारिक कलह के कारण पिता द्वारा क्रोध से घर से जाने के लिए कहने पर विनय, यह कहकर कि "ठीक है, कौन आता है इस घर में ?"[9], घर से निकल पड़ता है और एक पार्क में जाकर बैठ जाता है, वहाँ भी घर के बारे में, पिता के बारे में सोचकर उसके मन में कटुता भरती जाती है। लेकिन हाथ में कुछ पैसे आते ही परिवार-जनों के प्रति सारी कटुता एक आत्मीय जुड़ाव में परिवर्तित हो जाती है—"उसकी आँखें भरी हुई थीं। उसे बार-बार घर की याद आने लगी। उसके सामने बूढ़े बाप, जर्जर माँ तथा गरीब भाई-बहनों के चेहरे नाचने लगे।...पिता ! हाँ, अब वह अपने को बदल नहीं सकते। वह जल्दी-से-जल्दी घर पहुँच जाना चाहता था।"[10]

'कुहासा' कहानी का दूबर पिता द्वारा घर से भगाए जाने पर यह कहकर शहर चला आया था कि "अब तुम लोग मेरा मरा मुँह भी नहीं देख सकोगे।"[11] शहर में आकर वह कठोर श्रम करके भी केवल अपना पेट ही मुश्किल से भर सका। सर्दियाँ आने पर उसकी हालत और भी बदतर हो गई। शरीर पर पर्याप्त कपड़े न होने से वह ठिठुरता रहता, काँपता रहता लेकिन एक दिन जब उसे नगरपालिका की ओर से कंबल मिला और रामचरण जैसे अवसरवादी व्यक्ति से रिक्शा और मकान का सपना, तो वह कल्पना करने लगा कि "रिक्शा और मकान मिलने पर वह खूब पैसे कमाएगा। फिर वह अपने माँ-बाप और भाई-बहनों को अपने पास बुलाएगा। अपने बप्पा से कहेगा—तुम चुपचाप बैठकर आराम करो। तुमने जिंदगी में बहुत तकलीफ सही है, अब किसी की गुलामी करने की जरूरत नहीं है। दूबर जब तक जिंदा है, तुम चिंता-परवाह न करो, दोनों जून डटकर खाओ और दिन-भर बीड़ी-तमाखू पीओ। माँ से कहेगा—अब रोटी, नून खाने की जरूरत नहीं है, डटकर अरहर की दाल और आलू-बैंगन की तरकारी बनाओ, तुम्हारा दूबर किसी चीज की कमी नहीं होने देगा..."[12]

वस्तुतः आर्थिक कठिनाई के कारण ही यहाँ पारिवारिक संबंध में कटुता उत्पन्न हो गई है लेकिन थोड़ा-सा भी आर्थिक आधार या उसका आश्वासन पाते ही व्यक्ति अपने को फिर से परिवार से जुड़ा हुआ अनुभव करने लगता है। 'मूस' कहानी की मुनरी जीवन में सुख पाकर मूस-परबतिया को भूलती नहीं, उनकी यथासंभव मदद भी करती है। इस प्रवृत्ति का संबंध मूलतः उनकी कहानियों के भारतीयता के संदर्भ से है जिसका उल्लेख अमरकांत की कहानियों के शिल्प के अंतर्गत किया जा चुका है। व्यक्ति उनके यहाँ पारिवारिक इकाई के रूप में चित्रित है, वह स्थितियों का अकेला भोक्ता नहीं है। वह अपने परिवार को सुख में अपना सहभोक्ता बनाता है क्योंकि वह उसके दुख में भी शामिल रहा है। इसे 'दोपहर का भोजन' और 'डिप्टी कलेक्टरी' के माध्यम से समझा

जा सकता है। जहाँ बेरोजगारी की यातना संबंधित व्यक्ति ही नहीं पूरा परिवार झेल रहा है।

बेरोजगारी

बेरोजगारी की समस्या पर अमरकांत ने कुछ और कहानियाँ भी लिखीं हैं जैसे—इंटरव्यू, गगनबिहारी, हत्यारे आदि। इन कहानियों में एक प्रकार का क्रम है। 'इंटरव्यू' में असफल बेरोजगार या तो 'गगनबिहारी' बन जाते हैं या 'हत्यारे'। बेरोजगारी उससे उत्पन्न मनःस्थिति तथा प्रशासन की भ्रष्टता आदि का समग्र चित्रण इन कहानियों में है।

ऐसा नहीं है कि बेरोजगारी जैसी व्यापक समस्या पर अन्य नए कहानीकारों का ध्यान न गया हो। बेरोजगारी से संबंधित अनेक कहानियाँ नई कहानियों के अंतर्गत मिल जाती हैं।[13] लेकिन बेरोजगारी के इन दूरगामी प्रभावों की ओर वे अमरकांत की भाँति संकेत नहीं कर पातीं।

प्रेम, यौन-कुंठा, स्त्री-पुरुष संबंध

प्रेम, यौन-कुंठाओं और स्त्री-पुरुष संबंधों पर नई कहानी में बहुत कुछ लिखा गया है। इस संबंध में डॉ. परमानंद श्रीवास्तव ने लिखा कि ''एक ऐसे समय में जब आधी संख्या नए कथाकार स्त्री-पुरुष संबंधों की कुछ सीमित विडंबनाओं के चित्रण में संलग्न हैं, अमरकांत की कहानियों के विषय और चरित्र, अनुभव और वास्तविकता के विस्तार में दूर तक फैले हुए हैं।''[14] इसका कारण यह है कि ''जिस तरह की दमतोड़ स्थितियों का कथाकार अमरकांत है उनमें प्रेम-व्रेम के पैंतरे या स्त्री-पुरुष के संबंधों की बारीकियों की गुंजाइश कम ही है। कभी कुछ पनपता भी है तो बहुत डरा, सहमा, बीमार और असमर्थ। प्रेमचंद की तरह इस दिशा में उनके यहाँ एक प्रकार का सन्नाटा ही है।''[15]

'जनमार्गी' में परस्पर आकर्षण का एक छोटा-सा संयोग है जो बलराज की स्मृति में जीवित है। 'काली छाया' में इस प्रेम या संबंध का अंत में केवल संकेत है। 'शुभ-चिंता' में सीता का ज्ञान के प्रति प्रेम का भाव एक तरफा है, अतः ज्ञान के व्यवहार से वह दम तोड़ देता है। 'लड़का-लड़की' के चंदर का तारा के प्रति आकर्षण-भाव के मूल में खुद को समाज के विरुद्ध फिल्मों के नायक की तरह स्थापित करना है। लेकिन जब समाज की तरफ से कोई विरोध होता नहीं दीखता तो तारा और उसका प्रेम उसे धोखे से अधिक कुछ नहीं लगता। 'लड़की और आदर्श' में भी प्रेम नहीं, सुंदर और कुशाग्र बुद्धि कमला के प्रति नरेंद्र का आकर्षण-भाव है जिसे वह अपनी अयोग्यता और साहसहीनता के कारण अंत में झुठला देता है। 'पलाश के फूल' और 'विजेता' में केवल वासना या धोखा ही है। 'मकान' का नायक भी अपनी पत्नी को धोखा ही देता है। 'असमर्थ हिलता हाथ' में मीना और दिलीप के मन में परस्पर प्रेम-भाव तो है लेकिन यहाँ कहानीकार का मूल उद्देश्य आदमी की निर्णय क्षमता को पंगु बनाने वाली व्यवस्था

पर टिप्पणी करना है जिसके अंतर्गत तमाम प्रयत्नों के बावजूद स्थिति में कोई अंतर नहीं आता। 'केले, पैसे और मूँगफली' में अवश्य पति-पत्नी संबंधों में स्वस्थ प्रेम के दर्शन होते हैं। वस्तुतः अमरकांत ने मुख्यतः जिस वर्ग (निम्न-मध्य) को अपनी कहानी का आधार बनाया है। उसमें प्रेम की समस्या इतनी महत्त्वपूर्ण नहीं है। जहाँ व्यक्ति अपने अस्तित्व को बनाए रखने के संघर्ष में जुटा हो वहाँ प्रेम जैसी भावनाओं के लिए अवकाश कहाँ ? लेकिन फिर भी 'असमर्थ हिलता हाथ' में किशोर मन में प्रेम अंकुरित होने पर उसकी चेष्टाएँ व विभिन्न मनोदशाओं का चित्रण[16] अमरकांत की विलक्षण प्रतिभा और सूक्ष्म पर्यवेक्षण-क्षमता का प्रमाण प्रस्तुत करता है। इस क्षेत्र में उनकी कुशलता किसी भी कहानीकार के लिए स्पृहणीय है।

शारीरिकता में संयम

शारीरिकता के प्रसंग में उनके अनेक समकालीन कहानीकारों के वर्णन अश्लीलता की सीमा को छू जाते हैं। निर्मल वर्मा 'गरदन के नीचे फ्राक के भीतर से ऊपर उठती हुई कच्ची-सी गोलाइयों में मीठी-मीठी-सी सुइयों'[17] के मोह से बच नहीं पाते और मोहन राकेश जैसे कथाकार भी 'शरीर की गोलाइयों को मसलने...दाँत से जगह-जगह...माँस को काटने और मंजिल-दर-मंजिल शारीरिक निकटता की हदें पार करने'[18] के लोभ का संवरण नहीं कर पाते वहीं अमरकांत ऐसे प्रसंगों का संकेत-भर करके आगे बढ़ जाते हैं।[19] यही स्थिति आक्रोश अभिव्यक्ति के लिए अपशब्द प्रयोग की है।

अपशब्द-प्रयोग

मोहन राकेश 'परमात्मा का कुत्ता' जैसी कहानी और कृष्णा सोबती 'यारों के यार' में धड़ल्ले से अपशब्दों का प्रयोग करते हैं लेकिन ऐसे प्रसंगों से भी अमरकांत ने असीम संयम का परिचय दिया है। एक उदाहरण से बात स्पष्ट हो जाएगी—"दोस्तों से गालियों में बात करने के अलावा अपनी हर बात में दाल-भात में तरकारी की तरह स्त्री-पुरुष के विभिन्न अंगों के नाम इस अप्रत्याशित कल्पनातीत निर्लज्जता के साथ लेने लगा कि उसका लोहा मानने के अलावा कोई चारा नहीं रह गया।"[20]

परिवेश

अमरकांत ने निम्न मध्यवर्ग को अपनी कहानी का मुख्य विषय बनाया है साथ ही उनकी कहानियाँ छोटे नगर, कस्बे या गाँव के जीवन के आसपास घूमती हैं। अमरकांत अपनी अधिकांश कहानियों में इस तर्कहीन व्यवस्था के अंतर्गत, जिसमें परिश्रम और उसके फल का समुचित संबंध नहीं है, निम्न मध्यमवर्गीय व्यक्ति की समग्र मानसिकता का चित्रण करते हैं। उसके भाग्यवाद, धर्म-कर्म, जप-तप, अंधविश्वास, दया, कर्त्तव्य और उदारता में विश्वास, उसकी निष्क्रियता तथा प्रत्येक कार्य को आसान समझने की वृत्ति—उनकी कहानियों की संवेदना का मुख्य आधार है। महानगरीय जीवन की समस्याओं जैसे

अकेलापन, अपरिचय, यांत्रिकता, संवेदनहीनता, तटस्थता, कृत्रिमता, व्यर्थता-बोध और फालतूपन आदि का चित्रण उनकी कहानियों में नहीं है। नए कहानीकारों विशेषतः निर्मल वर्मा[21] और उषा प्रियंवदा[22] ने विदेशी वातावरण की पृष्ठभूमि में अपनी कहानियाँ लिखी हैं। लेकिन अमरकांत की कहानियों का क्षेत्र मुख्यतः पूर्वी उत्तरप्रदेश के गाँव, कस्बे और छोटे शहर हैं। वे जिस परिवेश में रहते हैं उसी का चित्रण अपनी कहानियों में करते हैं, जिससे उनकी कहानियाँ अधिक आत्मीय और प्रामाणिक हो गई हैं। इसी की ओर संकेत करते हुए मधुरेश ने लिखा कि–

"अमरकांत की कहानियों का रचना-संसार अपने आसपास के जीवंत परिवेश से निर्मित और जीवन का वैविध्य, उसकी ताजगी और अनगढ़ता ही उसकी कहानियों का सबसे बड़ा आकर्षण भी है। यही कारण है कि अपने समय-संदर्भों की जैसी पहचान अमरकांत में दिखाई देती है, वह उनके किसी भी दूसरे समकालीन कहानीकार के यहाँ विरल है। अमरकांत को पढ़कर पिछले दो दशकों के देश की स्थिति का जायजा आसानी से मिल सकता है जबकि उनके समकालीन दूसरे बहुत से कहानीकार इस दृष्टि से बेइद निराश करते हैं।"[23]

नए कहानीकारों मुख्यतः रेणु और शिवप्रसाद सिंह ने आंचलिक कहानियाँ लिखी हैं लेकिन अमरकांत की कहानियाँ आंचलिक नहीं हैं। इसका कारण यह है कि आंचलिक कहानियों में अंचल ही प्रमुख पात्र होता है। अंचल के जीवन को उसकी समस्त विशिष्टताओं के साथ आंचलिक कहानी में प्रस्तुत किया जाता है लेकिन अमरकांत के यहाँ परिवेश पृष्ठभूमि में है, उनका प्रमुख उद्देश्य निम्न मध्यवर्गीय जीवन की विसंगतियों और विडंबनाओं का चित्रण करना है। अतः उनकी कहानियों को आंचलिक नहीं कहा जा सकता। अनेक आंचलिक कहानीकारों जैसे रेणु, मार्कण्डेय आदि ने स्वातंत्र्योत्तर भारत की परिवर्तित स्थितियों जैसे भूमि-सुधार, चकबंदी, जमींदारी उन्मूलन तथा अनेक विकास-योजनाओं के संदर्भ में गाँवों या अंचलों का चित्रण किया है।[24] अमरकांत की कहानियों में विकास-योजनाओं के अंतर्गत स्वातंत्र्योत्तर भारत के बदलते परिदृश्य का इस प्रकार का चित्रण न के बराबर है। केवल 'मूस' कहानी में सड़कें पक्की होने, बिजली और नल लगने का उल्लेख है।[25]

उपेक्षित पात्रों का संवेदनापूर्ण चित्रण

शिवप्रसाद सिंह जैसे आंचलिक कथाकारों ने अपनी कहानियों के माध्यम से अनेक उपेक्षित जाति के पात्रों को अपनी संवेदना प्रदान की है। उन्होंने कंजड़ों नटों, मुसहरों, मीरासियों, डोम, हिजड़ों, रमन्तु नर्तकों, सँपेरों आदि को अपनी कहानी का विषय बनाकर इनके प्रति चले आ रहे उपेक्षा-भाव को खंडित किया है। अमरकांत ने इन जनजातियों के पात्रों को तो नहीं निम्नवर्ग के मेहनत मजदूरी करने वाले पात्रों जैसे नौकरों (जंतू[26], बहादुर[27]), रजुआ[28], दूबर[29], मूस[30] आदि को अपनी कहानियों में प्रमुख स्थान दिया है। इस विषय में अमरकांत इस दृष्टि से विशिष्ट हैं कि जहाँ अन्य

कहानीकारों ने अपनी संवेदना प्रकट रूप से अभिव्यक्त की है, वहीं अमरकांत इस वर्ग की विसंगति और विडंबना का तटस्थ चित्रण करके उसके प्रति पाठक के मन में करुणा उत्पन्न करते हैं। इन पात्रों को लेकर किसी प्रकार की भावुकता वे प्रदर्शित नहीं करते, एक निर्मम तटस्थता ही उनके चित्रण में दिखाई देती है। उनकी तटस्थता "कसाई की ठंडी निगाहों की नहीं, डॉक्टर की तटस्थ दृष्टि की याद दिलाती है।"[31] इन पात्रों के प्रति करुणा अमरकांत के यहाँ चित्रित नहीं, व्यंजित होती है बल्कि कहानीकार की तटस्थता पात्र के प्रति करुणा को पाठक के मन में और भी घनीभूत कर देती है। केवल 'बहादुर' कहानी का अंत इसका अपवाद प्रतीत हो सकता है। सारी कहानी में लेखक नौकर बहादुर के प्रति निर्मम रूप से तटस्थ रहा है लेकिन अंत तक पहुँचते-पहुँचते बहादुर के भाग जाने पर उसका स्वर थोड़ा भावुक-सा होने लगता है। जब बहादुर के भाग जाने पर विदित होता है कि उसने मेहमानों के रुपए नहीं चुराए थे तथा घर से कुछ चुराकर नहीं भागा बल्कि अपनी तनख्वाह भी छोड़ गया। इसके बाद वाचक बहादुर के सामान पर नजर दौड़ाता है–

"एक ओर स्टूल पर उसका बिस्तरा रखा था। अलगनी पर उसके कुछ कपड़े टँगे थे। स्टूल के नीचे वह भूरा जूता था, जो मेरे साले साहब के लड़के का था। मैं उठकर अलगनी के पास गया और उसके नेकर की जेब में हाथ डालकर उसके सामान निकालने लगा–वही गोलियाँ, पुराने ताश की गड्डी, खूबसूरत पत्थर, ब्लेड, कागज की नावें..."[32]

इस प्रसंग में भावुकता नहीं भाव-प्रवणता है। वैसे अमरकांतीय कहानी का अंत इस अनुच्छेद के पूर्व ही हो जाता है जब वाचक एक अजीब-सी लघुता का अनुभव कर यह सोचता है कि "यदि मैं न मारता तो शायद वह न जाता।"[33] स्मरणीय है कि मूस कहानी का अंत भी लगभग इसी प्रकार होता है।[34]

अस्तित्ववाद का प्रभाव

नई कहानी के अंतर्गत ठेठ अस्तित्ववादी ढर्रे की कहानियाँ अधिक नहीं हैं। अस्तित्ववाद में अनिश्चय-वृत्ति के संत्रास के साथ व्यर्थता का तीव्र बोध है।

नई कहानी में चित्रित अलगाव, अकेलापन, अजनबीपन, अपरिचय, अनिश्चय या अनिर्णय, अस्तित्व संकट या मृत्यु-बोध, घुटन आदि का संबंध जहाँ निश्चित रूप से अस्तित्ववादी विचाराधारा के साथ है वहीं कुछ सीमा तक स्वातंत्र्योत्तर भारत की परिस्थितियों[35] से भी।

अमरकांत ने तर्कहीन स्थितियों से उत्पन्न विडंबना और विसंगति का सामाजिक संदर्भों में बड़े कौशल से प्रयोग किया है। संत्रास इसी तर्कहीनता या एब्सर्डिटी की उपज है। अमरकांत के यहाँ एब्सर्डिटी वस्तुगत तर्कहीन स्थितियों से संबद्ध है, किसी मूल्य के रूप में नहीं। अमरकांत पात्र की स्थिति-विशेष को व्यंजित करने के लिए एब्सर्डिटी का उपयोग करते हैं। अस्तित्ववादी विचारधारा का प्रभाव प्रायः साधन संपन्न वर्ग पर पड़ता है। तभी वहाँ जीवन की समस्याओं से जूझने के स्थान पर चुनाव की समस्या और मृत्यु

के बोध या पीड़ा की समस्या है जबकि अमरकांत जैसे रचनाकार के यहाँ अभाव-जनित संत्रास है, जीवन से जूझने और जिजीविषा की समस्या है।

मध्यवर्गीय जीवन का चित्रण

मध्यवर्गीय जीवन का चित्रण नए कहानीकारों ने अपनी अनेक कहानियों में किया है। इसका कारण यह है कि नए कहानीकारों में से अधिकांश मध्यवर्ग से संबंधित हैं, अतः इस जीवन को उन्होंने पूरी तरह जाना-पहचाना और भोगा है। मध्यवर्गीय जीवन से संबंधित सभी पहलुओं जैसे—आशा-आकांक्षा, निराशा, बेरोजगारी, परस्पर-संबंध, कुंठाएँ, पीड़ा, घुटन, ऊब, अनास्था, संत्रास आदि का समग्र चित्रण नई कहानी करती है। इन सब प्रवृत्तियों के मूल में अधिकांशतः आर्थिक कारण और संयुक्त परिवार का विघटन ही प्रधान है।[36] नई कहानी इन प्रवृत्तियों से प्रभावित संवेदना और उससे उत्पन्न विसंगतियों का चित्रण करती है।

आर्थिक संकटों से लगातार टूटते मध्यवर्ग का चित्रण अमरकांत की कहानियों की मूल संवेदना है। लेकिन इस दृष्टि से भी अमरकांत की कहानियाँ विशिष्ट हैं। अन्य कहानीकारों की कहानियों में आर्थिक अभावों से टूटकर पात्र अधिकांशतः मानसिक तनाव से ग्रस्त होकर आत्मविश्वास खो देते हैं,[37] उनके नेत्र सपनों से शून्य हो जाते हैं।[38] वहीं अमरकांत के पात्र प्रयत्न करते हैं, असफल होते हैं, निराश होते हैं और फिर से उत्साहित होकर दुनिया-भर के सपने पालने लगते हैं। वे हारते अवश्य हैं लेकिन हताश होकर नहीं बैठ जाते। अपने असंभव स्वप्नों से वे स्थिति की भयावहता को भूल जाना चाहते हैं लेकिन वास्तविकता का एक प्रहार उनके इन स्वप्नों को छिन्न-भिन्न कर जाता है, समुद्र के किनारे रेत के बने घरौंदे की तरह, जिसे तेज लहर हर बार अपने साथ बहा ले जाती है। अमरकांत की 'छिपकली' कहानी इसी तथ्य को आकार देती है। अमरकांत के पात्र वास्तविकता और प्रयत्नों की व्यर्थता को जानते हैं इसलिए कहीं-कहीं वे निष्क्रिय भी हो गए हैं, लेकिन अपनी कल्पना और भविष्य के सुखद सपने देखना वे नहीं छोड़ते, भविष्य के प्रति उनका उत्साह कम नहीं होता। 'गगनबिहारी' के सुंदरलाल और 'अमेरिका की यात्रा' का वाचक इसी प्रकार के पात्र हैं। अमानवीय और तर्कहीन स्थितियों की वास्तविकता की देन जहाँ एक ओर सुंदरलाल जैसे निष्क्रिय पात्र हैं वहाँ आक्रोश से अराजक होते 'हत्यारे' कहानी के दो युवक पात्र भी असंभव सपनों में खोए रहने का शौक रखते हैं। "जब मैं प्रधानमंत्री बनूँगा तो तुमको सेक्रेटेरिएट का भंगी बनाऊँगा।"[39] भले ही ये मनोविनोद के लिए हों।

अभावग्रस्त पात्र

अमरकांत की महत्त्वपूर्ण विशेषता, जो उन्हें समकालीन कहानीकारों से अलग करती है, वह यह है, जहाँ अन्य कहानीकार शोषित, अभावग्रस्त पात्रों को निरीह, ईमानदार, हर तरफ से दबा हुआ और 'बेचारा' के रूप में चित्रित करते हैं, वहीं अमरकांत उन्हें उनकी

छोटी-छोटी चालाकी, प्रवंचनाओं और काइयाँपन के साथ चित्रित करते हैं। इस दृष्टि से अमरकांत का चित्रण इकहरा नहीं है। अमरकांत के पात्रों का चरित्र जटिल, संश्लिष्ट अतः अधिक विश्वसनीय है। 'जिंदगी और जोंक' के रजुआ और 'सप्ताहांत' के रामसंजीवन को इसी श्रेणी के पात्रों में रखा जा सकता है। आर्थिक संकटों से निरंतर जूझते ये पात्र अपनी छोटी-छोटी चालाकियों, प्रवंचनाओं व काइयाँपन से जीने की कोई-न-कोई राह अपने लिये निकाल लेते हैं। अमरकांत उनके तुच्छ काइयाँपन का चित्रण करते हैं। वही काइयाँपन पाठक के मन में जाकर गहरी करुणा में पर्यवसित हो जाता है। ये पात्र भले ही निरीह न हो इनका तुच्छ काइयाँपन अवश्य निरीह है। जीवित रहने के लिए वे इस काइयाँपन और चालाकी करने को विवश हैं। यह विवशता-भरा काइयाँपन और चालाकी अंततः करुणा उत्पन्न करते हैं और उस अमानवीय व्यवस्था के प्रति आक्रोश और घृणा जिसमें रहकर ये पात्र इस प्रकार का तुच्छ काइयाँपन और चालाकी करके ही अपने को जीवित रख पाने में समर्थ होते हैं।

सेक्स-पीड़ा

आर्थिक विपन्नता की ही स्थिति से सेक्स की पीड़ा का भी चित्रण नई कहानी में दिखाई पड़ता है।[40] सेक्स की पीड़ा के दर्शन अमरकांत में नहीं होते, साथ ही घुटन, कुंठा, ऊब, अनास्था आदि का चित्रण भी अमरकांत ने नहीं किया है। वस्तुतः ये प्रवृत्तियाँ महानगरीय सभ्यता की देन हैं और अमरकांत की कहानियों में वर्णित परिवेश इससे नितांत भिन्न है। ग्रामीण और कस्बाई वातावरण में इन प्रवृत्तियों के लिए स्थान नहीं। कुंठा, आत्मदया, सेल्फ जस्टीफिकेशन आदि प्रवृत्तियाँ व्यक्तिवादी दृष्टि का परिणाम हैं। अमरकांत समष्टि बोध के रचनाकार हैं। उनकी कहानियाँ ऐतिहासिक दृष्टि से सामाजिक यथार्थ, उसके अंतर्विरोधों, अंतर्द्वंद्वों तथा अंतर्संबंधों को चित्रित करती है।

शिक्षित स्त्री की स्थिति

स्वातंत्र्योत्तर भारत में शिक्षा के प्रचार-प्रसार और संविधान में जनहित के लिए अनेक कानूनों से यह आशा बँधी थी कि सामाजिक व्यवस्था पहले से बेहतर हो जाएगी, सामाजिक बुराइयों और रूढ़ियों को समाप्त किया जा सकेगा। शिक्षा के व्यापक प्रचार-प्रसार से स्त्रियों के भी शिक्षित होने से समाज में उसकी स्थिति को अनेक नए कहानीकारों ने अपनी कहानियों में चित्रित किया है लेकिन अमरकांत 'असमर्थ हिलता हाथ' के माध्यम से उस यथार्थ की ओर संकेत करते हैं, जो स्थिति में परिवर्तन लाने के समस्त प्रयत्नों के बाद भी, उसी रूप में है।

भ्रष्टाचार से उत्पन्न मोहभंग

नई कहानी का स्वर मूलतः मोहभंग का है। यह मोहभंग जीवन के प्रत्येक क्षेत्र—राजनीतिक, सामाजिक, आर्थिक व धार्मिक में हुआ। इसके वस्तुगत कारण थे। स्वतंत्रता प्राप्ति को

लेकर अनेक आशाएँ-आकांक्षाएँ जनमानस में संचित थीं। जमींदारी उन्मूलन और पंचवर्षीय योजना जैसी विकास-योजनाओ ने इन्हें और बलवती किया। अधिकाधिक सुविधाएँ बटोरने की होड़ में सभी क्षेत्रों में व्यापक भ्रष्टाचार के दर्शन हुए। नेतागण अवसरवादी, दल-बदलू और भ्रष्ट हो गए। भ्रष्ट राजनीति और अफसरशाही ने विकास योजनाओं का लाभ साधारण जनता तक नहीं पहुँचने दिया। जमींदारी उन्मूलन होने पर संबंधित लोगों ने लाइसेंस, कोटा-परमिट तथा ठेके आदि के रूप में नई जमींदारियाँ कायम कर लीं। जातिवाद, भाई-भतीजावाद, प्रांतवाद, क्षेत्रवाद, गुटबंदी, रिश्वत, धोखेबाजी, चोरबाजारी आदि बुराइयाँ जन-प्रतिनिधियों के साथ-साथ सभी ओर फैल गईं।

जिस प्रकार भ्रष्टाचार प्रत्येक स्तर पर फैला था, जनसामान्य का मोहभंग भी प्रत्येक क्षेत्र—परिवार, समाज, अर्थ, धर्म और राजनीति में हुआ। सर्वत्र व्याप्त भ्रष्टाचार तथा उससे प्रत्येक क्षेत्र में हुए मोहभंग का व्यापक चित्रण नई कहानी में मिलता है।

पारिवारिक स्तर पर यह मोहभंग नई कहानी में संयुक्त परिवार के विघटन, पुरानी पीढ़ी के प्रति उपेक्षा-भाव तथा इससे परिवर्तित संबंध और दांपत्य जीवन में पति-पत्नी के परिवर्तित संबंधों के माध्यम से चित्रित किया गया है। सामाजिक स्तर पर पुराने मूल्यों के अस्वीकार, स्त्री-पुरुष के परिवर्तित संबंध, प्रेम, यौन-कुंठाओं, महानगरीय अलगाव, तटस्थता, अजनबीपन, अकेलापन, व्यर्थता-बोध, पीड़ा, ऊब, घुटन, निराशा, अनास्था आदि के रूप में चित्रित है। संबंधों में अर्थ की भूमिका और बेकारी के माध्यम से आर्थिक स्तर पर मोहभंग को नई कहानी ने चित्रित किया है। धर्म के नाम पर की जा रही अनैतिकता के रूप में धार्मिक स्तर पर हुए मोहभंग को चित्रित किया गया है। राजनीतिक स्तर पर हुए मोहभंग को नए कहानीकारों ने राजनीति में व्याप्त भ्रष्टाचार, भ्रष्ट प्रशासन व्यवस्था, अराजकता और उससे जनसामान्य में उत्पन्न आतंक और असुरक्षा की भावना के माध्यम से चित्रित किया है। मोहभंग के इन विविध स्तरों का उल्लेख नई कहानी के अंतर्गत किया जा चुका है।

अमरकांत की कहानियों का भी मूल स्वर मोहभंग का है। स्वातंत्र्योत्तर भारत में प्रत्येक स्तर पर हुए भ्रष्टाचार और उससे उत्पन्न मोहभंग के अनेक रूप अमरकांत की कहानियों में मिल जाते हैं। संयुक्त परिवार के विघटन से उत्पन्न मोहभंग अमरकांत की कहानी 'उनका जाना और आना' में दिखाई पड़ता है। संपत्ति का मुख्य स्रोत पहले मुख्यतः भूमि होती थी, जिसका स्वामित्व परिवार के बुजुर्ग व्यक्ति के पास होता था, अतः उसकी संतानें खेतों आदि में परिश्रम करके भी उसके आश्रित रहती थीं। परिवार एक आर्थिक इकाई के रूप में सुरक्षित था। स्वतंत्रता प्राप्ति के उपरांत इसका रूप बदला है। परिवार के सदस्य नौकरी के लिए बाहर जाने लगे और आर्थिक रूप से स्वावलंबी होने पर उनके ऊपर बड़े लोगों का वह रोब-दाब या सम्मान की भावना न रही जबकि वृद्धों का मानसिकता आर्थिक कारणों से परिवर्तित हो रही संबंधों की स्थिति को स्वीकार नहीं कर पा रही थी। परिवर्तित स्थितियों और उनकी मानसिकता के द्वंद्व को अमरकांत ने अपनी इस कहानी की मुख्य संवेदना बनाया है। जहाँ गोपालदास यह भ्रप पाले हुए

हैं कि उनके पुत्रों में उनका रोब-दाब और प्रतिष्ठा पहले जैसी है, उनकी मर्जी से ही सबकुछ होता रहेगा। इस व्यवस्था में जहाँ आर्थिक स्थिति ही संबंधों की निर्णायक शक्ति है, उनका मोहभंग प्रत्येक कदम पर होता है। संयुक्त परिवार के विघटन पर नई कहानी के अंतर्गत कई कहानियाँ मिल जाती हैं। लेकिन बाहर संबंध बदल रहे हैं और उनसे व्यक्ति (पुरानी पीढ़ी) के अंदर कुछ टूट रहा है। दोनों का एक साथ चित्रण कर अमरकांत ने द्वंद्व की सृष्टि की है। संयुक्त परिवार टूटने की प्रक्रिया से आंतरिक रूप से निरंतर टूटती पुरानी पीढ़ी की मनःस्थिति का विलक्षण चित्र अमरकांत देते हैं।

स्वातंत्र्योत्तर भारत में सर्वाधिक मोहभंग उन लोगों का हुआ जिन्होने स्वाधीनता प्राप्ति के प्रयासों में सक्रिय भूमिका निभाई और अपना घर-परिवार और सब प्रकार के सुख को त्याग प्राण-पण से स्वतंत्रता प्राप्ति के लक्ष्य को लेकर चलते रहे लेकिन स्वतंत्रता प्राप्ति के उपरांत उन्हें केवल उपेक्षा और तिरस्कार ही मिला। जिससे इन्हें गहरे व्यर्थता-बोध का अनुभव हुआ। रेणु की 'आत्मसाक्षी' का गनपत इसी मोहभंग की मनःस्थिति में सोचता है कि ''पैंतीस साल से चढ़ा हुआ ज्वर आज उतरा है। इतने दिनों तक एक अंध सुरंग में वह चल रहा था बेमतलब, बेकार, अकारथ।''[41] लेकिन यहाँ कुसमी और गाँव के लोग उसके साथ हैं लेकिन अमरकांत की 'जनमार्गी' का बलराज नितांत अकेला है और उसका मोहभंग इतना तीव्र है कि उसे अब तक किया अपना सबकुछ व्यर्थ तो लगता ही है साथ ही जब वह अपने साथ के अवसरवादी लोगों को बड़े-बड़े पदों पर आसीन देखता है तो सोचने के लिए विवश हो जाता है कि जब वह समर्थ तथा शक्तिशाली था, तो उसने लालच, झूठ, बेईमानी, चापलूसी वगैरह के सामने झुकने से क्यों इनकार कर दिया था ? उसको यह सोचकर सख्त अफसोस होता था कि उसने जीवन में कोई अपराध नहीं किया। यदि वह क्रांतिकारी न होकर कोई डाकू या घूसखोर होता, तो क्या फर्क पड़ता ? तब वह शायद सम्मान और निश्चिंतता का जीवन व्यतीत करता...।''[42] इस प्रकार स्वतंत्रता के लिए[43] या किसी अन्य बृहत् उद्देश्य के लिए[44] जीवन-भर कार्य करने वालों के मोहभंग का चित्रण अन्य नए कहानीकारों ने भी किया है। लेकिन इस प्रकार की नकारात्मक सोच (Negative Thinking) के माध्यम से मोहभंग की तीव्रता का चित्रण अमरकांत ही करते हैं। जहाँ रामलाल-बाँकेलाल[45] और विमलबाबू[46] जैसे लोग नेता कहलाते हों, जहाँ सारे जीवन की सेवा और त्याग के बदले गरीबी, उपेक्षा, अपमान और तिरस्कार ही मिले और जहाँ समाज क्या प्रेमिका तक पहचानने से इनकार कर दे और जहाँ उसके होने या न होने से किसी को कोई अंतर न पड़ता हो, वहाँ बलराज जैसे व्यक्ति की सोच ऐसी हो जाना अस्वाभाविक भी नहीं।

स्वातंत्र्योत्तर भारत में केवल नेता ही भ्रष्ट नहीं हुए, समस्त प्रशासन-तंत्र में भ्रष्टाचार व्याप्त हो गया जिससे व्यापक स्तर पर जनसामान्य का मोहभंग हुआ। अमरकांत की अनेक कहानियों में इसका चित्रण है। 'डिप्टी कलेक्टरी' में नारायण द्वारा इंटरव्यू अच्छा किए जाने के बावजूद उसे नहीं लिया जाता। 'इंटरव्यू' कहानी में तो

इंटरव्यू के लिए बुलाए गए सब लोगों का इंटरव्यू लेना भी आवश्यक नहीं समझा जाता। कुछ लोगों का इंटरव्यू लेने की औपचारिकता पूरी कर पहले से ही निश्चित व्यक्ति का चुनाव कर अन्य लोगों को वापस भेज दिया गया। यह भ्रष्ट व्यवस्था का ही प्रभाव है कि 'छिपकली' के रामजीलाल जैसे व्यक्ति जो ईमानदारी और परिश्रम से उन्नति करना चाहते हैं, कभी सफल नहीं होते। यहाँ केवल वही सफल हैं जो भोलाराम[47] की तरह भ्रष्ट हैं और जिन्हें किसी बड़े (शक्ति संपन्न) व्यक्ति का संरक्षण प्राप्त है। ऐसे लोगों की संख्या समाज में कम नहीं है। उनसे साधारण व्यक्ति बुरी तरह संत्रस्त है। उनका वह कुछ बिगाड़ नहीं सकता। सुरक्षा-व्यवस्था से उसका विश्वास उठ चुका है क्योंकि उसी ने ऐसे ही लोगों को संरक्षण दे रखा है, अतः एक साधारण व्यक्ति ऐसे लोगों का सामना करने के बजाय वहाँ से हट जाना अधिक उचित समझता है।[48] 'ठहरा हुआ चाकू'[49] के बाशी का व्यवहार प्रकट करता है कि वह इस व्यवस्था की वास्तविकता से अनभिज्ञ है तभी वह सबके मना करने के बावजूद भी नत्थासिंह जैसे गुंडे की रिपोर्ट पुलिस में कर देता है। किंतु अमरकांत का पात्र नरेंद्र इन मामलों में अधिक व्यावहारिक और अनुभवी हैं, अतः भोलाराम से उलझने की बजाय उसके पड़ोस से मकान छोड़कर अन्यत्र चला जाता है। इस भ्रष्ट व्यवस्था के अराजक वातावरण में एक साधारण व्यक्ति के लिए ऐसा करना ही अधिक सुरक्षित और स्वाभाविक है।

धार्मिक स्थानों के दुरुपयोग और धर्म के नाम पर धर्म-प्रमुखों द्वारा की जा रही अनैतिकता का चित्रण नई कहानी के अंतर्गत दिखाई पड़ता है किंतु पूँजीवादी व्यवस्था में एक संपन्न व्यक्ति भी धर्म, अध्यात्म, माया आदि का दुरुपयोग अपने कुकृत्यों का औचित्य सिद्ध करने के लिए करता है, अमरकांत उसे अपनी कहानी का विषय बनाते हैं।[50]

स्वातंत्र्योत्तर भारत में भ्रष्टाचार सभी क्षेत्रों में व्याप्त है जिससे पूरी व्यवस्था तर्कहीन और अमानवीय हो गई है। इस व्यवस्था को व्यवस्था की बजाय जंगल कहना अधिक उचित है। क्योंकि यहाँ परिश्रम, ईमानदारी और व्यक्तिगत कर्मठता पर विश्वास नहीं किया जा सकता। यही कारण है कि अमरकांत के अधिकांश पात्र चाहे वे अभावग्रस्त हों या संपन्न वर्ग के सभी काइयाँ, धूर्त, चालाक, मक्कार दिखाई पड़ते हैं। भाग्य, धर्म, अध्यात्म, जादू-टोने पर विश्वास करते हुए कभी वे एकदम निष्क्रिय हो जाते हैं[51] और कभी अराजक।[52] अराजकता का चित्रण विजया चौहान की 'एक बुतशिकन का जन्म' में भी है लेकिन 'हत्यारे' में यह अराजकता अपने भयानकतम रूप में है।

काल-बोध से उत्पन्न मोहभंग

एक अन्य प्रकार का मोहभंग अमरकांत की कहानी 'मित्र-मिलन' में दिखाई पड़ता है, इसका संबंध स्वोतंत्र्योत्तर स्थिति से नहीं है। इसका संबंध काल-बोध से है। काल-बोध यानी कालगत फासले का बोध। जो किसी को भी उस तरह नहीं रहने देता जैसा वह था। लेकिन मनुष्य की चेतना इसे सहज स्वीकार नहीं कर पाती क्योंकि उसकी कल्पना

में अतीत का रूप ही जीवित रहता है। अतः यह काल-बोध एक प्रकार की तड़प, कचोट या मोहभंग उत्पन्न करता है जिसे मिटाया नहीं जा सकता। काल-बोध की इसी छाया में उमाशंकर और शिवनाथ पचास वर्ष के उपरांत मिलते हैं। उमाशंकर की स्मृति में शिवनाथ की छवि इस प्रकार है–"लंबा, छरहरा शरीर, गोरा रंग, छोटी गोल नाक, मजाकिया-सा चेहरा।"[53] लेकिन उनके सामने था एक अत्यंत बूढ़ा व्यक्ति जिसका कई गहरी लकीरों और दो-तीन गड्ढों से युक्त चेहरा अजीब हास्यास्पद हो गया था।" वह कभी-कभी पगुरी करने की तरह मुँह चलाता था, जिससे उसकी मूँछ नाक और होंठों के बीच दब जाती थी।"[54] इतना ही नहीं, वह शिवनाथ जो एक समय "किसी भी अवसर पर वह झट से पैसे निकाल लेते और उमाशंकर बाबू को भरसक कुछ भी खर्च नहीं करने देते"[55] वही आज उमाशंकर को स्टेशन पर बुलाकर अकेले चाय पी लेते हैं।[56] नाश्ता भी अकेले कर लेते हैं।[57]

काल का अंतराल रूप-आकार को तो विकृत करता ही है, घनिष्ट संबंधों में भी अपरिचय उत्पन्न कर देता है और काल-बोध की छाया में यह मिलन केवल एक थकान, सुस्ती और पस्ती ही देता है, तब अनुभव होता है कि मिलन न ही होता तो अच्छा था क्योंकि यह संबंधित व्यक्ति से जुड़ी समस्त स्मृतियों को भी छिन्न-भिन्न कर जाता है। यहाँ प्रेमचंद की प्रसिद्ध कहानी 'गुल्ली-डंडा' की याद आना स्वाभाविक है किंतु ध्यातव्य है कि प्रेमचंद की कहानी में अपरिचय और अजनबीपन की भावना के मूल में आर्थिक विषमता थी जबकि अमरकांत के यहाँ स्थिति भिन्न है। यहाँ इस भावना के मूल में काल का अंतराल ही है।

व्यंग्य

जीवन के प्रत्येक स्तर पर दिखाई देने वाले भ्रष्टाचार, विसंगति और विडंबना को चित्रित करने में कहानीकार अमरकांत का स्वर भी व्यंग्य प्रधान हो गया है। "वह अपनी कहानियों से सामाजिक बुराई की इस हिंसात्मकता और उग्रता का ही रचनात्मक विरोध करना चाहते हैं। यही कारण है कि व्यंग्य का जितना प्रचुर और जैसा कलात्मक उपयोग उनके यहाँ मिलता है उतना और वैसा शायद उनके सब समकालीन कहानीकारों के यहाँ मिलाकर भी नहीं मिलता।"[58]

इस तर्कहीन व्यवस्था की विसंगति और विडंबना ने मनुष्य को कितना विरूप बना दिया है, इसका चित्रण अमरकांत करते हैं, उसकी शारीरिक विरूपता का नहीं क्योंकि व्यक्तिगत विरूपता के चित्रण द्वारा हास्य उत्पन्न करना हास्यास्पद ही हो सकता है, व्यंग्य उसे कदापि नहीं कहा जा सकता। इसी की पहचान रचनाकार का नैतिक दायित्व है। " 'यथातथ्यता' और 'व्यंग्यतात्मकता'–दोनों स्तरों पर वे रचनाकार का नैतिक दायित्व पहचानते हैं। व्यंग्य के पीछे कार्यरत नैतिक दायित्व-बोध के अभाव में रचनाकर्म जाने-अनजाने विदूषकत्व से जुड़ने लगता है। इस विदूषकत्व के विविध उदाहरण समकालीन लेखन में लक्ष्य किए जा सकते हैं।"[59]

अमरकांत का व्यंग्य कथनी-करनी के अंतर से उत्पन्न है लेकिन एक प्रकार की नैतिकता स्वतंत्रता-आंदोलन और समाजवादी मूल्यों से जुड़ी हुई है जो सामंत विरोधी है; वर्णाश्रम, जातिप्रथा, भ्रष्टाचार, नौकरशाही का विरोध करती है, साथ ही छोटे-छोटे लोगों को, जो जीवन की छोटी-छोटी बातों में सार्थकता का अनुभव करते हैं, उन्हें अपने व्यंग्य का विषय बनाया है, इस व्यंग्य के पीछे एक प्रकार की समझ या बोध है। अमरकांत का व्यंग्य परसाई की तरह एक नए बोध से समाज को पुनर्गठित करना चाहता है। रचनात्मक नैतिकता एक ओर विषमता को उद्घाटित कर व्यंग्य पैदा करती है और विषमता तथा करुणा को एक नैतिकता से जोड़कर पुनर्गठित कर कर्म की प्रेरणा देती है। इसी को संभवतः मुक्तिबोध ने 'सकर्मक ज्ञानात्मक संवेदन' कहा है। व्यंग्यधर्मिता में ये हरिशंकर परसाई के निकट पड़ते हैं। परमानंद श्रीवास्तव ने भी माना है कि "अमरकांत में कभी-कभी वह व्यंग्यकार भी चौकन्ना दिखाई देता है जिसे गद्य के पाठक हरिशंकर परसाई जैसे लेखकों के यहाँ पहचानते आए हैं।"[60] अमरकांत के समकालीन जहाँ स्थिति-विशेष पर ही व्यंग्य करते हैं वहाँ "अमरकांत की कहानियों में बहुधा ही व्यंग्य की एक प्रच्छन्न अंतर्धारा प्रवाहित रहती है जो पूरी व्यवस्था को ही छूती और छीलती चलती है।"[61] वे शोषक, शोषित और व्यवस्था—सभी पर व्यंग्य करते हैं। लेकिन शोषित के प्रति उनका व्यंग्य अंततः शोषक व्यवस्था के प्रति घृणा और आक्रोश उत्पन्न करता है और शोषित के प्रति करुणा।

कथातत्त्व का ह्रास

नई कहानी में कथानक की परंपरागत धारणा में आमूल-चूल अंतर आया है। उसमें घटना संघटन काफी सीमा तक विघटित हो गया है। नई कहानी में 'कथा'-तत्त्व का ह्रास इसलिए हुआ है कि जीवन के छोटे-छोटे प्रसंगों, खंड, मूड या विचार अथवा व्यक्ति-विशेष के चरित्र में भी कथानक की क्षमता स्वीकार कर ली गई है। आज प्रत्येक गद्य-रचना जिसमें कथा का तत्त्व हो तथा जो जीवन के किसी अंश को प्रस्तुत करती है, कहानी बन गई है। आज के यांत्रिक जीवन की विघटनपूर्ण स्थितियों को चित्रित करने के लिए नई कहानी ने कथा-सूत्रों को भी विशृंखल कर दिया है।

अमरकांत की स्थिति इन कहानीकारों से भिन्न है। कथानक का ह्रास इनके यहाँ भी हुआ है। 'दोपहर का भोजन' में एक निम्न मध्यवर्गीय परिवार की एक स्थिति का चित्रण है लेकिन इस चित्रण के माध्यम से अमरकांत ने उस परिवार के जीवन को उसकी संपूर्णता में पकड़ लिया है। इसी प्रकार उनकी अनेक अन्य कहानियों जैसे 'इंटरव्यू', 'गले की जंजीर', 'काली छाया', 'केले, पैसे और मूँगफली', 'फर्क', 'शाम', 'प्रिय मेहमान', 'मुलाकात', 'दो चरित्र', 'आमंत्रण', 'चाँद', 'कबड्डी', 'देश के लोग', 'परमात्मा का प्रेमी', 'मौत का नगर', 'मकान' आदि में कथा-तत्त्व सूक्ष्म है लेकिन फिर भी कथानक या कथा-तत्त्व का ह्रास अमरकांत में अपने समकालीन कहानीकारों की तुलना में कम है और न ही उन्होंने इसे किसी फैशन के तौर पर अपनाया है। 'नई कहानी'

के अंतर्गत कई कहानियों में एक ही मूड आद्यंत दिखाई पड़ता है। जैसे 'खोई हुई दिशाएँ' इसमें नायक अंत तक अपरिचय और अजनबीपन के संत्रास से ग्रस्त रहता है। इसी प्रकार मन्नू भंडारी की 'तीसरा आदमी' के मुख्य पात्र की हीन भावना से उत्पन्न संदेह-वृत्ति कहानी में आद्यंत बनी रहती है। उसी में वह डूबता-उतराता रहता है। पात्रों के मूड के अनुसार ही यहाँ घटनाएँ दिखाई पड़ती हैं। लेकिन अमरकांत में घटनाएँ पात्र के मूड से स्वतंत्र या निरपेक्ष हैं। इसी से अमरकांत की कहानियाँ अधिक विश्वसनीय हैं। "यह ध्यान देने की चीज है कि जिस समय हिंदी कहानियों में कथानक ह्रास को ही शिल्पगत उपलब्धि समझा जा रहा था, अमरकांत ने कथानक, सूक्ष्म विचार या व्यंग्य और सहज कला की रोचकता को नई तटस्थता से समन्वित/संबंद्ध किया।"[62]

सपाट कथानक

नई कहानी की एक विशिष्टता उसका सपाट कथानक भी है। सपाट कथानक से अभिप्राय कथानक की सहजता, सरलता और सादगी से है यानी कथानक में किसी प्रकार की जटिलता और दुर्बोधता के न होने से है। इसमें लेखक चमत्कारपूर्ण शिल्प के आग्रहपूर्वक प्रयोग से पाठक का ध्यान शिल्प की ओर नहीं खींचता। यह विशेषता नए कहानीकारों की अनेक कहानियों में है।[63] लेकिन सभी कहानीकारों या एक कहानीकार की सभी कहानियों में कथानक की सपाटता नहीं मिलती। लेकिन फिर भी इसे नई कहानी की महत्त्वपूर्ण प्रवृत्ति माना जा सकता है।

अमरकांत शिल्पगत सपाटता के सिद्ध कहानीकार हैं। उन्होंने अपने आसपास के मध्यवर्गीय जीवन को उसकी समस्त विसंगतियों, विडंबनाओं और अंतर्विरोधों को सादगी के साथ चित्रित किया है। उनमें चमत्कारपूर्ण जटिलता नहीं है। "अमरकांत जितनी सादालौही के साथ अपने आसपास की जिंदगी पर लिख रहे थे, उसकी सादगी में ही उसकी सारी शक्ति छिपी थी।"[64] वस्तुतः अमरकांत शिल्प को अतिरिक्त महत्त्व नहीं देते। यह अमरकांत का शिल्प-कौशल ही है कि कहानी के प्रवाह में शिल्प की ओर पाठक का ध्यान नहीं जाता। "उनकी कहानियाँ ऊपरी तौर पर कैसी भी शिल्प सजगता में जैसी हीन और असावधान दिखाई देती हैं, वस्तुतः वे वैसी हैं नहीं। यह बात अलग है कि अपनी सादगी के कारण ही वह सजगता उतनी आसानी से पकड़ में नहीं आती है जितनी आसानी से राजेंद्र यादव, रेणु या निर्मल वर्मा की कहानियों में आ जाती है। इन कहानीकारों की तरह अमरकांत की कहानियाँ कहीं भी अपने प्रभाव से अभिभूत और जड़ नहीं करतीं, वे हमें टीसतीं और झकझोरती-सी हैं।"[65] इसी को अश्क ने शिल्पविहीन-शिल्प कहा है।[66] शिल्प प्रयोग में अपनी सजगता और कौशल के कारण अमरकांत की कहानियाँ शिल्पविहीन अवश्य लगती हैं लेकिन ऊपरी सरलता के बावजूद उन्हें शिल्पविहीन या इकहरे शिल्प का उदाहरण नहीं माना जा सकता। उनमें गहरे संकेत और अर्थ-ध्वनियाँ हैं।[67]

मनोजगत

नई कहानी में बाह्य जगत के साथ-साथ या उसकी अपेक्षा मनोजगत अधिक महत्त्वपूर्ण हो गया है। ऐसा नहीं है कि नई कहानी में स्थूल घटनाओं का चित्रण नहीं होता लेकिन इन घटनाओं या स्थितियों का आघात जो पात्र के मन पर होता है उसका चित्रण भी वास्तविकता या यथार्थ का ही चित्रण है। यही कारण है कि अनेक नई कहानियों में पात्रों की मनःस्थिति का विस्तार से चित्रण है। राजेंद्र यादव की 'टूटना', श्रीकांत वर्मा की 'दूसरे के पैर', निर्मल वर्मा की 'कुत्ते की मौत', दूधनाथ सिंह की 'दुःस्वप्न', मन्नू भंडारी की 'यही सच है', कृष्ण बलदेव वैद की 'मेरा दुश्मन' आदि कहानियों में स्थितियों का मन पर जो प्रभाव पड़ रहा है, वह बड़ी दूर तक चित्रित है।

मनःस्थितियों का चित्रण अमरकांत के यहाँ भी हुआ है जैसे 'मकान' कहानी में लेकिन अपेक्षाकृत कम ही हुआ है। अमरकांत अधिकांशतः पात्र की मनःस्थिति का चित्रण उसकी चेष्टाओं के माध्यम से करते हैं। 'डिप्टी कलेक्टरी' के शकलदीप बाबू के मन का संशय, निरंतर आशा-निराशा में झूलती उनकी मनःस्थिति का चित्रण अमरकांत उनकी चेष्टाओं के माध्यम से करते हैं। अपने मन के द्वंद्व पर वे चिंतन करते चित्रित नहीं किए गए हैं अपितु उनका अंतर्द्वंद्व उनकी चेष्टाओं में प्रतिफलित हुआ है।

अन्य विधाओं व विभिन्न शैलियों का प्रयोग

गद्य की अनेक विधाओं जैसे डायरी, पत्र, आत्म-चरित्र, रेखाचित्र, संस्मरण आदि का उपयोग नई कहानी ने किया है। इन विधाओं का मिश्रित प्रयोग भी हुआ है। इसके अलावा दोहरे कथा-शिल्प प्रयोग या एक ही कहानी के अंतर्गत कई कहानियों का नियोजन भी नई कहानी में देखने को मिल जाता है। अनेक शैलियों जैसे चित्रात्मक, आत्मविश्लेषणात्मक, प्रलापात्मक, चेतना प्रवाह, फैंटेसी, वर्णनात्मक, नाटकीय, रिपोर्ताज, पूर्वदीप्ति व समन्वित (एकाधिक) का प्रयोग नई कहानी में किया गया है। जिनका विवेचन नई कहानी के अंतर्गत किया जा चुका है।

अमरकांत में शिल्प-प्रयोगों की यह विविधता नहीं है। शिल्प को लेकर तरह-तरह के प्रयोग करने की प्रवृत्ति उनकी नहीं है। "प्रचलित कथा-आंदोलनों से विरक्ति तथा नित नए बनते-बिगड़ते कथा-शिल्पों से विमुखता, सहज ढंग से अपने चारों ओर के यथार्थ को समझने की चेष्टा आदि विशेषताएँ अमरकांत को अपनी पीढ़ी के ही नहीं बल्कि बाद के भी अनेक चमत्कार प्रिय कथा-लेखकों से अलग कर देती है।"[68]

अमरकांत ने मुख्यतः दो प्रकार की कथा-पद्धति अपनाई हैं–आत्मकथ्य[69] और रेखाचित्र[70] की। उनकी कुछ कहानियाँ इस प्रकार की भी हैं जहाँ किसी व्यक्ति-विशेष का चरित्र नहीं उभरता अपितु एक स्थिति का चित्रण होता है और लगता है यहाँ कहानीकार अदृश्य रूप से उपस्थित है और स्थिति का वर्णन कर रहा है–'इंटरव्यू', 'काली छाया', 'फर्क', 'शाम', 'एक बाढ़-कथा' आदि कहानियों को इसी रूप में देखा

जा सकता है। 'इंटरव्यू', 'काली छाया', 'फर्क', 'गले की जंजीर' कहानियाँ स्थिति-विशेष पर जन-प्रतिक्रियाओं के माध्यम से अपना रूप ग्रहण करती हैं। 'जिंदगी और जोंक' और 'दो चरित्र' में व्यक्ति-चित्र के साथ-साथ मध्यवर्ग के लोगों की मानसिकता और प्रतिक्रियाओं का अंकन हुआ है। 'स्वामी', 'निर्वासित' और 'पलाश के फूल' में कहानी किसी पात्र द्वारा सुनाई जाती है। अमरकांत अपने अधिकांश प्रमुख पात्रों की बाह्य रूप, आकृति और उनकी वेशभूषा का वर्णन करके उन्हें पाठकों के सम्मुख साक्षात् कर देते हैं। उनकी यह प्रवृत्ति उन्हें प्रेमचंद से मिलाती है। उनके समकालीन कहानीकारों में यह प्रवृत्ति अपेक्षाकृत काफी कम है।

अमरकांत की कहानियों में व्यक्ति-चित्र पद्धति हो या आत्मकथ्य (आत्मकथ्य के माध्यम से वस्तुतः कहानीकार व्यक्ति-चित्र ही देता है) पद्धति, विसंगत और विडंबनायुक्त स्थितियों के अंतर्विरोधों से युक्त होकर वह मात्र रेखाचित्र या व्यक्ति-चित्र नहीं रह जाती। इन कहानियों में अमरकांत पात्र-विशेष को केंद्र में रखकर स्थितियों तथा अन्य पात्रों को गौण या उस प्रमुख पात्र की मनःस्थिति के अनुकूल या उसका चरित्र उभारने का निमित्त मात्र नहीं बनाते अपितु उनका स्वतंत्र चित्रण करते हैं। उदाहरणार्थ 'घर' कहानी का प्रमुख पात्र विनय है लेकिन कहानीकार प्रकाशक बलराम सिंह का समग्र चित्रण पूरी तन्मयता से करता है और उसके चरित्र को उसकी संपूर्णता में पकड़ लेता है।

नाट्य-दृश्यता

नई कहानी में नाटकीयता या नाट्य-दृश्यता अधिकांशतः पात्र के अंतर्द्वंद्व और दुविधाग्रस्त मन के रूप में दिखाई पड़ती है। बाह्य स्थितियों पर आधारित नाट्य-दृश्यता अपेक्षाकृत कम है। इसका कारण नई कहानी में मनोजगत की प्रधानता है। अमरकांत की कहानियों में पात्र का मानसिक द्वंद्व मुख्यतः उसकी चेष्टाओं के माध्यम से प्रतिफलित होता है, अतः यहाँ बाह्य स्थितियों पर आधारित नाट्य-दृश्यता अन्य कहानीकारों की तुलना में अधिक है।[71] और यह नाट्य-दृश्यता अमरकांत में कथनी-करनी के अंतर के चित्रण के माध्यम से भी प्रकट हुई है।[72]

वातावरण

नई कहानी वातावरण प्रधान है। वातावरण या प्रकृति का प्रयोग नई कहानी में अलंकरण की भाँति न होकर अंतःकरण के रूप में अर्थात् पात्रों के अनुभव के सहभोक्ता के रूप में हुआ है। बाहरी परिवेश की अपेक्षा मानसिक परिवेश का चित्रण नई कहानी में अधिक दिखाई पड़ता है।

अमरकांत ने परिवेश का प्रयोग कम किया है। कई स्थानों पर उनका बाह्य परिवेश पात्र के मानसिक परिवेश के अनुकूल है। 'शुभचिंता' कहानी में ज्ञान सीता में अपने प्रति बढ़ते आकर्षण को देखकर उसे समझाता है कि "मैं नहीं चाहता कि कोई किसी झूठी आशा में मेरे लिए अपनी जिंदगी खराब कर ले। मुझसे क्या आशा की जा सकती

है ?...मैंने देखा कि शायद तुम कोई ऐसी कमजारी पाल रही हो, जो ठीक नहीं...हमारे और तुम्हारे–दोनों के लिए..."[73] इसके बाद बाह्य परिवेश का चित्रण इस प्रकार किया गया है–"दोनों चुपचाप चलने लगे थे। बाजार की जगमग रोशनियाँ समीप खिंचती आ रही थीं। आसमान बरसने-बरसने को हो रहा था।"[74]

ज्ञान की बातों से सीता के हृदय को गहरा आघात पहुँचा है, अपनी असहाय स्थिति पर उसका हृदय रुद्ध हो गया है, अपनी रुलाई उसने बड़ी कठिनाई से रोक रखी है। इसी का संकेत 'आसमान बरसने-बरसने को हो रहा था' से मिलता है।

इसी प्रकार 'असमर्थ हिलता हाथ' में मीना और दिलीप के एकांत में मिलने का चित्रण इस प्रकार हुआ है--"लंबे और घने वृक्षों से घिरी खामोशी में पहुँचकर उसने मीना को अपने पास खींच लिया था। चंचल हवा घास तथा फूल की खुशबू उड़ाती रही।"[75]

स्मरणीय है कि इस वर्णन से पूर्व कहानीकार ने दिलीप के बालों की तुलना घास से ही की है।[76]

स्पष्ट है कि अमरकांत ने भले ही परिवेश का उपयोग अपनी कहानियों में कम किया है लेकिन वह सजग और सतर्क है[77] हालाँकि ऊपरी तौर पर यह सजगता और सतर्कता दिखाई नहीं पड़ती। यह अमरकांत का कौशल ही है कि परिवेश का प्रयोग उन्होंने सायास किया हो ऐसा नहीं लगता।

तटस्थता

वर्णन की तटस्थता नई कहानी की महत्त्वपूर्ण विशिष्टता स्वीकार की गई है। अधिकांश नए कहानीकारों ने कहानी में तटस्थता बनाए रखने के लिए 'मैं' के स्थान पर वह का प्रयोग किया है। अमरकांत के चित्रण और वर्णन में भी तटस्थता है बल्कि यह निमर्मता की सीमा तक जाकर है। अन्य कहानीकार तटस्थता लाने के लिए जहाँ 'मैं' के स्थान पर 'वह' का प्रयोग करते हैं वहीं अमरकांत 'मैं' का प्रयोग भी उसी तटस्थता से करते हैं, 'जिंदगी और जोंक' कहानी इसे सिद्ध कर देती है।

मनोविज्ञान

नई कहानी का विशिष्ट संबंध मनोविज्ञान से है। अनेक 'नई कहानियों' के पात्रों के व्यवहार को फ्रायड के मनोविश्लेषण सिद्धांत से समझा जा सकता है। अधिकांश नए कहानीकारों ने मुख्यतः पात्रों के असामान्य मनोविज्ञान को अपनी कहानी का आधार बनाया है। उनके कुंठित, दमित व्यक्तित्व का चित्रण उनके असामान्य व्यवहार द्वारा किया है।

इस क्षेत्र में अमरकांत अन्य कहानीकारों से इस रूप में भिन्न हैं कि जहाँ उनके समकालीन पात्रों के असामान्य मनोविज्ञान का कुशल चित्रण करते हैं वहीं अमरकांत अधिकांशतः पात्रों के सामान्य मनोविज्ञान का असाधारण चित्रण करते हैं। इसका

कारण यह है कि अमरकांत जिस वर्ग (निम्न मध्यवर्ग) के जीवन का चित्रण अपनी कहानियों में करते हैं वहाँ यौन विषयक कुंठाओं के लिए अवकाश नहीं। वे आर्थिक अभावों से उत्पन्न स्थितियाँ हैं। जिन पर बैठकर उन्हें बौद्धिक चिंतन नहीं करना है बल्कि झेलना है। इस वर्ग के पात्रों के मनोविज्ञान की उनकी समझ अचूक है जिसकी प्रशंसा राजेंद्र यादव[78] और मार्कण्डेय[79] ने भी की है। पात्र किसी भी आयु-वर्ग का हो चाहे बालक[80] हो, युवक[81] हो या वृद्ध[82] हो किसी भी स्थिति में हो उसकी मानसिकता और व्यवहार का विलक्षण चित्रण अमरकांत करते हैं।

सांकेतिकता

सांकेतिकता का प्रयोग नई कहानी में पूर्ववर्ती कहानी की अपेक्षा बहुत अधिक हुआ है। इसमें सांकेतिकता सर्वत्र व्याप्त रहती है। बल्कि कहना चाहिए कि नई कहानी का समूचा रूप-गठन और शब्द-गठन ही सांकेतिक है।[83] मन्नू भंडारी की 'ऊँचाई', राजेंद्र यादव की 'प्रतीक्षा', कमलेश्वर की 'राजा निरबंसिया' तथा 'खोई हुई दिशाएँ', मोहन राकेश की 'मिस पाल' तथा 'एक और जिंदगी', निर्मल वर्मा की 'लंदन की एक रात', भीष्म साहनी की 'पटरियाँ' आदि अनेक नई कहानियाँ सांकेतिकता की दृष्टि से उल्लेखनीय हैं।

अमरकांत की कहानियों में भी सांकेतिकता का उपयोग हुआ है। 'दोपहर का भोजन' कहानी में ऐसे संकेत मिलते हैं कि लगता है, इस परिवार में गरीबी और उसी में संतोष का चित्रण मात्र नहीं है जैसाकि ऊपरी तौर पर दिखाई देता है बल्कि इस बीच कहीं कुछ अघटित हो गया है जैसे कहानी में एक स्थल पर–

''सिद्धेश्वरी की समझ में नहीं आ रहा था कि क्या कहे। वह चाहती थी कि सभी चीजें ठीक से जान ले और दुनिया की हर चीज पर पहले की तरह धड़ल्ले से बात करे पर उसकी हिम्मत नहीं होती थी। उसके दिल में न जाने कैसा भय समाया हुआ था।''[84]

यहाँ पाठक के मन में प्रश्न उठता है कि आखिर क्यों सिद्धेश्वरी बातचीत का कोई सूत्र नहीं पकड़ पा रही ? वह कौन-सी चीजों के बारे में पूछना और जानना चाहती है। पहले की स्थिति और अब की स्थिति में क्या अंतर आ गया है कि वह पहले की भाँति धड़ल्ले से बात नहीं कर पा रही है और उसके दिल में कैसा भय समाया हुआ है। कुछ अघटित हो चुकने के ये संकेत अंत में स्पष्ट हो जाते हैं, जब सूचित होता है कि मुंशीजी की नौकरी डेढ़ महीने पूर्व छूट चुकी है। सिद्धेश्वरी का यह कथन कि ''मालूम होता है, अब बारिश नहीं होगी''[85] में बारिश यानी जल का संबंध अर्थ से है। कहानी के अंत में सिद्धेश्वरी की आँखों से टप-टप चूने वाले आँसू भी चली गई आर्थिक सुरक्षा की ओर संकेत करते हैं।

'असमर्थ हिलता हाथ' में घरवालों द्वारा दिलीप से मिलने-जुलने की पाबंदी लगा दिए जाने पर मीना अवश होकर दिलीप से मिलने उसके दफ्तर गई तो उस समय के वातावरण का चित्रण कहानीकार ने इस प्रकार किया है–''बरसात के दिन थे, आकाश बादलों से ढका था, यद्यपि पानी नहीं पड़ रहा था।''[86] यह चित्रण मीना की आंतरिक

दशा की ओर संकेत करता है कि यद्यपि वह रो नहीं रही थी लेकिन उसका हृदय अपनी असहाय स्थिति पर भर आया था। घर के बाहर वृक्ष पर दो कौओं का बोलना लक्ष्मी की आसन्न मृत्यु की ओर संकेत करता है।

इसी प्रकार 'कलाप्रेमी', 'देश के लोग' और 'दलील' कहानियाँ आज के तथाकथित आत्मकेंद्रित बुद्धिजीवी की अवसरवादिता, आत्मस्वार्थपरता, हृदयहीनता और काइयाँपन की ओर संकेत करती हैं। 'इंटरव्यू', 'काली छाया', 'फर्क' आदि कहानियाँ मध्यवर्गीय मानसिकता की ओर संकेत करती हैं। अपने समकालीनों की तुलना में सांकेतिकता का प्रयोग अमरकांत ने कम किया है।

प्रतीकात्मकता

इसी तरह प्रतीकात्मकता का प्रयोग भी अमरकांत की कहानियों में अन्य कहानीकारों की तुलना में कम हुआ है। नई कहानी के अंतर्गत कुछ कहानियों में तो पूर्ण प्रतीकात्मकता है जैसे निर्मल वर्मा की 'परिंदे', मोहन राकेश की 'ठहरा हुआ चाकू', राजेंद्र यादव की 'खेल-खिलौने', रमेश बक्षी की 'किस्सा एक शतुरमुर्ग का', कमलेश्वर की 'साँप', दूधनाथ की 'आइसबर्ग' आदि। आंशिक रूप में प्रतीक प्रयोग लगभग सभी कहानियों में हुआ है। रूढ़ और स्वच्छंद सभी तरह के प्रतीकों का प्रयोग नई कहानी में हुआ है। प्रतीक प्रयोग ने नई कहानी को सार्थकता और गहराई प्रदान की है।

अमरकांत की कहानियों में प्रतीकात्मकता प्रायः कहानियों के शीर्षकों में है। 'मकान' आज की विषम व्यवस्था का प्रतीक है, 'छिपकली' भी शोषक व्यवस्था का ही प्रतीक है। 'पलाश के फूल' शोषक वर्ग के गुनाहों का, 'जोंक' शोषण-वृत्ति या जिजीविषा का और 'कुहासा' अभावग्रस्तता का। इसी प्रकार 'चाँद', 'मछुआ', 'गगनबिहारी', 'हत्यारे' कहानियों के शीर्षक भी प्रतीकात्मक हैं।

सांकेतिकता और प्रतीकात्मकता जैसी शिल्पगत बारीकियाँ अमरकांत के यहाँ अपेक्षाकृत कम इसलिए हैं क्योंकि कहानी "उनके निकट जीवन संघर्ष का हथियार रही है, जिसे उन्होंने सामाजिक जीवन के व्यापक संघर्ष में अपनी भूमिका अदा करने के लिए इस्तेमाल किया है। "इसलिए वे उनके समकालीन उन तमाम कहानीकारों की कहानियों से अलग हो गई हैं जो उसे सामाजिक जीवन के संघर्ष से अलग एक स्वयंपूर्ण कलात्मक इकाई के रूप में निर्मित करते रहे हैं। इसलिए अमरकांत की कहानी अपने समय के फैशनों और आंदोलनों से दूर जा पड़ी है कि उसमें समय और परिवेश के यथार्थ को एक निर्दोष कलात्मक रचाव से विधागत संपूर्णता देने के बजाय उसकी समग्रता में बाँधने की कोशिश हुई है।"[87]

बिंबात्मकता

किसी समय काव्य का उपकरण 'बिंब' आज की कहानी में कलात्मक अभिव्यक्ति के मूल उपकरण के रूप में स्वीकृत हो चुका है। नया कहानीकार उसी के माध्यम से

वातावरण की सृष्टि करता है और वातावरण नई कहानी का अंतःकरण है। बिंब प्रयोग से कहानी में स्पष्टता, संप्रेषणीयता और सजीवता में वृद्धि हुई है। नई कहानी में निर्मल वर्मा और शिवप्रसाद सिंह ने सामान्य बिंबों और उपमा प्रधान बिंबों का प्रयोग सर्वाधिक किया है। ये बिंब कहानीकार के सूक्ष्म इंद्रिय-बोध के प्रतीक हैं।

अमरकांत ने सादृश्यविधान के लिए उपमा का प्रयोग सबसे अधिक किया है। उनकी उपमाएँ अपनी गत्वरता और दृश्यता के कारण बिंब ही प्रतीत होती हैं। उन्हें उपमा-मूलक बिंब कहा जा सकता है। अमरकांत के बिंब अन्य कहानीकारों से इस अर्थ में विशिष्ट हैं कि वे अधिकांशतः उनकी कहानियों के पात्रो से संबंधित हैं जैसे उनके रूप-आकार, वेशभूषा, सौंदर्य; विभिन्न चेष्टाएँ जैसे—उनकी चाल, घूरना, मुँह तनना, काँपना, देखना, खाना, बीनना, दौड़ना, झाँकना, सरकना, मुसकराना, हिलना, प्रहार करना, सिर हिलाना, छटपटाना आदि; उनकी आवाजें जैसे—हँसी, चिल्लाना, बोलना, सिसकना, किलकारी, हिचकी, रोना, गरजना-तड़पना आदि; पात्रों की ही कार्य-पद्धति, व्यवहार, मुद्रा, जीवन-पद्धति, हालत या स्थिति या पात्रों के ही विभिन्न मनोभावों जैसे दिल बैठना, आक्रोश, आशा, गुस्सा, जोश, दिल जलना, उत्साह, बेचैनी, शरम आदि। अन्य प्रकार के बिंब या उपमा बहुत कम हैं।

बिंब विधान में अमरकांत की सबसे बड़ी विशेषता जो उन्हें अन्य कहानीकारों से अलग करती है, वह है—पात्रों की चेष्टाओं की पशु-पक्षियों से उपमा। ध्यातव्य है कि स्वयं पात्र की उपमा नहीं अपितु उनकी चेष्टाओं की उपमा पशु-पक्षियों से अमरकांत देते हैं। यह पद्धति पात्र के पूरे रूपांतरण की अपेक्षा अधिक प्रभावशाली है। इसमें मनुष्यता और पशुता का द्वंद्व बना रहता है।[88] यह व्यवस्था अमानवीय और तर्कहीन है। इसमें रहकर मनुष्य पशु-पक्षीवत् आचरण करने के लिए विवश हो जाता है। उसका पशु और पक्षी जैसा आचरण या चेष्टाएँ पूरी व्यवस्था में किसी प्रकार की तर्कशीलता या मानवीयता नहीं है, अतः परिश्रम, ईमानदारी या व्यक्तिगत कर्मठता पर यहाँ विश्वास नहीं किया जा सकता। व्यक्ति की मानवता इस जंगल के साथ संघर्ष में प्रायः हार जाती है। यही कारण है कि अमरकांत के पात्रों की नियति इस व्यवस्था रूपी जंगल से हार जाना ही है।[89] अमरकांत ने जिस वर्ग (निम्न मध्यवर्ग) को अपनी कहानी का आधार बनाया है, उसमें इस जंगल के प्रति विद्रोह की क्षमता लगभग नहीं है, उसे क्रांतिकारी दिखाने से कहानी की रचनात्मकता क्षीण हो सकती थी। अमरकांत की कहानी का स्वर इधर बदला है। उनकी 'दलील' जैसी कहानियों को इस जंगल के पराजय की शुरुआत कहा जा सकता है।

भाषा

नई कहानी की भाषा अपनी बदली हुई संवेदना के अनुरूप ही है। इसने भाषा की अभिधा-शक्ति को अपूर्व ढंग से विकसित किया है। ठंडा और अनगढ़ गद्य विशेषणों से मुक्त और इसके उपयोग में जबरदस्त संयम[90]—यह नई कहानी की विशेषता स्वीकार

की गई है। यह भाषा मात्र कहानीकार के विचारों का संवहन नहीं करती अपितु अपने परिवेश और समय से उत्पन्न होकर परिवर्तित चेतना के नवीन अर्थ-संप्रेषण से युक्त हो गई है। कथ्य के अनुरूप यह भाषा विविधोन्मुख है। पंजाबी, मगही, मराठी, बंगला, उर्दू और अंग्रेजी भाषाओं की शब्द-संपदा से यह स्मृद्ध है। वस्तुतः नए कहानीकार भिन्न-भिन्न परिवेशों से जुड़े हुए हैं जिनका चित्रण उन्होंने अपनी कहानी में किया है। यही कारण है, निर्मल वर्मा की कहानियों का परिवेश विदेशी है, रेणु, मार्कण्डेय, शिवप्रसाद सिंह जैसे कहानीकारों ने विभिन्न अंचलों को अपनी कहानी का आधार बनाया है। मोहन राकेश और राजेंद्र यादव अधिकांशतः शहरी जीवन को अपनी कहानी का परिवेश बनाते हैं। कमलेश्वर में महानगरों और कस्बों दोनों का ही चित्रण है। इस प्रकार भिन्न-भिन्न परिवेशों के चित्रण का प्रभाव कहानी के पात्रों की भाषा पर भी पड़ा है। विभिन्न पात्रों के आयुवर्ग, शैक्षिक योग्यता, मानसिक-स्तर, मनःस्थिति तथा परिवेश का प्रभाव उनके संवादों की भाषा पर पड़ा है और विश्लेषण पर कहानीकार की निजी प्रकृति का। कहानीकार की अपनी प्रकृति के अनुसार कहीं भाषा एकदम सपाट है, कहीं संवेदनशील-काव्यात्मक और कहीं एकदम भदेस।

अमरकांत की भाषा सादगी से युक्त होकर भी विशिष्ट है। इस ओर संकेत करते हुए मधुरेश ने कहा है कि—

"उनके समकालीन कहानीकार धर्मवीर भारती, रेणु, राजेंद्र यादव, निर्मल वर्मा और कमलेश्वर आदि यदि एक ओर भाषा के गुल-बूटे काढ़ रहे थे. कहानी में सांकेतिकता के नाम पर बिंबों और प्रतीकों का कोश लुटा रहे थे तो दूसरी ओर पूरी-की-पूरी कहानी को स्त्री-पुरुष संबंधों के घेरे में कैद कर देने की साजिश रच रहे थे, तब अमरकांत अपने मध्यवर्गीय परिवेश की जिंदगी को उसी की अपनी, ऊपर से काफी कुछ रुखड़-सी लगने वाली भाषा में अभिव्यक्त कर रहे थे।"[91]

उन्होंने तत्सम, तद्भव, देशज शब्दों के साथ-साथ अंग्रेजी, अरबी, फारसी के प्रचलित शब्दों का प्रयोग अपनी कहानी में किया है। शब्द-प्रयोग की दृष्टि से उन्हें तत्सम-प्रधान लेखक कहा जा सकता है। अन्य नए कहानीकारों ने तत्सम शब्दों का प्रयोग बहुत कम किया है। आज के दौर में तत्सम शब्द अधिकांशतः राजनीतिक शब्दावली में बदल चुके हैं जिनका इस्तेमाल आज के भ्रष्ट राजनीतिज्ञ करते हैं जिनकी कथनी और करनी में कोई संगति या सामंजस्य नहीं होता। उन्हीं की वास्तविकता को उद्घाटित करने के लिए अमरकांत उनके द्वारा प्रयुक्त (तत्सम) शब्दों को अपनाते हैं। ध्यातव्य है कि अमरकांत के यहाँ ये शब्द अपने परंपरागत अर्थों में प्रयुक्त नहीं है। शब्दों के सात्विक अर्थों की यहाँ हत्या हो गई है। व्यापक अर्थों में यह भाषा एक हत्यारिणी भाषा ही सिद्ध होती है। जिसका कोई अर्थ, शब्दकोश से नहीं संदर्भों से ही खुलता है। 'हत्यारे' कहानी में प्रयुक्त सभी तत्सम शब्द इस दृष्टि से उल्लेखनीय हैं।[92] यहाँ शब्द निरर्थक नहीं अनर्थक हो गए हैं। 'जनमार्गी', 'बस्ती' जैसी अनेक कहानियों में इसी तरह के प्रयोग दिखाई पड़ते हैं। भाषा का यह इस्तेमाल अभूतपूर्व है जो अमरकांत के

समकालीनों में नहीं है।

अमरकांत उन्हीं देशज शब्दों का प्रयोग करते हैं जो बहुप्रयुक्त हैं। उनके ये शब्द क्षेत्रीयता की मुद्रा अपनाकर पाठक को चौंकाते नहीं हैं जबकि कुछ नए कहानीकारों के प्रयोग संप्रेषणीयता में बाधा उत्पन्न करते हैं। जहाँ कहीं अमरकांत ने किसी अपरिचित शब्द का प्रयोग किया है उसकी व्याख्या उन्होंने साथ दे दी है जैसे 'जिंदगी और जोंक' में "वह भिखमंगा अब भी तेज मार पड़ने पर चिल्ला उठता, 'मैं बरई हूँ, बरई हूँ, बरई हूँ...' स्पष्ट था कि इतने लोगों को देखकर वह काफी भयभीत हो गया था और अपने समर्थन में कुछ न पाकर बेतहाशा अपनी जाति का नाम ले रहा था, जैसे हर जाति के लोग चोर हो सकते हैं, लेकिन बरई कतई नहीं हो सकते।"[93]

ध्वन्यात्मक शब्दों का प्रयोग नए कहानीकारों में रेणु ने सबसे अधिक किया है किंतु उनकी ध्वनियाँ विशिष्ट हैं जैसे चील की आवाज, गरम लोहे पर ठंडा पानी डालने की आवाज, नगाड़े की आवाज, रेलगाड़ी खुलने की आवाज आदि। अमरकांत ने रेणु से भी अधिक ध्वन्यार्थक शब्दों का प्रयोग किया है किंतु उनकी ध्वनियाँ रोजमर्रा की साधारण ध्वनियाँ हैं जैसे खर-खर खाँसना, हहर-हहर नहाना, चापुड़-चापुड़ खाना, हकर-हकर पानी पीना आदि। इसी प्रकार निरर्थक शब्द प्रयोग[94] द्वारा भी आत्मीयता की सृष्टि अमरकांत में मिलती है जो अन्य कहानीकारों के यहाँ विरल है। मुहावरों और लोकोक्तियों का प्रयोग भी अमरकांत ने अपने समकालीनों की तुलना में अधिक किया है। इसका कारण यह है कि इनकी कहानियों के पात्र अधिकतर निम्न मध्यवर्गीय है। यह वर्ग मुहावरों और लोकोक्तियों का प्रयोग अन्य वर्गों की अपेक्षा अधिक करता है। इनके प्रयोग से अमरकांत की भाषा अधिक प्राणवान, सशक्त, प्रवाहयुक्त और प्रामाणिक हो गई है।

अमरकांत की भाषा की एक बड़ी विशेषता जो उन्हें अपने समकालीनों से अलग करती है वह उनके द्वारा प्रयुक्त विशेषण और क्रिया-विशेषण है। शब्दों के साथ ऐसे विशेषणों और क्रिया-विशेषणों का प्रयोग अन्यत्र नहीं दिखाई देता। कहीं-कहीं ये विशेषण विशेष्य के विपरीतार्थक हैं जैसे सयत्न लापरवाही, मानववादी गुंडा, आतुर संतुष्टि आदि। इसी तरह विभिन्न भावों-विचारों के पूर्व 'सराहनीय' या 'प्रशंसनीय' विशेषण का प्रयोग अमरकांत करते हैं।[95] ये विशेषण स्थिति-विशेष में अपनी दृश्यता या पात्र की विशिष्ट भाव-भंगिमा द्वारा नाटकीयता उत्पन्न करते हैं।

अमरकांत की कहानियों में भाषिक स्तर पर व्यंग्य तत्सम शब्द प्रयोग और भिन्न वाक्य-संरचना[96] द्वारा अभिव्यक्त हुआ है। इसका कारण यह है कि "वे भारतीय निम्न मध्यवर्गीय मनुष्य की भावनाओं को जितना समझते और आदर करते हैं उतना ही उसके अंतर्विरोधों को भी तीखे व्यंग्यात्मक ढंग से व्यक्त करते हैं।"[97] अमरकांत के समकालीन कहानीकारों की भाषा यदि सपाट, काव्यात्मक, संवेदनशील, संगीतात्मक या भदेस है तो अमरकांत की भाषा व्यंग्यात्मक है। "उनके अनेक समकालीन जहाँ अनुभव की प्रामाणिकता और ट्रीटमेंट में उसके प्रति तटस्थता के आग्रह से मँजा हुआ शिल्प देने

में सफल हुए हैं वहाँ अमरकांत सरल भाषा में एक मँजी हुई कहानी निर्मित करते हैं। अमरकांत कहानी के माध्यम से कुछ करने या करने की कोशिश भी नहीं करते। वे वास्तविकता को कथा माध्यम से कहते और अधिक-से-अधिक करते हैं जो उसका इकहरापन दूर करने के लिए व्यंग्य करते हैं...स्थितियों और पात्रों से उनकी जो निकटता है, वह शायद इससे ज्यादा गुंजाइश भी नहीं देती कि उनका तद्‌भव अनुभूति जगाने वाली भाषा में बयान कर दिया जाए।''[98]

रचनात्मकता

अमरकांत के लेखन में सघन रचनात्मकता की उपस्थिति बताते हुए अश्क ने उनके समकालीन लेखकों की तथाकथित सघन रचनात्मकता को सायास दिमागी चिल्लाकशी माना है।[99] अमरकांत "अपने समकालीनों से और विशेष रूप से आंदोलन-धर्मा कहानीकारों से इस मायने में भी अलग रहे हैं कि जहाँ उनके अधिकांश समकालीन कहानीकार अपने लेखकीय स्वातंत्र्य और वैशिष्ट्य के आग्रह में अपनी कहानियों में विशिष्ट कलात्मक रचाव और असंतोष, विद्रोह आदि की अवास्तविक उष्मा भरने की कोशिश करते रहे, एक अत्यंत मर्यादित क्षोभ और कारुणिकता, असहमति और अस्वीकार के तेवर पैदा करते रहे वहीं उन तमाम सच्चाइयों को बरका देते रहे हैं जो सामाजिक जीवन को विपन्न-विकृत बनाती जा रही थीं। इसके विपरीत अमरकांत एक संपन्न ऐतिहासिक दृष्टि से अपने समय और परिवेश को उसकी वास्तविकताओं के माध्यम से मूर्त और परिभाषित करते रहे हैं।''[100]

नई कहानी-आंदोलन का प्रभाव अमरकांत पर बिलकुल न पड़ा हो ऐसा नहीं है। उनकी 'डिप्टी कलेक्टरी' और 'सवा रुपए' कहानियों पर यह प्रभाव प्रत्यक्ष रूप से देखा जा सकता है। स्वातंत्र्योत्तर परिदृश्य की चर्चा करते हुए नामवर सिंह ने लिखा है कि "आजादी के दिनों में निश्चय ही संदर्भ ऐसा था जिसमें कुछ आश्वासन, कुछ उत्सुकता, कुछ आशंका और कुछ आशा के मिल-जुले भाव थे।...व्यवस्था का अहसास हुआ। प्रगति की आशा बँधी। 'डिप्टी कलेक्टरी' की लिस्ट में लड़के का नाम न देखकर भी लोग आशा लगाए देखते रहे कि शायद अगली बार नाम आ ही जाए ! अपनी उपहासास्पद स्थिति का अहसास होते हुए भी लोग 'प्रतीक्षा' करने को प्रस्तुत थे। धीरज का बाँध अभी एकदम न टूटा था। पीड़ा-भरी प्रतीक्षा इस काल की कहानियों का मुख्य स्वर है, चाहे वह अमरकांत की 'डिप्टी कलेक्टरी' हो, चाहे निर्मल वर्मा की 'परिंदे'। वैसे कोई चाहे तो इस भाव-बोध को भी 'रोमांटिक' कह सकता है,[101] किंतु इनमें जीवन का जो गहरा पीड़ा-बोध है वह हर तरह की तीव्र रोमांटिक भावनाओं से सर्वथा भिन्न है।''[102] इसी प्रकार उस समय पुरानी पीढ़ी के पात्रों पर कहानी लिखने का एक दौर चला। उनके प्रति श्रद्धा का भाव नई कहानी में दिखाई पड़ा। इसे पुरानी पीढ़ी के माध्यम से नई पीढ़ी का आत्मान्वेषण मानते हुए डॉ. नामवर सिंह ने लिखा कि "राजनीतिक आजादी से नई पीढ़ी ने सचमुच अपने को स्वतंत्र महसूस किया।...कुछ

समय के लिए मन की सारी कड़वाहट कहीं धुल गई और लगा कि सारी बरबादियों के बावजूद काफी कुछ बच भी गया है जिसे अच्छा कहा जा सके। इस अहसास के बावजूद कि ये अवशिष्ट अच्छाइयाँ शायद ज्यादा दिन न टिक पाएँ, हम उन्हें पाथेय के रूप में सँजोने लग गए—इस महत्त्व से कि फिर ये देखने को न मिल पाएँगी। उल्लेखनीय है कि बाबा, दीदी, दादा आदि को लेकर इस नई पीढ़ी ने अनेक कहानियाँ लिखीं।''[103] अमरकांत की 'सवा रुपए' कहानी भी इसी प्रवृत्ति का परिणाम मालूम होती है।

नई कहानी आंदोलन का प्रभाव तो अमरकांत पर पड़ा ही। अमरकांत का प्रभाव भी उनके बहुत से सहवर्ती कहानीकारों पर पड़ा। इसी का उल्लेख करते हुए मधुरेश ने कहा है कि "सामाजिक विसंगतियों, छद्म और अंतर्विरोधों के उद्घाटन के साथ ही साधनहीन और विपन्न आदमी के शोषण एवं विरोध की लड़ाई में उसके साथ और उसकी लड़ाई लड़ने वाले जुझारु चेतना से लैस कहानीकारों[104] की जो एक लंबी परंपरा आज हिंदी में दिखाई देती है, कहीं-न-कहीं वे सब अपने को अमरकांत से जुड़ता हुआ महसूस करते हैं।''[105]

इस प्रकार नई कहानी-आंदोलन के रचनाकार होते हुए भी लेखन में अपनी निजी विशेषताओं के कारण अन्य कहानीकारों से अमरकांत की स्थिति विशिष्ट है।

संदर्भ

1. द्रष्टव्य, एक साधारण मध्यवर्गीय चेहरे की तेजस्विता, गिरिराज किशोर, वर्ष-1, पृ. 214
2. छोटे दायरे का बड़ा रचनाकार : अमरकांत, वर्ष-1, पृ. 294
3. कलफ और खिजाब की दुनिया से दूर : ममता कालिया, वर्ष-1, पृ. 104
4. कुहासा, पृ. 110
5. वही, पृ. 25
6. निर्वासित, मित्र-मिलन, पृ. 116-117
7. वही, पृ. 109
8. चीफ की दावत (भीष्म साहनी), जिंदगी और गुलाब के फूल (उषा प्रियंवदा)
9. कुहासा, पृ. 12
10. वही, पृ. 24
11. वही, पृ. 26
12. कुहासा, पृ. 37-38
13. 'जिंदगी और गुलाब के फूल' (उषा प्रियंवदा), 'आसक्ति' (कमलेश्वर), 'सितंबर की एक शाम', 'माया का मर्म', 'लंदन की एक रात' (निर्मल वर्मा), 'जख्म', 'मिस्टर भाटिया', 'रोजगार' (मोहन राकेश), 'देवा की माँ' (कमलेश्वर) आदि।
14. अमरकांत : रूपवाद के विरुद्ध, वर्ष-1, पृ. 165
15. अमरकांत एक 'अस्तित्व' वादी कथाकार : राजेंद्र यादव, वर्ष-1, पृ. 165
16. मौत का नगर, पृ. 11-15

17. दहलीज, मेरी प्रिय कहानियाँ, निर्मल वर्मा, पृ. 15
18. फौलाद का आकाश, मोहन राकेश की संपूर्ण कहानियाँ
19. मौत का नगर, पृ. 13
20. म्यान की दो तलवारें, मौत का नगर, पृ. 133
21. 'एक शुरुआत', 'पराए शहर में', 'जलती झाड़ी', 'लंदन की एक रात', 'अंतर', 'उनके कमरे', 'अमालिया'।
22. 'मछलियाँ', 'स्वीकृति', 'एक और विदाई', 'टूटे हुए' आदि
23. एक पक्षधर लेखक की भूमिका, वर्ष-1, अमरकांत, पृ. 157
24. 'लाल पान की बेगम', 'पंचलाइट' (रेणु), 'कल्यानमन', 'दोने की पत्तियाँ', 'बातचीत' (मार्कण्डेय)
25. वर्ष-1, पृ. 82
26. नौकर, अमरकांत की कहानियाँ, भाग-1, पृ. 79
27. बहादुर, मौत का नगर, पृ. 255
28. जिंदगी और जोंक, वही, पृ. 188
29. कुहासा, कुहासा, पृ. 25
30. मूस, देश के लोग, पृ. 23
31. अमरकांत एक 'अस्तित्व' वादी कथाकार : राजेंद्र यादव, वर्ष-1, 192
32. मौत का नगर, पृ. 268
33. वही, पृ. 268
34. "मूस का जी न मालूम कैसा होने लगा। उसको लगा कि अगर उसने उस दिन मुनरी को काँवर से मारा न होता तो वह उसे छोड़कर कभी न जाती...।"–मौत का नगर, 50
35. संयुक्त परिवार का टूटना, महानगरीयता, आर्थिक विषमता, अमानवीय व्यवस्था
36. "पश्चिम की कुंठा, कुत्सा, अकेलापन, पराजय और हताशा मेरे लिए चिंता का विषय हो सकती हैं, मेरा वर्ण्य नहीं; क्योंकि हमारी कुंठा, अकेलापन और अस्तित्व का संकट उससे नितांत भिन्न है–वह टूटते परिवार से उद्भूत है, वह आर्थिक संबंधों के दबाव से अनुस्यूत है।"–आत्मकथा, मांस का दरिया, कमलेश्वर, पृ. 9
37. अँधेरे का सिलसिला–ज्ञानप्रकाश
38. सेलर–रामकुमार
39. वर्ष-1, पृ. 93
40. प्रयाग शुक्ल की कहानियाँ जैसे 'जानना' आदि, निर्मल वर्मा की 'लंदन की एक रात', 'जलती झाड़ी' आदि
41. आदिम रात्रि की महक, पृ. 159
42. अमरकांत की कहानियाँ, भाग-1, पृ. 36-37
43. 'आत्मसाक्षी'–रेणु, आदिम रात्रि की महक
44. हिंदी प्रचार, 'नागमणि' कमलेश्वर, मेरी प्रिय कहानियाँ
45. बस्ती, मित्र-मिलन
46. अंतरात्मा, मौत का नगर
47. शक्तिशाली, मित्र-मिलन
48. शक्तिशाली, मित्र-मिलन, पृ. 64
49. मोहन राकेश की संपूर्ण कहानियाँ, पृ. 140
50. पलाश के फूल, देश के लोग, पृ. 95

51. गगन बिहारी, अमेरिका की यात्रा
52. हत्यारे
53. मित्र-मिलन, पृ. 148
54. वही, पृ. 152
55. वही, पृ. 149
56. वही, पृ. 154
57. वही, पृ. 155
58. अमरकांत : एक पक्षधर लेखक की भूमिका, मधुरेश, वर्ष-1, पृ. 157
59. अमरकांत : रूपवाद के विरुद्ध, परमानंद श्रीवास्तव, वर्ष-1, पृ. 170
60. अमरकांत : रूपवाद के विरुद्ध, वर्ष-1, पृ. 165
61. अमरकांत : एक पक्षधर लेखक की भूमिका, मधुरेश, वर्ष-1, पृ. 157
62. अमरकांत : रूपवाद के विरुद्ध, डॉ. परमानंद श्रीवास्तव, पृ. 169
63. 'चीफ की दावत' (भीष्म साहनी), 'नए बादल', 'उसकी रोटी' (मोहन राकेश) 'मैं हार गई' (मन्नू भंडारी), 'घर' (श्रीकांत वर्मा) आदि
64. अमरकांत : एक पक्षधर लेखक की भूमिका, मधुरेश, वर्ष-1, पृ. 152
65. वही, पृ. 154
66. छोटे दायरे का एक बड़ा रचनाकार : अमरकांत, वर्ष-1, पृ. 274
67. दृष्टव्य : मौत का नगर : जय-यात्राओं से अलग, विजयमोहन सिंह, आलोचना, अप्रैल-जून, 1977
68. मौत का नगर, जय-यात्राओं से अलग, विजयमोहन सिंह, आलोचना, अप्रैल-जून, 1977
69. गले की जंजीर, निर्वासित, कबड्डी, अमेरिका की यात्रा, घुड़सवार, लड़की की शादी, विजेता, बहादुर आदि।
70. जनमार्गी, सवा रुपए, जिंदगी और जोंक, जोकर, प्रैक्टिस, मछुआ, लड़की और आदर्श, दो चरित्र, उसका जाना और आना, जन्मकुंडली, मूस, गगनबिहारी, देश के लोग, कला-प्रेमी, परमात्मा का प्रेमी, महान चेहरा आदि।
71. दोपहर का भोजन, हत्यारे, डिप्टी कलेक्टरी, आदि
72. जन्मकुंडली, पलाश के फूल, बस्ती, दुर्घटना आदि
73. अमरकांत की कहानियाँ, भाग-1, पृ. 73
74. वही, पृ. 73
75. मौत का नगर, पृ. 13
76. मौत का नगर, पृ. 11
77. दृष्टव्य : स्वामी, पलाश के फूल, बस्ती, उनका जाना और आना आदि
78. अमरकांत : एक 'अस्तित्व' वादी कथाकार, वर्ष-1, पृ. 190
79. समय नए सवालों के उठाने का, वर्ष-1, पृ. 201
80. अमेरिका की यात्रा, बहादुर, कुहासा, दो चरित्र, केले, पैसे और मूँगफली आदि
81. गगन बिहारी, हत्यारे, लड़की की शादी, इंटरव्यू, कला-प्रेमी, देश के लोग आदि
82. डिप्टी कलेक्टरी, पलाश के फूल, उनका जाना और आना, मित्र-मिलन, सवा रुपए आदि।
83. कहानी : नई कहानी, नामवर सिंह, पृ. 41
84. वर्ष-1, पृ. 51
85. वर्ष-1, पृ. 52

86. मौत का नगर, पृ. 15
87. अमरकांत पर कुछ जरूरी नोट्स, वर्ष-1, पृ. 226-227
88. प्रेमचंद की द्वंद्वात्मक दृष्टि और अमरकांत, डॉ. विश्वनाथ त्रिपाठी, वर्ष-1, पृ. 126
89. डिप्टी कलेक्टरी, सप्ताहांत, छिपकली आदि
90. नई कहानी की भूमिका, कमलेश्वर, पृ. 175
91. अमरकांत : एक पक्षधर लेखक की भूमिका, वर्ष-1, पृ. 153
92. विश्व-शांति, सत्य, अहिंसा, रचनात्मक कार्य, नैतिक स्तर, राष्ट्रीय, महान कार्यकर्त्री, बुद्धिमानी, मौलिकता, साहस, कर्मठता आदि
93. मौत का नगर, पृ. 190-191
94. अटरम-सटरम, खटर-पटर, साथ-संगत, ओना-कोना आदि
95. सराहनीय संशोधन, सराहनीय सहनशीलता, प्रशंसनीय हुज्जत आदि
96. ''उनकी वाक्य-संरचना भी अपने समकालीनों से भिन्न है''—अश्क, छोटे दायरे का एक बड़ा रचनाकार : अमरकांत, वर्ष-1, पृ. 286
97. मौत का नगर : जय-यात्राओं से अलग, विजयमोहन सिंह, आलोचना, अप्रैल-जून, 1977
98. अमरकांत पर कुछ जरूरी नोट्स : यदुनाथ सिंह, वर्ष-1, पृ. 240
99. वर्ष-1, पृ. 286
100. अमरकांत पर कुछ जरूरी नोट्स : यदुनाथ सिंह, वर्ष-1, पृ. 239
101. ''डिप्टी कलेक्टरी' ही एकमात्र ऐसी कहानी है जिसे अपने युग के इस रोमांटिक प्रभाव से बचा न पाने का उदाहरण माना जा सकता है। 'डिप्टी कलेक्टरी' की उस भोली और आवेग-तरल प्रतीक्षा में ही यह रोमानी भाव दिखाई देता है और यह भोली प्रतीक्षा, जैसा कि बहुतों ने संकेत किया है, एक तरह से उस समय की कहानी का मूल स्वर था।''—मधुरेश, एक पक्षधर लेखक की भूमिका, वर्ष-1, पृ. 154
102. कहानी : नई कहानी, पृ. 235-36
103. कहानी : नई कहानी, पृ. 234
104. ज्ञानरंजन आदि
105. अमरकांत : एक पक्षधर लेखक की भूमिका, वर्ष-1, पृ. 164

उपसंहार

पिछले पृष्ठों में हमने नई कहानी आंदोलन का प्रारंभ, उसके कारण, उसकी परिस्थितियाँ, नई कहानी की सामान्य विशेषताएँ, अमरकांत की कहानियों की विशेषताएँ और उनके योगदान पर विचार किया। नई कहानी का नामकरण छठे दशक के प्रारंभ में अनेक विचारकों ने लगभग साथ-साथ किया था। यह नामकरण पारंपरिक हिंदी कहानी के नए मोड़ को रेखांकित करने के लिए किया गया था। पहले से चली आई हिंदी कहानी में कुछ ऐसा जुड़ गया था जो नया था अर्थात् अभूतपूर्व था। यह नयापन देश की साहित्येतर (स्वातंत्र्योत्तर भारत की नई) परिस्थितियों से उत्पन्न था।

स्वाधीनता प्राप्ति के बाद भारतवर्ष का, हिंदी क्षेत्र का विकास द्रुतगति से होने लगा। पंचवर्षीय योजना बनी, आम चुनाव हुए और ग्रामीण क्षेत्रों एवं सुदूर अंचलों में निर्माण-कार्य होने लगा। शिक्षा का प्रसार तेजी से होने तथा संचार-साधनों की सक्रियता से जनता का बहुत बड़ा भाग बहुविध शिक्षित हुआ लेकिन इन सबके साथ-साथ भ्रष्टाचार, भाई-भतीजावाद, कुछ लोगों के आकस्मिक नवधनिक हो जाने से भोग-विलास और उसके प्रदर्शन की प्रवृत्ति भी बहुत दिखाई पड़ने लगी। उन्नति के अवसर मिल जाने पर हमारी कमजोरियाँ भी बढ़-चढ़ गईं। वर्णवाद, क्षेत्रीयतावाद, भाई-भतीजावाद भी बहुत अधिक बढ़ गया। इनके साथ अंतर्राष्ट्रीय-स्थिति, विदेशी साहित्यिक आंदोलनों, विशेषतः अस्तित्ववाद का दबाव भी हमारे साहित्य पर, कहानी पर पड़ा।

नवनिर्माण-कार्य से जो रूपांतरण प्रारंभ हुआ उससे हिंदी कथा-साहित्य में आंचलिकता की लहर आई। आंचलिकता वस्तुतः अतीत या 'व्यतीत होते हुए' की स्मृति पर आधारित है। भारत का नया रूप ग्रहण करने की प्रक्रिया में कुछ पात्र और व्यक्तित्व हमेशा के लिए विदा होने लगे। आंचलिकता में उन्हीं पात्रों की कचोट का चित्रण किया गया है। आंचलिकता में प्रायः सुदूर क्षेत्रों की प्रकृति और संस्कृति की ऐसी सजीवता होती है कि बाकी बातें गौण हो जाती हैं। ग्रामीण अंचलों की यह नई पहचान या उनके महत्त्व का पुनर्परिचय, विकास करते हुए नए भारत के लिए स्वाभाविक था। ऐसा साहित्य प्रायः उन नवयुवक रचनाकारों ने लिखा जो रहने वाले तो ग्रामीण अंचलों के थे किंतु पढ़ाई या नौकरी के लिए नगरों में आ गए थे। नगरों के नए जीवन एवं वातावरण में आकर ग्रामांचलों की प्रकृति, संस्कृति, व्यक्तियों की स्मृति-कचोट स्वाभाविक थी। विशेषतः उस ऐतिहासिक दौर में, जबकि नवनिर्माण के कारण प्राचीन में से बहुत

कुछ हमेशा के लिए पीछे छूट रहा था। मार्कण्डेय, शिवप्रसाद सिंह, शेखर जोशी, रामदरश मिश्र आदि की कहानियों में यह आंचलिकता दिखलाई पड़ती है किंतु इस प्रवृत्ति के सर्वाधिक यशस्वी रचनाकार हैं फणीश्वरनाथ रेणु। उनके द्वारा लिखित 'तीसरी कसम उर्फ़ मारे गए गुलफाम' आंचलिक कहानियों में श्रेष्ठ है।

स्वातंत्र्योत्तर भारत में स्त्री-शिक्षा का प्रसार द्रुत और व्यापक रूप से हुआ। शिक्षित और कामकाजी महिला का उदय हुआ। इससे स्त्री-पुरुष के संबंधों में परिवर्तन आने लगा। आर्थिक दृष्टि से स्वतंत्र होने पर नारी का व्यक्तित्व भी स्वयं को कहानी में प्रकट करने लगा। वह पहले की भाँति पुरुषाश्रित नहीं रह गई थी। पति द्वारा परित्यक्त होने पर वह केवल रोने-बिसूरने का कार्य न करके अपने ढंग से जीवन जीने का प्रयास करती दिखाई देती है। नारी और पुरुष के संबंध या यों कहें पारिवारिक संबंध उतने अविचल और सनातन नहीं रह गए। इस दृष्टि से परंपरागत परिवार के टूटने का चित्रण अनेक नए कहानीकारों—मोहन राकेश, कृष्ण बलदेव वैद, ज्ञानरंजन, शानी आदि में दिखाई पड़ता है। परंपरागत परिवार के टूटने का प्रभाव केवल स्त्री-पुरुष संबंधों या प्रेम के क्षेत्र में ही दिखाई नहीं पड़ा बल्कि अन्य संबंधों में भी दीख पड़ा। नई कहानी पति और पत्नी, संतान और माता-पिता, भाई-बहन के संबंधों में रूढ़िबद्ध, पारंपरिक भावुकता का त्याग करके वस्तुस्थिति के अनुरोध को तीव्रता से रेखांकित करती है।

नई कहानी पर महानगरीय जीवन की अतिव्यस्तता और संवेदनशून्यता का दबाव पड़ा। इस दबाव के ही अंतर्गत हिंदी में ऐसी कहानियाँ लिखी गईं जिनमें अकेलापन, अजनबीपन, कुंठा और संत्रास दिखाई देता है। इसमें कोई संदेह नहीं कि औद्योगिकीकरण और महानगरीयता के तत्त्व विशाल जनसंख्या को अलग-अलग और परस्पर कटा हुआ रहने के लिए अभिशप्त करते रहे। इस अकेलेपन की अनुभूति सुविधा-संपन्न वर्ग के व्यक्ति को भी हो सकती है और अभावग्रस्त बेरोजगार शिक्षित व्यक्ति को भी। हिंदी कहानी में दोनों प्रकार के अकेलेपन का चित्रण हुआ है। सुविधा-संपन्नता और बेरोजगारी—दोनों ही व्यक्ति को निष्क्रिय बना सकते हैं और निष्क्रियता जीवन में निरर्थकता एवं उद्देश्यहीनता का बोध पैदा कर सकती है। हिंदी कहानी में दोनों प्रकार के चित्रण मिल जाएँगे। उल्लेखनीय है कि हिंदी साहित्य में चित्रित अकेलेपन का संबंध अधिकांशतः संयुक्त परिवार के टूटने से है जो प्रधानतः गाँव से आकर नगर में बस गए व्यक्तियों के जीवन में दिखलाई पड़ता है।

किंतु जीवन अपने-आप में कोई समग्र, व्यवस्थित या समतल अनुभव नहीं। यह अकेलापन भी कई कारणों से है। इन कारणों का अभी तक कोई वैज्ञानिक या सामाजिक समाधान भी उपलब्ध नहीं है, जैसे मोहन राकेश की प्रसिद्ध कहानी 'मिस पाल' का अकेलापन नायिका की कुरूपता से उत्पन्न है। राजेंद्र यादव की 'प्रतीक्षा' नामक कहानी की गीता का अविवाहित रहने से उत्पन्न अकेलापन समलैंगिक आचरण का कारण बन जाता है। इन पात्रों के अकेलेपन से इनकी नौकरी का कुछ-न-कुछ संबंध जरूर है किंतु इनके अकेलेपन की जिम्मेदार इनकी विशिष्ट स्थितियाँ और इनका मनोविज्ञान है। इसी

तरह निर्मल वर्मा की 'परिंदे' की नायिका लतिका का अकेलापन मनोवैज्ञानिक दृष्टि से अधिक जटिल है। उसके अकेलेपन का कारण विगत प्रेम, प्रेमी की मृत्यु ही नहीं है उसकी अभिजात रुचि भी है जिससे मनोजगत में संगीत की दूरागत ध्वनियाँ और प्रेम की स्मृतियाँ एकाकार हो जाती हैं।

स्वातंत्र्योत्तर काल प्रधानतः मोहभंग का काल है। यह तो नहीं कहा जा सकता कि इस काल-खंड में ईमानदारी के साथ कुछ रचनात्मक कार्य हुआ ही नहीं किंतु महान स्वाधीनता आंदोलन के संदर्भ में स्वातंत्र्योत्तर भारत की घटनाओं को देखने पर मोहभंग होना स्वाभाविक है। यह नहीं हुआ कि स्वतंत्र भारत में स्वाधीनता आंदोलन के सिद्धांतों और आदर्शों को छोड़ दिया गया। उन सिद्धांतों और आदर्शों का नाम अभी भी लिया जाता है किंतु उन्हें मुखौटों के रूप में इस्तेमाल किया जाता है। त्याग, बलिदान, सेवा, अहिंसा, राष्ट्रप्रेम, मानवता आदि शब्दों की आड़ में स्वार्थ-साधन किया जाता है। विकास-कार्यों के लिए भारत में समाजवादी और साम्राज्यवादी व्यवस्थाओं के मिश्रित रूप को अपनाया गया ताकि इन दोनों व्यवस्थाओं की अति से बचा जा सके। इन सबसे हमारे राष्ट्र की संपदा अभूतपूर्व ढंग से बढ़ी किंतु समृद्धि के साथ-साथ शोषण का अंत नहीं हुआ। फलतः उसका लाभ समाज के निम्नवर्ग को नहीं मिला। समाज में नवधनिकों की संख्या अवश्य बढ़ गई और उपभोक्ता-संस्कृति का दौर आया। उचित-अनुचित किसी भी प्रकार से अधिकाधिक धन एकत्र करना ही सबसे बड़ा मूल्य बन गया। यह सब धार्मिकता, जनसेवा, त्याग, मानवता आदि का मुखौटा लगाकर हुआ।

इस कथनी और करनी के अंतर से व्यंग्य और नाटकीयता का सीधा संबंध है। व्यंग्य का आधार अनौचित्य होता है, जो अरूपता में प्रकट होता है। वास्तविकता और आचरण की भिन्नता से यह नाटकीयता या स्वाँग का रूप धारण कर लेता है। भारतेंदु-युग में व्यंग्य और नाटकीयता कथनी और करनी के भेद को रेखांकित करके प्रकट होते थे। स्वातंत्र्योत्तर भारत में कथनी और करनी के अंतर के कारण विभिन्न साहित्य-विधाओं में व्यंग्य और नाटकीयता प्रमुख घटक थे। नई कहानी स्वातंत्र्योत्तर भारत के मोहभंग को निराशा, व्यंग्य, विडंबना--इन सबसे उत्पन्न संत्रास और साथ ही समाज में व्याप्त कथनी-करनी के अंतर, दो-मुँहापन और अवसरवादिता के माध्यम से चित्रित करती है।

वस्तुतः नई कहानी का नयापन इसी ऐतिहासिकता का संवेदना-समुच्चय है। इस नएपन ने नई कहानी के रूप को प्रभावित किया। नई कहानी की प्रमुख रूपगत सामान्य विशेषताएँ इस प्रकार हैं—नई कहानी में कथा का ह्रास हुआ है। कथा के ह्रास का अर्थ कथानक का ह्रास नहीं है। कथा घटना-सरणि से निर्मित होती है जबकि कथानक घटनात्मकता से। इसका अर्थ यह है कि नई कहानी में स्थूल घटनाओं की अपेक्षा, घटना के मनोजगत पर पड़ने वाले प्रभाव का चित्रण अधिक होता है। कहानी का कहानीपन कहानी के किसी एक तत्त्व में नहीं, किसी एक घटना में नहीं बल्कि पूरी कहानी में व्याप्त होता है। अतः कहानी का अंत उतना महत्त्वपूर्ण नहीं रह जाता। अंत उतना आकस्मिक,

अप्रत्याशित और नाटकीय होता भी नहीं। सच तो यह है कि नई कहानी का आरंभ और अंत कहीं भी हो सकता है। जिस प्रकार नई कहानी की समकालीन नई कविता में कोई भी मनःस्थिति कविता का कथ्य हो सकती है, उसी प्रकार नई कहानी में किसी भी सामान्य मनःस्थिति को कहानी का कथ्य, आदि और अंत बनाया जा सकता है। प्रकृति का उपयोग नई कहानी में पात्रों की मनःस्थिति या चेष्टाओं की पृष्ठभूमि के लिए नहीं किया जाता बल्कि वे पात्रों की मनःस्थिति का ही एक और रूप होती हैं। नई कहानी में प्रतीकात्मकता, बिंबात्मकता, मुक्तासंग शैली, पूर्वदीप्ति इत्यादि का खुलकर उपयोग किया गया है। नई कहानी में साहित्य की अनेक विधाओं को घुला-मिला दिया गया है। नई कहानी में नाटक, कविता, निबंध आदि के तत्त्व मिश्रित होते हैं। भाषा का उपयोग अब स्थूल घटनाओं का वर्णन करने के लिए कम, पात्रों के मनोजगत की हलचलों का चित्रण करने के लिए अधिक हुआ है। आंचलिक और अंग्रेजी शब्दों का प्रचलन अधिक हो गया है। अन्य भाषाओं जैसे पंजाबी, मगही, मराठी, बंगला, उर्दू आदि शब्द-प्रयोगों की प्रवृत्ति बढ़ी है किंतु कुल मिलाकर भाषा में मुहावरेदारी कम हो गई है। अंग्रेजी वाक्य-विन्यास का प्रभाव अनेक कहानीकारों पर दिखाई देता है।

अमरकांत नए कहानीकार होने के साथ-साथ प्रेमचंद की परंपरा का विकास करते हैं। वे प्रेमचंद की आदर्शवादी परंपरा से मुक्त और बोध के सहारे द्वंद्वात्मक यथार्थ का चित्रण करने वाले कहानीकार हैं। वे मुख्यतः मोहभंग और आदर्शों का मुखौटा लगाकर स्वार्थपूर्ति में रत पात्रों के कहानीकार हैं। यद्यपि उन्होंने कुछ अनुपम आदर्शवादी पात्र निर्मित किए हैं जैसे 'दोपहर का भोजन' की सिद्धेश्वरी या 'डिप्टी कलेक्टरी' के शकलदीप बाबू। अमरकांत अपने पात्रों को इकहरा नहीं होने देते। जिस प्रकार उनके उच्चवर्गीय, सुविधा-संपन्न पात्र मुखौटाधारी और काइयाँ होते हैं, उसी प्रकार उनके निम्न-मध्यवर्गीय और निम्नवर्गीय पात्र प्रायः 'कफन' के घीसू-माधव के वंशज हैं। उच्चवर्गीय पात्रों की चालाकी, धूर्तता, शोषण उनकी स्वार्थपूर्ति का साधन हैं जबकि निम्नवर्गीय पात्रों का काइयाँपन उनके जीवित रहने का साधन है इसलिए इन पात्रों का काइयाँपन अंततः उनकी अनिवार्यता और निरीहता में पर्यवसित होता है लेकिन उनका काइयाँपन चित्रित करने की प्रक्रिया में ये पात्र सपाट, रैखिक और इकहरे आदर्शवादी पात्र नहीं रह जाते।

स्वातंत्र्योत्तर भारत का मोहभंग भरपूर तौर पर उनकी कहानी 'डिप्टी कलेक्टरी' में व्यक्त हुआ है। निराशा और मोहभंग उनकी कहानियों के केंद्रीय तत्त्व हैं लेकिन अमरकांत अपनी कहानियों में निराशा या मोहभंग की यातना सपाट, एकांगी ढंग से चित्रित नहीं करते। उनके पात्र अपनी संपूर्ण सत्ता के साथ, सारी बुद्धिमत्ता और चालाकी के साथ सफल होने का प्रयास करते हैं लेकिन यह व्यवस्था है कि जहाँ कोई संगति या मानवीय तर्क ही नहीं है। यह व्यवस्था मानवीय दृष्टि से तर्कहीन है और अमरकांत के पात्र मानो किसी मानवीय समाज के सदस्य नहीं हैं बल्कि एक जंगल के प्राणी हैं, पशु हैं जो उस जंगल से बाहर आने के लिए निरंतर प्रयत्नशील हैं, जिनकी नियति

थककर पस्त हो जाना है। अमरकांत की कहानियों में कभी यह जंगल 'मकान' का रूप धारण कर लेता है, कभी 'मौत का नगर' का। यह जंगल जहाँ सफल होने के लिए ईमानदार और परिश्रमी होना पर्याप्त नहीं बल्कि गैर-जरूरी है, जहाँ श्रम और फल में कोई संगति नहीं, व्यक्ति को या तो भाग्यवादी और निष्क्रिय बना देता है अथवा अराजक।

अमरकांत का बोध अत्यंत सतर्क और सूक्ष्म है। इसलिए पात्रों और घटनाओं को संयोजित करते समय या उनका चित्रण करते समय वे भावुकता या आदर्शवादिता के स्थान पर निर्ममता से काम लेते हैं। इस श्रेणी की उनकी श्रेष्ठ रचना 'हत्यारे' है। वस्तुतः 'हत्यारे' वंचक बेरोजगार युवकों की कथा है जिन्हें जंगल-तंत्र ने हिंस्र पशु बना दिया है! वे इस अमानवीय व्यवस्था की दानव-संतानें हैं जो सर्वथा मूल्यहीन और संवेदना-शून्य हैं। वे महान स्वाधीनता आंदोलन की परंपरा-बोध से भी रहित हैं और पारिवारिकता से भी। उन्हें व्यवस्था ने इतना पशु बना दिया है कि वे केवल स्वार्थ, क्षणिक शारीरिक उत्तेजना और सबकुछ पर हँसने के आवेग पर ही जीवित हैं। अमरकांत ने यह कहानी उस समय लिखी थी जब प्रायः सर्वत्र नई पीढ़ी की जय-जयकार की जाती थी। उन्होंने स्वतंत्र भारत में अनेक वर्ष बाद घटित होने वाली मूल्यांध नई पीढ़ी की दारुण अमानवीयता को देख लिया था।

अमरकांत प्रधानतः व्यंग्य रचनाकार हैं। इस विषय में उनकी तुलना हरिशंकर परसाई और कवि नागार्जुन से की जा सकती है। कथनी और करनी के अंतर को चित्रित करने वाली निर्मम दृष्टि जब यथार्थ का चित्रण करती है तो व्यंग्य उत्पन्न हो जाता है। इस अमानवीय व्यवस्था में बेईमानों को सफल और ईमानदारों को असफल होते हुए देखकर रचनाकार के मन में जो यातना उत्पन्न होती है उस अनुभूति के साथ जब वह यथार्थ का चित्रण करता है तो उसके मन की यातना और आक्रोश व्यंग्य का रूप धारण कर लेता है। यह व्यंग्य करुणोन्मुख होता है। वह अपनी ईमानदारी के लिए असफल होने वालों, अमानवीय जंगल से छुटकारा पाने के लिए प्रयत्न करनेवालों के लिए करुणा उत्पन्न करता है। अमरकांत की निर्ममता स्थिति की कठोरता से निर्मित हुई है। उनके निम्नवर्गीय असफल और शोषित पात्र प्रायः कार्टून या पशु लगते हैं। थोड़ी-सी सफलता मिलने पर वे इतराने लगते हैं तो और भी हास्यास्पद लगते हैं और अंत में हृदयहीन स्थितियों की ऐसी चट्टान उनके सिर पर गिरती है कि वे अपनी सारी हास्यास्पदता के साथ चकनाचूर हो जाते हैं। 'सप्ताहांत' का रामसंजीवन हकलाता है। 'मूस' चार फुट का प्रेमी है। रजुआ सबसे पिटते हुए भी पगली को भात खिलाता है। लेकिन इन सब की 'सुखद' स्थितियाँ केवल क्षणिक होती हैं। इस हास्यास्पदता से विडंबना निखरती है। उनकी यातना और अधिक मार्मिक होती है और ये असमर्थ हास्यास्पद पात्र पाठकों की करुणा के भी आलंबन बनते हैं। अमरकांत ने नारी पात्रों को विशेष सहानुभूति दी है चाहे 'दोपहर का भोजन' की सिद्धेश्वरी हो, 'पलाश के फूल' की अंजोरिया हो, 'हत्यारे' की मजदूरिन हो, 'विजेता' की नीलिमा हो या और कोई नारी पात्र। वे जानते हैं कि

नारी का शोषण दोहरा होता है। वह सामाजिक विषमता के साथ-साथ अपनी शारीरिक भिन्नता के कारण भी शोषित होती है। अमरकांत ने प्रेम कहानियाँ कम लिखी हैं लेकिन हमारे विषमताग्रस्त समाज में प्रेम के नाम पर क्या-क्या होता है, सनातन और शाश्वत समझा जाने वाला प्रेम वस्तुतः वस्तुस्थितियों पर कितना निर्भर होता है, प्रेम के क्षेत्र में भी मनुष्य कितना लोलुप और अवसरवादी हो सकता है—इसे भरपूर तौर पर अमरकांत ने दिखाया है। यह अकारण नहीं है कि प्रेम के क्षेत्र में नई एवं मानवीय नैतिकता की स्थापना अमरकांत ने निम्नवर्गीय नारी पात्र मुनरी के माध्यम से कराई है। प्रेम जिस सामर्थ्य की माँग करता है उस सामर्थ्य के बिना समर्पण की बात सोचना मिथ्या का शिकार होना हैं और नैतिकता का आधार ही मिथ्या नहीं, यथार्थ से पुष्ट सत्य है। अमरकांत की कहानियाँ इस अर्थ में भारतीय हैं कि यहाँ 'स्थितियों का भोक्ता' अकेला पात्र-विशेष नहीं अपितु उसका पूरा परिवार है क्योंकि परिवार भारतीय समाज में अब भी एक आर्थिक इकाई के रूप में सुरक्षित है।

इधर अमरकांत ने कुछ ऐसी कहानियाँ भी लिखी हैं जो मोहभंग और निराशा को व्यक्त नहीं करतीं। कुछ आलोचकों ने उन पर आरोप लगाया है कि उनकी दृष्टि मानवीय निष्ठा और ईमानदारी के साथ संघर्ष करनेवालों की ओर नहीं जाती। अमरकांत ने 'कबड्डी', 'हंगामा' और 'दलील' कहानियों में मानो इसका रचनात्मक प्रतिकार किया है।

अमरकांत की कहानियों की कलात्मकता उनकी विषयवस्तु और संवेदना के अनुरूप है। उनकी संवेदना पर विचार करते समय हमने देखा था कि वे मूलतः स्वातंत्र्योत्तर भारत के मोहभंग, कथनी-करनी के अंतर और उससे उत्पन्न व्यंग्य-धर्मिता एवं नाटकीयता के रचनाकार हैं। अमरकांत के अधिकांश पात्र प्रायः दोहरे व्यक्तित्व वाले हैं। वे प्रायः आदर्श और सिद्धांत का मुखौटा लगाकर अपना वास्तविक रूप छिपाए रहते हैं। अमरकांत स्थितियों की संयोजना इस प्रकार करते हैं कि उनका वास्तविक रूप उद्घाटित हो जाता है। इस प्रकार के दोहरे व्यक्तित्व वाले पात्र जैसा कहते हैं या प्रदर्शित करते हैं उनका आचरण प्रायः उसके विपरीत होता है। कथनी-करनी की यह द्वंद्वात्मकता नाटकीयता को जन्म देती है। कथनी और करनी के अंतर के माध्यम से अमरकांत ने व्यक्ति की शोषण-वृत्ति, धूर्तता, स्वार्थपरता पर प्रकाश डाला है। लेकिन इसका सर्वोत्कृष्ट रूप दो विपरीत मनोभावों के द्वंद्व से उत्पन्न नाटकीयता के रूप में 'डिप्टी कलेक्टरी' में दिखाई देता है। जहाँ शकलदीप बाबू डिप्टी कलेक्टरी के मिलने की आशा और न मिलने की आशंका के द्वंद्व से ग्रस्त हैं।

यथार्थ के अंतर्विरोधों का चित्रण नाटकीयता के साथ-साथ व्यंग्य का भी सहारा लेता है। अमरकांत ने व्यंग्य सफल और संपन्न वर्ग पर भी किया है और असफल अभावग्रस्त वर्ग पर भी। किंतु संपन्न-सफल वर्ग पर किया गया व्यंग्य उनके प्रति आक्रोश और घृणा उत्पन्न करता है और निम्न या अभावग्रस्त व्यक्ति पर किया गया व्यंग्य सामान्यतः उसके प्रति करुणा और अप्रत्यक्ष रूप से व्यवस्था के प्रति विक्षोभ

उत्पन्न करता है। यह कार्य अमरकांत निहायत कुशल तटस्थता से करते हैं। ऐसा लगता है कि अमरकांत स्थिति का तटस्थ चित्रण-मात्र कर रहे हैं लेकिन वे इस ढंग से चित्रण करते हैं कि उसमें व्यंग्य स्वयं उत्पन्न हो जाता है। सुविधा-जीवी वर्ग के छल-छद्म का उद्घाटन करने के लिए अमरकांत प्रायः उन्हीं की भाषा का इस्तेमाल करते हैं जिससे ऊपरी तौर पर वे ऐसे पात्रों का पक्ष लेते प्रतीत होते हैं जबकि वस्तुस्थिति इसके सर्वथा विपरीत होती है।

सादृश्य-विधान के लिए अमरकांत ने मुख्यतः उपमाओं (या उपमा-मूलक बिंबों) का आश्रय लिया है। उनकी उपमाएँ मौलिक और सटीक हैं, तथा मुख्यतः उनके पात्रों (उनकी वेशभूषा, क्रिया-कलापों, मनःस्थितियों, भाव-भंगिमाओं, जीवन-पद्धति आदि) से संबंधित हैं। अन्य वस्तुओं की उपमाएँ बहुत कम मिलती हैं। अमरकांत की उपमाओं की प्रमुख विशिष्टता यह है कि उनके यहाँ पात्रों की चेष्टाओं की उपमाएँ अधिकांशतः पशु-पक्षियों से दी गई हैं। वे कभी कौए की तरह पीछे मुड़कर देखते हैं, कभी खरगोश की तरह इधर-उधर और कभी उल्लू की तरह देखते हैं। बत्तख की तरह बैठते हैं और भेड़ों की तरह एक-दूसरे से टकराते हैं और कभी गधे की तरह ढींचू-ढींचू कर उठते हैं। उनका बार-बार पशु-पक्षीवत् चेष्टाएँ करना अमरकांत के अचेतन में गहरे तौर पर छाए व्यवस्था के जंगल-रूप के ही कारण है। रूपक और प्रतीक का अमरकांत ने कम लेकिन कुशल प्रयोग किया है। कहानियों के प्रायः शीर्षक ही प्रतीकात्मक हैं। एब्सर्डिटी का प्रयोग अमरकांत ने अपने-आप में स्वतंत्र या किसी मूल्य के रूप में न करके स्थितियों की विसंगति और तर्कहीनता से उत्पन्न विसंगत मनःस्थिति को चित्रित करने के माध्यम के रूप में किया है।

अमरकांत की कहानियों का अंत बहुधा ही अपनी मूल संवेदना से जरा हटा हुआ दिखाई देता है अर्थात् उसके मेल में नहीं होता जैसे 'डिप्टी कलेक्टरी', 'सप्ताहांत', 'हत्यारे' आदि में। लेकिन इसका कारण किसी प्रकार की शिल्पगत शिथिलता नहीं है अपितु कहानीकार इसके माध्यम से अपनी संवेदना को बड़े कौशल से और अधिक गहराता है।

अमरकांत की अधिकांश कहानियाँ व्यक्ति-चित्र प्रतीत होती हैं जिनमें कुछ आत्मकथा या आत्मचरित्र की शैली में और दूसरी रेखाचित्र की शैली में हैं। लेकिन यथार्थ और परिवेश के अंतर्विरोधों से युक्त होकर वे मात्र व्यक्ति-चित्र न रहकर वर्गीय मानसिकता और व्यवहार का प्रामाणिक दस्तावेज बन जाती हैं।

शारीरिकता के प्रसंग के चित्रण में अमरकांत ने अपूर्व संयम का परिचय दिया है। ऐसे प्रसंगों का वह बड़े कौशल से संकेत करते हुए आगे बढ़ जाते हैं।

सुविधा-संपन्न वर्ग के छल-छद्म के उद्घाटन के लिए तत्सम शब्दों का विशिष्ट प्रयोग अमरकांत ने अपनी भाषा में किया है। इन शब्दों का इस्तेमाल आज शोषक, धूर्त, मक्कार लोगों द्वारा मुखौटे की तरह किया जाता है ताकि उनकी वास्तविकता प्रकट न हो। उनके द्वारा प्रयुक्त ये शब्द अपना परंपरागत अर्थ खो बैठे हैं। इन लोगों के

वार्तालाप में तो तत्सम शब्दों का प्रयोग हुआ ही है साथ ही जब कहानीकार अपनी तरफ से उनके बारे में कुछ कहता है तो व्यंग्य-धर्मिता के कारण वह भी उन्हीं की भाषा (तत्सम-प्रधान शब्दावली) का इस्तेमाल करता है। अमरकांत की भाषा मुख्यतः निम्न-मध्यवर्ग की भाषा है। उनके द्वारा प्रयुक्त तद्भव और देशज शब्दों का भरपूर प्रयोग अमरकांत ने किया है। इसी वर्ग द्वारा प्रयुक्त बहुप्रचलित अंग्रेजी, अरबी व फारसी के सामान्य शब्दों का प्रयोग भी अमरकांत ने किया है। उनके यहाँ अंग्रेजी शब्दों और वाक्यों का प्रयोग तथाकथित सभ्य-शिक्षित पात्रों द्वारा हुआ है जो सफल, धूर्त और अवसरवादी हैं तथा औपचारिकता और अपनी श्रेष्ठता-उच्चता के प्रदर्शन के लिए इस भाषा को अपनाते हैं। निम्न-मध्यवर्ग द्वारा प्रयुक्त विभिन्न मुहावरों और लोकोक्तियों के प्रचुर प्रयोग से अमरकांत ने अपनी भाषा को सहज, प्राणवान बनाया है। ध्वन्यार्थक शब्दों जैसे चापुड़-चापुड़ (खाना), खर्र-खर्र (खर्राटे लेना), सुड़-सुड़ (पीना) आदि शब्दों का अमरकांत ने भरपूर प्रयोग किया है। परस्पर-विरोधी शब्द (जैसे हास्यास्पद गंभीरता, सयत्न लापरवाही आदि) का एक साथ प्रयोग अमरकांत के शब्द-प्रयोग को विशिष्ट बनाता है। इसी प्रकार 'सराहनीय' और 'प्रशंसनीय' विशेषणों का प्रयोग एक प्रकार की नाट्य-दृश्यता की सृष्टि करता है जैसे सयत्न लापरवाही में लापरवाही का दिखावा है किंतु स्थिति एकदम विपरीत है। इसी को अमरकांत सयत्न लापरवाही कहते हैं। इसी प्रकार 'प्रशंसनीय फुर्ती' प्रयोग में पात्र के चेहरे पर इस आशा के भाव कि सामनेवाला उसकी फुर्ती की प्रशंसा करे, को अमरकांत इस प्रयोग के माध्यम से व्यक्त करते हैं।

अपने समकालीनों की तुलना में अमरकांत का रचना-संसार सीमित है। शिल्प को लेकर प्रयोग की प्रवृत्ति भी उनमें नहीं दिखाई देती। मध्यवर्गीय और निम्न-मध्यवर्गीय जीवन के अंतर्विरोधों का समग्र और प्रामाणिक चित्रण अमरकांत व्यंग्य की तीखी धार के साथ करते हैं।

कुल मिलाकर अमरकांत नई कहानी के रचनाकार हैं क्योंकि वे उस व्यापक संवेदना के भागीदार हैं जो भारत के स्वाधीन होने के फौरन बाद की स्थिति से निर्मित हुई थी। कहानी में जिसका प्रतिफलन छठे दशक के प्रारंभिक वर्षों में प्रारंभ हुआ। नई कहानी आंदोलन में उनका स्थान विशिष्ट है।

संदर्भ ग्रंथ-सूची

कहानी-संग्रह

अमरकांत

अमरकांत की कहानियाँ, भाग-1, कृतिकार प्रकाशन, इलाहाबाद, प्र.सं., 1984
कुहासा, कृतिकार प्रकाशन, इलाहाबाद, प्र.सं., 1983
जिंदगी और जोंक, नया साहित्य प्रकाशन, इलाहाबाद, 1958
देश के लोग, धारा प्रकाशन, इलाहाबाद, प्र.सं., 1969
मित्र-मिलन तथा अन्य कहानियाँ, लोकभारती प्रकाशन, इलाहाबाद, प्र.सं., 1979

अज्ञेय

छोड़ा हुआ रास्ता, राजपाल एंड संस, दिल्ली, 1982
लौटती पगडंडियाँ, राजपाल एंड संस, दिल्ली, 1982

उषा प्रियंवदा

एक कोई दूसरा, अक्षर प्रकाशन, दिल्ली, प्र.सं., 1966
कितना बड़ा झूठ, राजकमल प्रकाशन, दिल्ली, तृ.सं., 1976
जिंदगी और गुलाब के फूल, भारतीय ज्ञानपीठ, दिल्ली, च.सं., 1975
मेरी प्रिय कहानियाँ, राजपाल एंड संस, दिल्ली, प्र.सं., 1974

कमलेश्वर

कमलेश्वर की श्रेष्ठ कहानियाँ, पराग प्रकाशन, दिल्ली, प्र.सं., 1976
खोई हुईं दिशाएँ, भारतीय ज्ञानपीठ, दिल्ली, 1966
जिंदा मुर्दे, राजपाल एंड संस, दिल्ली, प्र. सं., 1969
बयान तथा अन्य कहानियाँ, लोकभारती प्रकाशन, इलाहाबाद, प्र.सं., 1972
मांस का दरिया, शब्दकार प्रकाशन, दिल्ली, तृ.सं., 1977
मेरी प्रिय कहानियाँ, राजपाल एंड संस, दिल्ली, 1972
राजा निरबंसिया तथा कस्बे का आदमी, : संयुक्त रूप, भारतीय ज्ञानपीठ, कलकत्ता, प्र.सं., 1966

काशीनाथ सिंह

आदमीनामा, प्रकाशन संस्थान, दिल्ली, प्र.सं., 1978
लोग बिस्तरों पर, अभिव्यक्ति प्रकाशन, इलाहाबाद, 1968

सुबह का डर, रचना प्रकाशन, इलाहाबाद, 1975

कृष्ण बलदेव वैद

मेरा दुश्मन, राजकमल प्रकाशन, दिल्ली, प्र.सं., 1966

मेरी प्रिय कहानियाँ, राजपाल एंड संस, प्र. सं., 1978

कृष्णा सोबती

बादलों के घेरे, राजकमल प्रकाशन, दिल्ली, प्र.सं., 1980

मित्रो मरजानी, राजकमल प्रकाशन, दिल्ली, द्वि.सं., 1976

यारों के यार तिन पहाड़, राजकमल प्रकाशन, दिल्ली, द्वि.सं., 1976

गंगाप्रसाद विमल

अतीत में कुछ, भारतीय ज्ञानपीठ, प्र.सं., 1972

कोई शुरुआत, राजकमल प्रकाशन, प्र.सं., 1973

गिरिराज किशोर

पेपरवेट, राजकमल प्रकाशन, दिल्ली, प्र.सं., 1967

गोविंद मिश्र

अपाहिज, विद्या प्रकाशन मंदिर, नई दिल्ली, प्र.सं., 1981

जयशंकर प्रसाद

आकाशदीप, प्रसाद प्रकाशन, वाराणसी, आवृत्ति, 1982

जैनेंद्र

जैनेंद्र : प्रतिनिधि कहानियाँ, पूर्वोदय प्रकाशन, दिल्ली, प्र.सं., मार्च 1969

दूधनाथ सिंह

सपाट चेहरेवाला आदमी, अक्षर प्रकाशन, प्र.सं., 1967

सुखांत, रचना प्रकाशन, इलाहाबाद, 1971

धर्मवीर भारती

बंद गली का आख़िरी मकान, भारतीय ज्ञानपीठ, द्वि.सं., 1973

धर्मेंद्र गुप्त

तीस पात्रों का संसार, भारती भाषा प्रकाशन, दिल्ली, 1974

नरेश मेहता

एक समर्पित महिला, भारतीय ज्ञानपीठ, कलकत्ता, प्र.सं., 1967

तथापि, हिंदी ग्रंथ रत्नाकर, बंबई, प्र.सं., 1961

निर्मल वर्मा

जलती झाड़ी, राजकमल प्रकाशन, दिल्ली, द्वितीयावृत्ति, 1966

परिंदे, राजकमल प्रकाशन, दिल्ली, तृतीयावृत्ति, 1974

पिछली गर्मियों में, राजकमल प्रकाशन, दिल्ली, प्र.सं., 1968

बीच बहस में, संभावना प्रकाशन, हापुड़, द्वि.सं., 1976

मेरी प्रिय कहानियाँ, राजपाल एंड संस, दिल्ली, तृ.सं., 1977

प्रयाग शुक्ल

अकेली आकृतियाँ, परिमल प्रकाशन, इलाहाबाद, द्वि.सं., 1965

फणीश्वरनाथ रेणु

आदिम रात्रि की महक, राधाकृष्ण प्रकाशन, दिल्ली, नवीन आवृत्ति, 1982

ठुमरी, राजकमल प्रकाशन, दिल्ली, 1981

भीष्म साहनी

निशाचर, राजकमल प्रकाशन, दिल्ली, प्र.सं., 1983

पटरियाँ, राजकमल प्रकाशन, दिल्ली, द्वि. सं., 1978

भटकती राख, राजकमल प्रकाशन, दिल्ली, प्र.सं., 1966

मन्नू भंडारी

एक प्लेट सैलाब, अक्षर प्रकाशन, दिल्ली, प्र.सं., 1968

तीन निगाहों की एक तसवीर, श्रमजीवी प्रकाशन, इलाहाबाद, प्र.सं.

मैं हार गई, अक्षर प्रकाशन, दिल्ली, अक्षर संस्करण-73

यही सच है और अन्य कहानियाँ, अक्षर प्रकाशन, दिल्ली, द्वि.सं.

महेंद्र भल्ला

एक पति के नोट्स, राजकमल प्रकाशन, दिल्ली, द्वि. आवृत्ति, 1977

मार्कण्डेय

पानफूल, राजकमल प्रकाशन, दिल्ली, द्वि.सं., जून-1957

भूदान, नया साहित्य प्रकाशन, इलाहाबाद, द्वि.सं., मार्च-61

महुए का पेड़, लहर प्रकाशन, इलाहाबाद, 1955

माही, नया साहित्य प्रकाशन, इलाहाबाद, प्र.सं., मार्च-1962

हंसा जाई अकेला, नया साहित्य प्रकाशन, इलाहाबाद, तृ.सं., 1960

(डॉ.) माहेश्वर

डॉ. माहेश्वर की कहानियाँ, प्रदीप प्रकाशन, कलकत्ता, प्र.सं., 1971

मुक्तिबोध

काठ का सपना, भारतीय ज्ञानपीठ, प्र.सं., 1967

मोहन राकेश

मोहन राकेश की संपूर्ण कहानियाँ, राजपाल एंड संस, दिल्ली, 1984

रमेश बक्षी

एक अमूर्त तकलीफ, नीलाभ प्रकाशन, इलाहाबाद, 1972

पिता-दर-पिता, रूपांबरा प्रकाशन, कलकत्ता, प्र.सं., 1971

मेज पर टिकी हुई कुहनियाँ, सन्मार्ग प्रकाशन, दिल्ली, पुनर्मुद्रण, 1984

रवींद्र कालिया

काला रजिस्टर, रचना प्रकाशन, इलाहाबाद, 1972

गरीबी हटाओ, लोकभारती प्रकाशन, इलाहाबाद, 1976

गली कूचे, संस्करण, 1976
नौ साल छोटी पत्नी, अभिव्यक्ति प्रकाशन, इलाहाबाद, 1986

रांगेय राघव

रांघेय राघव ग्रंथावली, राजपाल एंड संस, दिल्ली, प्र.सं., 1982

राजेंद्र अवस्थी

तलाश, राजपाल एंड संस, दिल्ली, प्र.सं., 1970
मेरी प्रिय कहानियाँ, राजपाल एंड संस, दिल्ली, द्वि.सं., 1978

राजेंद्र यादव

अभिमन्यु की आत्महत्या, विश्वसाहित्य प्रकाशन, आगरा, 1959
किनारे से किनारे तक, राजपाल एंड संस, दिल्ली, 1963
खेल-खिलौने, भारतीय ज्ञानपीठ, दिल्ली, 1964
छोटे-छोटे ताजमहल, राजपाल एंड संस, दिल्ली, 1962
जहाँ लक्ष्मी कैद है, अक्षर प्रकाशन, दिल्ली, च. सं.
टूटना और अन्य कहानियाँ, अक्षर प्रकाशन, दिल्ली, पं. सं., 1979
मेरी प्रिय कहानियाँ, राजपाल एंड संस, दिल्ली, 1971
राजेंद्र यादव की श्रेष्ठ कहानियाँ, अक्षर प्रकाशन, दिल्ली, 1983

रामकुमार

एक चेहरा, राजपाल एंड संस, दिल्ली, प्र.सं., 1961
मेरी प्रिय कहानियाँ, राजपाल एंड संस, दिल्ली, प्र.सं. 1974
हुस्नाबीबी और अन्य कहानियाँ, सरस्वती प्रेस, इलाहाबाद, प्र.सं., 1958

रामदरश मिश्र

खाली घर, ज्ञानभारती प्रकाशन, दिल्ली, 1969

विवेकी राय

फिर बैतलवा डाल पर, भारतीय ज्ञानपीठ, प्र.सं., 1962

विष्णु प्रभाकर

इक्यावन कहानियाँ, अभिव्यंजना प्रकाशन, दिल्ली, प्र.सं., 1983

शिवप्रसाद सिंह

अंधकूप, वाणी प्रकाशन, दिल्ली, प्र.सं., 1985
मुरदा सराय, भारतीय ज्ञानपीठ, 1966

शेखर जोशी

साथ के लोग, संभावना प्रकाशन, हापुड़, प्र.सं., 1978

श्रीकांत वर्मा

घर, प्रभात प्रकाशन, दिल्ली, 1981
झाड़ी, भारतीय ज्ञानपीठ, द्वि.सं., 1966
ठंड, वाणी प्रकाशन, दिल्ली, प्र.सं., 1985

दूसरे के पैर, वाणी प्रकाशन, दिल्ली, प्र.सं., 1984

सिद्धनाथ कुमार

कमाल कुर्सी का, इंद्रप्रस्थ प्रकाशन, दिल्ली, प्र.सं., 1983

सुदर्शन

सुदर्शन की श्रेष्ठ कहानियाँ, राजपाल एंड संस, द्वि.सं., 1983

सुरेश सिन्हा

कई आवाजों के बीच, प्रथम संस्करण

हरिशंकर परसाई

जैसे उनके दिन फिरे, भारतीय ज्ञानपीठ, दिल्ली, प्र.सं., 1963
ठिठुरता हुआ गणतंत्र, नेशनल पब्लिशिंग हाउस, दिल्ली, 1970
तिरछी रेखाएँ, संभावना प्रकाशन, हापुड़, फरवरी 1975
मेरी श्रेष्ठ व्यंग्य-रचनाएँ, ज्ञानभारती प्रकाशन, दिल्ली, 1977
सदाचार का ताबीज, भारतीय ज्ञानपीठ, दिल्ली, तृ.सं., 1975

हिमांशु जोशी

इक्यावन कहानियाँ, पराग प्रकाशन, दिल्ली, प्र.सं., 1987

ज्ञानप्रकाश

अँधेरे का सिलसिला, वसुमती प्रकाशन, इलाहाबाद, प्र.सं., 1968

ज्ञानरंजन

सपना नहीं, रचना प्रकाशन, इलाहाबाद, प्र.सं., 1977

आलोचनात्मक ग्रंथ

डॉ. इंद्रनाथ मदान (सं.)

हिंदी कहानी की पहचान और परख, लिपि प्रकाशन, दिल्ली, 1973
हिंदी कहानी अपनी जुबानी, राजकमल प्रकाशन, दिल्ली, 1968

उपेंद्रनाथ अश्क

हिंदी कहानी : एक अंतरंग परिचय, नीलाभ प्रकाशन, इलाहाबाद, 1967

कमलेश्वर

नई कहानी की भूमिका, शब्दकार प्रकाशन, दिल्ली, 1978

डॉ. गंगाप्रसाद विमल

समकालीन कहानी का रचना-विधान, सुषमा पुस्तकालय, दिल्ली, 1967

जैनेंद्र कुमार

कहानी : अनुभव और शिल्प, पूर्वोदय प्रकाशन, दिल्ली, 1967

डॉ. देवीशंकर अवस्थी (सं.)

नई कहानी : संदर्भ और प्रकृति, राजकमल प्रकाशन, दिल्ली, 1973

डॉ. धनंजय (सं.)
समकालीन कहानी : दिशा और दृष्टि, अभिव्यक्ति प्रकाशन, इलाहाबाद, प्र.सं., 1970

डॉ. नामवर सिंह
कहानी : नई कहानी, लोकभारती प्रकाशन, इलाहाबाद, द्वि.सं., जनवरी 1973

डॉ. परमानंद श्रीवास्तव
हिंदी कहानी की रचना-प्रक्रिया, ग्रंथम प्रकाशन, कानपुर, 1965

मधुकर सिंह (सं.)
कमलेश्वर, शब्दकार प्रकाशन, दिल्ली, प्र.सं., 1977

डॉ. रामदरश मिश्र
हिंदी कहानी : अंतरंग पहचान, नेशनल पब्लिशिंग हाउस, दिल्ली, प्र.सं., 1977

रवींद्र कालिया, ममता कालिया, नरेश सक्सेना (सं.)
वर्ष-1, अमरकांत, इलाहाबाद प्रेस प्रकाशन, इलाहाबाद, प्र.सं., 1977

राजेंद्र यादव (सं.)
एक दुनिया समानांतर, अक्षर प्रकाशन, दिल्ली, च. सं.
कथा-यात्रा, अक्षर प्रकाशन, 1985
कहानी : स्वरूप और संवेदना, नेशनल पब्लिशिंग हाउस, दिल्ली, द्वि.सं.

लक्ष्मीसागर वार्ष्णेय
आधुनिक कहानी का परिपार्श्व, साहित्य भवन, इलाहाबाद, 1966

डॉ. लक्ष्मी नारायण लाल
हिंदी कहानियों की शिल्पविधि का विकास, साहित्य-भवन प्रकाशन, इलाहाबाद, 1961

विद्याधर शुक्ल (सं.)
हिंदी आलोचना और आज की कहानी, चित्रलेखा प्रकाशन, इलाहाबाद, प्र.सं., जनवरी 1978

विजयमोहन सिंह, मधुकर सिंह (सं.)
सन् '60 के बाद की कहानियाँ, सं., 1965

डॉ. सुरेश सिन्हा
हिंदी कहानी : उद्भव और विकास, अशोक प्रकाशन, दिल्ली, 1967
नई कहानी की मूल संवेदना, भारतीय ग्रंथ निकेतन, दिल्ली, 1966

श्री सुरेंद्र (सं.)
नई कहानी : प्रकृति और पाठ, परिवेश प्रकाशन, जयपुर, प्र.सं., 1968
नई कहानी : दशा : दिशा : संभावना, अपोलो पब्लिकेशन, जयपुर, 1966

(श्रीमती) सरोजनी शर्मा (सं.)
आधुनिक कहानी-संग्रह, केंद्रीय हिंदी संस्थान, आगरा, प्र.सं., 1983

फ्रांसिस विवियन
क्रिएटिव टेक्नीक इन फिक्शन (1946)

पत्रिकाएँ

अतएव — अंक-1, जुलाई-सितंबर त्रैमासिक, उत्तर प्रदेश संस्थान
आधार — सचेतन कहानी विशेषांक, नवंबर, 64
आलोचना — जुलाई 1965, जन.-मार्च 1968, अक्टू.-दिस. 1968, अप्रैल-जून 1977
इंडिया टुडे — 31 मई, 1987
कल्पना — जनवरी 1955, मार्च 1972
कहानी — जून 1968, फरवरी 1969, मार्च 1969
धर्मयुग — 23 अक्टू. 1966, जून 1967, जुलाई 1967, 19 अक्तू. 1969
नई धारा — फरवरी-मार्च, 1966
नई कहानियाँ — मई 1961, सित. 1961, मई, 1963, सित. 1964 अप्रैल 1965
प्रकर — मई-जून 1973
प्रतीक — मार्च 1952
माध्यम — जुलाई 1965
माया — समकालीन कहानी विशेषांक, जनवरी 1965, भारत विशेषांक
लहर — जुलाई 1961
विकल्प — नवंबर 1968
सारिका — जुलाई 1962, जून 1969
ज्ञानोदय — फरवरी 1959, अप्रैल 1962, अक्टूबर 1964, मार्च 1965, फरवरी 1966, अप्रैल 1968, मई 1969, दिस.-जन. 1969-70

●●●